中国世界武术文化

华博 编著

时事出版社

前　言

中国武术又称“国术”或“武艺”，是把踢、打、摔、拿、跌、击、劈、刺等动作，按照一定规律组成徒手和器械的各种攻防格斗套路及单势练习。

武术在我国有着悠久的历史，是宏伟瑰丽的华夏文化系统中的一个分支，其发生、发展紧随着整个华夏文明前进的历程。早在先秦时期，武术便由远古人类的生产活动中萌生发源，成为武术形态的雏形。它吸收了中国古典哲学、伦理学、美学、医学、兵学等中国传统文化的各种成分和要素，渗透着中国传统文化的精髓，是中华文化史的一个重要组成部分。

秦汉以来，武术取得了飞速的发展，并开始形成分支。《汉书·艺文志》中就收入了《手搏》六篇、《剑道》三十八篇。随着“宴乐兴舞”习俗的兴起，手持器械的舞蹈也常在乐饮酒酣时出现，如：《史记·项羽本纪》记载的“鸿门宴”中，项庄以助兴为由拔剑起舞意在刺杀刘邦的故事，便是这一形式的反映。

唐朝以来，武举制开始实行，剑术发展也遍及朝野，文人、武将和普通百姓中擅长剑术的大有人在。诗人李白“少年学武术”，常在朋友中仗剑而舞；裴将军的剑术更是独冠一时，甚至与李白诗歌、张旭草书并称唐代三绝。

到了宋、元时期，民间结社的武艺组织蓬勃兴起，其中比较知名的有“英略社”、“射弓踏弩社”、“相扑社”等。为适应市民娱乐的需要，这一时期还出现了浪迹江湖、以习武卖艺为生的“路歧人”。“路歧人”在一定的程度上对武术的推广起了相当重要的作用。

明、清两朝是武术大发展时期，流派林立、拳种纷呈。有明确记载的明代拳术就有三十二式长拳、六步拳、猴拳、少林拳、内家拳等几十种；棍术种类也不少，其中比较知名的有少林棍、紫薇山棍、张家棍、青田棍等。此外，还有很多枪术、刀术、剑术及叉和鞭的武术套路。到了清代，拳术和器械的种类继续繁衍，并出现了形意拳、八卦掌等主要的拳术体系，影响十分深远。

近代以后，冷兵器在军事上的地位明显消退，但武术作为强身自卫的运动并未消退，并逐步成为中国近代体育的有机组成部分。尤其是新中国成立后的五十多年来，武术得到了蓬勃发展，不但极大地丰富了人民的文化生活，提高了人民的健康水平，更加强了国际间的交往，使武术得以跨出国门，走向世界，深受世界各国武术爱好者的喜爱。

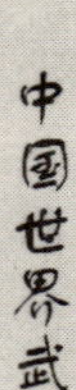

中国有武术，世界各国也有自己的武术。作为一项攻防技术，任何一个国家的武术都是一个内容庞大、思想精深的文化体系。在几千年的发展过程中，每个国家的武术都深受各国传统文化的影响，其思想理论与实践理论都深深地扎根在其民族文化的土壤之中，是各国璀璨的文化遗产。如韩国国技跆拳道、日本柔道、巴西东方柔术、菲律宾的魔杖、印度的卡拉里帕亚特、马来西亚的班卡西拉、西洋的拳击和剑术、俄罗斯的桑搏等等。

在这些独具特色的海外武术中，还有许多国家的武术与中国武术关系密切，日本的空手道及柔道就是代表。空手道起源于日本冲绳，是一种以手作为武器攻击的技术，练习时要身心结合，并以双手作为武器来击倒对手；柔道是两人徒手较量的竞技运动，要求在攻击防守的对练中以柔克刚、刚柔相济，能使身体的敏捷性、灵活性、力量性和精神品质都得到锻炼和发展。这两种武术在它们的产生及发展过程中，受中国武术，尤其是少林武术影响极深，可见中国传统文化在世界文化之林的重要地位。

我国的武术家也十分注重吸取海外武术的精华部分。泰拳是泰国的国技，在泰语中叫做“摩易泰”，它是一种实战性极强且威力巨大的徒手搏击术。在我国武术家李小龙创立的截拳道中，就吸纳了很多泰拳的攻击技法。李小龙曾这样评价泰拳说：泰拳就是唯战论，其搏击的完整体系、反朴归真的技击精华，是最全面自由、有效实战之武术。

为了让更多的读者了解武术文化，了解中国和世界的经典文化，我们特地编撰了这套经典文化系列丛书，以飨读者。本书作为其中的重要组成部分，以悠久的武术文化为主线，详尽地阐述了活跃在中华大地数千年的各种武术流派的起源、发展及相应的内容特征，同时加入了大量世界武术的内容，使读者在了解中华武术之余，也能了解中华武术与世界武术文化的传承关系，明确了中华武术在世界武术文化中的地位，是您了解中华及世界武术文化最好的载体之一。相对于浩瀚的武术海洋来说，如今我们所见的武术只是冰山一角，因此挖掘那些传统武术文化，弘扬武术精神就显得尤为重要。

编　者

2007 年 2 月

目录

下编　世界武术文化

上编　中国武术文化

中国武术历史悠久、门派繁多。几乎每个民族、每个地区都有独具特色的拳种及器械套路，其中尤以少林武术、武当武术、峨嵋武术及南拳最为人们熟知。此外，还有很多拳种、门派在中华大地广为流传，以至于其拳派、武术套路至今难以计数。

而且，中华武术受儒、释、道等文化影响颇深，脱离了简单的拳脚状态，深深地根植于中国传统文化中，是中华民族在长期的生活与斗争实践中逐步积累和发展起来的一项宝贵的文化遗产，更是中华民族灿烂文明百花园中的一朵奇葩。

改革开放二十多年来，中国武术有了长足发展，已成为跨国界、跨民族，甚至跨信仰的文化现象，并在世界范围内形成了独特的中国武术文化圈，影响深远。

第一章

中华武术的历史

武术是一种以踢、打、摔、拿等技击方法为主要内容的民族传统体育项目，发展至今已经有几千年的历史。在漫长的发展过程中，中华武术经历了数不清的坎坷，始终顽强地在中国大地传承并发扬光大。

武术不仅是一种体育运动，还是一种文化现象，有着深厚的文化内涵。它以中国文化为理论基础，融合了道家的阴阳和五行、儒家的仁爱、佛教的忍等各种哲学思想，与传统中医也有着紧密的联系，这些使武术演变成为一个复杂的，不断融合、发展的有机体。离开了中国传统文化的土壤，武术便不能称其为“武术”了，这也是中国武术与外国各类技击形式的主要区别所在。

第一节　中国武术的起源

武术在我国有着悠久的历史，作为独立的社会文化现象，武术的起源与中华文明的产生是同步的。在原始社会生产力极为低下的社会条件下，人们为了生存的需要，就必须依靠群体力量同自然界战斗。在狩猎的生产活动中，人类不仅靠拳打、脚踢、躲闪等徒手动作与野兽搏斗，还需要拿起石头、木棒与野兽抗争，在这些过程中逐渐积累了劈、砍、刺的技能。这些原始形态的搏斗技能是低级的，还没有脱离生产技能的范畴，但这却是武术技能形成的物质基础。

进入阶级社会后，在连绵不断的战争、家族的私斗中，比较成功的一击、一刺、一拳、一腿逐渐被人们模仿、传授、习练着。因此，战场上的搏斗经验不断得到总结，武术进一步向实用化、规范化发展，兵器和武艺也都有了较大程度的变化，武术体系正逐步形成。

春秋战国时期，诸侯争霸，各国都很重视技击术在战场中的运用，铸造工艺也有了很大发展，尤其在吴、越出现了制剑精良的名师大匠。当时不仅盛行击剑，文人佩剑也蔚然成风。到了秦汉时期，武术的初期分支开始萌生，出现了拳术、剑术、象形武术等分支，为以后武术的发展奠定了基础。

一、武术的雏形

武术的产生与人类的生产活动密切相关，在“物竞天择，适者生存”的生存环境中，人类首先面临的就是人与兽之间的争斗。为了猎取食物，人类自然产生了拳打脚踢、指抓掌击、跳跃翻滚一类的初级攻防手段。然而，这些击打的方法多是基于本能的、自发的、随意的身体动作，人们还不能有意识地进行搏杀技能练习，但这些初级攻防技能却为武术的形成奠定了一定的条件，也是武术的萌芽。

早在原始社会，人类就学会了制造和使用石制或木制的工具，并学会了使用这些工具击打野兽的方法。而且我们从考古发现中可以了解到：旧石器时代已出现了尖状石器、石球、石手斧、骨角加工的矛。而到了新石器时代末期，则出现了大量的石斧、石铲、石刀和骨制的鱼叉、箭镞，甚至还有铜钺、铜斧等。因此我们不难看出：在人与兽的争斗中，人类掌握了基本的搏杀技能，原始人类的生存能力已大大提高。

真正意义上的武术萌生于人与人的战争中。据《吕氏春秋·荡兵》记载：“未有蚩尤之时，民固剥林木以战矣。争斗之所自来者久矣，不可禁，不可止。”由此可见，早在原始部落发生大规模战争之前，中国就已经出现了人与人之间为抢夺食物、领地等进行的争斗。这些战争非常普遍，而且由来已久，正是这些

青铜箭镞（曲贡遗址出土）

石　斧

争斗使大量生产工具逐渐演变为人类互相残杀的武器。在战争中，凡是能用于搏击的生产工具都成了战斗的武器，人们远则使用弓箭、投掷器，近则使用棍棒、刀斧，器械巨大的杀伤力被残忍地展现出来。渐渐地，人们发现光有器械是不够的，由此使用器械的技巧和战争中的格斗技术逐步分离出来，并沿着自身的规律向武术的方向发展。

原始社会末期出现了大规模的氏族间战争，而这种原始部落之间有组织的战争加速了原始武术的形成。据古籍记载：这一时期进行的大规模战争有黄帝与炎帝的战争、黄帝与蚩尤的战争、夏禹伐九黎、三苗的战争等。原始人群为适应原始战争的需要，要作战斗的演习操练，以熟悉战斗的击刺动作和应有的群体组合，于是在原始人群中萌生了“武舞”，或叫“战舞”。

上古时期的战争

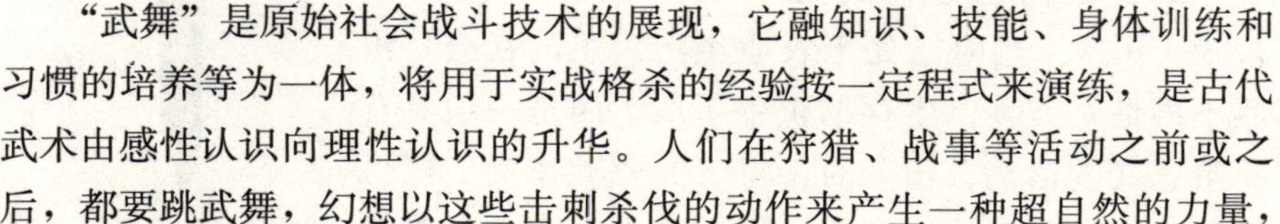

“武舞”是原始社会战斗技术的展现，它融知识、技能、身体训练和习惯的培养等为一体，将用于实战格杀的经验按一定程式来演练，是古代武术由感性认识向理性认识的升华。人们在狩猎、战事等活动之前或之后，都要跳武舞，幻想以这些击刺杀伐的动作来产生一种超自然的力量，以鼓舞士气，祈神保佑。

据史籍记载：大禹时期三苗部族多次反叛，屡次征伐也未能使之降服。后来，禹停止进攻，让士兵持斧和盾进行操练，请三苗部族的人观看“千戚舞”，结果三苗部族被“千戚舞”雄浑的力量所慑服，立即臣服于大禹。这就是原始社会一次盛大的武术自卫演练。“千戚舞”是古代众多“武舞”中的一种，也是人们从战争实践中总结的攻防技能和经验，为后来武术套路的形成奠定了基础。

在近代某些带有原始风貌的民族风俗中，我们还可看到原始武舞的影子，如：云南纳西族的祭神武舞“东巴跳”，数十上百人手持武器而狂舞。在现今我国发现的原始岩画中，也能够看到一些原始武术的图像。在一些岩画中，远古的战士们成横列状，右手高举短戈，傲然屹立；还有一些人一手持方盾，一手执两端粗中间细的武器，双腿弯曲呈马步下蹲，生动展现了原始武术的威武形象。

二、武术的形成

在原始社会的斗争中，武术虽得以萌芽发展，构成了原始文化的重要组成部分，但它还只是处于萌生阶段，还没进入有目的、有计划、有组织的体育活动范畴，因而真正的武术是在进入阶级社会以后才逐渐形成的。

春秋战国时期的剑

进入奴隶社会以后，武术开始从生产活动中分化出来，成为专为统治阶级服务的军事技能，并开始向专门化、复杂化方向发展。夏朝还出现了“序”和“校”等以武术为主的教育机构，进行各种武艺的传习和演练。当时的武技多称“手搏”、“手格”、“股肱”等，据《史记》记载：夏王桀就是徒手生擒猛兽的技术能手。

到了殷商时期，出现了武术训练的重要手段——田猎。当时已处于农业经济为主的社会，田猎不再是人类赖以生存的谋生手段，而是一项具有军事意义的活动。田猎时，将士们驱驰车马、弯弓骑射，进行军事技能训练，殷商甲骨文中就有大量关于田猎的记录。随着青铜冶炼技术的发展，矛、戈、戟、斧、钺、刀、剑等精良兵器开始出现，大大增强了武术的杀伤力。商朝还利用“武舞”来训练士兵、鼓舞士气，形成了四面八方的臣民来殷习武的局面。

西周时期，统治者为了维护贵族专政，对贵族子弟进行“六艺”训练。所谓“六艺”，即礼、乐、射、御、书、数，其中“乐”“射”“御”都是与武术有直接关系的训练内容。“射”、“御”分别指射箭和驾驶战车，“乐”则是周朝开国的一种舞蹈，这种舞蹈是在东南西北四方各做四次击刺的动作。这种套路后世称为“打四门”，在后来的武术基础套路和传统套路中也能见到，足见其影响深远。另外，学校还请著名的将帅讲述武术课程，武术文化教育的气象由此萌生，武文化开始成为中国古文明的一部分。

到了诸侯纷争、列国图霸的春秋战国时期，武术的格斗技能迅速发展。当时，诸侯各国“以兵战为务”，对拳技、臂力、筋骨强壮出众者都很重视。据《管子·小匡》记载：为使齐国强盛，齐国宰相管仲实行兵制改革，责令官兵进行实战性武技训练，凡是民间有拳勇而不报告者按隐匿人才问罪。为了发掘人才，每年春秋两季，齐国都会举行全国性的“角试”，选拔武艺高强的人才充实到军队中去。经过训练的齐军举兵如飞鸟，动兵如闪电，发兵如风雨，前无人敢阻，后无人敢伤，独出独入，如入无人之境，使齐国成为后来的霸主。

这一时期的武术教学也有了较大的发展，《列子·汤问篇》中就记载了“纪昌学射”的故事，将学射的教、学、效果评估三部曲一气呵成，写就了古代武术教学难能可贵的一页。甘蝇是古时一个著名的射箭高手，他只要一拉开弓，野兽就要伏在地上，飞鸟就要掉下来。甘蝇的弟子飞卫曾向他学射箭，学成之后比师父的本领还高。后来纪昌要拜飞卫为师学射箭。飞卫对纪昌说：“你先要练习不眨眼的本领，有了这个本领再跟我来学。”纪昌回到家，仰面躺在正在织布的织机下，两眼不眨地盯着踏板。就这样一天、两天……两年过后，纪昌终于练好了眼睛不眨的功夫。于是去拜见他师父飞卫。飞卫说：“这还不行，还要学看的本领，要能把小的东西看得很大、很清楚，然后再来找我。”纪昌回到家，在一根牛尾毛捆住一个虱子，挂在窗口上，每天都盯着它看。又是一天、两天、三天……三年过去了，他竟然能把一个虱子看得像车轮一样大。再看其他物体，也都能把它们看得很大。纪昌拿来一张弓，搭上箭，向虱子射去，箭正好从

虱子正中间穿过去，而挂虱子的牛毛却没有断。纪昌连忙去找飞卫，飞卫高兴地说：“你学到了射箭的真本领。”

随着奴隶制的崩溃，军事武艺逐步流入民间，武术技艺开始以个体性为基础向多样化发展。为了提高武术技能，习武者之间比试武艺已经非常普遍并很讲究攻防技巧，打法也出现了进攻、防守、反攻、佯攻等。而且，随着武术的发展及技术日趋完善，从实践中发展出来的武术理论也开始形成。

据《吴越春秋》记载：古代越国就有一位著名的女击剑家，时称“越女”。她不但剑技出众，而且还有一套技击理论。越女认为：剑术看起来似乎浅显而容易，但是其中的道理却深邃而精妙，有门户的开合、阴阳的变化。用剑进行搏斗时，精神要充沛，外表要沉稳，看上去神态安详平和，像一个文静的少女，一经交手才让对手知道自己凶狠如同恶虎。越女的剑术阐明了其中动与静、快与慢、攻与防、虚与实、内与外、逆与顺、呼与吸等矛盾双方的关系，成了技击理论的千古经典，是后代剑法的基本要诀。后人王充曾称赞说：“斗战必胜者，得曲城越女之学也。两敌相遭，一巧一拙，其必胜者有术之家也。”即在打斗中得胜的那一方，必定是得到了越女的武术精髓。

剑术不仅在春秋战国的战场上发挥着临阵杀敌的重要作用，而且也是一种表演艺术。无论是临阵打仗，还是击剑娱乐，剑术的好坏都关系到格斗者的生死存亡，所以这时的剑术都是非常实用的实战技术，没有半点华而不实之处。在格斗时，往往先以假动作欺骗对方，等到对手开始动作时，自己再动手。不动则已，一动起来就急如闪电，这样虽然是后发制人，却往往抢在对手之前击中对手。庄子曾对剑术评价说：“夫为剑者，示之以虚，开之以利，后之以发，先之以至。”由此可见，早在2000多年前，我国就已有较为成熟的技击理论，标志着中国武术体系在这一时期逐步形成。

三、武术的分支

公元前221年，秦始皇结束了长期诸侯争战的局面，完成了统一中国的大业。为防止人民反抗，秦朝统治者实行在民间禁武的方针，不过秦王朝两世即灭，对武术的发展并没有产生太大的影响。

汉代是我国封建社会中一个辉煌的时代，政治、经济、文化一度繁荣鼎盛，为武术的发展提供了有利条件。再加上汉、匈之间战争频繁，促进了军旅和民间对武术的重视，武术分支雏形开始出现。曹丕在《典论·自序》中就曾谈到剑术已有“法”，而且各异，证实了流派的形成。

到了魏晋南北朝时期，民族战争和阶级斗争日益频繁而尖锐，使得各种武技在相互对抗、相互制约、相互影响中迅速发展，起到了上承两汉，下启隋唐的重要作用，使武术在民间普及，并得到延续和发展。

（一）拳术

拳术是武术当中十分重要的一项内容，是中国武术中徒手技法的总称。早在《诗经·巧言》当中就有这样的记载：“无拳无勇，职为乱阶”，说明在当时拳术已经出现萌芽了。汉代是我国拳术大发展的时期，仅《汉书·艺文志》收录的拳术就有“手搏”六篇，这是最早有关拳类著作的记述。

汉代的统治者十分重视徒手的拳术表演和比赛。据东汉史学家班固所著的《汉书》记载：汉哀帝就是一个“卞戏”迷。他素来高雅、有情趣、不好声色，就是喜欢去看带有武术性质的“卞戏”。汉代还通过“试弃”（拳技的考试）选拔武职人员，后汉名将甘延寿就是通过“试弃”被选用为“期门”军职的。

汉代拳术注重防身杀敌，比较实用，所以在民间非常普及。在南阳出土的一幅汉代画像石上，就有表现人与人之间进行拳术相斗的画面，非常形象。据《汉书·武帝本纪》中记载：汉代民间经常举办切磋拳术的擂台赛，每有这种拳击擂台，“三百里内皆来观”。可见，拳术在汉代民间十分受欢迎。

汉代拳术除了“防身杀敌”、“以立攻守之胜”的实用之术外，还出现了观赏性和健身性的象形舞，如“沐猴舞”、“狗斗舞”、“醉舞”，还有“六禽戏”、“五禽戏”等，这些都是早期的象形拳术。

“沐猴舞”的动作模拟猕猴，以前进后退时曲腰为特点。在广州，西汉南越王墓出土过一件玉雕猴舞俑，猴俑像《西游记》里孙猴子的扮演者一样装出猴的脸部表情，都是右手扬袖过头顶、耸左肩、扭胯，动作滑稽，人们从中可以看到“沐猴舞”的形态。

“五禽戏”由东汉末年著名神医华佗所创立，是一种模仿五种动物动作和神态的功法，这五种动物分别是虎、鹿、熊、猿、鸟。“五禽戏”模仿虎的威猛、鹿的安详、熊的沉稳、猿的灵巧、鸟的轻捷，虽然没有攻击性和防守性的动作，但是它具有良好的健身作用，可增强体力，对后来出现的武术象形类拳种影响也较大。

（二）剑术

我国历史上的佩剑之风盛行于汉代，上至皇帝，下至文武百官，每人都在腰间挂一把宝剑。连文人学士也身佩长剑，以示高雅，大家都以能文善武而自豪，许多文人墨客与剑术结下了不解之缘。著名的历史学家司马迁的祖先就以传授剑术而驰名；满腹才华的汉代文学家司马相如年轻时不仅喜欢读书，而且喜欢击剑；谋士鲁肃体形魁梧，少年时就心怀大志，不仅喜欢研究奇谋妙计，而且还学习击剑之术。随着汉代佩剑者和喜爱剑术的人日益增多，汉代剑术有了很大提高，并发展成了一门专门的学问。

据《典论》记载：有一次，曹丕和平虏将军刘勋、奋威将军邓展一起喝酒。曹丕曾听说邓展精研武术，擅于运用各种兵器，而且还能空手入白刃，就和邓展谈论起剑术来。谈着谈着，曹丕直率地说："我过去对剑术曾经有过研究，而且也得到高明的传授，我觉得你刚才所说的某处是不对的。"邓展听了曹丕的话，很不服气，要求和曹丕在实战中较量一下。此时，正是酒酣耳热之后，大家正在吃甘蔗，两人就以甘蔗为剑，在殿上对打起来。几个回合下来，曹丕连续三次都击中邓展的手臂，左右的人都大笑起来。邓展不觉脸红，更不服气，要求再来一次。曹丕就故意说："我的剑快而集中，很难击中对方的面部，因此只是打中了你的手臂。"邓展说："别说了，我们再来一次吧。"曹丕知道这次邓展一定会突然间向中路猛攻，就假装不经意地向邓进击。邓展果然如曹丕所料，猛地冲杀过来。曹丕却迅速退步闪过，出手如风，从上方截击，一下打中邓展的额角，这一下使得一同喝酒的人都禁不住惊叫起来。

汉代剑术高超，每个人的剑法也各不相同，武术的个性得到了广阔的发展空间，仅《汉书·艺文志》中收录的《剑道》就达 38 篇之多，对后代剑术起到了极大的推动作用。

（三）武术套路

我们都知道楚汉之争时期的历史事件："鸿门宴"，其中有一个著名的典故——项庄舞剑，意在沛公。从项庄舞剑中我们可以看出，当时的武术已由过去单纯的攻防动作逐步发展成可以单独演练的套路形式。

据《史记》记载：公元前206年，项羽的谋士范增为了除掉与项羽争天下的刘邦，打算将刘邦置于死地，便邀请他参加鸿门宴。在酒宴上，范增示意手下的战将项庄在席间刺杀刘邦。于是，项庄就以舞剑助兴名，持剑舞向刘邦，准备在舞剑中找机会行刺。这时，同情刘邦的另一楚军将领项伯见势不妙，借口一个人独舞不如双人对舞好看，也急忙拔出剑，跳入场中和项庄对舞起来，暗中用身体保护刘邦，使项庄无法下手。

项庄在酒宴上的剑舞不是随性而起，而是有固定的程式，既能供人欣赏，也能致人于死地。从这个典故可以看出：在秦末汉初已经有了用兵器舞练的一些套路动作，这种套路不仅可以单人演练，也可以双人表演。这种剑舞已经是剑术套路的雏形，在剑术发展史上具有重要的意义。

第二节　武术的发展与成熟

我国武术之所以能繁衍至今且日益发展，是由于它具有健身、防身的双重作用。武术在平时能满足百姓强健体魄、陶冶性情的需要，遇到压迫或强暴则成为御强抗暴，抵抗外侮的手段。因此，在我国漫长的封建社会中，备受欺凌和迫害的庶民百姓对武术有着深厚的感情，促进了武术的传播与发展，并使我国的武术形成了独特的民族风格。

隋唐是我国武术的一个大发展时期，兵器的种类大增、形制复杂，各种兵器、武艺争奇斗妍，武艺向多样化发展，武术表演项目也有相当的发展。到了明清时期，武术出现大繁荣，流派林立，不同风格的拳种和器械得到发展，武术作为军事技术、健身手段及表演技艺的多种价值为人们所认识和利用。新中国成立后，党和政府极大地推动了武术的普及和研究工作，使武术运动得到长足发展。武术由于具有健身、防身、自卫的功效，所以能适应时代的变化，逐步成为中国近代体育的有机组成部分，得到了广大体育爱好者的继承和发扬。

一、“武举制”的首次出现

隋文帝统一中国后，为了选拔人才，废弃了魏晋以来按照门第高低选用官吏的“九品中正制”，建立了以文取士的选才制度。隋朝年代虽短，但它结束了数百年来的分裂割据，统一了全中国，建立了较完备的国家机构，是一个承先启后的重要时期。

隋朝灭亡后，唐承隋制，仍用科举选才。公元702年，武则天在科举选才的基础上首创武举制，开创了中国历史上1200多年以武选才的先河，极大地促进了武术的发展。据《文献通考》三十四卷记载：唐代武举制的内容有“长垛马射、步射、平射、筒射，又有马枪、翘关、举重、身材之选。翘关者长一丈七尺，径三寸半，凡十举，右手持关，距出处无过一尺；负重者，负米五斛，行二十步，皆为中第”。由此我们可以看出：唐代武举制的内容不仅极其重视武艺和力量，而且连身材、体格也列为一个条件，包括了作为一个军队将官所必须具备的身体素质及军事武艺。

武举制自唐开创以来，直至清光绪二十七年（公元1901年）才被废止，武举制内容虽在各个朝代均有所变化，但都以唐朝的武举制为基础。武举制的创立无疑激发了更多人的习武热情，从政策上促进了民间和官方的练武活动。武举制度为唐王朝更多更广地发现人才、搜罗人才创造了有利的条件，中唐名将郭子仪就是“自武举异等出”，为唐王朝平定安史之乱立下大功。

骑马射箭比赛

除武举制外，唐朝还制订了各种奖励武艺的办法。凡是有一技之长者，只要在相应的活动中表现出来，不仅能获得物质上的嘉奖，还能获得朝廷颁发的相应的荣誉称号。例如：能拉巨弓，会长矛和剑器的人，被授予“猛殿之士”；马术高超者，被授奖并冠以“矫捷之士”；力大无穷者称之以“伎术之士”；这些措施在一定程度上对唐代尚武任侠之风的盛行产生了积极的影响。

唐朝练武之风日盛，能人之士层出不穷。唐朝开国皇帝李渊的四儿子李元吉就十分骁勇善战，是率军独当一面的将军；而李渊的次子李世民“结纳山东豪杰”，在秦王府蓄养“勇士”八百余人，其中有大家熟知的《隋唐演义》中的历史人物——尉迟恭、程咬金、秦琼，他们都是武艺超群的骁将。尉迟恭能空手夺枪，临阵作战时常单枪匹马冲入敌阵，虽然刀枪如林，终不能伤他，反会被他夺枪刺杀，出入重围，如入无人之境。有一次李元吉要与他比试“空手夺枪”，元吉执枪跃马拼杀，尉迟恭左避右闪，不一会儿将元吉手中的抢夺走三次，由此可见尉迟恭武艺的高超。

唐朝还是剑术发展的集大成时期。当时在军旅中剑已逐渐被刀替代，但剑术在民间仍很盛行。唐朝裴民将军的剑术独冠一时，有一次他邀请“千秋画圣”吴道子去天宫寺做壁画，画家不受酬金，却以“废画已久，神气委顿”为由，要看将军舞剑来振奋精神。结果，剑一到裴将军手中就像有了生命，只见“剑舞若游龙，随风萦且回”，一旁的吴道子看了，不由得“挥毫图壁，飒然风起，俄顷而就，若有神助”。当时裴民的剑术与李白的诗歌、张旭的草书并称为唐代三绝，可见武术作为一种文体形式已具有相当大的影响。

唐代不仅武人练剑，文人也以佩剑、舞剑为荣。李白 15 岁就喜爱击剑，25 岁仗剑远游，36 岁时还“学剑来山东”。他不仅剑术高明，而且善骑马、能射箭，好友崔宗宗就赞他“起舞拂长剑，四座皆扬眉”。杜甫青年时也学过剑术，更令人叹为观止的是杜甫笔下的公孙大娘舞剑：“昔有佳人公孙氏，一舞剑器动四方，观者如山色沮丧，天地为之久低昂。㸌如羿射九日落，矫如群帝骖龙翔，来如雷霆收震怒，罢如江海凝清光。”由这里可以看出，当时的剑术套路已有相当高的水平。公孙大娘的剑舞因为是舞蹈，需要高度的艺术化加工，与后来紧紧扣住攻防格斗为主题发展起来的武术套路有明显的区别。但是武术，尤其是套路武术需要极为丰富的动作素材，唐代舞蹈的高度发达，特别是武舞达到一个高峰，为后来武术的发展提供了重要的前提条件。

唐代处于中国封建社会大发展、大繁荣的时期，唐代的文化是一种开放的文化，中外文化交流相当普遍。所以在唐代的武术中也有着外来文化的痕迹，唐代的武舞、弓射、摔跤等活动都深受外来文化的影响，丰富了传统文化的内容。

二、武术民间组织的进一步发展

公元960年，赵匡胤发动兵变，夺取了后周的政权，建立宋朝，定都汴梁（今河南开封），史称北宋。北宋徽宗政和五年，东北地区的女真族不断南犯，北宋被迫迁都临安（今浙江杭州），史称南宋。在两宋统治的320年中，中原各地与辽、金、西夏少数民族政权长期对峙，民族矛盾、阶级矛盾十分尖锐。

这一时期由于战争频繁，统治者十分重视武备。宋代统治者将武举纳入整个科举体系之中，确定了三组考试的程序，并确定外场考武艺、内场考策论兵书的考试办法，武举制度更加规正。宋朝的军事训练采用统一教法，并制定统一的考核标准，军事训练更加规范化、系统化。这一时期兵器的种类不断增多，而且形制复杂，各种兵器武艺争奇斗艳，武艺向多样化发展。

不仅军事武艺取得了较大发展，由于战争频繁及社会矛盾尖锐，广大农民也自发团结起来建立社团，教习武术，以御敌备战，武术组织开始在民间蓬勃发展，其中规模较大的首推“弓箭社”。弓箭社是自发的民间组织，入社的人要各置弓一张，箭三十支，刀一口。在乡社基础上建立的弓箭社遍及河北北部广大地区，人数之多、范围之广是罕见的。定州知州苏轼曾统计：当时仅定、保两州，安肃、广信、顺安三军，边面七县一寨的弓箭社就有588村、651伙、31411人。百姓自相团结，以乡为社，既务农又习武的现象十分普遍。“社”的形成，为民间武术传授、交流、发展创造了有利条件。

除弓箭社外，北宋至南宋初，各地乡民还组织了以抗金习武为目的的忠义社、巡社等。后来由于宋朝廷的支持，忠义社、巡社遍及大江南北，所习武术多侧重军事实用性，进一步推动了民间武艺的发展。宋仁宗时期，民间出现了以反抗压迫为目的的习武组织，如河北的棍子社、山东的霸王社、扬州的亡命社等，还设有教习武技的“教头”。这些组织虽屡遭官方明令禁止，但民间结社习武的情况仍屡禁不绝。

由于商业的繁荣、市民阶层的壮大，宋代城市中也出现了大量以健身、娱乐为主要目的的武艺结社组织。同时适应市民娱乐的需要，出现了群众性的游艺场所，如“瓦舍”、“勾栏”。在“瓦舍”、“勾栏”中出现了大量以武卖艺为职业的民间艺人，他们把武术作为表演内容，统称“百戏”，表演的武艺有角抵、使拳、踢腿、使棒、弄棍、舞刀枪、舞剑以及打弹、射弩等。他们的表演不仅有单练，还有对练，极大地促进了套子武艺向表演化方向的发展。

南宋时，都城临安也出现了不少民间武艺结社组织，如“角抵社”、“相扑社”、以习练棒术为主的“英略社”等。角抵社是宋代民间相扑艺人成立的摔跤组织，摔跤比赛分三个回合，与日本的相扑从场地、仪式到规则基本上都近似，比赛中可以拽直拳、使脚剪。成员一般都在临安瓦舍中表演，有的还参加“露台争交”，争交优胜者不仅可获厚奖，有时还可获一官半职。这些社团大都不下百人，成员有的是职业习武者，如射弓踏弩社的成员都是“武士”，角抵社多是称为“好汉”的角抵手。

除了对抗性的角抵、手搏外，套子武艺在宋代也有了较大发展，基本摆脱了从属于军事训练的地位，在民间广阔的土壤中生长起来，并按自身的规律演进奠定了中国古代武术的基本格局。

“十八般武艺”一词也最早出现在宋代的典籍之中。据宋华岳《翠微北征录》载：“臣闻军器三十有六而弓为称首，武艺一十有八而弓为第一。”此文原意强调弓箭在征战中的重要性，但已反映当时的兵器远不止18种。宋代的杂剧、戏文、小说中有不少反映武艺的内容，如《说岳全传》、《杨家将》、《水浒传》等，都描写了众多武艺高强、功夫独到的男将、女杰，宋代武术的发展可见一斑。

南宋灭亡后，由于元代的民族矛盾比较尖锐，蒙古统治者限制民间习武，不少武术家隐姓埋名，使武术发展受到了极大限制，习武组织也转为秘密性的民间组织，武术的发展陷入低潮。

三、武术流派的大发展

元朝的武术发展备受限制，直到元末农民起义推翻了元朝的统治，朱元璋于1368年建立明朝后，中国武术才又有了突飞猛进的发展，从而跨入了一个新阶段。

明朝建立后，蒙古瓦剌部长期与朝廷处于敌对状态，北方的军事威胁始终未能解除。这一时期，日本封建诸侯又支持日本西部地区破产的封建主、武士、浪人、商人等，到我国中南沿海进行抢、掠、烧、杀的海盗活动，史称“倭寇”。御倭的问题也一度成为明朝面临的重要军事问题。对军事的重视必然导致对武术的重视，明代由此成为武术的集大成和大发展时期。

明代武术不再仅以刀、枪、棍来分门别类，而是在全国范围内已形成了诸多风格迥异的流派。其中拳术就有长拳、猴拳、少林拳、内家拳等几十家之多；同时形成了太极拳、形意拳、八卦拳等主要的拳种体系。在抗倭名将戚继光的《纪效新书》中就记载：“宋太祖三十二势长拳、绵张短打、温家七十二行拳、三十六合锁、山东李半天之腿、鹰爪王之拿、千跌张之跌、张伯敬之打……共十六家拳法。”真是大有百家争鸣之势，而且拳名都以擅长者姓氏命名，建立了完整的体系，标志着中国武术体系的形成。

明代武术的大发展与明太祖先元璋重视文武全才的思想分不开。他主张“武官习礼仪，文人学骑射”。这样，明代不但拳法众多，而且器械套路也更加丰富多彩，开始有势有法、有拳谱歌诀。由此可见，脱胎于军事格斗技术的武术，到明代已逐步形成以套路为主的运动形式，并远远超过对抗性运动的发展。

以往的武术技巧多靠口传身授，以文献形式保留者甚少。明代的文武全才之风使武术家著书立说达到鼎盛，而且图文并茂，保留了珍贵的武学遗产，为后世研究武术提供了重要依据。据统计：除戚继光的《纪效新书》外，重要的武术专著还有唐顺之的《武编》、俞大猷的《正气堂集》、郑若曾的《江南经略》、程宗猷的

少林派

《耕余剩技》、何良臣的《阵记》、茅元仪的《武备志》、吴殳的《手臂录》等。

清朝统治时期，满清贵族为维持自己的统治地位，一度限制练武，民间武术活动受到了很大限制。但由于武术在民间已有广泛群众基础，加上当时存在许多反清复明组织，人民群众习武练功以图推翻满清统治之风反而使各种流派的武术更加纷呈于世。以地区分有南派、北派；以山川分有少林派、武当派；以宗教分有佛家的外功、道家的内功；以门类分有太极门、形意门、八卦门、迷踪门，还有长拳类和短打类。武术流派林立象征着武术事业的兴旺发达，但也存在各派之间缺乏交流不能相互弥补长短的不足。

清代还形成了一个独具特色的武术分支——内功。内功是武术与道教养生、内丹术和导引术进一步结合，衍生形成的新流派，包括太极拳、形意拳、八卦掌等一批注重内练的新拳种，发展十分迅速。此后，冷兵器在军事上的地位明显消退，武术进一步吸收传统文化的养料，丰富锻炼形式，升华技法理论，在不失攻防内涵的前提下沿着体育方向不断发展。

四、武术文化的成熟

清末民初，随着西方文化思想及西方体育的传入，社会各界提倡国粹体育的呼声高涨，中国传统的武术为国人重新认识，一些以研究武术和开展武术活动为主旨的新兴社团纷纷建立。内忧外患中，中国武术开始了反思，武术文化在这一时期开始成熟起来。

1909 年，霍元甲创建上海精武体育会，把原来主要在农村传播的武术引入到城市中来，武术的健身作用更为明确。

霍元甲（1869—1910 年），字俊卿，祖辈居住在天津静海小南河村，以种田为生。霍元甲少年时期曾以打柴谋生，之后当过脚行，精通中国武术。1901 年，霍元甲挫败自称“世界第一大力士”的俄国拳师后，立志振兴武术，强体御侮，在家乡广收徒弟，传授拳术。后来，霍元甲前往上海创办精武体育会，并打出“专收各国大力士，虽铜筋铁骨，无所惴焉”的口号，大长国威，从此声名远播。

精武体育会的成立得到了当时中国工商界、文化界有识之士的大力支持，成立宗旨是为了强国强种、“铸造强毅之国民”。精武体育会不仅传

霍元甲像

播、发展中国民间传统武术，而且首次把武术和海外传进来的文化、音乐、体育等糅合在一起，在当时具有很大的开创意义。

几年后，在军队任职的马良（1878—1947年）出面请来一些武术名家创编了新的武术套路教材，名为《中华新武术》，借鉴西方的体操、兵操的形式，把散传在民间的武术编成武术操，在军队中广泛传播。为了推广“中华新武术”，马良在1914年创办了“武术传习所”，促进了武术的普及和发展。“中华新武术”改变了武术原来师徒口授单传的教学方式，适宜团体教学和操练，为后来武术进入学校提供了可借鉴的教学模式。

随着民间武术有组织化发展趋势的出现，一些有识之士开始呼吁武术进入学校教育。1915年4月，在开津召开的“全国教育联合会”第一次会议上，通过了北平体育研究社许禹生等人的提案《拟请提倡中国旧有武术列为学校必修课》，教育部明令“各学校应添授中国旧有武技”，武术正式进入学校教育。武术的研究也逐步开展，一些武术论著先后出现，武术史学家唐豪的《少林武当考》、《内家拳研究》、徐致一的《太极拳浅说》等，都开始用现代科学的观点来认识、研究武术。武术在民国时期有了极大的演变与发展。

1923年4月，马良、唐豪、许禹生等人联合发起，在上海举办中华全国武术运动大会，进行武术观摩交流。严格来讲，这只是武术的交流表演，却是中国体育史上第一次武术单项运动会。参赛的有精武体育会、北京体育研究社等二十多个单位，运动员有四百余名。这次武术运动会采用了近代体育竞赛形式，一改过去传统武术街头表演、庙会献技的形式，是传统武术向竞技体育发展的开端。

新中国成立后，武术蓬勃发展。国家不仅定期举行武术汇报表演，还在高等师范院校及体育学院开设武术专业，并组织专业人员在继承传统拳术的基础上，广收众家之长，整理出简化太极拳、中组长拳、初级长拳以及器械套路。为了弘扬民族文化，开展体育运动，全国各地还建立了武术协会，吸引武术爱好者前去习武健身；国家还设有专门机构负责开展武术运动，将武术列为正式比赛项目。这些措施极大地推动了武术的普及和研究工作，使武术运动得到长足发展。不论城乡，群众性的武术运动都得到广泛推广。

亚运会武术套路男子长拳比赛

随着我国对外开放的深入，武术也不断走出国门一展风采。中国武术所具有的健身、技击、艺术欣赏等作用兼备的独特功能越来越吸引国外的武术爱好者。中国曾派人先后到五大洲六十多个国家和地区进行武术表演和交流，目前中国武术已经发展到了欧美等国家和地区。美国已成立了“全美中国武术协会”，芝加哥、纽约、旧金山等城市还有“少林功夫学校”等。在国际上，中国武术热正方兴未艾，武术对发展同各国人民的友谊、促进文化交流做出了贡献。

1999 年，国际武联被吸收为国际奥委会的正式国际体育单项联合成员，这是武术发展上的又一历史性突破。2001 年北京申奥成功后，国际武联立刻启动了“入奥”工作，如今已经确定要在北京 2008 年奥运会上进行武术表演赛。中华武术终于可以出现在奥运赛场上，向更多的人展示中国武术传统文化的魅力。

第二章

中国武术的思想内涵

源远流长的中国武术在发展演进的过程中，始终充满着人民的智慧，是无比宏伟瑰丽的华夏文化系统中的一个分支，其发生、发展紧随着整个华夏文明的历程，是中华文化史的一个重要组成部分。长期的社会实践使中华武术形成了独特的民族风格和特点，蕴含着深邃的哲学思想和道德观念。武术作为国术、文化瑰宝，深受国人喜爱。

第一节　中国人的尚武精神

我们的远祖是一个十分强悍、好勇的民族。北京山顶洞人常在尸身周围撒上红色颜料，因为红色是鲜血和生命活力的象征，原始中国人对红色的偏爱，是我们远祖尚武精神的根性体现。

“古者禽兽多而人少”，我们的远祖经常遭受猛禽的袭击，他们不得不诉诸武力，“以伐木杀禽兽”(《商君书·画策篇》)。上古时期部落间征战频繁，这种部落之间复仇的原始意识往往酿成部落间一些大规模的械斗。动荡不宁的生活和频繁激烈的战争造就了强悍好勇的民族性格。部落中一些体魄雄伟、气力过人、轻命勇武的人往往为其他成员所推崇和信服，从而成为首领。传说中的蚩尤“铜头铁额”，就是说出入常戴着战盔，给人以一种赳赳武夫的感觉。

具有强悍民族性格的初民，在漫长的史前时代长期为浓重的习武风气所熏陶，从而形成一股强大的尚武传统。那时，在战场上英勇战死的壮士，其遗孤和双亲每逢春秋两季都要享受特殊的礼遇，收到特殊的慰问品。凡因怯阵战败而死的人，死后要投到荒野以示惩罚，因为“无勇”是最被人所鄙视的品格，连死后都得不到宽恕。

到了崇尚礼乐王官文化的夏商周时代，基于民族根性的尚武传统始终有着巨大的影响。除了全民尚武、习武的社会环境外，当时还有一种独特的社会心态，那便是弥漫于全社会的经久不衰的好剑之风。

远古时期，武器的设计和制造尚处于初始阶段，在有限的几种短兵器中，剑轻便易使，直刺旁击都能运用自如，且构造简单，容易制造，所以为人们所普遍使用。夏商周时代，剑的实战作用逐渐被其他武器所代替，但它作为尚武精神的象征物，却越来越被贵族和平民所钟爱。

当时，佩剑是一个人身份和地位的标志，也是男子显示仪表和风度的服饰。春秋时期滕国的国君就毫不掩饰地说：“吾他日未尝学问，好驰马试剑。”后来的赵惠文王也酷爱剑，在他的身边聚集起三千多名“剑士”，他们“蓬头突鬓，垂冠曼胡之缨，短后之衣，瞋目而难”。由此可见这些人都是贫民，但他们和赵惠文王同样好剑。沦落在社会底层的诗人屈原也不止一次地在诗中描绘了一位佩剑行吟泽畔、上下求索的爱国诗人形象，也是对当时社会现实的写照。

先秦社会到处弥漫着的好剑之风，形成了一股浓烈的文化氛围，在这一氛围中，推崇武艺和勇力的“士”阶层开始出现。东汉许慎《说文解字》训曰：“士，事也。”顾颉刚在《武士与文士之蜕化》一文中考证：“士”就是古籍中的“士伍”之士，为军人之称。到了春秋时期，“士”阶层开始出现分化与蜕变，但在过渡阶段，“士”仍然都能武，它的产生和发展影响着以后几千年中国文化的面貌。

由于尚武之风的盛行，春秋末期出现了一大批专门刺客。这是一批生活在民间、不图富贵、崇尚节义、身怀勇力或武艺的武士。他们与某些权贵倾心相交，为报知遇之恩而出生入死，虽殒身而不恤。像晋国的豫让，吴国的专诸、要离，都是春秋末期最为著名的刺客。

晋国的豫让曾受到权臣智襄子荀瑶的尊重和重用，便把智襄子视为知己。后来晋国内乱，权臣相争，智襄子被赵襄子毋衅联合魏、韩两家所攻杀。赵襄子与智襄子仇恨最深，所以将智襄子的头颅漆为饮器。豫让得知智襄子被赵襄子所杀，发誓要为智襄子复仇。他变更姓名，进入宫中为太监。一次在洗刷厕所时，他身藏匕首要刺杀赵襄子，结果被赵襄子发现。赵襄子赞叹他的“义士”品格而释放了他，但豫让矢志不渝。他漆身若癞，吞炭为哑，灭须去眉，行乞于市，连他的妻子也辨认不出来。当赵襄子外出时，他埋伏于赵襄子途经的桥下，企图再次行刺，又被赵襄子擒获。豫让要求赵襄子在处死自己之前成全他的“死名之义”。于是他拔剑三跃，猛击赵襄子的衣服，仰天大呼：“吾可以下报智伯矣！”接着伏剑自杀。他的死震惊了社会，“赵国之士闻之，皆为涕泣”。郭成尧在《国术摘要》中形容这一时期的武风时说：“当日民族之气概，晔乎其如日月，砰乎其如雷霆。”

秦汉王朝定鼎后，“重文轻武”便成为占统治地位的主导文化，“文”、“武”全面分途，中国的尚武精神开始衰落。这种尚武精神在隋唐时期曾一度恢复，但到了“重文轻武”的宋朝时期就被彻底打断了。很多仁人志士感到了尚武精神衰落的危机，力图对世风时俗进行改造，不懈地呼唤着武术、呼唤着尚武雄风。《敦煌曲子词》就曾大声向世人责问：“漫夸儒士德能多，四塞忽闻狼烟起，问儒士，谁人敢去定风波?!”

中国人的尚武精神像一股巨大的潜流，每当危机来临，奋发而起的人民便层出不穷。当北宋朝廷节节退让时，北宋边疆的百姓却能自发结成“弓箭社”，他们倡导武风，“带弓而锄，佩剑而樵，出入山坡，饮食长技与敌国同”，对南犯的侵略者给予了沉重的打击。

在文风弥漫的封建社会中，文武双全的英雄人物也不断出现，并深刻认识到尚武精神与国家强盛的密切关系。如宋代的辛弃疾，文武全才，世人誉其“有英雄之才，刚大之气”。他擅“弓刀”，“马上横槊”，剑技尤为精绝，一生致力于“剑指三秦”，“一战东扫”。清初著名学者颜习斋 8 岁即从吴洞云学习“骑射，剑戟”。20 多岁，“挟利刃、大弓、长箭，骑生马疾驰”。57 岁时，比武还曾打败过当时的著名武术家李子青。他痛叹：“千余年来，率天下故纸中，耗尽身心气力，作病人、弱人、无用人者。”他酷爱武术，并提出了“一身动，则一身强；一家动，则一家强；一国动，则一国强”的理论，倡导全民习武。

纵观作为中华民族其他成员的一些民族，也能清楚地看出这一点。满族的儿童，年纪很小便要学习射艺，人们教他们威风凛凛的射姿，把射姿

看得比瞄准还要重要，这实际上是从小就进行着一种尚武精神的教育。“我朝以骑射定天下”是清朝皇帝常挂在嘴边的一句话，他们以几十万人南下如入无人之境，征服了整个中国，靠的就是尚武精神上的优势。然而，当八旗子弟堕落成为唱戏养鸟、斗鸡走狗的膏粱纨绔之时，清帝国也就走到了末日。

从1840年开始，列强大炮的轰响震撼了每一个中国人。图强御侮的紧迫使越来越多的有识之士逐渐意识到：国势不振，国人蒙羞，是输在了科技上，是输在了制度上，但更是输在了精神上。落后或许并不可怕，真正可怕的是“手无缚鸡之力”，是整个民族体魄和精神的羸弱。青年毛泽东在著名的《体育之研究》一文中也曾感慨地说：“现今文明诸国，德为最盛，其斗剑之风，播于全国；日本则有武士道。”他认为中国的羸弱，根本就在于“武风不振”。

拳脚横飞、激烈竞搏的武术，是最暴烈、竞争性最强的活动，也是激活人进取意识的最佳手段。武术那种纯粹个人拼搏的性质，无疑有助于培养增强国民的主体意识。它的猛烈形式和争强的效果，则足以涤荡鲁迅先生所“哀其不幸，怒其不争”的自暴自弃、安于现状、崇洋媚外的种种奴性精神。

就这样，中国武术以它特定的内涵和功效、以它深植于民族土壤的深厚背景，再一次引起了人们的关注。马良倡导“新武术”，号召国人“振兴武术，强种强国”，认为“推广我所有武术教育，以发展我同胞之体魄，我国家转弱为强，可计日而待也”；谢似颜建议：“一切学校，宜教授拳棒。艺不必精，时不必久，但必作必修科目”；孙中山更指出：“中国拳勇技击，与西洋的飞机大炮，有同等作用。”在这种思想影响下，各种国术馆及武术团体蜂起，遍及全国各省市。

郭成尧在《国术摘要》中曾对这一段历史作过这样的总结：“共和以还，吾国之民慓然欲强其国，先强其身。风起云涌，研究武技。详详览历史，拳术之兴替，关于国家之盛衰。风雨一灯，得失千古。不禁感慨系之矣。”由此可见，中华民族历来就是一个尚武的民族。提倡尚武精神，能够激发国人一种精神，这正是振奋一个民族最为有效的手段，也是中华武术的现代价值所在。

第二节　中国传统武德

古人云："大上，有立德，其次有立功，其次有立言，虽久不废，此之谓不朽"；孔子办学设四科，分别为德行、言语、政事、文学，也以德行为首，可见我国人民历来崇礼敬德，习武之人也是如此。

所谓武德，就是从事武术活动的人在社会活动中所应遵循的道德规范和所应具有的道德品质。简而言之，就是武术道德。武德一词最早见于《左传宣公十二年》，书中提出"武有七德"，即"禁暴、戢兵、保大、功定、安民、和众、丰财"。儒家思想则认为武德主要包含"仁、义、礼、信、勇"五方面。仁是指道德意识，要用广博的爱心去对一切人；义是依仁而行的方法、途径和标准，伦理观念；礼表示恭敬辞让之心、为人处世、待人接物的礼节仪容；信表示诚实可靠、信守诺言；勇则表示惩恶扬善、见义勇为。

文以德彰，武以德显，武德作为一种美德，一种社会意识形态，指导人们共同的武术生活及其行为的准则、规范，并渗透在习武者的思想和言行中。

武德对于习武者的重要性首先体现在武术的传授上。各门各派在挑选传人的时候都力主择人而教，只教品性正派的人，不教品性邪恶的人，少林寺的歌诀就再三强调，"忠诚善良传衣钵"。在传授武艺时，习武者也始终将高尚品德的培养放在第一位，正所谓"未学武前先学礼，未习武前先习德"。否则，"练功不修德，必定要着魔"，那便与武术的宗旨背道而驰了。

为了培养高尚的品德，武林的各拳种流派都订有自己的"门规"、"戒律"、"戒约"，并有"三不传"、"五不传"、"十不传"以及"八戒律"、"十要诀"等作为武德的标准。如少林有练功十忌："一忌荒惰、二忌矜夸、三忌躁急、四忌太过、五忌酒色、六忌狂妄、七忌讼棍、八忌假正、九忌轻师、十忌欺小。"凡是持技欺人甚至为非作歹之人，轻者则加以责备，重者则逐出师门，更重者则予以严惩。少林即严正宣告："有技无德者，非少林之徒！"并谆谆告诫武僧："功成之后莫轻使，持技欺人忘德行。"充分表明习武之人从来不从纯武艺的角度去看待武术，而总是将武术与品德紧密地联系在一起。他们认为："无德无拳"，坚持："文以评心，武以评德。"

各门各派都认定："功夫有限，仁者无敌"，所以在遇到冲突时，要做到"尚德不尚力，重守不重攻"。习武者首先要以德服人、以德慑人，行不通时才可以施展武艺，制服对方，而不应单凭武力，先发制人。在我国漫长的历史中，曾经出现过许许多多既精通武技又具备武德的能人，有的身为侠士专与土豪恶霸为敌；有的路见不平、拔刀相助、仗义济民；有的身为朝廷武将，为保家卫国、反抗当朝的统治而投身到农民起义军的战斗行列，留下了许多可歌可泣的感人事迹。

随着社会的发展、时代的进步，武德的涵义也在随之变化。但就武德的本身来讲，有几点是习武之人必须具备的，也就成了武术界固有的道德标准。

第一，忠于国家和民族。历代的仁人志士均视"寸寸山河寸寸金"，忠于国家和民族这一优秀传统在习武之人身上得到了鲜明的体现。少林寺歌诀告诫僧人："罚惩恶歹忠国家，永为民族功绩创"；《洪门宗法》告诫同门："吾宗之练习此术，乃有爱国思想存于其间。诚肯筋骨废弛，不能报国；东海可移，此志莫易；磨练筋骨，留以有待。"许多习武之人也都是忠于国家和民族的好汉，如抗击匈奴的李广、抗击金兵的岳飞、驱逐倭寇的戚继光、打击英国侵略者的关天培及"灭洋"的义和团等，他们都出身于武林，都是武林爱国爱民族的杰出英雄。

第二，自强不息。早在数千年前，《易经》中就指出："天行健，君子以自强不息。"中华武术一直蕴含着不甘屈服、自强拼搏的精神，中华武术流传千古，正是中华民族自强不息的光辉写照。凡是到少林寺参观的人，看到了练功堂里武僧站立的地方凹陷下去几寸深，无不为他们勤奋、刻苦的练功精神所感动。少林武术之所以能够出类拔萃、名扬天下，正是由于代代武僧的勤奋、刻苦的练习。有了自强不息的精神，一个人才会成为生活的强者，一个国家和民族才会兴旺发达。

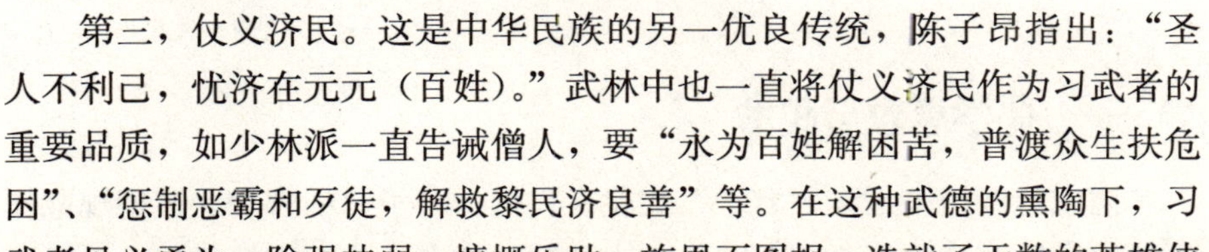

第三，仗义济民。这是中华民族的另一优良传统，陈子昂指出："圣人不利己，忧济在元元（百姓）。"武林中也一直将仗义济民作为习武者的重要品质，如少林派一直告诫僧人，要"永为百姓解困苦，普渡众生扶危困"、"惩制恶霸和歹徒，解救黎民济良善"等。在这种武德的熏陶下，习武者见义勇为、除强扶弱、慷慨乐助、施恩不图报，造就了无数的英雄侠客，留下了无数脍炙人口的英雄故事，至今仍为人们所传诵。

第四，诚信谦让。孔子主张“言必信”，古谚则告诉人们“谦受益，满招损”，可见我国人民对诚信谦让的重视，习武之一对此更是倍加推崇。司马迁就曾大力赞扬游侠的“其言必信，已诺必诚，既已存亡（使将亡者得存），死生（使将死者得生）而不矜其能，羞伐其德”。古代习武之人也相信“天外还有天，一满即招损”，所以凡事恭敬谦虚、不与人争。少林派也倡导：“宁可受人打，决不先打人”，可见诚心谦让对于习武者的重要。

在武术发展的历史长河中，由于受中国古代文化思想的影响，武德内容也有其历史的局限性。比如：要英雄、逞好汉、为朋友两肋插刀的“江湖义气”，带有三纲五常思想的“唯师命是从”的行为等。所以，今日的习武者要对传统武德进行分析，继承传统武德中合理的成分，批判过时的旧武德，树立新的武德观。继承传统武德中的精华，也要把习武同发扬祖国灿烂文化、热爱祖国联系起来，培养强烈的民族自豪感，维护中华民族的尊严，维护国家和人民的利益，为社会做出更大的贡献。

第三节　武术与中国哲学

作为中国传统文化有机组成部分的武术，在其产生、发展和完善的历史进程中，受中国传统哲学的影响极深。哲学中的儒家思想、阴阳、八卦、五行以及天人合一等思想，在中国武术中都着深刻的反映，是中国哲学智慧的体现。历史上许多武术家也都自觉不自觉地运用了古代的哲学思想来阐释拳理，并能融会贯通地创造出不同风格的拳种。其中太极拳、形意拳、八卦掌等拳种对拳理的解释与古代哲学思想联系最为密切，含有丰富的哲理性。

一、儒学思想与武术

儒家学派历来推崇“君子”文化，它把“君子”的行为、道德规范作为“成人”的标准，希望人们去努力达到。儒家的伦理道德思想，以及所提倡的“文武双全”、“仁勇兼备”的思想，对武术发展有着明显的导向作用。

儒家伦理道德强调“仁爱”，认为“仁”为“爱人之本”。以“仁爱”为基本伦理思想所派生出的“忠、孝、智、仁、勇、宽、信、敏、惠、温、良、恭、俭、让”等道德标准，一直被作为武术伦理思想的核心，纳入了道德伦理的范畴之中。

儒家认为：作为君子光有仁爱是不够的，必须同时掌握“六艺”，即“礼、乐、射、御、书、数”，其中“礼”、“射”、“御”都和武术密切相关，即“仁者必有勇”。《史记·孔子世家》还指出：“有文事者必有武备，有武事者，必有文备。”这种追求文武双全仁勇兼备的思想，对武术超越纯武的范畴，积极与中国文化相融合，以及其自身的发展起到了导向的作用。

中国历史上由此出现了大批儒侠，儒侠文化备受推崇。

儒侠以“为国为民，兼济天下”为核心，以勇敢入世的态度，兼济天下的志向，鞠躬尽瘁、死而后已的献身精神去行侠仗义。他们的江湖多与国家和江山有关，他们的事业也不只在江湖上扶危济困，而是在国家遭灾受难、民族受欺侮之时挺身而出、奋不顾身，维护国家和民族大义，也就是我们所常说的忧国忧民、为国为民。

司马迁的《史记》中记载了两类具有儒侠特点的人物：一类是游侠，如朱家、郭解；一类是刺客，如曹沫、豫让、专诸、聂政、荆轲。前者惩恶扬善、抑强扶弱，重信义与是非曲直，其行为特征是路见不平，拔刀相助、“义”字当头；后者则以个人忠义为主，有固定的、单一的服务对象，不分是非善恶，其行为特征是士为知己者死、“忠”字当头。游侠重在以“文”行侠，在和风细雨中化干戈为玉帛；刺客重在以“武”行侠，在刀光剑影中完成使命。

从战国游侠个人的素质看，大都是战国时代出类拔萃的人才，智勇双全，并非头脑简单的一介武夫。游侠荆轲“为人深沉好书”，颇有修养。他行刺秦王嬴政前，制定了周密的计划。首先，他得了赵国著名剑匠徐夫人铸造的毒剑，见血即死、锋利异常。他又让勇士秦舞阳当助手。同时，他准备了燕国要地督、亢的地图和秦王仇人樊於期的首级作为见面礼，匕首就藏在地图中。临行前，荆轲高唱：“风萧萧兮易水寒，壮士一去兮不复还！”歌声激昂慷慨，以示必死之志。一曲终了，他掉头不顾而去。到了戒备森严的秦营，壮士秦舞阳不由色变惊恐，荆轲仍从容应对。

对于游侠来说，追求具有超越意义的“名”甚至比自己的生命更重要。他们“恩不忘报”，为的是“名高于世”。聂政毁容自杀后被韩国统治者暴尸于市，悬赏千金，试图弄清刺客的姓名与身份。聂政的姐姐聂荣闻讯后心想：弟弟是为了我而毁容的，“爱身不扬弟之名，吾不忍也”！于是至闹市抱尸恸哭，连呼：“这是吾弟聂政！”然后自杀于聂政尸体旁。正如史学者所指出的：聂政之所以能名扬后世，是与其姐姐甘冒杀身之祸以传其名分不开的。在侠者看来，聂政是死得其所。

明末清初的大思想家王夫之在《读通鉴论》卷三谈到秦汉之际的历史，感慨万千，大发议论道：“上不能养民，而游侠养之也。”

不过上古时代中国的侠并不具备完备的道德理性。在司马迁笔下，侠客们主要是感恩知报，重然诺，轻死重义。他们的人生纯粹是为私人恩怨的，并不计较是非。其中许多人，成了私债的奴隶，只好以死偿之。这种侠对个人尊严看得十分重，收受了他人的恩惠就会觉得自己的人生有了亏欠，要不惜一切代价把心理摆平才安心。

后世的侠并不限于报答和自己有特殊关系的人，而是要普遍地助危济困，所以更有理想主义和浪漫主义的色彩。为国为民的忠诚观念是儒侠非常崇高的民族品格，北宋武侠已经普遍将“救民水火”、“为民鸣不平”视为自己的职责和义务。南宋之后，异族入侵，倭患横行，民族矛盾尖锐。武侠纷纷以民族大义、国家利益为重，奔赴御倭前线。明《云间杂志》中记载的隐迹风尘的丐侠张二郎，为抗倭而从军，屡次立功，“时斩倭首以献”。论功行赏时，他把赏给他的银牌犒金交归府库，自己分文不取。其爱国之心拳拳可见。近代武师霍元甲，创办精武体育会，以“爱国、修身、正义、助人”作为办会宗旨，并以“不准以我之拳头加予同胞身上”为根本戒律，被武林誉为“精武精神”。

后世大量的文学作品也塑造了大批儒侠形象，如唐代笔记小说《红线》中的红线、《近代侠义英雄传》（向恺然）中的霍元甲等，都是仁勇兼备的儒侠。他们具有远大理想而又积极行动的大侠品格有着巨大的楷模力量，是以天下兴亡、万民安乐为己任的儒家典范。“为国为民，侠之大者。”这是一种中国人独有的伦理价值。这里的“大侠精神”就是侠义传统与儒家的最高价值标准完美结合的产物，是成熟完整的武侠精神。具有“为国为民”精神的武侠形象，则成为中华民族理想中最完美的英雄形象，受到千百年来中国人的崇拜和尊重。

二、太极思想与武术

“太极”一词初见于《周易·系辞上》一书。该书认为：“易有太极，是生两仪。”这里的两仪即阴阳，太极则以阴阳为内涵，是衍生天地万物的本源。因此，《周易·系辞上》提出了“一阴一阳之谓道”；朱熹也认为：“总天地万物之理，便是太极。”在探索太极义理的同时还出现了一些以阐释“易有太极，是生两仪”为目的的“太极图”。

太极图

《太极图》最初由五代至宋初的道士陈抟传出，原名叫《无极图》。陈抟对内丹术和《易》学都有很深造诣。据史书记载：陈抟曾将《先天图》、《太极图》以及《河图》、《洛书》传给其学生种放，种放又传穆修、李溉等人，后来穆修将《太极图》传给周敦颐。现在我们看到的太极图，就是周敦颐所传的。

太极图是由黑白两个鱼形纹组成的圆形图案，俗称阴阳鱼，它是中国古代哲学思想的核心内容，是对自然界一切事物发生、发展变化规律的高度概括。整个太极图呈圆形，象征着事物永恒、循环式的运动状态，也象征人的生命起源。太极图图面黑色为阴，白色为阳。黑白相依，相抱不离。白鱼黑眼代表阳中有阴，黑鱼白眼则代表“阴中有阳”。古人认为：阴阳互不相离，相互消长，相互转化，由此产生了万物。

白鱼与黑鱼之间由一条反“S”形曲线分开，这说明事物的阴阳双方并不是截然以直线的方式分开的，而是彼此相互依赖、互为所用的；同时也指出事物任何一方均不能脱离另一方而单独存在，事物的阴阳双方既对立又统一，彼此协调和谐而又相互制约，共同维持事物阴阳双方的动态平衡。

此外，太极图也表示事物是不停运动的，或者阴消阳长，或者阳消阴长，处于不断变化的过程中。阴阳鱼的鱼眼又是一个小太极图，这说明阴中有阳，阳中有阴，阴阳之中又可以再分阴阳，事物的发展是无限的，事物划分阴阳也是无限的、无穷无尽的。

随着古人对“太极”理、象研究的发展，太极思维中的阴阳辩证法则逐渐被作为认识问题和解决问题的根本法则，渗透到中国人的生存方式中，形成中国人的一种思维方式。由此，太极也影响着古代武术运动的发展，太极拳的出现就是“太极”文化的思想内涵在武术上的最好体现。

太极拳练习者

太极拳是以太极文化为理论创造出的一种武术套路，文化长期衍化发展成为中华传统文化的一朵奇葩。比照太极图来看，太极拳中动静、刚柔、虚实、开合等对立统一状态，与太极图的阴阳消长、转化规律是一致的。太极拳的动作圆活，招招不离弧形，式式都像圆形，使整套动作圆转连贯、一气呵成。太极图也是置于平面圆形中，而且双鱼环绕，恰如练习太极推手时，两人双搭手的形态。练习中双方臂膀组成环状不断变化，你进我退，粘边黏随，正符合彼阴吾阳、相互消长、交替变化的道理。

太极拳家认为，太极是一切的原动力，宇宙既有太极，人身也有太极，而且人身的腹部就是太极，所以《太极十三式歌》中说：“命意源头在腰隙，刻刻留心在腰间。”

三、阴阳思想与武术

古代学者认为：人类与宇宙万物都是由阴阳互动而成，《易经》最核心的内容也就是阴阳学说。

阴阳最初涵义是很朴素的，表示阳光的向背，向日为阳，背日为阴，后来引申为气候的寒暖，方位的上下、左右、内外，运动状态的动与静等。中国古代的哲学家们进而体会到：自然界中的一切现象都存在着相互对立而又相互作用的关系，就用阴阳这个概念来解释自然界两种对立和相互消长的物质力量。正如《素问·阴阳应象大论》说：“阴阳者，天地之道也，万物之纲纪，变化之父母，生杀之本始。”由此可见，阴阳的规律是自然界一切事物固有的，世界本身就是阴阳两气对立统一运动的结果。

古代武术要求“顺阴阳而运动”，这一思想在先秦时已见记载，其中最具特色的是春秋末年“越女”论剑和战国时《庄子》的有关论述。

“越女”论剑认为：“道有门户，亦有阴阳，开门闭户，阴衰阳兴。”整篇言辞都是以阴阳变化法则解说攻守制胜之理。《庄子》则认为攻防格斗的奇巧在于阴阳。他说：“且以巧斗力者，始乎阳，常卒乎阴，大至则多奇巧。”并指出“奇巧”的要点在于遵循阴阳转化法则：“夫为剑者，示之以虚，开之以利，后之以发，先之以至。”在武术格斗中，阴阳转化得当的一方就能以巧胜拙、后发先至。

古代武术就这样基于“一阴一阳之谓道”的哲理，沿着“顺阴阳而运动”的原则，在延绵数千年的冷兵器时代里发展着。不论何种拳术，都要维持体内的阴阳平衡，所以各种拳术都要“气沉丹田”。武术的技击运动中也蕴含着阴阳学说，无论是防守还是进攻都离不开阴阳的变化。

到明代中叶后，古代武术发展达到了它的巅峰时仍然以“顺阴阳而运动”为原则，这在武术大家戚继光和俞大猷的著作中都有体现。戚继光在《纪效新书》中的《长兵短用篇》、《短兵长用篇》，通篇着笔于运用阴阳变化的法则，论述长与短相互为用的关系；俞大猷在《剑经》中，以阴阳转化法则揭示了转化刚与柔、动与静、先与后等对应因素的方法。提出了“顺人之势，借人之力”、“乘他‘旧力略过，新力未发’”、“以静待动，以逸待劳”等攻防制胜原则和方法，被后世拳家视为不传之秘。这些制胜原则都是在阴阳变化理论基础上产生的，代表着古代武术沿“顺阴阳而运动”的发展达到了新的高峰。

古代武术还强调以阴阳互根、阴阳消长、阴阳转化作为武术技法的基本原理，解释和规范拳技理法。

所谓阴阳互根，是说阴与阳互相为根基。拳家认为：孤阳不生、独阴不长，要阴中有阳、阳中有阴。在做任何动作时，主动肌的收缩（阳）与对抗肌的舒张（阴）要有序配合，动作才会协调灵便。如：运用长拳时要辅以短打，运用短打则要辅以长拳，劲力要“刚中有柔，柔中有刚，刚柔并济”。在搏斗技法中，也讲究长兵器要能短用，短兵器要能长用。搏斗技法还强调：格斗时要“攻中有防，防中有攻，攻防互寓”。

武术家们还认为：每一个动作都是阴阳对立，势必此强彼弱，此弱彼强，这就是阴阳之间的消长。阴阳的消长必须符合一定的比例，例如：一种手法的劲力有十分，柔劲多一分，刚劲就少一分。据陈鑫的《太极拳图书讲义》阐述：陈式太极拳刚与柔的比例就是五比五，这样才是易于变化的“妙手”。阴阳对立消长主要表现在双方搏斗时，例如：对手直劲打来，可以横劲破解；对手前进，可退而避之；对手后退，则可以进而击之等等。

阴阳转化也是武术技法的基本原理，习武者要注意采用从一定状态反向入手的技术方法和训练步骤，在套路演练技法中，则遵循“意欲向上，必先寓下；意欲向左，必先右去”的动作路线规律。阴阳转化原理体现在武术训练中，则表现为“静中求动”、“动中求静”的练法。练习武术时一般要求先练静功，由静功提高人体对外界的感觉能力，再在意识的支配下发起动作。如果练功时，思想静不下来，思绪烦乱、杂念纷争，则采用动功，使思想在注意动作要领、动作路线、动作含义、气息与动作配合的过程中排除杂念，达到相对静的状态。

四、八卦思想与武术

八卦学说是一门庞大的科学思想体系。早在五千多年前，中国先人通过长期探索，认识到宇宙是个万物一体的大系统。由于整体间各个局部的相互关联，大自然表现出极强的规律性，即为无极生太极、太极生两仪、两仪生四象、四象生八卦，这是太极衍生八卦的基本理论。古人就是根据这种理论逐步建立起来了一种朴素的唯物论和辩证法。

什么是八卦？八卦是在肯定宇宙间相互关联的万事万物运动规律的基础上，推测事物的发展和走向，又把发展理解为各种矛盾趋向和谐与不断往复的过程。古人将这一规律加以总结，得出在不同时刻、不同情况下的表现状态，并从颜色、位置、动作、方向、对象、物质、气味及转换过程等方面做了归纳。

八卦掌练习者

八卦与中华武术的紧密联系主要体现在八卦掌中。八卦掌是武术中的一个拳种，原名“转掌”。由于该拳主要运动方式为绕圆走转，所绕圆圈正经过八卦的八个方位，又以人体各个部位比对八卦，于是被称为八卦掌。

八卦掌的基本八掌分别比附为乾卦狮子掌，取象为狮；坤卦返身掌，取象为麟；坎卦顺势掌，取象为蛇；离卦卧掌，取象为鹞；震卦平托掌，取象为龙；艮卦背肾掌，取象为熊；巽卦风轮掌，取象为凤；兑卦抱掌，取象为猴。八卦掌还借用八卦的一套数术，来规范拳技的层次性和系统性，以八个基本掌法比附八卦的数目，以六十四掌，分为八组，每组八掌，比附八八六十四卦的数目。

八卦掌还较为全面地采用“易理”作为拳技的理论依据。“易理”，即解释八卦图形含义的理论，包括简易、变易、不易三种基本思想。八卦掌不仅以“易理”说拳理，还以易理规范拳技。

“易理”认为：“易则易知，简则易从。”只有简易的道理，才便于明了；只有简易的法则才便于效法，这就是简易的思想。八卦掌的拳理和拳技就效法了这种简易之理。八卦掌向左沿圆绕走称为“阳仪”，向右沿圆绕走称为“阴仪”，象征着阴阳的左右绕走，这是八卦掌区别于其他拳术的基本运动特征。八卦掌掌法的变化都是将攻防招术融于沿圆走转，运动特点都必须符合绕走的规律。

其次，“易理”认为天地及万物万象都处在不停地运动变化中，这就是“变易”的思想。八卦掌效法这种变易思想，将沿圆绕走和攻防拳式融为一体，使走转招式像天体运行一样，周而复始，没有中断。对敌时也要不停地走转与对手周漩，避实寻虚，避正寻斜，讲究以动制不动，以快动制慢动，形成了“以动为本，以变为法”的八卦掌技法总则。

"易理"还认为"动静有常"，认为天地间万物万象的变化都按照一定的规律循环不已，这就是"不易"的思想。八卦掌按照这种不易思想，形成了八卦取象、取身不易、运动技法原理不易的定则。例如："胸空腹实"等身型要领、"拧旋走转"等运动技法、"滚钻争裹"等劲法原则等，都是习练八卦掌者必须遵守的不易法则。

由此可见，八卦思想不但为哲学思想建立了不可磨灭的功勋，还同太极、阴阳理论一样渗透到中华武术的理论当中，为中华武术的进步发展做出了巨大的贡献。

五、五行思想与武术

五行是指木、火、土、金、水五种物质的运动。我国古代人民在长期的生活和生产实践中认识到木、火、土、金、水是必不可少的物质，由此认为世间一切事物都是由木、火、土、金、水这五种基本物质的运动变化生成的。这五种物质存在着相生相克的关系，在不断的相生相克运动中维持着动态的平衡，这就是五行学说的基本涵义。

五行思想在古代运用广泛，统治者把它作为治理国家的法则；兵家则用五行阐述胜负因素的相互关系；医家把五行与人体内外、自然环境结合起来观察病理变化；武术家则以五行结合拳式、结合人体，用以解说拳理，并作为锻炼法则。在以五行学说为理论基础的武术中，五行拳是最为突出的代表。

五行拳是形意拳的基本拳法，包括劈拳、钻拳、崩拳、炮拳和横拳，由于该拳以五行理论解说五拳拳理，因而被命名为"五行拳"。武术家们根据五行所具有的突出特点，提出了对拳法演练的具体要求和内涵意义，如劈拳属金，其形似斧；崩拳属木，似箭离弦；钻拳属水，形如闪电；炮拳属火，其形似炮；横拳属土，滋养万物，为五拳之母。

由于木、火、土、金、水相互滋生，五行拳便也存在着相生的关系。据《形意母拳》阐述：在五行拳中，劈拳能生钻拳，钻拳能生崩拳，崩拳能生炮拳，炮拳能生横拳，横拳能生劈拳。所谓"生"，就是变化，由此式变换为彼式。按照这一顺序串连五拳进行演练的套路就是"相生拳"。在实际运用中，任何一拳都能生各拳，形式灵活，不能拘泥。

五行不仅相生，同时还相克，因此五行拳也存在相克的关系。劈拳能克崩拳，崩拳能克横拳，横拳能克钻拳，钻拳能克炮拳，炮拳能克劈拳。所谓“克”，就是克制，以此式克彼式。按照这一顺序串联五拳进行演练的套路就是“相克拳”，也叫“五行炮”。

形意拳依据中医理论及五行学说，还衍生出五行配五脏说，即：劈拳属肺、钻拳属肾、崩拳属肝、炮拳属心、横拳属脾。因此练习五行拳能够锻炼人体生理五脏功能，劈拳养肺、钻拳养肾、崩拳舒肝、炮拳强心、横拳利脾，坚持修炼，日久天长，自会阴阳平衡、身体健康。

六、宗教思想与武术

在中华武术史上，一个值得注意的现象就是武术与宗教结下了不解之缘。中国的宗教严格说来是一个复合体，是各种文化观念、伦理观念、社会观念的综合物，作为一种意识形态，宗教在武术的发展过程中影响巨大。

（一）武术流派多为宗教信仰者开创

在民间传说中，主要武术流派的创始人都是宗教信仰者。民间传说：少林武功的创始人为南北朝时期南印度禅师菩提达摩；武当武功“发源于武当山道士张三丰”；形意拳创始人则为山西姬际可。姬际可并不是出家僧道，但受宗教思想影响颇深，据其《自述》记载：他曾上嵩山少林寺习武近十年，“颇得少林秘法，尤擅大枪诀术”，可见他也是一位信仰宗教的武术大师。另外，八卦掌、八极拳、岭南白眉派、燕青拳、迷踪拳、迷踪艺、秘踪拳、大悲陀罗尼拳等门派创始人也都与宗教有着直接的联系，可见中华武术与宗教关系极为密切。

（二）武术内容与宗教密切相关

中华武术内容丰富、流派众多，少林和武当是最具代表的两大流派，并有“北崇少林，南尊武当”之说。据万籁声《武术汇宗》记载：“宗派分少林、武当两派，少林宗初祖菩提达摩大师，武当宗洞玄真人张三丰祖师。少林为外功，武当为内功，各有精微造诣。”

这两大门派武术的思想理论、技术战术、内功修炼都深受宗教影响，其中道教文化对于武当等内家拳的影响尤为突出，使中华武术不仅具有高度成熟的技巧、迷人的神韵，而且蕴含着深刻的哲学思想，进一步增强了武术的独特魅力。

道教提出“我命在我，不在于天”的主张，不信天命、因果，主张通过后天种种炼养手段实现强身健体、脱胎换骨、超凡入仙、永享仙寿。道教以“道”和“德”作为宗教信仰和行为实践的总原则，以清静为宗，以虚无为体，以柔弱为用，提倡无为、主静、抱一、守朴、寡欲、贵柔、尚雌、崇阴及炼精、炼气、炼神等等。

这些思想理论被明清以来的武术家们所学习、掌握、吸收，进而成为武术（特别是内家拳）的技击原则和理论依据。武术家们以“人命在我不在于天”的思想为指导，刻苦习武健身、修心、养性；以“德”自律，培养自己的武德和高尚情操。在技击原则方面，提倡“以柔克刚”，“以静制动，后发制人”。武术对道教文化的吸收，不仅表现为概念上的移植与借用，而且以之指导武术的动作、招式、步法、套路和技术应用。尤其是道教气功，特别是内丹功，被广泛用于武术的技能锻炼中，甚至出现了所谓“金钟罩”、“铁布衫”的功夫。

由此可见，宗教与武术相结合，推动了中华武术史的变革与进步，也使宗教文化成为中华武术文化的一种不可或缺的组成部分。

（三）僧道习武促进武术普及与发展

魏晋南北朝时期，中国的道教文化、佛教文化得到巨大发展，形成了儒、释、道三教互相争夺、互相吸收又互相配合的鼎立局面。寺院、道观不仅经常接受信徒的财物施舍，而且已开始从事经营土地及其他各种营利活动。这种强大的寺院经济，使僧人习武成为必需，又使武僧的出现成为可能。

宗教寺院的环境也有利于武术的演练和发展。宗教寺院、道观固然遍布各地，但多在远离城镇村落的深山名胜之处，生活条件往往较为艰苦。登高爬山，需要脚力；砍柴担水，需要臂力；夜黑风高，需要胆气；蒲团从禅，需要毅力。为了对付随时而来的禽兽或歹徒、强人袭击，僧人习武是很正常的。而开阔宽敞的庭院，也正是练武的理想胜地。在那种自然环境下，观察禽兽动作，思考某些令禽兽长寿之奥秘，并受启发编制出一些模仿性的武术动作，是非常可能的。

中华武术史的大量资料表明，许多声名遐迩的宗教大师都是武林高手。如：北齐时少林寺曾慧光与稠禅师；唐代少林寺以昙宗为代表的十三棍僧；宋代有编撰第一套《少林拳谱》的少林寺方丈福居；有“少林第一武尼”美称的智瑞等，他们对中华武术的普及与发展都程度不同地做出过贡献，他们是中华武术的重要载体之一。

唐武德年间，少林武僧帮助秦王李世民活捉了隋末割据势力代表王仁则，击败了王世充，使李世民扫除了前进道路上的障碍，少林寺由此声名大振。后来李世民为此颁发了嘉奖令，赐予少林寺大量银两、田地，并准许他们习武招僧兵，少林寺的僧徒一度达2000余人，少林武术名扬天下，广受习武者推崇。

少林武术汇演

明、清两代，少林僧人习武的记载越来越多，反映出宗教与武术的关系越发密切。明代许多文人墨客，如焦宏祚、徐学漠、袁宏道、王士性、文凤翔等，撰写了有关少林寺僧习武的诗文游记。从这些纪实性诗文可以看到，当时少林寺僧习武已经蔚然成风：他们闲时或坐古殿谈武，或到院中实践；或以掌搏，或以剑、鞭、戟斗；或“晓起出门”即练，或“舞剑挥戈送落曛”。“寺四百余僧，各习武，武艺俱绝。”（王士性：《嵩山游记》）。

至明中叶以后，大量文献纷纷记载少林武僧抗倭救国济世的事迹。

如：万表的《海寇议》、郑若曾的《江南经略》、佚名的《云间杂志》、顾炎武的《日知录》及《吴淞甲乙倭变志》等。这表明僧人习武已得到社会的广泛认同，他们已走出寺庙，走向社会，组成僧兵，为国效力，为中华武术的普及与发展作出了重大的贡献。

（四）反压迫斗争使宗教与武术结合

中国历史上各种宗教信仰者都曾揭竿为旗，斩木为兵，发动过一次又一次反对封建王朝的起义。这一次又一次武装斗争实践，锻炼、培养了一批又一批武功高手，武术也正是在这种捍卫民族、捍卫宗教的武装斗争中逐渐形成并迅速发展起来的。

中国早期道教徒曾掀起一次又一次武装起义，如：张角、张宝、张梁利用太平道发动的黄巾大起义；李流、李雄领导的以五斗米道徒为主的流民起义；孙思、卢循领导的反晋斗争等等。其中有很多名不见经传的武功高手。

我国历史上还有过许多民间宗教组织，如：白莲教、罗教、黄天教、弘阳教、闻天教、圆顿教、八卦教、无为教、大乘教、混元教、龙天教、龙华教、收元教、清水教、长生教、天理教、白阳教、青莲教和义和团等等，教以百计。这些民间秘密宗教同洪秀全领导的太平天国革命一样，都打着宗教的旗号发动过政治斗争和武装起义。

许多反抗压迫斗争的造反者在失败后也隐姓埋名、遁入空门，以图自存或东山再起。随着这些人遁入佛门道观，世俗武术被带入僧道中。在精研各教教义后，他们将宗教理论与自己擅长的武术相结合，更将宗教徒原有的武功加以研究和发展。

总之，中国古代各种宗教文化是中华武术赖以形成与发展的重要因素。需要指出的是：宗教对武术的影响既有积极推动其发展的方面，也有消极阻碍其发展或将其引入歧途的另一方面，所以习武者要弃其糟粕，取其精华，使中华武术沿着有益于人民身心健康的正确道路发展，发扬光大。

七、中国武术的哲学境界——天人合一

中国古典哲学的根本观念是“天人合一”。

所谓“天”并非指神灵主宰，而是“自然”的代表。老子说：“人法地，地法天，天法道，道法自然。”即表明人与自然的一致与相通。先秦儒家也主张“天人合一”，《礼记·中庸》中说：“诚者天之道也，诚之者，人之道也。”认为人只要发扬“诚”的德性，即可与天一致。汉代儒家董仲舒则明确提出：“天人之际，合而为一”，成为2000年来儒家思想的一个重要观点。

这种“天人合一”的思想体现到武术中，首先表现为习武者追求人与自然的统一。清代杨氏传抄太极拳谱中记载：“乾坤为一大天地，人为一小天地也”，所以在练习武术的过程中，人们总是在追求人体与大自然的和谐相通，使人顺乎自然，其运动也要服从大自然的变化规律，以此来求得物我、内外的平衡，达到阴阳平和。

正因如此，自古习武者都非常注意在练习的过程中使人体和四时、气候、地理等外在的自然环境相协调，因时因地采用不同的训练内容和手段，选择优美清静的自然环境作为练功修身养性的场所，从而充分发挥人的创造力，使个人的身心皆融于大自然之中。若逆天时地利而动，则不利于健康。

试看以技击著称的泰拳手，其正规训练从15岁开始，异常艰苦、残忍，如以木棒及铅球击打身体、用拳脚踢击树木等，因此常常打得鲜血淋漓，惨不忍睹，是常人所不能承受的，尤其是体弱之人。虽然技击上较一般格斗略高一筹，但其代价却过于惨重。泰拳手一到30岁，身体机能便明显退化，而平均寿命只有40岁左右。

与此相反，真正的中国武术首先从养生开始，将“天人合一”作为习武的最高境界。为了追求人与自然的和谐，古代习武者常象天法地、师法自然，从大自然中吸收营养，模拟自然界中各种事物的动作、姿态、神情，结合人体运动的规律和技击方法的要求，以创造和丰富武术。就是在这种“天人合一”的境界中，武术的内涵更加博大精深。

古往今来，有很多人以自然现象创编武术，明末清初的王朗就是其中的一个。王朗曾在少林寺学艺，学成以后，经常以武会友，每每挫败，仰天而长叹，终日寻思破敌之法。

一天黄昏，他来到一处高粱田旁，在树下休息片刻，忽看见一只大螳螂攀援树叶而下，无聊之中，王朗以草杆逗引，只见螳螂轻舒螳臂，进退有度，擒纵得法，似深寓武术技巧，王郎顿有所悟。于是，他抓住螳螂，拿回去仔细观察。日复一日，他从螳螂的自然攻防动作中悟出“拘”、“搂”、“采”、“挂”等力的发挥。

不仅如此，以自然现象阐发拳理的例子也很多。如：王宗岳说太极拳是“长拳者，如长江大海，滔滔不绝世”，不仅说明了太极拳的技术特点，也表明了演练时还要注意养成“腹内松静气腾然”的内心活动，皆是以江海之势喻拳势。又如：长拳的“十二形”说：“动如涛、静如岳、起如猿、落如鹊、立如鸡、站如松、转如轮、折如弓、轻如叶、重如铁、缓如鹰、快如风”，也是以十二种物象来说明对演练时动作12种变化的要求，其中绝大部分也是取自然界的物象来喻拳势。

“天人合一”的思想使中国的传统文化具有重和谐、重整体的思维特点，表现在武术中则是追求动作的“合”。“合”就是说动作的和谐、协调。最为典型的是所谓“内外三合”，即“心与意合，意与气合，气与力合；肩与跨合，肘与膝合，手与足合”。这实际上是要求由内在的心、意、气到外在的四肢、身体的各个部位都达到相互协调。应该看到：协调既是人的一种本能，又是人们有意识的培养和训练，使动作达到完美的一种能力。“合”是武术特有的技术要求和独具特色的理论。

“天人合一”的思想还决定了中国哲学主张人的道德原则和自然原则一致。张载肯定“天人合一”是“因明致诚，因诚致明”。“诚”是最高的道德修养，“明”是最高的智慧。这种“诚”表现在武术中就是武德，“明”则表现为技艺超群。这也正是古往今来，德高望重的武术家不断追求自我道德完善和技术完美的原因。

第四节　武医不分家

祖国医学，博大精深；中华武术，源远流长。二者融会贯通，互补互促，交相辉映，联系密切。常言道：医易同源，医武同道。我国古代武术与医学本为一家，它们在本质上是相通的，都是为人类健康服务的。

“拳起于《易》，而理成于医”，这句古语科学地说明了武术与中医学的关系。中国古拳法心意蕴藏着极其深奥的人体生命学的基本原理，明清以来兴起的形意、八卦、太极等内家拳术，在创编过程中也无一不受到中医学、气功学、经络学的影响。武术中很多动作招式的命名都包含有中医的命名特点和文化色彩，比如：气沉丹田、力劈华盖等；武术家交手所击打的称之为“要害”的地方，实际上都是人身的大穴抑或是神经走行集聚的部位，如百会、哑门、天鼎、极泉、尺泽、太渊、章门、期门、肾俞、关元、委中、涌泉等。

“拳医相融，一功两用”，民间武术界、医学界自古以来就有“医武结合”的传统。每有武学大师能创奇功的，多数都掌握了人体经络穴位及人体解剖等医学知识，对医理颇有深入的研究，虽比不上当时的名医，但也在当地医界享有名声。

医武兼修之人，最早可上溯到东汉名医华佗。众所周知，华佗发明了中华象形武术的鼻祖“五禽戏”，这是一种模仿五种动物动作和神态的武术，包括虎戏、鹿戏、熊戏、猿戏、鸟戏，对于强身健体大有益处。民间盛传唐代名医孙思邈也精通武术，曾运功以一指点穴法治愈大将尉迟敬德的肩痹风。

到了南宋末年，更有全真教全真七子，其中又以丹阳子马钰与长春子丘处机最为突出，针灸学上著名的《马丹阳天星十二穴主治杂病歌》就是丹阳子马钰所撰写的，长春子丘处机后来还担任成吉思汗的医疗健康顾问。

五禽戏

到了清朝时期，更是涌现出了一大批既是大医学家又是大武术家的人物。这其中最值得一提的就是清初大医学家兼大武术家傅山先生。据史料记载：先生精技技，擅剑术，尤长于醉拳，著有《傅氏拳谱》，民间还流传有“傅青主飞笔点太原”的典故。

武医结合、精武良医一直是武林人士所极力推崇的，他们对于自救、救人的医疗知识和技术极为珍视，口口相传，为中国中医学留下了一笔宝贵的财富。到了清代，出现了大批武医结合的典籍。清代医学家吴谦曾编

纂了《医宗金鉴》一书，其中《正骨心法要旨》部分的理法、方药就是民间武师千百年来积累的经验。

传统的武术家练武一般要讲究阴阳五行、子午流注、食养药补、四气五味等，这些内容和中医文化都有千丝万缕的关联。中医在诊疗治病的过程中，许多手段也与武术同源，比如：点穴疗法、导引疗法、按矫疗法、运动疗法等。在中医学的范畴中，武术伤科、中医针灸与武术之间的关系最大，联系也最为紧密。

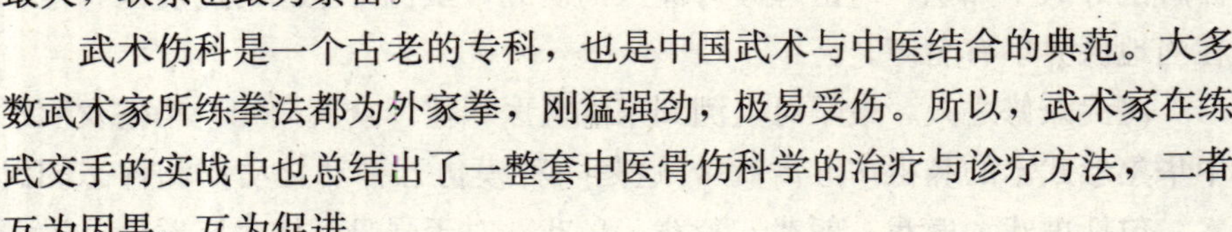

武术伤科是一个古老的专科，也是中国武术与中医结合的典范。大多数武术家所练拳法都为外家拳，刚猛强劲，极易受伤。所以，武术家在练武交手的实战中也总结出了一整套中医骨伤科学的治疗与诊疗方法，二者互为因果，互为促进。

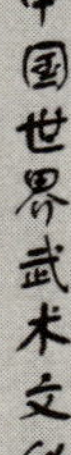

一方面，武术活动中的受伤，为中医骨伤科学的发展创新创造了大量的临床契机，如：金创药、续命丹、接骨膏等等一系列伤科药品的发明；另一方面，中医药的一些保健治疗方法也为武术家日常的锻炼和受伤后肌体的恢复提供了保障，比如：练功后的药浴与针灸就可以舒经活血、解除疲劳、消除炎症，从而增加功力等等。

进入近现代以来，出现了一大批武术伤科名家。在整复骨折与脱臼时，他们的手法纯熟自如，在功力与技法有机结合下，牵、端、挤、按，正确而敏捷，理筋通络，推拿、按摩，独造妙境。人们所熟知的黄飞鸿就是武术伤科的专家。黄飞鸿从小就随父亲采药行医、习武练功，成年后接管父亲的“宝芝林”药铺。而黄飞鸿的医术武功竟出于福建九莲山南少林寺，医术武功并蓄，针灸推拿并用，将武术伤科运用得出神入化。

河北戳脚翻子拳大师王枝国不仅培养出像王占鳌、徐兆熊等一代武术名家，在武术伤科上也名噪一时。他百年之后，乡亲为他竖立了一座“善德碑”，以表彰其精武良医之功德。

武功体疗是武术伤科的主要特色之一，主要体现在推拿按摩上。武功推拿产生在踢打摔拿的武术伤科急救处理条件下，在治疗一些伤病症和急救点穴等方面有独特的治疗方法和宝贵的临床经验。

一名按摩医师对人体结构、经络穴位、病情病理一般都是比较熟悉的，关键问题就是缺乏施术的特殊动力——“内劲”。“内劲”主要是通过我国传统武术如太极、形意、八卦、八极、大成等拳种中的桩功训练获得的。普通按摩师给人治病时，几乎全身都处于紧张用力的状态，显得很吃力，按摩完后往往要累出一身汗。武术伤科医生则将自身功力与气功等独特功法与按摩技术融为一体，能够随心所欲地掌握“内劲”的收放吞吐。人体的一些深层病变，采用一般手法时劲力往往达不到病灶处，而用内家武功的发力法在其病灶对应的表皮骤然发出一股螺旋性的“穿透力”，在患者表皮不觉疼痛下就会使病灶处受到“内劲”的强烈冲击而起到“攻坚散块，祛瘀疏阻”的作用。

武功推拿施术时非常注重“意念”的动作。当术者的手抚触患者身体某部位时，意念早已直透该部位对面甚至更远，从而在大脑意识的支配下使意、气、力三者紧密结合，以指代针，以掌代药，将功力通过选定的穴位输入经络之中宣导气血，通经活络，平衡阴阳，这和内功拳击人时心与意合、意与气合、气与力合的原理颇为相似。

武术与针灸的关系也十分密切。

当年袁世凯患头痛病，诸医束手，一代宗师黄石屏先生前往诊治，结果一针甫下，头痛立止。黄石屏不仅是一个针灸学专家，同时还是一个大武术家、大气功师，将武术、气功结合运用于针灸之中，自然就可以收到事半功倍的效果。

据黄岁松《黄氏家传针灸》一书介绍：黄石屏针法的特点之一就是必须精通少林拳术和内外气功，才能将全身精、气、神三宝运于二指之上，然后施于患者患处。他在回忆黄石屏治病时的情景说：“必先临诊切脉，沉吟良久，立眉目，生杀气，将左右两手握拳运力，只闻手指骨啪啪作响。然后操针在手，擦磨数次，将针缠于手指上，复将伸直者数次，衔于口内，手如握虎，势如擒龙，聚精会神，先以左手大拇指在患者身上按穴，右手持针在按定穴位处于点数处，将针慢慢以阴劲送入肌肉内，病者有觉痛苦，直达病所，而疾霍然。”

结合了武术与气功的针灸，更能迅速激发人体的自然潜能和免疫能力，正所谓“刺之要，气至而有效”，从而达到神奇的治疗效果。更好比是相同的一拳，看上去都是漫不经心、大同小异，实际上分别由武术家、拳击家或者是普通人打出，其速度与力量自不可同日而语、相提并论。

由此可见，医易为武学之纲，武学为医易之用。医、武在本质上是相通的，它们都是为人类健康服务的，值得习武者传承并发扬光大。

在武术雏形初露之际，古人还对武术的“内外兼修”有了认识和实践。当时，由于古人们居住的房屋简陋，腿部受湿气侵袭严重，大多数人都患有严重的腿部疾病。先民们在手舞足蹈中，发现摇动筋骨可以通利关节、缓解疼痛，于是一些部落的首领“教人引舞以利导之”，武术的祛病健身功能也由此可见端倪。

第五节 武术之美

中国武术是高度的力与美的结合，它犹如先秦古文，朴实、简约而不失深邃、丰富，是一项具有健身和艺术之美的体育运动。培根曾说过：“论起美来，状貌之美，胜于颜色之美，而适宜并优雅的动作之美又胜于状貌之美。”武术美充分说明了这一点。

武术能在我国绵延几千年，不仅仅因为它是一门实用性强的技击艺术，也和武术运动绚丽多姿的表现形式密切相关。武术自从它诞生的那一天起，就与舞蹈、书法等艺术形式密不可分，充分体现出武术的艺术之美。

一、武术的舞蹈美

在中国的人体文化史上，“武”字与“舞”字是通用的，有“武舞同源”之说。据《山海经·海外西经》记载：“大东之野，夏后氏于此舞九伐。”“九伐”是一些什么样的动作呢？据《礼记》解释：“一击刺为一伐”，所谓“九伐”，就是手持器械互相击刺九个回合。西周武王伐纣推翻了商朝后，给夏朝传下来的“刺之法”配上了音乐，称之为“舞象”。随后，又以伐商时的战争场面为题材，编了一种“大武舞”，歌颂他的功德。

由此可见，武术最初是与舞蹈密切相关的，武舞就是最初的武术雏形，后代武术中也带有浓厚的艺术美。古人时常持兵刃而舞，曾有诗赞公孙大娘的剑舞“观者如山色沮丧，天地为之久低昂”；唐朝的裴民将军武艺超群，他的剑舞艺术观赏性也十分强，唐代诗人苏涣在观看裴将军舞剑后写道：“忽如裴民舞双剑，七星错落缠蛟龙。”可见，古时武术的套路演练，神形兼备、动静结合，每一姿势的定式都具有舞蹈般的艺术美。

武术和舞蹈在表现的审美功能上具有相同的“形式美”。以武术的套路来看，武术具有内外合一、形神兼备、节奏分明的运动特色。虽然武术套路中的动作是以格斗为基础，但经过提炼、组合后，演练中除了攻防含义及意识、呼吸、动作的有机配合，使得它动则快速有力，静则稳如磐石，动静有韵味。

醉 剑

武术和舞蹈运动规律一致，要求“欲前先后，欲左先右、欲上先下”，遵循“道者反之动”的原则，使动作与动作的衔接产生出一种圆、流转的空间动态。同时武术的“精、气、神”也体现出英武、阳刚之美，使人感到一种勇往直前、势不可挡的气势。

如今，中国的舞蹈工作者在他们创作的作品中也吸收了武术的动作素材，甚至套路来进行创作，如：古典舞剧《小刀会》、《秦岭游击队》和舞蹈《大刀进行曲》、《醉剑》，以及少儿武术舞蹈《男儿当自强》等等，这些舞蹈深受观众喜爱，可见武术的舞蹈之美。

二、武术的书法美

远在 2000 多年前中国人就已经发明了毛笔，随着东西方文化的交流融合，钢笔、铅笔与圆珠笔陆续传入中国，但毛笔艺术欣赏的价值却未因此而湮灭。中国武术虽为一种体育运动，但它与书法艺术相互辉映，表现出许多书法具有的艺术美。

古人发现武术与书法有相通之处，练功习武可使挥毫落墨犹如神助。包世臣在《艺舟双楫疏证》中就写道：“学书如学拳，学拳者身法、步法、手法，扭筋对骨，出手起脚，必极筋之所能至，使之内气通而外劲出。予所谓临摹古帖，笔画地步，必比帖肥长过半，乃能尽其势而传其意者也。”正因为二者密切相关，所以有草圣张旭观公孙大娘舞剑器后，得到书法的神韵；唐代武将颜真卿书法剑拔弩张，被评为“如荆卿按剑，樊哙拥盾，金刚瞋目，力士挥拳”。

书法讲究“劲力”，一点一划都是劲力的表现，晋代卫夫人在《笔阵图》中说：“下笔点画，拨撇屈曲，皆须尽一身之力而送之。”王羲之也认为：“每作一点画，皆悬管掉之，令其锋开，自然劲健矣。”可见，书法讲究筋、骨、神、气四者锋势俱全，都流露着内在的劲力。武术也讲究劲力，如：太极拳中的“劲”起于脚根，发于腿，主宰于腰间，形于手指，发于脊骨，由脚而腿而腰，一气呵成；发劲时则要求劲整，所谓“周身合下成千斤”，如此方能借力、使力，四两拨动千斤。

书法用笔有收有放，每往必收，每垂必缩，含蓄而锋芒不露，不轻佻浮躁。每一点划，笔锋是欲右先左，欲左先右，欲上先下，欲下先上，这与太极拳中意欲向上，必先寓下，意欲向左，必先右去，前后左右，内外相合是一致的。武术中的拳打、掌劈、指戳、脚踢、肩撞、肘击等都有的放矢，是连续进击的动作，使人感到一种激昂振奋的气氛，激发人们强烈的竞争意识、奋发向上的精神，从中感受到一种武术套路演练所特有的功力美。

中国书法重神韵，王羲之在《题卫夫人笔阵图后》里写道：“夫欲书者，先干研磨，凝神静思，预想字形大小、偃仰、平直、振动，令经脉相连，意在笔前，然后作字。”由此可见，古人在书法创作时对神韵的重视。

武术中对“神韵”也有很高的要求，一拳一腿，一招一式，无不以“神”相配合。形是神生存的物质基础，神是形的统帅和灵魂。在套路的演练中，神随形转，形随意动，使整个套路协调而富有生气，演练时如行云流水般一气呵成，构成武术浑然天成的神韵美。

书法还讲究刚柔之法，书法家姚孟起说：“书法要百钢练化成绕指柔，柔非弱，刚极乃柔。”武术也重视柔，柔并非软，而要柔中寓刚、若棉裹铁、刚外有柔、如胶似漆。优秀的武术家是遇虚则刚、临实则柔、运柔而成刚、亦刚亦柔、变化万千。

书法还讲究动与静、迟与速、行与留、涩与疾等辩证关系的艺术处理。武术也讲究以动而求静、外动而内静、动静相生。静则稳如磐石，动则快如闪电，动、静有韵律。在武术演练中充分表现出书法节奏的美妙，使力与美、气与势、神与精，灌输其间。

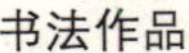
书法作品

三、武术的精神美

传统武术来源于我们祖先长期的生存斗争实践，植根于中华民族源远流长的传统文化。它要求练习者在锻炼中调养自己的眼、耳、心三性，使眼光锐利、耳目灵通、心性灵勇。所谓“眼耳有闻，心必随之，心性灵勇，气血况至”。潜移默化地陶冶自己的情趣，培养坚定、果敢、刚毅不屈、勇猛无畏的性格，给予人们美的享受。通过学习武术，人们可以知美、识美、懂美、爱美；可以享受德与美的交融；可以领略“德美以动心；神美以修性；形美以怡情”；并可以达到调气息、壮筋骨、除疾病的功效。

武术之美可以让人们在武术活动中领略、体会、品味格斗技巧中丰富的美感，受到美的陶冶，获得精神上的享受、心理上的满足。由于武术体现的种种美，武术套路中的美学因素，广为一些艺术门类所借鉴。武术本身在发展过程中也不断丰富和创新，出现了具有观赏价值、使人赏心悦目的表演武术，深受人们的喜爱。

第六节　武术的内外家之分

中国武术门派、套路众多，蔚为大观。1985 年人民体育出版社出版的《中国武术史》中，仅列入的拳种就达 46 节共 75 种，可见武术门派的纷繁。武术门派的划分由来已久，划分标准和内容也随时代的发展而有所不同，但内家、外家的划分可以说是武术门派划分的开始。

对武术内外家拳术的划分，最早见于明末清初黄宗羲撰写的《王征南墓志铭》。文章开头就说："少林以拳勇名天下，然主于搏人，人亦得而乘之：有所谓内家者，以静制动，犯者应手即仆，故别少林为内家。"自此以后，人们习惯根据黄宗羲的说法将中国武术分为内家和外家，少林等多种拳术为外家，太极、形意、八卦则为内家功夫，内外家的划分如同太极之阴阳，共同构成了武术拳术的体系。

"外家"二字最早见于《庄子》："彼游与方外者"，表示出家的僧道弟子称原有的家为俗家、剃度的住所为外家。这里需要说明指出的《王征南墓志铭》中所指的外家，不是单单指当时的少林拳术，而是泛指当时除内家拳术以外所有的"主于博人，人亦得而乘之"的拳术体系。

内家是中华武术文化和东方神秘文化的重要组成部分，堪称中华武术的奇葩，法理深邃、精微，对于养身修道、御敌防侮独有功效，一般将武术两大流派之一的武当拳称为内家。金一鸣先生在《武当拳法秘诀》中写道："自外家至少林，其术精矣。张三丰欲别树一帜，以示与少林有所区别，故在称其拳曰内家拳。"

在《少林拳术秘诀》中也有过相关阐述："自明代以来，凡谈技击者，遂有内家外家之区别。何谓之内家？即凡尘间普通之称，如佛门之所谓在家是也，外家者即出家方外之谓，以示与内家有别也。"这里明确指出内家即为本家或在家生活的人，外家即出家的僧人、道士。所以，习武者无所谓在道、在释或在凡尘世间，一定要以道为内家、释为外家是不科学的。

如今，人们对内外家的划分主要体现在内容和表现特点上。内家主意、主思想，以太极、八卦、形意为代表；外家主力、主形体，以少林拳为代表。内家、外家是探求武术的两条途径，尽管殊途同归，但毕竟有许多的不同，主要体现在以下几个方面：

首先，内家、外家指导思想不同。内家讲守己，外家讲制人；内家以自身求得自身的完整，安泰和自由为主，外家以克制对方为主，以求战胜对手，安身立命；内家以制人为手段，以守己为目的，外家以守己为手段，制人为目的。内外家指导思想的不同，决定了两大派系在许多方面都存在着差别。

其次，内外家习练途径和方法不同。内家以养先天为主，以养为练，外家以练后天为主，以练为养；内家先练内（意）后练外（形），由内及外，外家先练外（形）后练内（意），由外及内。

内家练习方法要求从整体到局部，例如：太极拳强调松、软、圆、活，其目的是为了达到周身和顺，所谓“一动无不动”，意到形到。在此基础上，将周身的完整通过一点局部表现出来，正所谓：“一处有一处阴阳，周身总此一阴阳”，在接受上做到“周身无处不弹簧”。内家的考核指标多为发放效果，即在任何状态下，运用自身的任一部位，一举将对手放出，并且控制被放出的对手的身体旋转角度和方位等。外家练习方法要求从局部到整体。外家讲打，打就要用局部，一旦周身每个局部都能打，即所谓“沾着便打”，例如：铁砂掌、铁臂功、铁拳功等。外家的考核指标多为实物，例如：举多重的石担、一掌打碎几块砖等。

第三，内外家武术的表现形式不同。内家主静，形式上柔和平静、神气内含；外家主动，动作上神气逼人、动作迅速。内家以柔为主，柔中有刚；外家以刚为主，刚中有柔，柔者意也，刚者力也。

第四，内外家的技击原则及方法不同。内家强调以静待动，后发先至；外家要求动中取胜、先发制人。内家讲发放，外家讲打击。发放是指发放对方之劲，即将控制的对方之劲向放箭一样发出；打击是指打击对方的身体。外家拳用局部肌肉伸缩的力量打人，其特征是局部肌肉紧张，很少将人打飞；内家拳却是整体发力打人，其特征是局部肌肉用力很小，便可将对手轻易发出。

尽管内家、外家有许多的不同之处，但内外家相互交融，后代一些造诣高的武术家，一般都是内外双修，既长于内功，也精于搏击的。没有一个人练功时，只练肌肉、筋骨，根本没有神意的指挥；或只练气息、心意，完全没有筋肉的配合。无论什么拳术，都要讲究内合与外合，内合时必然带动外合，外合时亦必然催动内合。正所谓神凝气紧、骨肉弛张，心意到处、气息续断。

当内家、外家功夫都练到一定境界时会发现内外家原本相通：内家通过守己达到了制人的效果，外家通过制人完成了守己的愿望；练即是养，养即是练，整体即是局部，局部即是整体；形即是意，意即是形；刚即是柔，柔即是刚；内家即是外家，外家即是内家，内外不分，阴阳相合，正所谓“千拳归一路，万法归太极”。

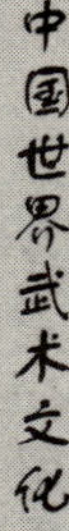

第三章

中国武术的民间文化传统

有56个民族繁衍生息在幅员辽阔的中华大地上，从洪荒野蛮的刀耕火种开始，在几千年的漫长岁月中，人们创造出了灿烂的民间文化。我国民间历来就有习武的传统，武术是民间传统文化的一个组成部分，从形式到内容都蕴含着浓厚的民间文化色彩。

武术主要用身体活动来保存文化和表现文化，经常出现在一些民俗活动中，那些体现剽悍有力、潇洒飘逸的拳种及练功方法，充分体现出民间文化传统心理素质与审美情趣。此外，武术的传承、各派的拳谱门规、切磋与打擂等也都带有浓厚的民间传统文化色彩，使武术具有广泛的群众基础，能够在群众中历代传承，成为中华民族几千年来民族精神和民族生活的标记，具有十分重要的历史意义。

第一节　民间武术村与武术世家

几千年来，中国武术一直散传在民间，这些武术是中国人民在生存斗争中创造出来的，带有质朴无华的原始风貌和浓郁的乡土气息。民间历来就有全村习武的习俗，千百年来的传统武术就在民间师傅那里口授身传，一代代传承下来。

清末民初，民间武术活动繁荣起来，特别是辛亥革命后，各地普设国

术馆、拳脚房、武馆，将民间武术活动推向高潮。这一时期在河北沧州、河南温县、广东佛山、山东菏泽等地，涌现出很多闻名遐迩的武术村，为中华武术的传承做出了巨大的贡献。

在各地的武术村中，沧州武术村的历史最为悠久、规模也最为宏大。据史籍记载：沧州民间武术，兴于明，盛于清至清末，声扬海外。

古时沧州为南北水旱交通的要道，也是各地商品流通的必经之地和集散中心。沧州的镖行、旅店、装运等行业兴盛，促进了当地武术的发展。沧州武术在历史发展进程中十分注重内外交流，善于吸取各地武技精华充实其中。因而，沧州武术的门派愈加丰富，许多拳械套路经过提炼、改进、创新，独具特色，乾隆年间沧州就已经成为全国知名的“武术之乡”。随着新中国改革开放的进程，沧州武术不仅为国人熟知，也越来越受到国际社会的重视，并已经成为世界知名的武术村。

广东佛山市也有很多盛行习武的武术村，南海区里水镇北沙鹤暖岗村就是杰出的代表。鹤暖岗村的闻名要从一位谭师傅说起，据说这位师傅能够力分顶牛。解放前，有一次在相邻的官窖镇的耕牛市场上，有两头强悍的公牛正“顶牛”相斗得难分难解。牛市上的买卖商人们想了很多办法，如用棍撬、用火烧、用粗绳拉等都无济于事。正在大家一筹莫展时，一位体格强壮的中年大汉来到两只斗牛前，伸出两手分别抓住两头顶牛的牛角，大吼一声，迅速将顶牛分开，同时一个武术大“扎马”，将两头牛拉倒在地。大汉的这一举动惊呆了牛市里的所有买卖人，大家十分钦佩这位大汉的神力。后来一打听，得知这位力分顶牛的大汉就是里水镇北沙鹤暖岗村的谭师傅。

鹤暖岗村人历来崇尚习武，治安十分稳定，据说当时附近的名叫“一浦二”的恶霸经过鹤暖岗村时都要绕道通过。解放后，鹤暖岗村以舞狮闻名，曾在广东省醒狮锦标赛上一举夺得成人组和少年组的两项冠军。

另外，在山东菏泽也有很多历史悠久的武术村，菏泽鄄城县王坊武术村就是杰出代表。王坊村素有鄄城梅花拳弟子“摇篮”之称，该村约有一千五百多人，户户入谱、人人练武，上至八旬老人，下到幼童，都能打拳踢脚、舞刀使枪，为发展群众性的武术活动做出了表率，推进了民间武术的推广。

中国人宗法意识强烈，民间武术不仅以村为单位广泛流传，也更讲究在家族内世代传承，由此形成了很多知名的武术世家，其中最为人称道的

首属河南温县陈家沟的陈氏武术世家。

明初，山西省洪洞县的陈氏家族在陈卜的带领下迁居河南陈家沟，为了保卫桑梓不受匪盗危害，精通拳械的陈卜在村中设立武学社，传授子孙习拳练武。到了清朝初年，陈氏传人陈王庭博采众家精华，并参考传统中医学中有关经络学说及导引、吐纳之术，开创了刚柔相济的太极拳。也有说法认为陈王庭并没有开创太极拳，而是开创了炮捶。不过陈王庭作为陈氏传人对陈家武术的贡献却是不可磨灭的。

陈氏十四世传人陈长兴（公元1771—1853年），打破门规局限，将陈家沟太极拳传给了河北永年县的杨露禅，太极拳由此开始了第一次大发展、大普及时期。陈氏第十五世传人陈清萍（公元1795—1868年）也是太极大家，他在祖传太极拳套路基础上进行修改，形成了一套小巧紧凑逐步加圈，由简到繁，不断提高拳艺技巧的练习套路。陈氏第十六世传人则有陈鑫（公元1849—1929年），陈鑫全面整理陈氏时代积累的练拳经验，费时12年，完成《陈氏太极拳图画讲义》四卷、《陈氏太极拳易象数》六卷，使历来口头相传的陈氏太极拳有了书面理论著作。

近代陈氏太极拳的代表人物首推陈氏第十七世传人陈发科（公元1887—1957年），他对发展和传播陈氏太极拳做出了杰出贡献。陈发科自1929年至1957年一直在北京授拳，以刚柔相济，采、挒、肘、靠、拿、跌、掷、打兼施并用，技击精妙著称。他与人为善、武德高尚，深受世人敬仰。陈发科以后，第十八世传人陈照丕（公元1893—1972年）则成了陈氏太极拳的代表人物，著有《陈氏太极拳汇宗》、《太极拳入门》、《陈氏太极拳图解》、《陈氏太极拳理论十三篇》等，授徒众多，是陈氏太极承前启后、继往开来的一代宗师。

陈氏武术由始祖陈卜开始，代代相传，几百年来从未间断，堪称是中华武术史上最为杰出的武术世家。不过，陈氏武术在授拳之初，也仅限于家族内部传承，并不外传。陈长兴打破门规局限，将陈氏太极拳传给外姓人，为中华武术的发展做出了巨大的贡献。

民间武术的这种宗族观念，虽然成全了诸多武术世家，却也造成了很多武术的失传。据记载：民国年间，"中原大侠"王效荣的叔父，在病得日渐不支时才将王效荣唤到床前，口授了一套齐眉棍。据说：他叔父还有"口吐飞镖"的绝技，平时从不轻易显露，更不传人。临终前，他才把侄儿王效荣喊到跟前说："效荣，我不行了，我还有个功夫，你没见过，我给你看看，你快把我扶起来……”结果这位老人用尽最后力气也吐不出飞镖了。可见很多武术在民间自生自灭，如今传承下来的武术只是武术浩繁海洋中的一小部分。

随着西方文化思想及西方体育的传入，中国的一些有识之士开始对散传在民间的武术进行整理、改编，土生土长的中国武术随着社会的发展而发展，进入军队，成为军旅武术；进入学院，出现学院派武术；进入赛场，成为竞技武术。武术已经打破门户之见，从农村走入城市，从乡野迈入殿堂，从中国走向世界。

第二节　武术与舞龙、舞狮

由于中国武术主要流传于民间，因此与各种民俗活动的联系十分紧密。中国是一个农业社会，农时的忙闲有一定的时序，所以民间武术活动常以民间游艺的形式在农闲或庙会期间进行表演，这种表演又往往与舞龙、舞狮相结合，成为约定俗成的民间游艺活动中不可缺少的一部分，反映出武术浓厚的民俗色彩。

龙是古代传说中的一种神异动物，关于舞龙的来历还有一个故事。一天，龙王腰痛难忍，龙宫中的所有药物都吃了，但仍不见效果，只好变成老头来到人间求医。大夫给龙王号脉后觉得奇怪，便问道：“你不是人吧！”龙王为了治病只好说出实情。于是大夫让他变回原形，从腰间的鳞甲中捉出一条蜈蚣，经过拔毒、敷药，龙王完全康复了。龙王为了答谢治疗之恩，便向大夫许诺，只要照龙王的样子扎龙舞耍，就能风调雨顺，五谷丰登。此后，人们每逢干旱便舞龙祈雨，并有春舞青龙、夏舞赤龙、秋舞白龙、冬舞黑龙的规矩。舞龙的历史也较久远，宋人吴自牧所写的《梦粱录》一书曾对舞龙有详细的记述，以此推算，舞龙已有1000多年的历史了。

舞龙时，引龙人要充分发挥手、眼、身、法、步的灵活运用，将彩色龙珠或左、或右、或上、或下，逗引长龙俯仰翻转，一招一式既要优美洒脱、又要灵活自如。龙头的任务最重，要紧随龙珠灵活地腾、跃、翻、滚，而且要时时兼顾龙身、龙尾，做到快而不滞、活而不僵。龙身、龙尾则要明察秋毫、紧密配合、灵活机动，确保整条龙的协调统一。为了达到效果，舞龙者用尽了武术功法，遵循武术要求的“腰胯能运转，上下自协调”、“身如游龙、腰似蛇行”等技巧。可以说，舞龙是整体配合的武术展示，正所谓“势无定法犹有定，千变万化难形容”，那翻江倒海的非凡气势，没有武术的功底是难以演练出来的。

舞狮也是十分重要的民俗活动。据传：舞狮最早出现在唐代。白居易诗云：“假面胡人假狮子，刻木为头狮作尾。金镀眼睛银贴齿，奋迅毛衣摆双耳”，这正是对舞狮的形象描述。舞狮一般分青狮、黄狮两种。舞狮时动作有洗面、搔痒、打滚、蹂球等，将武谚中“猫窜、狗闪、兔滚、鹞翻、蛇鹰眼”的招式把玩得淋漓尽致。舞青狮者还必须当众表演拳术或刀、枪、棍术，如两青狮相遇更须较量武艺、分出高低。

由此可见，武术中的基本功与舞龙狮所要求达到的基本功有很多相通之处，舞龙狮的活动本身也包含着武术的身、法、步等套路，一腾一挪、一招一式都有讲究，与武术招式如出一辙。舞龙、舞狮实际上是武术技巧整体配合的一种艺术化展示。

第三节　行走江湖的故事——古代镖师的非常生活

在从前，由于社会不稳定，带着财物走路十分危险，人们只得找武术高手寻求保护。最初，这些武功高强的人往往住在客店里，等候客人雇用，他们负责保护官员、商人或货物由甲地到乙地，最快一天可走四十多公里路，这就是镖户走镖。

镖户走镖是镖局诞生前的主要走镖形式，随着商业逐渐发达，镖户的势力也逐步壮大，镖局也就应运而生。

所谓镖局就是为一些商家、个人提供安全保障的专门机构，业务主要包括信镖、票镖、银镖、粮镖、物镖、人身镖六种。以前，镖局的镖是“木”字旁，“示”字“标”，到了清朝末年，才改为“金”字旁，“票”字“镖”，前面的“金”字代表十八般兵器，后面的“票”代表票号的银两，所谓的镖就是用武力来保钱的安全。

中国第一家镖局是山西人神拳无敌张黑五在北京顺天府门外创办的“兴隆镖局”。在镖局发展的二百多年中，涌现出了十个最具特色、最有影响的镖局，这十大镖局分别是：兴隆镖局、会友镖局、成兴镖局、玉永镖局、广盛镖局、昌隆镖局、同兴公镖局、源顺镖局、三合镖局和万通镖局。一部镖局发展史就是由千千万万位镖师的壮丽生涯汇编而成的英雄史，十大镖师正是这些英雄中的杰出代表，他们分别是：镖不喊沧创规者李冠铭、双刀镖师李凤岗、形意宗师车永宏、华北形意大师戴二间、华北面王王正清、铁腿左二把和大刀王五王子斌、单刀镖师李存义、散打冠军赵光第和技精艺全的李尧臣。

镖师是我国古代小说故事中时常出现的角色，人们也常常为他们高强的武艺、勇敢的形象所折服。在武侠小说中，镖师往往被描绘成身怀绝技、飞檐走壁的武林高手，但是浪漫的遐想背后，真实的镖师生活是十分艰苦的。

镖局的买卖叫做“出镖”或“走镖”，按脚程远近、货物所值取不同的“镖利”，商定后签订“镖单”，在镖单注明起运地点、商号、货物名称、数量、镖利多寡等，双方再各盖印章。镖师拿到这个接收镖物的清单后，带上官府开的通行证，就可以上路走镖了。

镖车是当时镖局走镖时最重要的交通工具。镖车只有一个车轮，这样的车走起路来平衡不好掌握，但走崎岖不平的山路比较方便。镖车上还必须要有一面镖旗，走镖时，路上难免会遇到一些强盗劫镖，强盗劫镖前都要看一下小旗帜，如果是厉害师傅保的镖，他们是不敢轻易下手的。久而久之，镖旗就成了镖师出镖的标志了。

押镖途中，倘若看到山上有土匪，就要喊镖：“合吾一声镖车走，半年江湖平安回。”这个“合吾”即合五的谐音，是镖行的人为了纪念第一个开镖局的张黑五而确立的。山上的土匪知道是同路人，就未必会下山劫镖。如果喊镖号不行的话，就需春点对话。春点的产生与帮会、镖局等密切相关，尤其是明清之际，镖局林立，帮会遍地，春点传播广泛。武林中人崇尚义气，多行劫富济贫之道，与镖师没有嫌怨，所以在发生冲突前往往先说一段暗语，倘若镖师来头大，往往是不敢劫镖的。

这些春点对话很有意思，外行人是听不懂的。比如：镖师在押镖中，陡然有人问：“朋友，你这顶帽子真好，哪儿买的？”你就得回答：“是朋友送的。”对方若说你的刀好，你就得回答说：“刀倒是好，就是要咬人。”倘若在路上看见烟筒、草莓，镖师一定要沉着冷静地说：“朋友，踩宽着点，咱们都是自己人，过不着。”然后用脚踢到一边，因为对方就爱藏在附近看着，试探你在不在行。

一般来说，武艺低微的强盗不敢劫镖，同镖局有来往的强盗也不劫镖，他们得讲江湖义气。镖局走镖若路过某位绿林朋友的地盘，镖师需要递上帖子拜见，还要送上一点礼物，这位绿林人士也会以礼相见，保证镖车可以平安通过。但也有某些强盗硬要劫镖，镖师讲春点、递帖子、备礼物都是徒劳，那只好兵刃相见、以死相拼。一般镖师在走镖前要把家里的一切打点好，做好一旦不能回家的准备。可见镖师也是个十分危险的职业。

在江湖走镖还有很多规定和戒律，“保镖六戒”就是每一个镖师都必须熟知的。首先要戒住新开店房，新开设的店因摸不透人心，所以只要门上写有开业大吉的店不住；还要戒住易主之店，以免人心叵测；要戒住娼妇之店、戒武器离身、戒镖物离人，另外还要戒忽视疑点。当镖师的必须要眼观六路、耳听八方，一旦出现可疑处，一定要密切注视，随时准备投入战斗之中。

一趟镖安全送到目的地后，镖师就可以拿到相应的报酬。但在历史上，不管镖师功夫如何高强，镖车被劫的事情也时常发生。

光绪二十七年（公元1901年），会友镖局由保定向天津保送的十万两现银就曾被人劫镖，四个镖师战死，银子丢失两千多两。一般被劫镖，镖师会请绿林朋友从中说合，并拿出一点钱来，请强盗把镖退回来，镖师也可以回镖局报信，请镖局派武艺更高的镖师再比武夺镖。总之，镖局无论如何也会想办法把镖找回来，否则镖局不仅要赔偿雇主，以后生意也很难做了。

在古代十大镖师中，镖师戴二间名气最大。戴二间是山西省祁县人，出生在形意拳世家，他的父亲就是形意拳大师戴龙邦。当时，押镖师傅路过每个主要省市的地方都要喊镖的，一来以示宣传，二来和当地的武林高手打个招呼。但是，到了河北沧州是不可以喊镖的，因为河北沧州是武术之乡，武林高手辈出。有一次，戴二间押镖路过河北沧州时，小伙计不懂江湖规矩喊了一声镖，沧州武界的尹玉文等三位武师便拦路兴师问罪。戴二间一再表示歉意，可三位武师仍是不依，戴二间无奈之下只好与他们动手过招，结果三个武师都败于他的手下，自此“戴家拳”更是名声大振，广盛镖局自此也开始兴隆起来。

镖局在中国历史上曾起过十分积极的作用，促进了各地的经济交流与

发展。但随着社会进步，票号的出现，镖局逐渐难以为继，尤其是火车、汽车、轮船等交通工具的出现，镖局开始退出了中国的历史舞台，真正意义上的镖师也就不复存在了。

第四节　递帖、拜师与学艺

拜师学艺，顾名思义，当然要先拜师后学艺。古人言：一日为师，终身为父。可见作为师傅真是不易，既要传道、授业，还要解惑，师傅对徒弟要付出无数心血，所以徒弟对师傅也要作为再生父母一般，十分尊敬，从递帖及拜师仪式就可以看得出来。

要拜师首先就要递帖。要递的帖一般是朱红色，长七八寸，宽四五寸，成折叠形，所以也称为“帖折子”。帖的表面要写上“拜师”二字，帖子内则写弟子某某愿拜某某师尊门墙之下等等，最后再写上拜师人的出生日期及祖籍地址。帖子要用毛笔楷体顺写，递帖的时候则要恭敬谦顺地双手捧交给师傅。师傅接下拜帖，就表示愿意收为徒弟。

递帖时当然也有师傅拒绝收帖的情况，不收帖就表示不愿收为入门徒弟。形意拳大师李洛能递帖时就曾遭到戴龙邦的拒绝，可李洛能却没有轻易放弃，演绎了一段拜师学艺的传奇故事。

李洛能原在沧州学艺，后来听说山西祁县的戴龙邦的功夫颇具威名，不远千里来到山西祁县，求戴龙邦传他心意拳。不过古时功夫轻易不传外姓，戴龙邦便一次次将他拒之门外。

这一年李洛能已经 34 岁了，戴龙邦的拒绝不仅没有赶走他，反而让他下决心要将心意拳学好。李洛能于是变卖自己的家产，在祁县县城东南开了个菜园，便以种菜为生。李洛能每日借到戴龙邦门前卖菜为名，拜见戴龙邦，而且卖给戴家的菜是从来不收钱的，戴家人要给钱，他便说：“先记着吧，到年终再算。”

到了年终，戴龙邦叫账房先生给李洛能结账，可李洛能仍是执意不受，只是跪在地上，不断给戴龙邦磕头。戴龙邦把脸一沉道：“这钱你必须收下，你做买卖，你卖我买，我给钱是应当的，但你休想让我以此授你心意拳。”可李洛能仍是一个劲儿地给戴龙邦磕头。恰巧戴龙邦的母亲知道了这件事，她深明大义，不禁怫然不悦道：“人家从直隶不远千里来到

这里，你怎么能不教人家！况且我们戴家形意拳不能传没良心的坏人，但难道这有良心的好人也不该传了？这李洛能如此诚心，你怎能不传呢？”戴龙邦是孝子，无奈之下只好遵从母命，收下李洛能。

不过这时，李洛能仍不算是戴龙邦的徒弟，因为戴龙邦只答应教他两路拳，且不能称自己为师傅。所以，李洛能在戴家只学了两套功夫：一套劈拳、一套桩功，昼夜不分地足足苦练了两年。

有一天戴母八十大寿，亲朋好友以及戴氏门下的众弟子都来拜寿。李洛能心中非常感激戴母，于是也备礼前往。寿筵上戴母兴起，便要戴龙邦的门下弟子练趟拳，助助兴。轮到李洛能时，他便练了一趟劈拳，戴母见他练法出众、劲力刚猛，不禁夸赞不已，便叫李洛能再次献技。李洛能在戴家只学了一套劈拳，只好重复练了一遍，戴母很是奇怪，便问道：“李洛能，你怎么总是练这趟劈拳呢？”李洛能答道：“弟子只学过此拳。”戴母闻之十分生气，并质问戴龙邦，戴龙邦只得当场收李洛能为徒。此时，李洛能已经 37 岁了。

李洛能拜师的经历不能不说是学武之人的楷模，倘若人们都能如李洛能一般拜师，恐怕没有哪位师傅能够无动于衷，中国的民间武术也不会多半散佚吧。

师傅答应收为徒弟后，还要选择一个日子进行拜师礼。拜师礼很复杂，也很隆重，一般选择在师傅家里进行。进行拜师仪式时，要把本门中的长辈、平辈、晚辈都邀集来，在祖师“灵位”前叩拜师祖。叩拜时要由师傅带领，然后按辈数排成列，叩拜师祖后，还要再叩拜师傅和长辈。叩拜后还要“明大誓”，多半都是由同辈数的长师兄发问：“拜师后不能欺师灭祖，如要欺师灭祖……”拜师的人这时要立即高声回答：“我如欺师灭祖，便天打五雷轰！”然后是师兄弟互拜。

拜师仪式之后，本门中的人才将拜师人的名字按行辈填写在他们的拜师帖上，如果有的居住在外地，还要用信件通知他们。从此，本门中人才承认你是“门中人”、“门里人”。

拜完师便要学艺，正所谓“师傅领进门，修行在个人”，不论所拜的老师名气有多大，倘若徒弟不用功，做师傅的也无可奈何。练功是件极苦的差事，很多人能够成为武学大师正因为他能够接受这种考验。杨式太极拳的创始人杨露禅就曾三下陈家沟学拳，苦练拳艺十八载才有所成；太极拳大师陈发科为了练拳每天只睡两个多钟头，晚上练拳怕吵醒别人不敢开门到外面练，只能在房间里练，并把震脚等会出响声的动作都改为放松练，功夫由此突飞猛进。

不过，学功夫仅靠苦练还不够，还要明其理、知其势、懂其法，不明理法同样很难学到真功夫。

第五节　重德的拳礼

礼文化是儒家思想的重要组成部分，几千年来一直为历代王朝所推崇，成为植根于中华民族思想内的意识。“未曾学艺先学礼，未曾习武先习德”，任何一个习武之人都要从“道德”和“礼”、“让”学起，拳礼就是在这样的文化环境中产生的。

拳礼，即打拳之敬礼，又称请拳，是武术中礼仪性的招式，表示互相尊敬、互相学习、团结和谦让的意思，是拳德的组成部分。拳礼一般使用在打拳、对练或器械开始前和结束后。如：峨嵋派的拳种套路的起式与收式都是拳礼，一般叫“文武手”，是套路的固有动作，真正做到以礼始，以礼终，由此也可看出该门拳派的宗旨和精神面貌。

一般来说拳礼有鞠躬礼、抱拳礼、合十礼、无为礼、举手礼、三指礼、见山礼、莲花礼、一字礼等。习武者相见从不以握手为礼，因为擒拿中有趁伸手相握之机擒拿住对手的方法，不握手既可以避免对方猜疑，也可以避免对方可能暗藏杀机。在以上几种拳礼中鞠躬礼是最为通用的礼节，可前后左右鞠躬一至三次。抱拳礼也十分常用，又称抱揖。抱揖时左掌抱右拳，置于胸前，或拳频频摆动，对练时说一声“请”，表示团结互重。倘若手中持有器械则可以进行举手礼，只要一手持械，另一手亮掌，掌缘向前，掌尖与肩平即可。

拳礼与宗教还有很大的渊源，如合十礼就是佛家的根本礼节。合十礼也称合掌，要求两掌十指相合于胸前，头稍低，闭目，取站立弯腰或盘膝位，为十分虔诚的意思。无为礼则是根据老子“清静无为”的思想衍化而成，行礼时取站式，两手成拳下垂并向后摆，不轻易显露出来。行三指礼时左手要亮出三指，这三指就代表儒、释、道三教九流俊杰，食指和拇指要弯曲，表示一不畏人言攻击，二不避斧器伤身，右手则要成拳，表示三山五岳协力同心，左足尖朝前点地，右腿微弯。

这些拳礼一直沿用至今，并形成了独立的武术伦理理念与武德。1986年起，武术竞赛中也开始实行抱拳礼，并制定了统一的抱拳规格，赋予其新的含义。

新的抱拳礼要求并步站立，左手四指并拢伸直成掌，拇指弯曲扣于指根节上，形成掌，掌表示德智齐备，大拇指屈指表示不自大；右手四指并拢弯曲，大拇指扣在食指与中指中节上，形成拳，表示勇猛。左掌右拳，五个指头，有四个区间叫四海，五指叫五湖，过去是讲作“五湖四海”，现在可泛指“五洲四洋”。五湖四海即来示天下武林是一家。左掌要掩盖右拳，就是要挡住右拳不要动武，表示“止戈为武”，以此来约束争强好胜者。行礼时要头正身直，目平视受礼者。

正所谓“拳以德立，无德无拳”，武术的真谛就在于重德。在现代以武会友、广交朋友的今天，习武者更要把德溶入到拳术中去，才谈得上“有德有拳”。学会施抱拳礼只需顷刻时间，而学会抱拳礼中的武德，并付诸于行动，却不是件容易的事情。行武德修养对于每一个习武者来讲有着重要意义，它是习武者在精神修养中的重要方面，值得人们代代传承。

第六节 拳谱与门规

由于武术主要是在民间流传，习武之人大多没有接受过系统的文化教育，所以学习武术时主要靠师傅手把手教授，即“身传”，同时还需要“口授”，如今的“拳谚”及民间手抄流传的“拳谱”就是当初“口授”的主要内容。

拳如声乐不可无谱，谱中有规矩、有拳理、有拳的训练体系。无论教者、学者，都要认真研究本门拳谱，从中获得真传窍要。虽说实战时“不可拘于成法”，但也“不可擅离老母”，正所谓：“武艺虽真窍不真、费尽心机枉劳神”，就是因为没有吃透拳谱精神和奥妙。

我国古代的拳谱常常是一些文学色彩很浓的韵文，这种韵文常常不是格律严格的诗词，而是更多地表现了民间的口头文学色彩，语言显得有些粗俗。为了形象地描述拳法，很多拳谱都大量使用了比喻、夸张等修辞方法，并广泛借用宗教神话、历史传说和动物形象，给后人研究武林思想提供了宝贵资料。

在有关的武术古籍中还常记载有“古论”、“原论”的内容，但这些实际上是拳谚，这些拳谚的民间口头文学色彩则更加浓厚。如《手臂录》中摘录的部分拳谚，有“高不拦，低补拿，中间一点难招架”、“指人头、扎人面”等，这样的拳谚流传很广，极大地推动了武术的传承和发展。

自古以来武林内部竞争激烈，各门各派都把自己的功夫视为珍秘，严格限制授徒，为防落入他人手中，大多是传子不传女。到如今，虽然我国武术门派蔚为大观，但传承下来的拳谱一般没有系统性，或不很完整，给武术的流传造成了一定的困难。再加上某些拳师文化低，对于拳谱只是一知半解，或者标新立异、故弄玄虚，都会导致该地域的拳谱支离不全、出现偏差。

另外，由于部分拳种历史悠久、传播面广，不同地区的传承、风格、改进方向不同，逐代传流下来的拳谱到现在已有所不同。

因此，参照拳谱练拳不可以迷信拳谱，拳谱、拳论并非都是绝对真理，需要去伪存真，不可陷入迷信。所谓“差之毫厘，谬以千里”。在使用拳谱时，一定要通过交流参照互补、求真纠偏、正本清源，不致因小失大、误己误人。

除了拳谱，武术的各门各派还都订有自己的“门规”、“戒律”、“戒约”，如“三不传”、“五不传”、“十不传”以及“八戒律”等。所谓无规矩难以成方圆，各门各派都需要一定的规矩，来管理约束门下弟子。如：少林戒约要求，“平时对待尊长，宜敬谨将事，勿得有违抗及傲慢之行为”、“对待侪辈须和顺温良，诚信勿欺，不得恃强凌弱任意妄为”等。其他门派的门规与此大同小异，如：河南形意拳门规规定，“宁可失传，不可乱传”，凡忤逆不孝者、贪财如命者、逞能欺人者、贪酒好色者，概不得传”。

各门各派的门规戒律概括起来大体包括戒色、戒财、戒恶、助弱、尊师、谦让六类，在很大程度上规范了从事武术活动的人的行为，强调行侠仗义、除暴安良，反对争强好胜、恃强凌弱，体现着修身养性的特点，使习武之人在社会活动中遵循一定的道德规范，培养起应具有的道德品质。

但这种门规、戒律带有一定的狭隘性，最受有识之士诟病的就是武术的宗派思想、门户之见，这是武术长期在封建社会发展的必然结果。由于严格的传统门规所限，大多数拳种如“八极拳”、“谭腿”、“三阳散手”等武功已经很少见，虽然“太极拳”传播极广，但大多数练习者也只得其形而无其意，没能真正领略太极拳的真义。

对于这些门规、戒律，人们也应该批判地继承，要能够吸取精华、剔除糟粕，打破门户之见，推动武术的新发展。

第七节　切磋与打擂

中华武术蕴涵丰富，技理相通，入门之后会有“艺无止境”之感，为了博采众长，人们常常进行以武会友为宗旨的武艺切磋，即“较艺”或“过招”，有时也进行打擂，促进了民间武术活动的发展。

切磋主要以功夫交流为主，这种交流不一定要分出胜负，双方多点到为止。在切磋中，双方要能够展示才华，并吸取对手的武术精华，从而提高自身功夫。在切磋中十分重视武德，那些崇尚武德的大师在与人交手时，从不试图将对方打败，往往是手下留情，在旁观者尚未看出明显胜负时就收身罢手，而对方已是输得心服口服。

《大成拳宗师王芗斋先生轶事》中就记载了这样一个故事：王芗斋曾应袁世凯之邀去参加宴会，结果在宴会上遇见了太极五星椎名家李瑞东，袁世凯执意要两人比武为宴会助兴。两人不愿意真打，边约定彼此做一回推手比赛，只见两人双手相搭、你来我往、连绵不断，动作既灵活又深沉有力，在座的人都看呆了。就在两人想停手的时候，袁世凯却要求他们必须分出个高低上下，两人只好拿出真功夫比试起来。

李瑞东手法变化无穷，王芗斋稍一疏忽，右腕和右小臂就被李瑞东拿在手中，李瑞东随后往后撤了一大步，双手往回一拉，谁知王芗斋急中生智，一个跟步趁势往前一发力，李瑞东年事已高，一时站不稳跌坐在地上。王芗斋抢步上前，把李瑞东扶了起来，当着众人的面说：“李先生功夫比我强，这次是李先生让了我一招，推手也不是真正的比武，我打算和李先生下月在戏院当众重新比武，诸位如有兴趣，请按时光临！”

第二天，王芗斋亲自到李瑞东家去看望，一来表示歉意，同时也要求下次比武时李瑞东当众把他打倒，以挽回李瑞东的面子。李瑞东执意不肯，但王芗斋一再请求，李瑞东也只好应允下来。谁知没过多久，李瑞东突染风寒逝世。王芗斋对此十分悲痛，始终觉得对不起李瑞东，不该在上

次的推手比赛中得胜。

其实王芗斋并没有什么过错，但由此却能见到一个老武术家谦逊礼让、与人为善的优良品质。

与切磋不同，打擂一般要分出输赢，甚至还要立“生死状”。但打擂毕竟不同于两军对阵，不需要拼个你死我活，终以切磋技艺为宗旨，以点到为止为规则。但在擂台上也有很多出言不逊、狂妄自大的人。比如：与方世玉较艺的雷老虎，他所设的擂台上就贴着“拳打广东一省，脚踏苏杭二地”的对联；《水浒传》中与燕青对阵的擎天柱任原，所设擂台的对联也十分狂妄，上联是“拳打南山猛虎”，下联则是“脚踢北海苍龙”。不过，这些恃力逞强、傲慢无礼的人并不被武林人士所重视，武术界真正推崇的高手是那些品德高尚的武学大家。

打擂的真正目的在于提高武术水平、弘扬武术精神。特别是近现代以来，许多中国武术家登台打擂，与洋人比武较量，为中国人民打出了志气和威风。武学大师霍元甲就曾在擂台上打败洋大力士，摘掉“东亚病夫”的帽子，一雪“东亚病夫”之耻辱，这种伟大的爱国精神是习武者学习的好榜样。

如今我国民间也有比武打擂的风俗。2005 年，湖北一个民间武术爱好者就曾摆下擂台，悬赏 10 万元挑战全国的武林高手；2006 年，又有一对佛山舞狮姐妹广发英雄帖比武招亲，可见比武打擂对我国民间的影响之深。今日的打擂以较艺、交友为宗旨，同样要求点到为止，促进了武术的交流，对于民间武术的发展具有重要意义。

第四章

少林武术

在漫长的历史发展过程中，中国武术形成了南北两大派，内外两家，少林武术是被公认的武术正宗之一。正所谓“天下武术出少林，少林武术甲天下”，少林武术是中原范围最广、历史最长、拳种最多的武术门派，在武术文化中占有重要的地位。

少林功夫在隋唐时期已具盛名；宋代的少林武术已自成体系，风格独绝，史称“少林派”，成为中国武术派别中的佼佼者；元、明清时期，少林寺已拥有僧众两千余人，成为驰名中外的大佛寺。

少林武术以实战威猛饮誉天下，又因禅武合一而博大精深。退则参禅养性修道行，进则护寺报国救众生，故少林武术又称为“武术禅”。少林武术与中国的古典哲学、政治伦理、军事思想、文化艺术、医学理论、社会习俗等等互相联系、相互作用，共同组成了绚烂多姿的中国文化整体。

少林武僧对练

第一节　少林功夫的起源与发展

少林武功起源于有天下第一名刹之称的嵩山少林寺，这座名寺位于今河南省登封县嵩山。北魏时期，天竺僧人跋陀由西域跋涉入中原，他见嵩山很像一朵莲花，便有意在“花”中立寺。北魏太和十九年（公元 495 年），孝文帝尊跋陀所愿在嵩山建寺供养跋陀。嵩山东为太室山，西为少室山，各拥三十六峰，峰峰有名，少林寺就是在竹林茂密的少室山五乳峰下，故名“少林”。

正所谓“武以寺名，寺因武显”，少林寺之所以名传古今，是因为它发展了少林武术的缘故。关于少林功夫的创立通常有两种说法，一般认为是由著名的佛学大师达摩所创建。

据北宋《景德传灯录》等书记载：北魏孝文帝大和年间（公元 477—499 年），印度高僧达摩来到嵩山少林寺传授佛教的禅宗，被尊为中国佛教禅宗的初祖。

相传：达摩整日面对石壁，盘膝静坐，在“明心见性”上下功夫，在思想深处“苦心练魔”。但终日静坐，不免筋骨疲倦，达摩发现好些弟子禅坐时间久了，昏昏欲睡、精神不振。为了驱倦、防兽、健身、护寺，达摩仿效我国古代劳动人民锻炼身体的各种动作，编成健身活动的“活身法”传授僧人。据说：达摩还将鸟兽虫鱼的飞腾、跳跃、游弋、滑翔等多种姿势糅合进来，逐渐形成一套健身养性的少林拳的雏形。此外，达摩在空暇时间还练几手使用铲、棍、剑、杖等防盗护身的动作，后人称之为达摩铲、达摩杖、达摩剑。这些健身的动作经过历代僧人不断仿效、补充，又吸收民间武术的精华，便形成了内容丰富，技艺精湛的少林拳术。

这个说法虽被多种典籍记载，却与历史相背离，且现代学者已经证明这只是个传说，被称为禅宗初祖的达摩并没有这样的武功。历史上，在达摩以前，北朝寺院的练武风气就已形成，于是有人认为少林派武术源于少林寺第一代祖师跋陀的弟子慧光和僧稠。

跋陀又译为佛陀，印度人。据说：他出家后，一面学习禅法，一面漫游各地。后来与他共同修炼的五位道友先后都已得正果，只有跋陀无所收获。尽管他勤苦修持，还是无济于事。因此，他想自杀了却此生。他的朋友劝导说：“修道要藉机缘。你与震旦（中国）很有缘分，为什么不到那里去修炼呢?”于是，跋陀沿着丝绸之路东行，来到佛法兴隆的北魏国。魏孝文帝喜好佛法，对西域来的高僧优待有加，并为跋陀修建了少林寺。各地的善男信女慕跋陀之名常聚集于少林寺，跋陀一面教弟子们坐禅，一面整理出经义供弟子们学习，少林寺蔚然成为禅学中心。

跋陀热衷于中国武术，而且吸收了有武功绝技的人为门徒，传说中少林武术的创始人慧光、僧稠就是跋陀的弟子。

慧光是跋陀在旅行时遇到的。当时慧光正在踢毽子，这对大多数中国孩子来说十分寻常，但他们通常在身体前方踢，慧光却在自己的身后踢，而且连续踢 500 次都没有落地。跋陀被这个男孩的专注感动，便将男孩带回少林寺，取法名叫慧光，后被人们认为是将武术引进少林寺的非常有影响的人物。

僧稠是跋陀赏识的另一位弟子。僧稠成长在河南省安阳县，他 28 岁时曾发誓要成为一名佛教僧侣。跋陀收他为弟子不久，其聪明才智和惊人的记忆力就为世人所知。哪怕最枯燥的经文，他只要读一遍，就能理解和背诵。

僧稠体魄非常强壮，他还精通武术，喜欢摔跤，常在假日和节日期间为参观寺庙的人表演，据说没有人能打败他。他也喜欢以神奇的速度，敏捷地在高墙上行走。传说：有一次僧稠在房屋山修炼，忽然听见附近山林里发出一声雷鸣般的吼叫和巨大的震岩声，僧稠忙出来查看，原来是两只老虎在搏斗。僧稠忙冲上前去，抡起沉重的大铁仗将两只野兽分开，大吼着将这两只凶悍的老虎驱散开了。

跋陀的弟子慧光和僧稠对少林佛法的研究和普及做出了巨大的贡献，但少林武术是否由他们所创，并没有史籍可考。

实际上，少林武术是少林寺僧众弟子们在长期修禅、修道、健身和自卫的实践中创立的，它广纳中国各武术流派之精华，经过不断发展、革新，最后形成了以讲究实用为主、内容丰富、风格独特的武术流派，以形式威猛、博大精深而饮誉天下。

少林武术的起源年代可以追溯到北魏年间（公元 386—534 年），距今已有一千五百多年的历史。由于少林寺是皇家的寺院，朝廷赏赐了众多农田和庞大的田产。所以少林寺僧丁大多习武来保卫这些田产，这就为少林武术的发展创造了条件。

隋末唐初，少林寺方丈为了保护庙宇的安全，从寺僧中选出身强力壮、勇敢灵巧或善于拳击械斗者组织成一支专门队伍。最初，他们的任务是护寺，以后寺僧参与了政治活动，寺养僧兵，形成武僧。客观形势要求武艺向精湛的技击方面发展，他们便开始了有组织的、严格的僧兵训练。在少林的历史上，曾有一代又一代的僧兵僧、将以其显赫的武功，为民族、为正义而战。从此，少林寺才使天下豪杰代代向往。而在这些故事中，以十三棍僧助唐王最富传奇色彩，

隋朝末年，隋将王世充拥兵霸占洛阳，自立皇位，定国号为“郑”，并册封他的侄儿王仁则为领兵大元帅，在距洛阳城郊 15 里的柏谷庄囤聚重兵。这叔侄二人终日东杀西战，民不聊生。当时，唐王李渊父子办事顺天理和民情，关内五谷丰登，军队秋毫无犯，但秦王李世民却被王世充困在洛阳监狱内。少林寺在柏谷庄有上千亩的田地，由 13 个武艺高强的和尚专管种田护园。这 13 个和尚听说李世民被困后立即前往搭救，不仅成功地救出了李世民，并还活捉了王仁则，为秦王立下了汗马功劳。

李世民登基当了大唐皇帝之后，对少林武僧大加封赏，赐少林寺田地四十顷、水碾一具，十三棍僧也都受到封赏，这便是历史上有名的“十三棍僧救唐王”的故事。此次事件以后，少林寺开始兴旺起来，少林武术也开始繁荣发达，逐渐成为中原武林第一门派。少林寺极盛时期，占地一万余亩、大殿十四座、房屋多达五千间，寺僧发展到两千多人，其中拥有武艺高强的僧兵五百多人，开创了少林武功的新时期。

传说：宋代的开国皇帝赵匡胤和民族英雄岳飞等人曾得过少林真传。赵匡胤喜爱拳术，传下太祖长拳，曾将他的拳书藏于少林寺。古代《少林拳术精义》一书说岳飞神力得自某高僧，高僧所授岳飞的神勇力法使岳飞在反金卫国中立下卓著功勋。

明朝民间习武风气盛行，也是少林功夫武术水平大发展时期。在明朝存在的近三百年间，少林寺僧人至少有六次受朝廷征调，还曾参与官方的战争行动，建立功勋，多次受到朝廷的嘉奖。少林功夫在实战中经受了考验，确立了自己在全国武术界的权威地位。

少林高僧还经常到各地邀请武林高手到寺传授拳法、棍法，发展少林

武功。明代抗倭名将俞大猷曾到少林寺传授棍术，少林寺实际上成了一个有名的会武场所，群英荟萃、各显神通。少林寺博采百家，在吸收各武艺之长后，又逐步发展成为包括有马战、步战、轻功、气功、徒手以及各种器械等许多种套路的武术流派，后代弟子结合其中的武技精华，融会贯通、发展充实，成为名扬中外的少林武功。

少林功夫的传习方式十分丰富，主要以口诀为媒介，又与少林寺传统的宗法门头制度相结合，核心是师父的言传身教和弟子的勤学苦练。高水平的少林功夫传习，则往往取决于师父的心传和弟子的顿然领悟，这一境界又需要从日常的宗教修持中不断修习方能达到，可以说不是一件轻而易举的事。

少林寺的宗法门头制度，是由福裕禅师住持少林寺期间确立的。福裕禅师把少林寺建成中国传统宗法门头制度的家族式寺院，对少林寺及少林功夫都产生了深远影响。少林寺宗法门头制度相对封闭，严格遵守宗法传承；而佛教的游方制度在根本上是开放的，进出自由。少林寺这种特殊的开放和封闭的两重性，对于少林功夫的发展和传承，以及少林功夫体系和门派的形成，都有着非常重要的作用。少林寺宗法门头历史上最发达时期，下辖 25 个下院，僧人总数达 800 多人。

清朝初年，朝廷为防止人民反抗，严禁民间习武，唯独少林寺院的僧众仍暗地练武不辍。他们为了避开清廷的查究，习武活动改在夜间秘密进行。建于明末的少林寺毗卢殿，也叫千佛殿，原为储存藏经和佛像的场所，从雍正年间开始，这里变成了少林寺的秘密夜间练功房。道光二十六年（公元 1846 年）《西来堂志善碑》所载的“夜演武略”就是寺僧变换练功形式的真实写照。

清光绪二十年（公元 1894 年）席书锦编撰的《嵩岳游记》记述了寺僧在千佛殿习武留下印记的情况：“今后殿壁，绘罗汉手搏像。屋地下陷，深数寸，传为习武场。”由于寺僧长期不断地在千佛殿内练功，殿内地上被脚踩出了 48 个深深的脚坑。

辛亥革命前后，少林寺武功进一步在民间发展，各地武馆林立，不少爱国志士为了推翻清朝统治，积极学习少林武功。当时武术往往被用来作为革命的实战手段，许多地主纷纷建立“大刀队”、“梭镖队”，练武成风，在反清斗争中屡建奇功。

新中国成立后，党和政府非常重视少林武术的发展，许多省、市成立了武术协会和体校武术训练班，进一步推广和发展少林武术，少林武功受到人们的景仰和喜爱，深深扎根于民众之中。从1959年第一届全运会开始，少林武术成为全运会的竞赛项目之一。

1994年广岛亚运会中，包括少林武术在内的武术成为正式比赛项目，少林武术开始走向世界。2006年，少林武术被国务院认定为中国首批“非物质文化遗产”，少林武术的影响力已经越来越大，成为备受推崇的武术之一。如今，少林武术正在积极准备申报联合国人类口头与非物质文化遗产，这项古老的运动正以崭新的姿态走向世界。

第二节　刚猛实用的少林功夫

少林功夫是指在嵩山少林寺这一特定佛教文化环境中历史地形成，以佛教信仰为基础，充分体现佛教禅宗智慧，并以少林寺僧人演练的武术为主要表现形式的传统文化形式。

少林武术总的特点是：刚劲有力、朴实无华、变化无穷、利于实战。动作和套路讲究动静结合、阴阳平衡、刚柔相济、神形兼备。从技术发展的角度来看，少林武术以硬攻直进为上乘，偏重实力。不强调外形的美观，但招招非打即防，极具技击性。这种风格使该拳种表现出朴素、简洁、刚健的美学特征，其主要体现在以下五个方面：

首先，少林功夫具有朴实无华的风格特点。少林功夫的作用在于防身、护寺、健身、入禅，所以它的招势结构完全建立在实用的基础上。一个套路从起势到结尾，始终贯穿着实战的要求。演练时朴实无华、不讲花架子。实战出招时，不仅要打中对方，而且还要有防己受犯的作用，做到攻防兼备。每招每势，都不掺杂任何华丽、哗众取宠、拖泥带水的内容，形成了朴实无华的特点。如：“少林小洪拳”的招式“白云盖顶”，右掌云绕上架于头前上方，是防护自己的头部不受对方打击，左手向下，向外撩打，是攻击方法，攻打左侧来犯的对手。所以少林武术的套路短小精悍，动作要求“行如猫、抖如虎、动如闪电、声如雷鸣”，进退有方、一气呵成。

其次，少林功夫讲究禅拳合一。修习少林功夫有三层境界：初步境界是对自己外部形体的锻炼；中层境界为“神拳合一”，化有形为无形，变

有法于无法，制敌于无形中；最高境界用心法指导一切，所斗之术为“心”法之争，非“形”法之战。由武入禅，由定生慧。在少林功夫中到处洋溢着佛光禅影，“禅拳合一”为少林寺功夫的重要特点。

武僧在水中习武

第三，少林功夫另一个特点是短小精干。少林功夫的拳术套路短，大部分在36组动作以内，组合招势严密紧凑。整个套路所用时间短，目的是为了让练习者在练功中能集中全身之能量，一气呵成，利于每个招式功夫（包括手、眼、身法、步、精神、气、力、功等）的增长，避免因套路太长使其出现体力不足而勉强敷衍的局面。

第四，少林功夫强调刚健有力、刚柔相济。刚健有力是指练习中的劲力以刚为主。“刚”顾名思义就是硬，出招要硬要猛，才能重击对方。如大洪拳的轰手、炮拳的崩捶等，都是刚健有力的套路。刚柔相济则指刚中有柔、柔中带刚。在演练或实战中，或先刚后柔，或先柔后刚。如出招时发力猛，收招时滑柔轻浮，则谓刚柔相济。

第五，少林功夫还有一个显著的特点是出疾收快、招式多变。少林武术的出手招式，要求疾速，越快越妙，收时也同样要神速。所谓“打人不见手，见手非为能”，就是形容出手收招快到使人见不到形影，即可击倒对方。少林功夫招式多变，可以根据战机的需要，手脚并用，拳掌齐到。少林武术在实战中讲究“浑身无处不是拳”，如：头、肩、臂、肘、掌、指、胯、膝、足等均可发挥技击的作用，应用时互相配合。

少林武术经过历代少林高手的不断演变习传，逐步成为博大精深的武术流派，已不是一般意义上的“门派”或“拳种”。根据少林寺内流传下

来的拳谱记载：少林功夫套路现存有708套，其中拳术和器械套路为552套，另外七十二绝技、擒拿、格斗、卸骨、点穴、气功等各类功法为156套。少林功夫经过漫长的历史检验，不断地去芜存精、创新发展，成为最优化的肢体运动形式之一。

一、少林五拳

由于少林寺地处深山密林，所以寺僧经常耳闻目睹各种鸟兽鱼虫攀腾跳跃的方法。在吸收了自然界中各种动物的行为技巧后，他们创造了许多出神入化的象形拳。少林象形拳经众多少林高僧的创编演练，成为少林功夫家族中一个重要的组成部分。

明代王士性在游少林后的《嵩山游》中记载："他们着力模仿动物的技献，拳棍搏击如飞。中有为猴者，盘旋踔跃，宛然一猴也。"从这里可以看出，少林习武的众僧中有人在练猴拳。除猴拳外，流传至今的还有龙拳、虎拳、豹拳、蛇拳、鹤拳、螳螂拳等象形拳，少林五拳就是少林龙拳、虎拳、豹拳、蛇拳、鹤拳的总称，是少林武术的一门绝学。

元朝初年，觉远大师对少林五拳的创立做出了重大的贡献。觉远和尚是严州（今浙江建德）人，俗名无可考，精于剑术。他皈依佛门，在少林寺剃度后，学得罗汉十八手，精心研究，推衍变化，遂增至七十二手。为了进一步丰富少林武术，觉远大师曾周游各地，遍访天下武林名家，在湖北、湖南、陕西、甘肃等地都曾留下过他的足迹。少林五拳的创始人白玉峰就是他从洛阳寻访到并邀请进少林寺的。

少林弟子在练习武术

一天，觉远大师

在兰州街头看见一位年近六旬、精神矍铄的老人，这位老人手提酱油匆匆赶路。谁料人流拥挤，酱油瓶不慎从老人手中跌落，酱油飞溅，弄脏了一位壮汉的衣服。壮汉一见大怒，不由分说，伸出巴掌，左右开弓，就朝老人脸上扇去。老人一边躲闪一边道歉，可这位大汉对老人的赔礼道歉视而不见，纵身跳起，又朝老人脸上踢来。老人也不躲避，只是微笑着顺势抬起左手，将他的脚跟轻轻向上一抬，那大汉便仰面朝天，摔出了两丈多远。

觉远和尚吃了一惊，心想这位老人正是自己苦苦寻访的武林高手，立即上前拜访。原来这位老人姓李名奇，人称李叟，觉远向老人道明来意后，请求和老人切磋武艺。李叟想了想说："我根本算不上什么武林名家，我为您推荐一个人，老友白玉峰乃当世武林高手，大河南北无人能及，他现居洛阳，你可以去拜访他。如果他能帮助你，要胜过我千倍。"

于是他们一同前往洛阳，几经周折，终于在洛阳福禅寺找到了白玉峰。白玉峰是山西太原人，当时已50多岁，看上去身材并不高大，但非常健壮。据《少林寺志》、《少林拳术图说》、《少林内功五形拳》等资料载：白玉峰家境殷实富裕，自幼喜练武功。凡过路侠客有一技之长者，必请至家中，敬养求教。后又到处访师学艺，终有大成，名动四方。但这时的白玉峰也因学武把家财耗尽，于是就四海为家，以授徒传武为业。白玉峰精通气功，擅长剑术。他身躯虽然不大，年过五十却仍健壮非常、锐气逼人。

在觉远大师的邀请下，白玉峰、李叟父子随同他一起回到嵩山少林寺。四人在寺里交流所学，切磋印证。尤其是白玉峰，毫不保留地把自己一生所学传给觉远和尚及其他寺僧，并且同觉远一道对少林寺的数百个拳械套路进行了系统整理。

白玉峰认为：人之一身，精、力、气、骨、神五者，必须交互修练；武功始可臻上乘神化之境。为此，他创立了五拳，并指出："龙拳练神，虎拳练骨，豹拳练力，蛇拳练气，鹤拳练精"。他在撰写的《五拳精要》一书中，系统地阐述了龙、虎、豹、蛇、鹤五拳的特点、手、足、身、眼、步法以及五拳结合的练法。

少林五拳"以形为拳，以意为神，朴素明朗，拳势激烈"，富于阳刚之美。学习五拳，要内外兼修，以长拳、南拳作为基本功，同时配以内功气息调节，做到“内外三合”，即：脚、腰、肩力催三关，精、气、神浑然合一；以形为拳，以意为神，以气催力，以关发气。

白玉峰后来皈依少林寺为僧，法号秋月。少林寺后世僧人为纪念觉远和秋月二僧中兴少林武技的功劳，分别尊称二人为“觉远上人”、“秋月禅师”。

二、罗汉拳

罗汉拳，五大名拳之一，是中华传统武术的一个组成部分。禅宗罗汉拳讲究拳禅一体，功夫与技术相结合，有养身与技击的双重作用。度心为善，禅也；禁人为恶，拳也，这也正是罗汉拳最大特点，即强身立命、禅心悟性。

相传罗汉拳为天竺僧人达摩所创。达摩赤足入中原后，在少林寺演说禅宗，见众僧个个面黄肌瘦、精神不振，慨然曰：“出家人虽不以躯壳为重，然亦不容不澈解于性，使灵魂离散也。欲悟性，必先强身，则躯壳强而灵魂易悟也。”于是他创罗汉拳十八手，授以僧众，修炼几个月后，寺僧个个精力充沛。但由于达摩创少林功夫一说一直被历史学家否认，因此遭到很多人的怀疑。

目前广为流传的说法是：罗汉拳是少林寺福居高僧根据释门伏虎、降龙、拂袖、长眉、地行、穿云、独臂、瘸腿、铁拐、文、武、痴呆、疯魔、傻、茶、醉、颠、狂十八尊罗汉的形态，揉合平生所学武功创立的拳法。罗汉拳共分 18 路（每路一节），每路风格不同、神形各异、技法独特，是少林武术中的优秀套路。

罗汉拳拳理渗透“相生相克、此消彼长、物极必反”的中国传统哲学观点，手形变化则体现了古老的阴阳五行之说。罗汉拳手形按“五行”分为五枝：“仰掌为水，立掌为木，扑掌为火，握拳为土，钩手为金。”同时，各种手形又有不同的运动要求：“水枝如行云流水，木枝穿插如动箭，火枝如炎冲云天，木枝下沉重如铁，金枝变形如钩。”变化多端的“三掌一拳一钩”往往能在实战中出奇制胜。

罗汉拳在技法上有很多独到之处，拳路清晰简明，动作式式环扣，讲究“出手上中下”。常以下破上、以上破下、指左打右、指右打左、声东击西、虚实不定、快速多变。并且擅长连击，常用一式三招，招招相连，式式紧逼。这些灵活多变的招法，使对方上、下、左、右不得兼顾，无法抵挡。

罗汉拳第一路模仿的是脾气暴烈、性格急躁的罗汉。其套路急而刚，上、下、左、右变化多而快，出手就是卧心拳、下切掌、劈心拳，并连续用两个震脚配合这3个动作。鲜明地突出了暴性罗汉快、刚、狠、急的性格。二路罗汉性阴而奸诈，其拳路忽快忽慢、真真假假、虚实不定，使人难以捉摸、不易防守，它多以克刚、以巧制胜。三路罗汉是赤脚罗汉，拳路中总是单脚着地，步法起快落轻，好像是光脚不敢踏地，怕扎脚似的。表现出灵活多变，善长腿法，步法多变的心意把。四路罗汉逍遥自在，多用摇身晃膀、扭腰调胯、崩抖发力。五路罗汉喜声东击西，指上打下，单鞭斜形变化不停。其他几路罗汉拳有着重"跌、扑、滚、翻"的；有着重"踢、打、摔、拿"的，风格不一，各有其特色。

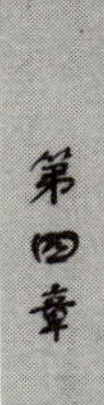

"一字马一片身"是罗汉拳独特的攻守方法。无论进攻还是防守，罗汉拳以自己的侧身对准对手的正中。前手似弓，随机应变以寸劲或防或攻；后手相随，或上或下，守中护肋。这种技击观念和现今的格斗技术异曲同工。

罗汉拳不仅在招式上有独到之处，在武学之道的研究上也有不俗的见解。练习罗汉拳可分为三种境界：第一种以力行，偏刚偏柔，刚而不柔，柔而不刚，为下乘；第二种以气行，能刚能柔，刚柔相济，气达全身，为中乘；第三种以神运，虚实互补，刚柔俱化，劲透体外，为上乘。由此可见，修炼罗汉拳不在于形而在于神，舞形易而入神难，需要练习者的悟性，更需要长久的揣摩与研习。

罗汉拳最初只传给寺内的佛家弟子，并不外传，至于如何传到民间，众说纷纭。较可靠的说法是：当年少林寺邀十八家武术师于寺内交流技艺，山东崂山一道士学得此拳，回来后将其在山东一带传播开来，因此在山东也有人称此拳为"辘轳罗汉"。后来，清末著名螳螂拳家梁学香老先生的长子梁井川与师弟姜化龙等将此拳引入"太极梅花螳螂门"，成为必练的"外挂拳种"而称为"入门罗汉"。至今山东烟台、青岛等地的螳螂门中还有人在演练此拳。

三、炮拳

少林炮拳是少林武术中的核心套路，由少林寺方丈福居大师所创，其动作特点鲜明、风格突出，在少林武术中最具代表性。

北宋年间，福居大师担任少林寺方丈，为了完成荟萃天下武功的大业，福居大师派了一批武功高强的少林僧人遍访天下武林名家，寻访少林五拳创始人白玉峰的觉远和尚就是其中之一。福居大师还曾邀请 18 家武术名手来少林寺学习演练三年。后来他融合了 18 家短打之精华，汇集成少林拳谱，少林炮拳由此开创。

少林炮拳古称炮捶，是少林寺秘不外传的精华套路。炮拳出拳威猛如发炮，拳势动作名称中又多以“炮”冠之，如追风炮、卧心炮、飞云炮、连环炮、迎面炮、冲天炮、裹鞭炮等，故得名。

炮拳在少林拳中有“诸拳之王”的美誉，由 45 个动作组成，集少林各拳的要法，拧腰摩胯，沉稳威猛，腰身晃膀，奥妙无穷。起横落顺无坚不摧。手法灵活，步法巧妙；开合有法，起落有序。少林炮拳是沿着波浪形曲线，左右斜向前进的。步法除垫步、上步、跟步之外，还包含有提步；手法是两手握拳，一架一冲，左右反复轮换；身体则是采用半斜面的拗步式，拳式比较激烈、活泼。

炮拳还集五拳之精要：有龙拳之神韵，虎拳之威猛，豹拳之勇力，蛇拳之吞吐灵活，鹤拳之凝精铸神。炮拳每招每式都短小精悍，清晰明确，非常适合在狭窄地形与人格斗。打炮拳时，有无坚不催的气势，是五拳中最为凶猛的拳法。

经常练习炮拳，可以达到强身、壮气、灵手、稳足、锐眼的作用。从表象看，两拳上钻对心口有按摩的作用，而收臂束身为合、上顶前打为开，身法功作的开合配合心脏的张缩，再合以呼吸而成律动，对心脏有很大的好处。从拳理上说：“炮拳可以促血脉灌沃上焦，气沉丹田足可以充实下部，而含胸拔背是谓虚中，合以上顶下沉的劲力共成离卦之象。”所以，练炮拳可以使人心神得安、心智得开。

四、心意把

心意把俗名锄镢头，是少林寺僧人千百年来在田间劳动时受锄地、掘土、摇辘轳等动作的启发，悟出的一门上乘功法。心意把的具体形成时间不可考，但在宋时已著名于世，是少林最具实战力的功夫。俗语说：“宁传十套拳，不传一式把。”可见心意把在少林功夫中的地位非同一般。

心意把仅一大式和几个侧式，主要是由腿法中的勾、挂、提、摆、扣、踩、弹、蹬、踹、踏，配合上肢的格、滚、钻、领、劈、挑、横、冲等方法组成。练至融会贯通时，动作起伏、转折、伸缩变化快，柔中有刚、刚中带柔、摇身晃膀、扭腰调胯、左躲右闪，可谓变化无穷。

心意把讲心意、重实用，是少林门中真正的内功拳、禅拳。练习传统少林拳法首先要从练气开始，突出表现了少林拳“内练一口气，外练筋骨皮”，内外合一的特点。正如秘谱记载：“心意把，势法单，它系少林内功拳。拐起毛篮掌宜吐，起落身法随意变。起如举鼎提口气，发‘嗯’声落如分砖。运气宜顺为要旨，落下好似掘地般。”

练气首先要养气，而养气就是练心，即心意的锻炼。气静则神恬，神恬则气足。其要诀在于空，应达到三空，即心空、身空、目空。心空则气闲神定，无所思虑、无所畏惧；身空则腾挪辗转自如；目空则一切不在眼里，达到无我无敌的境界，即所谓无虑也。心意把练到高深境界，即达到了忘我、无念、了生死的无上境界。

禅宗主张“无念为宗”、“清净本心”，是一种无意识的功能状态，只有在心灵澄澈、心空无物时，才能开启潜在的、意识活动所体验不到的，及被理智、情感、习惯所抑制的直觉悟性。心意把在整个修持过程中突出禅的无念思想，以不用意识、不用意守的“无意念”为练心要法。心意把练到高深境界，已不宜再与人动手争胜了，因它用的都是内力，伤人于无形之中。所以，心意把不能传给武德不佳的人，否则伤人伤已。

关于心意把还有一段传奇故事：

清道光年间，河南一位巡抚久慕少林之名，来到少林寺，坚持要看少林绝技，寺院主持无奈，只得选派几个武僧为其演练。但练武是官方明令禁止之事，过后寺里怕这几个武僧罹祸，就令他们分别出逃。其中有一个海发和尚在少林寺中精研心意把，他和弟子湛谟等逃到了师境内（今河南省偃师市）少林寺下院石沟寺。这里地处深山，几乎与世隔绝，海发、湛谟和尚便在这里潜心修炼心意把，从而把这一宋代流传下来的少林秘功练到了最高境界。

少林心意把

吴轱轮五岁出家少林寺，拜湛谟为师，取法名寂勤，后随湛谟到石沟寺习武，开始跟着湛谟的弟子们学些入门功夫。当时湛谟的弟子都是藏在窑洞中练心意把，而练把最后须发声，声音吸引了年幼的寂勤，他好奇地趴在门缝偷窥师兄们习武。因寂勤爱武成癖、悟性奇高，久而久之，在窑洞里面正儿八经练习多年的人尚未开悟而在外面偷学的他已经开悟，对心意把已颇有心得了。海发、湛谟和尚得知甚奇，便把这孩子叫来，只见他根骨资质奇佳，令其试着演练，果然颇得其法，于是开始正式教授他功夫。寂勤从此一练就是40年，不仅得心意把真髓，还学得少林各种嫡传拳械功夫，技艺精绝。当时很多人想向他学心意把，但寺规不许外传。同治末年，寂勤因俗家后继无人，于是他打出山门，并带走了古传少林拳法秘笈。后将此绝技传于其子吴山林，对少林武术在民间的推广起了重要的作用。

五、易筋经

在民间流传的武侠小说中，少林功夫最出神入化的要数《易筋经》了。在金庸的《天龙八部》中，悲剧人物游坦之被阿紫折磨得身中剧毒，生命垂危，回升无望间偶然练了一部偷出来的佛经后，冰蚕之毒不仅不再对他身体构成危害，反而使他功力大长。这里能够“戏筋易髓”、“起死回生”，还有助元阳的“绝学”，就是《易筋经》。

历史上关于《易筋经》的来历有很多说法，少林寺的传统说法认为

《易筋经》为达摩所创。

据传：1500年前，达摩老祖在嵩山五乳峰面壁9年。达摩走后，少林僧人在洞中发现了一个铁盒，盒上没有锁却打不开。聪明的僧人用火一烤，铁盒就开了，原来上面有蜡，以防水汽侵蚀。铁盒中有两部书：《易筋经》和《洗髓经》，都是用梵文写的。而当时全寺上下精通梵文的只有中国禅宗第二代祖师慧可。慧可把《易筋经》留在了少林，自己拿着《洗髓经》云游天下。寺中有不少僧人对梵文略知一二，于是私下各自翻译。后来，有位僧人带着《易筋经》在峨眉山见到了天竺僧人般剌密谛，在般剌密谛的帮助下，《易筋经》才有了中文版。慧可云游归来后，《洗髓经》已经翻译完成，这时大家才发现《易筋经》和《洗髓经》原来是一体的。

那么，真正的《易筋经》究竟是什么样呢？它是武学秘笈，还是经书？

实际上，《易筋经》是少林的内功，属于内功里最上乘的。易就是变化，筋就是筋络，易筋就是改变筋络。在少林功夫里，《易筋经》能够提高练武者的功力，通过身体的内修，启发生命的潜能，让身体的各个部分融会贯通，从而使基本功、套路、技击等各方面的功法融会贯通，提高武术境界。

在传统的武侠小说中，要练上乘功夫就要打通任督二脉，这种说法是有科学依据的。任督二脉正好在人体的前后中心，前面是任脉，后面是督脉，是人体的子午线。按中医理论，人体有十二正脉和奇经八脉，《易筋经》就是疏通人体经脉从而强筋壮骨的。

《易筋经》其实并没有那么神秘，即使是普通人也可以修炼，而并非小说中所说的只有武林高手才能够学会。《易筋经》的呼吸和动作绝大部分都是人们在日常生活中每天都会做的事情，是一种健身的好方法，使人的精神、形体和气息有效地结合起来，经过循序渐进、持之以恒地认真锻炼，从而使五脏六腑、全身经脉得到充分的调理，进而达到保健强身、防病治病、抵御早衰、延年益寿的目的。

《易筋经》经无数人练习试验，已被证明是最简单、成效最快、功能最显著的一种健身方法。练习时间越长，越能感觉到它对人体的调节作用，及伸筋拔骨、固本培元的功效，与没练的人相比，精神更旺盛、更有爆发力。没有练习过套路、技击，也可以单纯修炼《易筋经》，但一定要在专业人士指导下进行，切不可以自行随意练习，以免发生危险。

六、少林棍术

棍是少林武术最负盛名的兵器，当年少林寺十三武僧以棍助唐王击败王世充，少林棍从此闻名天下，素有“棍为少林功夫之魁”之说。少林棍不仅内容广博，而且特点鲜明，练起来“棍打一大片”。施展此项功夫时，全身着力、节奏快、棍法紧。

少林寺有一个紧那罗殿，供奉他们的护法伽蓝神——紧那罗王，据《少林棍法阐宗》记载：紧那罗王便是少林棍法的传授者。

少林棍

元至正初年，有一位和尚来到少林寺当烧火僧，长得十分丑陋：蓬头、裸背、跣足。他整天少言寡语，只是在厨房辛勤地劳作，闲暇时则闭目打坐。少林寺中谁也不知道他的名字和来历，也没有人注意他。他偶尔手持棍棒，操练几下，没有人注意他练的是什么功夫。

转眼到了至正十一年三月的一天，颍州红巾军的一股突入少林寺抢掠，寺里的僧人措手不及，四散逃走。这时，那个平日少言寡语的烧火和尚突然手持长棍跳了出来，其体形突然变得有数十丈长，朱发靛面，立于山峰之上，大叫道：“吾乃紧那罗王也！”红巾军众人望见，惊恐地退走了。自此，少林寺便以紧那罗为护伽蓝神，少林棍也就由此发展起源。

这种少林棍起源的说法还有待商榷和考证。但一般认为：少林棍术始起于北魏，是少林寺历代众僧为健身抗兽而创，广泛吸收其他门派棍法精华，经过长期艰苦磨练、不断革新，逐渐发展起来的棍棒功夫，至今有一千四百多年的历史。

少林派棍术有：猿猴棍、风火棍、齐眉棍、大杆子、旗门棍、小夜叉棍、大夜叉棍、少林棍、小梅花棍、云阳棍、劈山棍、阴手棍、阳手棍、五虎擒羊棍等。对练棍术有：六合杆、排棍、穿梭棍、破棍十二路、群羊棍、上沙六回排棍、中沙排棍、下沙排棍等。少林棍练起来呼呼生风、节奏生动、棍法密集、快速勇猛，既能强身健体，又能克敌制胜，在少林功夫中占有很重要的地位。

虽然棍术在中国历史上源远流长，历代精于棍术的人在史籍中也很容易发现。但是，少林僧人普遍习练棍术从历史资料来看是从明代开始的。

据传：明嘉靖年间的著名武术家、抗倭英雄俞大猷（公元 1504—1580 年）曾慕名拜访少林寺，并发生了一段著名的回传少林棍的故事。

俞大猷的少林棍术十分精湛，在一次路过河南嵩山时，想起自己所学的少林棍术出自嵩山少林寺，饮水思源，便到少林寺拜会。在寺内，俞大猷看少林寺武僧练武时便特别注意少林棍僧的棍术，发现和自己的少林棍似是而非，再认真比较一下，觉得比自己掌握的少林棍法差很多，像是没有得到少林寺的真传。

少林猴棍

俞大猷满腹疑问，便去拜会少林寺住持小山禅师。小山禅师敬重俞大猷是朝廷命官，又是战功赫赫的武将，就集合全寺所有精通棍术的千余武僧，各人尽展功夫，演练给俞大猷看。小山禅师本来以为俞大猷看了后一定会口服心服，大大鼓励一番。哪知俞大猷看了，摇摇头说："下官也粗通少林棍术，只是与众位师父所练的不尽相同。若不嫌弃，下官愿意献丑，请各位师父指教。"众武僧看见俞大猷要切磋武功，立刻叫好。

俞大猷将外衫脱掉，拣一支长棍，将平生练就的少林棍法施展出来。只

见他有进有退、有跳有闪，忽左忽右、忽前忽后，攻中有守、守中有攻，一支长棍像出海蛟龙，矫健盘旋，上下翻飞，看得少林寺众武僧眼花缭乱、齐声喝彩。不但众武僧口服心服，小山禅师也大开眼界，知道寺中少林棍术已失真传了，于是恳请俞大猷传授。俞大猷为众武僧求艺心切所感动，也感到自己有传授少林棍真功夫的责任，便欣然接受下来。

后来，俞大猷把自己所学的少林棍，结合自己多年演练的体会和临阵克敌制胜的经验写成一本书——《剑经》。这里也许有人会问：怎么叫“剑经”而不叫“棍经”呢？因为俞大猷是将棍当做长剑，剑经就是棍经。《剑经》一写出来，俞大猷的少林棍法立刻天下闻名，《剑经》也随之成为明代以来的武术经典名著。

七、其他少林武术

少林功夫内容丰富、套路繁多，按技法分为拳术、棍术、枪术、刀术、剑术、技击散打、器械和器械对练等共一百多种。少林武术向来以拳术和棍术闻名于世，事实上少林的枪术刀术、剑术也是一绝。

少林的枪术有劈、穿、点、挑、拨、扫、截等动作，练枪时要求：“扎枪如斗虎，出枪一条线，枪出如射箭，收枪如捺虎，挑枪如挑龙”；少林刀术则“刀如猛虎”，刀法多为缠头裹脑，翻身劈扫以及刺、捺、撩、砍、抛等，少林的单刀、双刀、大刀有“单刀看手，双刀看走，大刀定手”的说法，十分神奇；少林剑演练起来优美豪放，故有“创若游龙”之说。练少林剑时要求：“走剑要平善，气要随剑走，两眼看剑尖，剑行如飞燕，剑落如停风，剑收如钢钉。”另外，少林还有其他器械类的功夫，也都十分独到。

（一）枪术

枪是古代兵器之王。少林派枪术有：少林枪、五虎枪、夜战枪、提炉枪、拦门枪、金花双舌枪、担拦枪、十三枪、十八名枪、二十一名枪、二十四名枪、二十七名枪、三十一名暴花枪、三十六枪、四十八名枪、八十四枪、六门枪势、十枪架、六路花枪、秘授枪谱三十六点、豹花枪等。对练枪术有：枪对枪、对手枪、战枪、双刀对枪、六合枪、三十六枪破法对

少林武术演示

练、二十一名枪对刺等。

（二）刀术

刀是历代重要兵器之一，其中大刀被誉为“百兵之帅”。“刀如猛虎、枪似蛟龙”，刀术的演练一招一式都要有威武、凛然的气慨。少林的刀有：春秋大刀、梅花刀、少林单刀、少林双刀、奋勇刀、纵扑刀、雪片刀、提炉大刀、抱月刀、劈山刀、少林一路大刀、二路大刀、六合单刀、座山刀、六路双刀、八路双刀、太祖卧龙刀、马门单刀、燕尾单刀、梅花双发刀、地堂双刀、滚堂刀、单刀长行刀、五虎少林追风刀等。对练刀术有，刀对刀、二合双刀、对劈单刀、对劈大刀、单刀进双刀等。刀的使用特点是：缠头裹脑、翻转劈扫、撩挂云刺、托架抹挑等，并有“单刀看手、双刀看走、大刀看顶手，劈、撩、斩、刺似猛虎”的说法。

（三）剑术

剑术矫健、优美、豪放，流传深远。少林派剑术有：达摩剑、乾坤剑、连环剑、太乙剑、二堂剑、五堂剑、龙形剑、飞龙剑、白猿剑、绨袍剑、刘玄德双剑、青锋剑、行龙剑、武林双剑等。对练剑术有：二堂剑、五堂剑对刺、少林剑对刺等。剑诀：“剑是青龙剑，走剑要平善，气要随剑行，两眼顾剑尖，气沉两足稳，身法须自然，剑行如飞燕，剑落如停风，剑收如花絮，剑刺如钢钉。”

（四）其他兵器械类

少林武术器械有长的、短的、硬的、软的、带尖、带刺、带钩、带刃的，多种多样，古有十八般兵器之说，近计不易胜数。除上述刀、枪、剑、棍以外，还有：三股叉（南方又称大钯）、方便铲、套三环、峨嵋刺、月牙铲、和戟镰、秀圈、方天画戟、双锤、大斧、双斧、三节棍、梢子棍、七节鞭、九节鞭、双鞭、刀里加鞭、绳标、虎头双钩、草镰、“五合草镰、六合战链”、戟头钩、梅花单拐、六合双拐、马牙刺、乌龟圈、双锏、日月狼牙乾坤圈、禅杖、大槊、风魔杖以及盾牌、弩等。

器械对练及器械拳术对练套路有：空手夺刀、空手夺枪、单刀对枪、空手夺匕首、棍穿枪、草镰合枪、梢子棍合枪、刀对枪、双刀进枪、眉齐棍合枪、单拐进枪、双拐破枪、拐子合齐眉棍、虎头钩进枪、马牙刺合枪、乌龟圈合枪、套三环合枪、方便铲合枪、月牙铲破双枪、九节鞭对棍、钢鞭对九节鞭、月牙合枪、月牙合锏、三节棍进枪、方天画戟进枪、三英战吕布、空手夺刀枪、三股叉进枪、大刀封枪、三节棍破双枪、峨嵋刺进枪等。

第三节　少林武术的禅风

少林武术是中华民族传统文化的瑰宝，也是一项内涵丰富、形式多样，并且具有独立体系和多种社会功能的武术项目。由于少林武术发源于地处中原的佛教禅宗祖庭——嵩山少林寺，所以少林拳带有浓厚的宗教色彩，受禅宗哲学的影响甚为深刻。

公元 6 世纪，印度高僧菩提达摩在少林寺首传禅宗教法。禅宗是印度佛教文化传入中国后，与中国玄学文化充分交流、融合的成果，是古代两大东方文明融合的结晶。

唐、宋以来，由于禅宗教法的盛行和少林寺的祖庭地位，少林功夫的信仰内容和品质发生了变化，“禅武合一”开始成为少林功夫的主流思想。禅和武术本来是两个截然相反的形态，禅以静为其特征，武术以动为其特点。从这一点看，少林武术似乎和禅不相干，但事实上出自禅门的少林拳正是把拳和禅有机地结合起来，才形成了独具特色、博大精深的少林武功。

禅宗讲究在现实的日常生活中修行，少林功夫作为少林寺僧人日常生活的组成部分，也被纳入到学佛修禅的形式中，因此少林武术的各种拳功都注重静养功法。“禅拳合一”练功法是少林僧徒在长期面壁坐禅时创造出来的，并成为僧人修习少林功夫的目标和理想境界。也就是说：少林僧徒的禅修从禅宗上来说是修行，从武术上讲则是一种练功方法。少林僧徒日日必修的面壁作禅，就是动与静结合的一个典型。少林僧坐禅时，通过默默的静思来修身养性；同时，坐禅之时要求舌添上腭，气沉丹田，通过气与力的吐纳调息，内外兼纳，达到“手与足合，肩与胯合，肘与膝合，心与意合，意与气合，气与力合”。少林的各种内功，如心意把、童子功、阴阳气等都是禅与武有机结合而产生的独特武功。

由于少林僧徒采用的是动静结合的“禅拳归一”练功之法，所以练习拳术时若无法从心理上安静下来，使精神贯注于每一个动作中，必定不能深刻理解拳术内涵，这种宁静的习惯贯穿在习武者一生的修炼过程中。少林僧徒多选择在幽静的环境下习武，在少室山阴的密林深处，有几个鲜为人知的少林武僧练功场。在这里，少林的僧众们可真正领悟到少林禅拳归一的真谛。

一个深谙拳中动静之机的人也是一个自省沉毅的人，长期的练习将使他变得纯朴。而真正武艺高强的人，大多精神虚灵、气质雄厚、身躯活泼，而且言论谦和，给人一种自足、武功深不可测的感觉。

禅心运武、透彻人生、内心无碍无畏，这些寓理丰富了少林功夫的内涵，使本质上属于暴力和攻击行为的“少林功夫”和宣扬“大慈大悲”、“积德行善”、“坚决反对杀生行为”的佛教发生联系，也直接影响了少林功夫的技术风格。少林寺僧人练习武功，只为自卫，不为攻击，所以少林功夫时时表现出节制、谦和的特点，动作特点是幅度小、含蓄，讲究内劲，后发制人。

少林功夫“禅武合一”的精神，对中华武术有着非常深远的影响。少林寺僧人将这种般若性空精神贯彻到少林功夫演练过程中，使少林功夫获得一种中国武术其他流派难以企及的境界，从而形成少林功夫特有的有益于提升人类精神境界的宗教品质。正是少林功夫的这种宗教品质和文化功能，丰富了中国传统精神文化的内涵。

第四节　少林传奇故事

几个世纪以来，武打和佛教的奇妙结合，使少林寺造就了很多武术大师，同时也流传下来无数的传奇故事。其中有很大一部分都与少林相关，如十三棍僧救唐王、少林僧兵抗倭、大侠燕子李三等。有的抗击外侮、保家卫国，有的路遇不平、匡扶正义。少林寺所具有的强烈的忠义精神，一直受到民众的推崇，已经成为惩恶扬善、除暴安良等众多正义行为的代名词，留下了无数可歌可泣的美丽故事。少林武术所凝结着的激励人们向上的、高尚的、正义的道德力量，正是它长盛不衰的根本原因。

一、忠良武功出少林

少林尚武精神千古流芳，在民间忠义少林的传说中，很多忠良人士都与少林武功有着直接的联系。相传岳飞就曾学得了不少少林功夫，并留下了很多传奇故事。

岳飞的老师叫做周侗，据说是一位得到少林功夫真传的民间武师，他一生收了不少徒弟，包括梁山好汉玉麒麟卢俊义和80万禁军教头豹子头林冲等，岳飞是他的关门弟子。传说：岳飞的部将牛皋在一次行军中遇到一位神僧，那位神僧自称是岳飞的师父，让牛皋转告岳飞："名虽成，志难竟，天也！命也！"并请牛皋转交岳飞一部题名达摩所作的《易筋经》。没等牛皋见到岳飞，他已被秦桧害死，这部《易筋经》就由牛皋传了下来。

不仅岳飞的武功是少林功夫，许多著名英雄豪杰的功夫也都出自于少林寺，如太祖（赵匡胤）拳、罗义梅花枪、程咬金月牙斧、关公大刀等都是少林寺达摩祖师遗留下来的武功，甚至梁山泊打虎英雄武松也曾在少林寺学艺。

据一些小说和话本记载：武松在上景阳岗之前曾在少林寺内学武8年，最擅长扑虎拳和罗汉十八掌，对易筋经也有所涉猎，据传少林朴刀刀法就是武松在少林寺习武时所创。武松下山也是依照少林寺的规矩，一路打出山门的。师傅见他勇力过人，还曾告诫他下山后不要惹是生非。从一些少林拳术的名称中，我们也能看出梁山好汉与少林寺之间的某种联系，福居大师总结出的“十八家之长”中，就有“燕青之粘拿跌法”和“林冲之鸳鸯脚强”。

燕子李三访少林的故事在民间流传也很广。相传：李三仰慕少林之名，不辞劳苦来到少林寺。他进寺中参拜佛像之后，要求看一下少林武功，寺中武僧点头应允。不一会儿，斋饭做好了，只见一个和尚一手端着八仙桌的一条腿，单手将八仙桌端平高过胸，不慌不忙地走到李三面前，请他来接菜。李三大吃一惊，心想：这紫檀木桌少说也有百十斤重，上面又摆满饭菜，他端握一条桌腿竟能持平，可见这武僧腕力十分惊人。李三哪有这样的功力，不敢伸手去接，于是提气上跃，从和尚头上斜窜出门外，身法矫健轻灵，落地毫无声息。方丈赞道:“好个飞燕穿帘，直如燕子一般。”遂收李三为徒，李三劫富济贫、不畏强暴、反对贪官、资助穷人，很受群众拥护。

二、少林僧兵抗倭

明嘉靖年间，明朝海防松弛，沿海卫所“战船、哨船，十存一二”，士兵也只剩 2/5，而仅存的部队也因制度腐败、军纪废弛而战斗力极弱。在倭变突起、不及调集中央军队的情况下，政府只好临时就地征召当地战斗力较强的地方武装。僧兵就在这时开赴上了战场。

据顾炎武的《日知录》记载：1553 年的春天，南京中军都督万表派人给嵩山少林寺下了一道表檄，让少林寺选派武僧前去抗倭。当时少林寺的方丈是坦然法师，他听说了倭寇的暴行后，决定派以武功高强的大弟子月空和尚为首领，月忠、自然、慧正、智囊等人在内的 31 名武僧前去抗倭。这 31 位武僧都是由月空和尚一个一个仔细挑选出来的，为了确保他们确实能够“技压群僧”，月空沿用了少林寺“打出山门才出寺”的老规矩。选定之后，寺里给他们每人配备了一匹马和一根 7 尺长、15 公斤重的铁棍，有的还配有刀、枪、剑等武器，然后送他们开赴松江（今上海市松江县）一带抵抗倭寇。

据《南汇县志》记载：1553 年农历七月，倭寇进据川沙，参将卢镗率外地调来的士兵前往攻打，结果中了倭寇埋伏，几乎全军覆没。这时少林寺僧兵前来增援，虽人数不多，却个个勇猛善战，竟奋不顾身地直捣敌

营，销毁了倭寇停泊在白沙湾岸边的舰船3艘，杀敌数百人。这一仗打出了少林僧兵的威风，此后令倭寇闻风丧胆，月空和尚等人也受到了中军都督府的表彰。他们随后领兵前往泉州，与当地军民同心协力地进攻七星岛，一举粉碎了倭寇的老巢，打死了头目黑田。自此，沿海一带在相当长的一段时间内平安无事。

相传：少林寺有部《征战立功簿》，专门记录少林僧人为国立功的事迹，但在1928年的一场大火中被毁。据少林寺大师们回忆，书中除了月空和尚御倭寇的故事，还载有明代小山和尚三次挂帅平倭的故事。现在少林寺山门两边有夹杆石，还有一对石狮子，据说这都是嘉靖皇帝为嘉奖小山和尚而赐给少林寺的。

小山和尚13岁时在开元寺出家，后来他跟着师傅应白禅师在少林寺学禅11年，熟颂佛经，精通佛学，并且练就了一手高超的剑术。嘉靖皇帝听说他德高望重、禅武皆精，就御封他为少林寺第二十四代方丈大和尚。

月空和尚抗倭20年后，东南沿海再次遭到倭寇骚扰，浙江总督胡宗宪和抗倭名将戚继光迅速带领兵马，前往杭州一带平乱。据说：胡宗宪本来就打算学南京中军都督万表，征派少林武僧出战，但是少林武僧乃是出家之人，不可随意指派，不如让他们自去抗敌。胡宗宪觉得有理，奏明皇帝之后就把招兵选将平倭的皇榜贴在了嵩山脚下。

小山禅师看到这张皇帖，毫不犹豫地就把它揭了下来，然后集合少林寺僧众说："国难当头，匹夫有责。我寺武僧当挺身赴边杀敌！"众僧群情激愤，都愿意为国效力。小山禅师亲自挑选出30位武艺超群的武僧，赶到京城，向嘉靖皇帝请命。嘉靖皇帝封他为领兵元帅，带上封印，率领官军与僧兵前去平倭。

小山和尚在战场上十分英勇，并且非常聪明。有一次，一个倭寇见他目视远方、坐而不动，就挥舞着双刀扑过来，谁知就在刀要落在小山身上时，他猝然跃起，从倭寇头顶跃过，并用铁棍击碎了倭寇的脑袋。就这样，少林僧兵与官军将倭寇杀得大败。班师回朝的时候，皇帝十分想让小山禅师留在京城，小山却说："国难杀敌，平时为僧。"于是带领僧人回到了少林寺。

两年后，倭寇再次进犯，屯兵于今上海市附近的下沙镇。小山禅师又受朝廷敕封，会同蔡可泉等一百二十多名官军飞速赶到，严阵以待。这批倭寇听说小山禅师来了，不战自退，小山只好返回。倭寇等了十几天，探明小山禅师已回少林寺，就又出来作乱。小山禅师十分气愤，并下定决心要把这股狡猾的倭寇消灭掉。他领着武僧和官兵们认真地查看沿海地形，最后以四面包围之计全歼了这批倭寇。

在抗倭的斗争中，僧兵们文事武备，受到极高的称誉。他们极大地发挥了少林武术精湛的技击技能，并用鲜血和生命谱写了保家卫国、抵御外辱的伟大历史篇章，充分展示了少林武术在军事实战上的应用价值，这也是使少林武术本质的又一次升华。现在少林寺碑林与塔林中的石刻上，仍有当年爱国僧兵作战的记载。

第五章

武当武术

在我国武林中，素有“南尊武当，北尊少林”之说。武当武术是中华武术中的一块瑰宝，它源于武当山，包括太极拳、武当气功、武当剑等拳法和器械功夫，并经历代宗师不断实践、充实、完善，逐渐形成了一大流派，饮誉海内外。

武当武术运用《易》中的某些原理，参以道教内丹功法的经验，逐渐形成了自己的理论体系。阴阳消长、八卦演变、五行生克，是武当武术的理论核心。它据此以追求炼精化气、炼气化神、炼神还虚，来增智开慧。武当武术还秉承了中华传统养生思想，以养身、修身、健身、防身为目的，融静功与动功与一炉，自成体系、风格独特，是道家理论与武术、艺术、气功、导引的完美结合。

武当武术表演

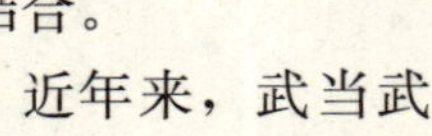

近年来，武当武术在国内有关专家、教授、拳师的大力支持下，挖掘和整理出了很多武术套路。在历史的磨炼中，它以强大的生命力顺应着历史发展的脚步，如一颗璀璨的明珠，闪耀在世界的东方。

第一节　武当武术的起源与发展

武当山是中国的道教名山，也是武当道教的发源地，位于今湖北省西北部丹江口市西南。一般来说，人们谈起武当武术的历史，首先就会想到元末明初时期的道士张三丰，以为他就是武当武术的开山祖师。其实，武当武术，包括张三丰所开创的太极拳，其渊源都要追溯到很久以前。

一、“武当”的由来

根据明确的史料记载和考古论证：春秋及战国早期，武当山地区已有庸、巴、蜀、苗、卢、濮、彭、麇等多个古氏族部落。这些古氏族部落好习武术、英勇善战。据《华阳国志·巴志》记载：“周武王伐纣，实得巴蜀之师”，“巴师勇锐，歌舞以凌殷人，前徒倒戈。”可见，当时巴蜀部队的武功已经十分高超，并且在武王灭商的战争中立下战功。

武当山

根据武当道教及楚国地方志研究专家的考证：武当地区“东达齐豫，南通巴蜀，北抵三秦，舟车可至，实为八方之咽喉”，战略地位十分重要。除了以上提及的古氏族部落外，楚、秦、韩等强大的诸侯国也在此栖息生存。据传：武当山的得名，就与春秋战国时期楚国防范巴、庸等古族及秦国入侵有关。

春秋时期，房陵（房县）、均陵（武当）一线均为楚国抵抗巴、麇、庸等国的前线，如《左氏传》记载：“楚子伐麇，败麇师于防堵。”战国时

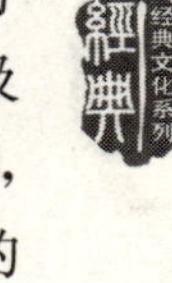

期，秦楚两国常在汉水、丹水一带交兵，因为这一带是秦进逼襄阳、逐鹿汉江平原最重要、最便捷的水上通道。公元前 312 年，楚败于秦，秦将楚国的汉中纳为己有；公元前 304 年，秦将上庸（今湖北省竹山西南）还给楚国；公元前 280 年，楚又割汉北、上庸地给秦。秦楚等国关隘常用“武”字，如武关、武胜关等等。由于这一地区是重要的军事要地，被人称之为“武当”。“当”即是“挡”的意思武当即以武力阻挡。

据历史及军事战争史料记载：在春秋战国时期，武当山地区人口兴旺、密集，生产力水平较为先进，战争也比较频繁。古氏族部落、诸侯国采取全民皆兵、强兵强国的军事策略及相应的兵役制度，因此加强其内部成员军事武术、搏杀技能的传授，以及军事武术的普及和训练。

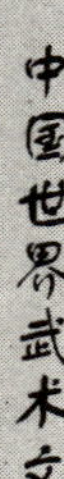

当时的楚国长期实施“战时从军，战罢归里”的兵役制度，这样一种兵役制度使得军事武术成为楚国各地民众每日生活中不可缺少的组成部分，以便于随时准备从军，阻击外来入侵。虽然当时的军事战争也讲究天时地利、阵型阵法、谋略战术、兵器装备，但在冷兵器近距离搏杀中，士兵个体使用冷兵器（包括拳术）打击敌人、保卫自己的格斗技能，仍是这个时期军事战争的基本手段，也是影响战争胜负的非常重要的因素。频繁的生存竞争使得军事武术在武当山民众中传播、普及、发展开来。

二、武当武术的初期形态

在春秋战国时期军事武术的基础上，武当武术在道教的影响下逐渐发展起来。武当武术虽正式确立于元末明初张三丰时期，但张三丰的太极拳以及与当时各种内家拳派的诞生，其理论精髓、技艺的基本框架在张三丰之前就已经形成，很多道家武术门派传承下来的口诀就证明了这一点。

流传在北京一带的武当太乙剑门的武术谱诀中就记载有：“先有太和，后有武当。成于真武，传于三丰。六合神拳，谓之内家。”这个谱诀虽含有宗教色彩，如“成于真武”是把武当武术的开创归于道教传说的玄天大帝，但它也说明了一些客观真实的历史，即在张三丰之前武当武术已经初具形态。谱诀中还有“六合神拳，谓之内家”的记述，现在证实，唐末五代隐修武当山的武林人士承传有“六合八法拳”，说明唐末五代时武当就已经有武功传承，并且有了“内家”的称谓。

武当赵堡太极门派保存的太极拳经典要论中，也有张三丰的一首五言传承歌诀，其中记载：“天地即乾坤，伏羲为人祖。画卦道有名，尧舜十六母。微危允厥中，精一及孔孟。神化性命功，七二乃文武。授之至予来，字著宣平许……”据这段歌诀记载：太极内丹功的源头从伏羲开始，以后从尧舜传到老子，从老子又传到孔孟，并一脉下来传给了张三丰。这首五言歌诀证实了武当武术与道教极深的渊源，揭示了儒学与道教的交叉点，更说明武当武术并非张三丰一人所创，而是千年历史积淀的结果。关于孔孟以上的传承是否推及老子、尧舜、伏羲等人，这些历史已不可考。但从现在可查的近代武家的著述中，可以了解到：自魏晋南北朝开始，太极形态的拳功已经屡现于世。

据传：程氏太极拳为南北朝（公元502—557年）人韩拱月所创，在宋高宗时期传至程泌，改名“小九天”，至今在河北石家庄还有流传；还有一种名叫“三世七”的太极拳功，相传为唐代道人许宣平所传，在明朝前期传于宗远桥，已经历十四代，至今在上海仍有传人，并出版有专著。与唐朝许宣平同时，还有先天拳、后天法、六合八法拳等。关于这些武术的起源虽然没有定论，但却可以得知，早在张三丰创立武当武术之前，武当功夫就已经颇具形态。

三、武当武术的集大成者——张三丰

在张三丰之前，武当武术已经有了漫长的历史，但它尚未形成完备的体系，也未造成重大的社会影响。直到张三丰集道家前辈之长，借鉴少林拳法的优点，纳武技于道义，创编太极拳法后，武当武术才初步形成。

张三丰是元明之际的武当全真道士，名全一，字君宝，号三丰、玄玄子，辽东懿州人。张三丰的思想具有元明时代道教思想的普遍特征，提倡三教同源。他认为：自古道法流传，分为正、邪二教。而儒、道、佛三教皆为正教，三教虽创始人不同，但都可以修己利人。在三教一家的理论前提下，张三丰强调要修身养性，只要行善积德、仁慈悲悯、忠孝信义诚，自然不远仙道。其内丹学强调真心、真性对于修炼内丹的重要性。张三丰还把修炼真心、真气与儒家的忠、孝、仁、义结合起来，这种用真心、真性做基础，来融通道教与儒家思想的做法，既调和了儒道关系，又为心学的发展提供了积极的启示并拓展了空间。

张三丰影响后世最深的是在前代理论精髓及技艺的基础上开创了中国

武术中的内家功夫——武当派。当时，武当山林深草密，山中多狼豺虎豹，附近有草寇强盗出没，在山上修炼的道士经常担惊受怕。张三丰就想找一个对付强盗猛兽、防身自卫的办法。

有一天，张三丰正在庭院里休息，忽然看到桂花树上有两道光环闪烁，一道白、一道花。细看才发现原来是白蛇和喜鹊在嬉戏争斗：只见那七尺白蛇缠在树上，头伸出一节，机敏地摇来摇去，眼睛放光，口吐长芯，虽然以静待动，却气势如龙，很有威慑力。喜鹊则站在不远处的树枝上，倾着身子，注视着白蛇，想乘机啄它一口，可又不敢轻易进攻，只是扑棱着翅膀。喜鹊和白蛇两相游斗，如龙凤相斗，各显奇姿异态，动制静、静防动，刚柔相济，变化无方。张三丰越看越入迷，大受启发。

张三丰认为：蛇在攻防时采取的姿态非常形象地演示出内家功夫的真谛，以柔克刚、后发制人，完全遵从了老子所阐述的“柔刚、静动、曲直”的矛盾辩证关系。道家哲学的本体是“道”，认为在天、地、人之间有一个永恒的“道”存在。它孕育万物，又制约万物；它的存在是无形无象、无始无终；它的行为是处柔守雌、无为不争；它的表现是柔、静、虚、空、圆、中、正、和等。这些都可以用太极、阴阳、五行、八卦来概括表示。张三丰深受阴阳平衡、动静相生理念影响，于是根据道家“道法自然”、“处柔守雌”理论，把道家的内丹功、养生家的导引术、武术家的拳法加以糅合、编创和演化，最终创造了以内丹为体、技击为用，养生为首、防身为要，以柔克刚、以静制动、借力打力、后发制人的具有独特功理功法、运动体系和形式的武当内家拳，给后世留下了一份宝贵的文化遗产。

经历代宗师的继承发展，武当武术成为中华武林的重要流派，逐渐在民间传播开来。武当武术讲究柔和自然、圆融通贯，与宇宙的规律、天地的呼吸相一致，将不同于达摩祖师的道家武学发挥到极致，张三丰由此被誉为中国武学的泰山北斗。

新中国成立以后，武当武术得到推广，尤其是1978年以后，更有了长足进展。1982年举行全国武术工作座谈会后，各地武当派拳种、拳法被逐步挖掘出来。从挖掘整理的基本情况来看，虽然太极拳是武当武术的一大内容，但武当武术体系非常庞大、内容异常丰富。除了太极之外，还有形意、八卦、太乙、两仪、八宝、八极、八仙、乾坤、天罡、清虚、榔梅、奇门、天风、犹龙、闾山、龙门等众多的派别，更有数不清的奇兵异械和药功的传承。

1987 年 6 月，武当山举行擂台赛，来自九省二十多个武术代表队的 160 名武林好手登台献技，观众达 15 万人次。1991 年 11 月，中国湖北武当文化节在武当山举行，在群众中产生了强身爱国的良好影响。同年，武当山还入选国家体委评选的“武术之乡”，“武当山武术之乡”更为武当武术打响了知名度。

2006 年，武当武术被国务院认定为中国首批“非物质文化遗产”，武当山作为全国武术之乡的称誉更加名副其实。如今，武当武术如今已成为家喻户晓的武术门派，一些拳种还流传到邻近各国及欧美、非洲的许多国家，影响已扩大到世界各地。

第二节 飘逸的武当武术

武当武术深深根植于数千年华夏文化的沃土中，蕴含着深刻的中国传统哲理奥妙，并结合道教医学、易学、内丹养生学等人体科学的共性及规律，把武术技击与健身强体融为一体，形成了讲究人体经络穴位、注重练好坚实内功根基的内外统一的功夫，并具有刚柔相济、避实就虚、灵活圆转等“内家派”特点。武当武术经历代宗师不断的充实和发展，派生出众多的门派和种类，内容十分丰富，并以其松沉自然、外柔内刚的独特风格在武林中独树一帜。

一、武当拳

武当拳的产生和道教修炼密切相关。道教认为：要想得道飞升，一方面要炼金丹服食，另一方面就是导引行气，炼成内丹。“气”就是“内丹”；练气需要导引行气，于是便产生了练拳的需要。

道家拳术的技击价值观由此受到气功养生价值观的冲击，并逐步走向融合，从而形成了“内功外拳”、“内外结合，以内为主”的内功动功机制。这一内功动功机制在形成过程中，又不断吸收兵家的理论精华和少林外家武功的优点，从而形成了完备的武当拳体系。

古今中外的拳术大多讲究力量、速度、强度、大胜小、快性慢、强胜弱，唯独武当拳以辩证的观点看待对抗中实力对比。道士们过的是与世无争的清静生活，所以练武当拳的目的在于自卫，除非遇到危急情况，从不不轻易动手；而一旦动手，则是柔中有刚、软里藏硬、威力巨大。这种拳理和拳技中的以柔克刚、以弱胜强、以慢制动、以力小胜力大的运动方式和手段，极大地丰富和发展了东西方技击的理论和实践。

武当拳的技击原则是后发制人、以静制动、以逸待劳，要求斗智不斗力、尚意不尚力。技击动作上强调轻松柔和，架势平稳舒展，动作不僵不拘，没有忽起忽落的明显变化和激烈的跳跃动作。无论攻防，都要虚实相应、过渡转换、紧密衔接，有如行云流水、绵绵不断。

武当拳的技击轨迹呈现“圆”、“弧”的状态，有外圆与内圆、大圆与小圆、小圆到无圆的区别。外圆是指肢体运行轨迹，动作环环相携，处处圆活；内圆指内气圆活，运行流畅，没有闭气、憋气的感觉，要让身体呈现在螺旋的球体之中。这些圆的运动形成了武当拳的独特风格，表现着一种力的含蓄、柔韧美，也表示着一种无穷的生机和活力。

武当拳还有独特的养生功能。武当拳将内功精、气、神称为内三宝，筋、骨、皮称为外三宝，通常练功是练内三宝，通过内养为本、外练为辅的兼修过程，达到炼精化气、炼气化神、炼神还虚、拳道合一，最后达到养生的一种新境界，即：心如止水，境由心造的修炼境地，形成了武当武术独特的养生思想。

虽然武当拳是充满生机与活力的一种拳术，但相对少林拳来说，武当拳就是一个“隐者”，人们对武当的了解一般都来自武侠小说。中国当代的金庸、古龙、梁羽生三大武侠小说家，都曾对武当武术进行了描写，其中金庸对此着墨最多。金庸的《倚天屠龙记》以张三丰及其七大弟子的故事为全文展开的背景。另一部《飞狐外传》则提到了武当传南、北派太极拳的脉络。这两部书流传很广，以至于人们认为张翠山、张无忌都是真正的武当弟子，将历史与事实混淆。实际上，书中提及的张三丰七大弟子中只有张松溪和张翠山是真正的入室弟子，其中张松溪是最为真实的。

张松溪是浙江宁波人，得张三丰真传，创南派太极拳，有松溪六步拳、白虹剑、春秋刀等传世，包括金庸《射雕英雄传》里出现的九阴白骨爪，都源自张松溪。他艺成后游历四方、博采众家、一脉相承，世称“松溪派”。如今在上海及四川松溪派门人很多，上海著名拳师王维慎即为该派传人。

由于武当派功夫多不外传，而且择徒甚严，所以武当拳的流传并不广。清代初期，武当拳曾在宁波一带流传，出现了叶近泉、单思南、王征南等高手。如今，武当拳已经走出深山，并作为一种独特的传统文化得到发扬光大。

二、太乙五行拳

武当太乙五行拳全称为武当太乙五行擒扑二十三式，是由明弘治年间武当山道教第八代宗师张守性创编的。这套太乙五行拳在张三丰“太极十三式”的基础上，融入了汉末名医华佗的“五禽戏”，并将道门流派中吐纳、导引术吸收进来，风格独特，是武当武术的主要拳种之一。

太乙，原意为元始、最初，这里指元气。太乙五行拳偏重于五行理论。中国古代先哲们从物质世界中抽象出水、火、木、金、土五种物质，作为构成万物的元素，称为“五行”，并以五行相生相克的关系，来说明事物间相互依存和相互制约的规律。练拳行气时，五行还配合着太乙，将体内的“气”运行到身体的任何一部位，躯体的架势律动便随之而到，即天地的五行相应使元气循环遍布于内外五行中，进而与人体达到内外合一与自然达到天人合一的境界。这种编排创造既符合人体生理规律，又符合大自然运行规律，它在内气运行时有动有静、以静制动、动静结合、心意相依，集养生与拳术为一体，其中的奥妙非同一般。

1980 年，在全国武术表演大会上，金子韬大师首次将这套拳法展示出来，引起了武术界的广泛关注。为了挖掘、整理、研究和普及这套拳法，武汉市体委成立了整理小组，并邀请金子韬先生到武汉讲学。在此期间，金子韬老人几度上武当山办班传授此项功夫，使其后继有人。

要学习太乙五行拳，首先要掌握理论，探寻研练规律，进行科学的锻炼。武当太乙五行拳的基本功是九宫旋转十二桩法，打松胯关节是入门关键，所以需要习练者能扎扎实实地练习基本功。练习基本功要重视架势方位与手型，把握每招每式的方向，不能随心所欲、任意变换，错走一步就会影响整套拳术的路线。只有外形的准确、内功的理顺，才能得到“完整一气、浑然天成”的意境，达到整体合一、内外合一的境界。

练习太乙五行拳，不仅要求外形姿势正确，还要做到不急躁、不厌烦、心平气和、循规蹈矩，这样才可以达到柔中有刚、化刚为柔，继而积柔成刚，最后刚复归柔的练功步骤。能够实现这一境界，就可以在复杂、连贯的动作中处处保持整体合一，自然可以身心双修。

随着社会的发展和生命科学、医学的进步，太乙五行拳显示了东方文化的特色和魅力，并展示出在强身健体方面的巨大潜能。武当太乙五行拳讲究周身协调、通畅气血、阴阳平衡、导引经络、气贯全身；它从整体上把握人体状态的调整，对神经系统和内脏器官运行状态的调整具有特效，利于人们的心态、心理的调整，增助发挥正面性格、减少负面情绪的影响，增进人们身心的健康。

武当太乙五行拳虽然可以调剂、改善生理功能，增进身心健康，延缓衰老，但不是长生不老药，不能治百病。练习者还是要相信科学、破除迷信，患病的人要在医生的指导下接受医院治疗，再结合自身实际病情进行练拳。双方只有有机地结合，因人因病地锻炼，才会取得较好的效果。

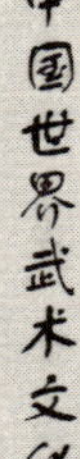

三、武当剑

自古以来，行侠者佩剑、文雅高尚者佩剑、将军统帅者佩剑，可见剑是武术文化的精髓，是衡量功夫境界高深的标尺。而武当功夫更将剑的飘逸灵动演练得出神入化，在中国传统武术中有着很高的地位。

早在春秋战国时期，民间剑术的技术和理论就已得到飞跃发展，“佩剑”、“击剑”之风非常盛行。晋代以后，佛道二教兴起，民间习剑遗风更盛，开始了宗教与剑的进一步结合，其中南朝著名道士陶弘景首创道与剑结合之风。到了唐宋时期，朝野上下，文武将相，儒道相杂，都以习武学剑为能事，道与剑的结合进一步深入融合。

随着道与剑的结合，剑在道教中的地位逐渐重要起来。在道教的法事活动中，剑是降妖伏魔的神物。在道教的传承意识上，剑又代表着“法”、代表着正气、代表着决心。年轻道人外出云游，师父会送他一把宝剑告诫他要谨记本教的风范，不受一切拖累，若遇俗世牵挂，要当机立断斩断尘缘。后来，剑成了道人外出云游必需佩戴的物品。

武当剑的形成可推及到唐宋时期。唐代贞元人吕洞宾，号纯阳子，好道善剑，武功高超卓绝。据《宋史·陈抟传》记载：“吕洞宾有剑术，百余岁而童颜，步履轻疾，顷刻数百里，世以为神仙”，并称吕洞宾能够“飞剑戮人”，这都说明吕洞宾在剑技方面造诣颇深。相传：流传至今的武当纯阳剑法，即为吕洞宾在武当山南岩宫修真时，以“八仙”之一的汉钟离传授的“天遁剑法”和“龙虎金丹秘文”为基础，仔细揣摩创立出来的。

到了张三丰时，他吸取了前辈武术的精华，并在太极图原理基础上归纳总结，成为武当武术的集大成者。武当剑派剑法种类很多，主要以武当三丰太极剑、太乙玄门剑、武当八仙剑、龙华剑等为主。

武当剑不仅很好地继承体现了我国传统剑术的特点，而且在理论上、技术上也形成了独特的风格。武当剑理论取自我国古代太极、八卦，主张“剑法通乎易术也”，“易者，变化之总名，随时变易，乃人天道也”，认为万变无穷是天地间规律，也是指导剑术的规律。因而从战略上强调因敌变化、不拘成法，这也是我国剑术的理论精髓。

武当剑用法是由抽、带、提、格、击、刺、点、崩、搅、洗、压、截、劈13势应用变化而成，运用时讲究乘虚蹈隙、避青入红。它主张顺人之势、借人之力，以静待动、后发先至。交手时要避实击虚，以斜取正，迂回包抄，使敌人不能善其后。它还强调：“不论何种兵器，两下冲锋，莫大接之截之，迎之架之，互相争胜。唯是剑法，决然不同。交锋时不接不截，不迎不架，凭空一击，无不命中，名曰‘不沾青，入红门’也。”所谓“不沾青”指不以硬力争夺对方兵器；“入红门”是指出剑一击命中。人们常把这种避实就虚、以逸待劳、后发制人的剑术称为“内家剑法”。

武当剑习练的基本要求是含而不露、隐而自悟；动作协调自然，势式紧密相连，如飞云流水、穿连不断、各法贯通、随心所欲。武当剑的剑法运行起来变化旋翻、轻稳疾快。正所谓：“翻天兮惊飞鸟，滚地兮不沾尘。一击之间，恍若轻风不见剑；万变之中，但见剑光不见人。”

随着历史的推移，明、清两代的武术发展空前高涨，但剑术的地位却在下降，最终成为武术拳派的附属，仅作为门派短兵器械之一而出现。武当剑术也随兵器发展的大趋势而失去了独立的社会地位，只有在道观内依然保留了借剑行法的古朴遗风。就现代社会而言，武当剑具有养生、健身、艺术展现价值，适应了21世纪新时代的需要，定能够与武当拳并驾齐驱，成为我国传统文化中独具特色的一部分。

四、奇门兵器

武当武术的器械功夫众多，除了前文所提的剑术外，武当还有很多奇门兵器，堪称一绝。

（一）方便铲

方便铲是武当道家所独有的一种奇门兵器，它集棍、叉、枪、刀于一身，是道人四方云游时必带的兵器。

据传方便铲是老子开创的，老子曾留下八十一铲，警示弟子要把握阴阳、勤修功德、多结善缘、三返九环，九九归真之后，才能铲平地狱之门升归上界。

方便铲分为铲头、铲柄和铲尾三部分。铲头代表阴间的十八重地狱；铲叶尾端两边各挂有一环，代表阴阳二气；铲头裤端的五个铁环则代表五行，寓意人在五行之中，当平衡阴阳，普修正道，才可以脱离苦海，铲平十八层地狱。铲柄部分长三尺三寸，代表三十三重天，告诫弟子善恶因果要好自把握。铲尾部分长八寸六分，代表八方六合；并用三角形造成，代表三材；每角又挂有一个小环，代表三宝，寓意天、地、人三才，各得精、气、神三宝。寓意人行八方，又要以六合为念。

方便铲的演练主要由钩、挂、劈、架、刺、铲、扫、撩、拍、打、缠、绕等动作组成，风格特点是反防为攻、反退为进，刚中有柔、柔中带刚，快慢相兼、刚柔相济，是一门十分独特的功夫。

（二）拂尘

拂尘不仅是道教神仙的一种法器，也是武当武术中所独有的奇门兵器之一。俗话说：“手拿拂尘不是凡人。”拂尘在道门中有拂去尘缘、超凡脱俗之意，也是道人外出云游随身携带的兵器之一。历代掌门宗师云游时都要带上拂尘，例如：人们熟知的太上老君、太乙真人、吕洞宾都善于使用拂尘，为中国的历史文化增添了无穷的魅力。

在道教中素有“道不闻六耳”的说法，所以古时道家收徒传教十分严谨。一般道长收徒需要经过多种仪式，也就是说要通过长时间的考验才可以正式接纳弟子，进行最后的传教。

新收弟子一般要在道观内干三年重活，学习一些基本功夫和经典道教知识，三年满后才会举行仪式，收为正式弟子。成为正式弟子后，他便要外出云游。但师父又会担心弟子受不了种种诱惑而一去不复返，为此在他临行前会赠送他几件物品以示警戒，拂尘就是其中之一。拂尘有拂去尘缘之意，这是在告诫弟子，参访途中要广结善缘，一旦被俗事所恋，当拂手离尘而去，不受所累。三年参访考验后，师父才会正式传经受戒给他，让其传法归真。

经过后人演化，拂尘成为道教十分独特的武术器械，动作以劈、缠、拉、抖、扫为主，有刀、剑、鞭、镖等器械的动作特点。拂尘的演练讲究身法与佛法的巧妙结合，风格独特、技法鲜明、开合紧凑，舞动起来如天马行空、洒脱飘逸，具有良好的防身功能，深受道人们的喜爱。

第三节　太极拳的起源与演变

关于太极拳的起源，历来有种种说法，仅宋代以前的太极拳起源传说就包括老子创拳说、南北朝韩拱月创拳说、唐朝许宣平创拳说、唐朝李道子创拳说及宋徽宗时期武当丹士张三峰创拳说数种。

在各种太极拳起源的说法中，年代最为久远的就是老子创拳说。老子（约公元前 571—前 471 年），姓李，名耳，谥曰聃，字伯阳，楚国苦县（今鹿邑县）人。他是我国古代伟大思想家、道家的始祖，其撰述的《道德经》开创了我国古代哲学思想的先河。而太极拳的理论源头就出自老子的《道德经》，其中大部分内容可以和太极拳的体用相印证，并且能够指导太极拳的理论和体用。如："坚强者死之徒；柔弱者生之徒。是以兵强则灭，木强则折"就说明"柔胜刚"、"弱者道之用"、"为道日损"等理论，从而使太极拳从"拳"上升到"道"，进入"无为而不为"的境界。

赵堡、杜元化在《太极拳正宗》一书中，关于太极拳之溯始中写道："此拳何自来乎？有歌为证，歌曰：太极之先，天地根源，老子设教，宓子真传……传于拳术，教成神仙。"这里的宓子即宓喜，是老子的高足。再加上"传与拳术，教成神仙"，便有人认为太极拳为老子所创。但关于这种说法无法确切考证，无论太极拳是否是老子所创，老子博大精深的哲学思想都为太极拳的创立奠定了坚实的基础，并且是太极拳探索发展的思想宝库。

也有人认为是唐代的许宣平创编了太极拳。许宣平，安徽歙县人。据《唐诗纪事本末》记载：唐睿宗景云年间，许宣平隐居在城阳山的南坞，盖了一所小草房居住。他以打柴为生，时常担着柴到城里去卖，柴担上常常挂着一只花葫芦和一根弯曲的竹杖，醉后便腾腾地拄着竹杖回山。许宣平还很喜欢写诗，而且造诣很高。天宝年间，李白东游途中听到了他的诗，就向别人四处打听许宣平的情况。李白于是就到新安游历，越岭翻山，寻访许宣平，结果却寻访不到，就在他的小草房的墙壁上题诗道："我吟传舍诗，来访真人居。烟岭迷高迹，云林隔太虚。窥庭但萧索，倚柱空踌躇。应化辽天鹤，归当千岁余。"

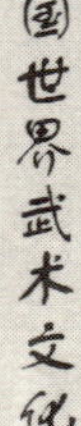

《唐诗纪事本末》还记载许宣平是个武林高手，说他"辟谷不食，行如奔马"。据传：许宣平编创的太极拳共有 37 式动作，其中有很多动作名称与现在流传的太极拳名称相同或近似，练习方法为单势练习，一式练成，再练一式，不分次序，练习者自己选择，至 37 式逐一练成，动作自然连贯、一气呵成。

还有人认为是唐朝的李道子开创了太极拳。李道子，唐朝江南安庆（即今安徽潜山县）人。据传：李道子所创的太极拳曾传给宋时江南宁国府的俞氏。明代宋远桥在其《宋氏太极功源流支派论》中叙述：他当时游历到安徽泾县，因闻当地俞家练太极拳功，便去拜访。因问源流，俞氏言，系唐时李道子所传，俞门代代相承。

据武当《太和山志》记载：明朝正德年间也有一个在武当山南岩宫修道的李姓道人，书中描述的李姓道人的生性、形貌，与宋远桥所述当时在武当山的所见基本一致，被普遍认为是唐朝的李道子。有关李道子的记载充满了神话色彩，使李道子创拳说的可信性大大降低。

在太极拳起源的诸种说法中，张三峰创拳说很容易给人造成误会，因为这里的张三峰是宋朝的武当丹士，并非元明之际的张三丰。

元明时期的张三丰周游各地访道，曾在陕西宝鸡山中短期隐居，山中有三峰峙立，于是自号"三峰居士"。后来，张三丰得知刘宋时有邪道"三峰采战术"，遂弃此号不用。但由此也给世人造成了极大的误会，很多人以为历史上只有一个张三丰，即元明之际的张三丰。实际上，在宋朝还有一个卓有成就的武当丹士张三峰。

据黄宗羲《王征南的墓志铭》记载：宋朝张三峰曾得到皇帝（徽宗）的召见，因为道路堵塞没有去成。结果当天晚上，他就梦见玄武大帝教给他一套拳法，第二天就能够“以单丁杀贼百余”。可见在宋末即有道士张三峰及以静制动的拳法。此外，清雍正十三年（公元1735年）版的《宁波府志》中、民国二十二年（公元1933年）华曹元所著《国术》等书，也都认为是这位北宋的张三峰创立了内家拳。

从张三峰“自思读道德经数十年不解，一夜之间了然于心。若非太上之神智，启我之愚痴，则不能也”的记载来看，张三峰的拳法以老子《道德经》的心法所感而成，与以后的武当内家拳不相一致。张三峰的内家拳在后来的流传中，有被扩充为形意拳，有被发展为太极拳。如明朝时期流传盛行在江南一带的张松溪太极拳（又称南派太极拳），就是由北宋武当张三峰内家拳发展而来。

以上四种有关太极拳的起源虽各有说法，但却没有确切的历史记载和考证。这些人或许对太极拳的开创具有一定的贡献，但关于太极拳起源的最大争议目前却不是出现在这些源头上，而是元明之际张三丰创拳说与陈王庭创拳说之争上。

现在流传比较广的说法是：元明之际的张三丰创造了太极拳。据《武当秘鉴》作者乾宣道长严嘉康记载：张三丰先后创编无极拳十二式、太和拳八式、太极拳十六式。后来又将这三种拳术的精华融为一体，创编了太极拳三十六式，这套拳法又逐步扩充为一百零八式，称为三丰太极拳或武当太极拳。

三丰太极拳后经山西人王宗岳、河南人蒋发传入温县陈家沟。陈家沟的陈长兴经过收集整理，将太极拳定型为陈氏老架一路和二路（炮锤），后来产生杨、吴、武、孙等其他流派。

另外还有一部分人认为：明末清初河南陈家沟的陈王庭开创了太极拳，然后世代相传，到十四世陈长兴时，在祖传套路的基础上精炼归纳，发展成为现在的陈氏太极拳一路、二路。

陈王庭是明末文庠生、清初武痒生，文武双全，曾只身闯玉带山，劝阻登封武举李际遇叛乱，为清廷在山东平定盗匪立过战功，却一直不受清朝廷的重用。陈王庭报国无门，便收心隐退，在耕作之余依据自己祖传的长拳，博采众家精华，发明创造出了一套新型拳术，就是后来广为流传的太极拳。

持这种观点的学者认为：陈王庭能够开创太极拳，一方面是吸取了陈氏家族的祖传武术，另一方面还和整理明代民间武术的戚继光密切相关。我国武术历史悠久，发展到明代，拳种已经很多。这些拳种各有所长，也各有所偏，戚继光为了训练士卒，从民间著名的16家拳法中吸取32个姿势编成套路，也就是“拳经32式”，成为士兵练习刀、枪、剑、棍的“武艺之源”。陈王庭晚于戚继光半个多世纪，他在整理民间武术套路时受戚继光的影响很大，从戚继光的“拳经32式”中吸取了29式。最后，陈王庭在陈氏祖传拳术和民间拳术的基础上，创编了刚柔相济、快慢相间的新拳术——太极拳。

关于上述这段历史，学术界一直存有争议。有人认为：陈王庭开创的武术是炮锤，偏于刚猛，并不是后来流传的刚柔相济的太极拳，而陈氏第十四世代传人陈长兴将家族所传的炮锤与张三丰的太极拳相糅合，开创了流传甚广的陈氏太极拳。其理由是：张三丰太极拳在近代的传播，是由王宗岳传给弟子蒋发而连续继承下来的。陈氏太极拳的开创正是由于蒋发将张三丰太极拳传授给温县陈家沟的陈长兴，他由此总结才创编了著名的陈氏太极拳。此后由陈长兴传给杨露禅，由此逐步发展为陈、杨、吴、武、赵堡等太极流派。

陈氏太极拳传人陈鑫著的《陈氏太极拳图说》中，载有“杜育万述蒋发受山西师传歌诀”。（杜育万为赵堡传人。）可见陈鑫当时也承认太极拳得传于王宗岳、蒋发。年逾百岁的考古学家、太极名师吴图南先生，早在1917年就到访过陈家沟，亲耳听到陈鑫的介绍。据陈鑫讲述：陈家世传炮捶，属少林拳，已有几百年历史，村人称他们为“炮捶陈家”。太极拳是河南人蒋发传给陈长兴的。由此可见，上述历史当时在陈家沟也是被人们公认的。

武氏太极拳的传人李亦畬在《太极拳小序》中也记载：“太极拳始自宋张三丰，其精微巧妙，王宗岳论详且尽矣。后传至河南陈家沟陈姓，神而明者，代不数人。”这是近代关于太极拳源流最早的文字记载。李亦畬写序时，杨露禅、武禹襄都健在，所以《太极拳小序》被认为是目前最可信之作。

杨氏太极拳传人杨澄甫在《太极拳体用全书》自序中写道：“先大父更诏之日，太极拳创自宋末张三丰，传之者，为王宗岳、张松溪、蒋发诸人相承不绝。陈长兴师，乃蒋先生发唯一之弟子。”可见，杨氏太极拳的传人也认同：陈氏太极拳是由陈氏祖传武术与张三丰太极拳糅合开创的。

以上有关太极拳起源的种种说法虽然一直存有争议，但仍有一条脉络是清晰且有据可考的，那就是陈氏十四世传人陈长兴师承了近代太极拳的先进理论和经验，并吸收和借鉴了前人的经验，将太极拳进一步完善。后来又经陈长兴弟子杨露蝉的广泛传播，形成了杨、吴、武、孙各个流派，太极拳由此广泛传播并发扬光大。

如今，太极拳已被成功列入全运会及亚运会的比赛项目，为其推广起了巨大的推动作用。面对即将到来的2008年北京奥运会，太极拳虽然没能成为北京奥运的正式比赛项目，但经国际奥委会授权，在奥运会期间将举办包括太极拳在内的武术比赛。这些奥运武术比赛有别于奥运的28个正式项目，但会颁发经国际奥委会确认的奖牌。

一、陈氏太极拳

陈氏家族是从山西移居到河南的。据陈氏第十八世传人陈绩甫《陈氏太极拳入门总解》的记载：陈氏一族是在明洪武七年（公元1374年）在族长陈卜率领下，由山西洪同县大槐树村移居到河南温县，最后在常阳村落脚定居下来。随着陈氏家族人丁繁衍，家族的声望越来越大，加上村里有条深沟，常阳村慢慢地就被叫做陈家沟。如今陈家沟村仍以陈姓为主，村中居民已经达到二千六百多人。

陈氏太极拳

陈卜全家定居常阳村后，勤劳耕作、兴家立业，为了保卫桑梓不受地方匪盗危害，精通拳械的陈卜在村中设立武学社，传授子孙习拳练武。家族中良好的习武作风，对于陈氏太极拳的创立奠定了坚实的基础。

虽然关于太极拳起源的

说法众说纷纭，但太极拳的发扬光大却与陈氏家族密切相关。陈氏第十四世陈长兴创造性地将前人的太极拳法精简归纳，整理定型为现在的陈氏太极拳一路、二路。正是陈氏族人世世代代的不断努力，给太极拳的继承和发展提供了生存土壤。

陈长兴以保镖为业，常走镖山东，在武林中享有盛名。陈长兴平时练拳，姿势端正，久而久之，不管是走路还是站立，一举一动，都立身中正，时人称其为“牌位大王”。据传：他在戏台前看戏，站立在数百上千的人中间，无论众人如何推、扛、拥、挤，他都纹丝不动，凡靠近他身体的人，“如水触礁，不抗自颓”。

陈长兴在陈王廷创编的一至五路太极拳的基础上，创造性地发展了现在的陈氏太极拳一路、二路。陈氏太极拳一路以柔为主，柔中有刚，动作舒展大方、连绵贯穿、沉着稳健；二路以刚为主，刚中有柔，整个套路动作复杂，急速、紧凑，套路中有蹿奔蹦跳、腾挪闪战的动作，具有快、刚、跃的特点。陈长兴的架子为老架，或者大架。后来社会上流行的陈氏太极拳，基本上都是大架太极拳，也就是老架；至于新架，也就是小架，流传很少，社会上会的人不多。

什么是太极拳的大、小架呢？大、小架不但对立统一在整个太极拳系统之中，甚至对立统一在一派太极拳之中。太极拳架子大小主要指风格而言，大架太极拳大部分动作，如陈氏拳的斜行、单鞭等，都有一种向外拓展的劲力，气势宏大；小架太极拳大部分动作，则有一种由外向内收紧的劲力，精巧美丽。虽然大小架之间气韵风格不同，气韵风格是大小架之间各自的个性。但它们都不能离开太极拳的义理。不管架子大小，只有符合太极拳义理的拳就仍然还是太极拳；离开太极拳义理的拳不管成为别的什么样的拳，都不能称为太极拳。

大多数拳师都是能武不能文，而陈长兴却是一位文武兼备的武学大家。他在继承发展太极拳术的同时，根据自己的实践所得，著述颇多，流传下来的有《太极拳十大要论》、《太极拳用武要言》、《太极拳战斗篇》等。这些著作丰富了太极拳的理论，将太极拳从实践到理论都提到了一个新的高度。因此，陈长兴发明了一种螺旋缠丝式的拳法，动作呈弧形，连贯而圆滑，极符合经络学说的原则。经络是指布满人体内的气血通路，太极拳结合经络学说，要求“以意导气，以气运身”，使太极拳成为“内功拳”的一种流派。

陈氏太极拳还创造了双人推手的竞技运动。推手，旧称打手，是我国武术中一种综合性的实习技击方法。自古以来就有踢、打、摔、拿、跌五种分部练习法，但它们各具特色。由于踢、打、拿、跌四法在实践中有较大的伤害性，因此历来大都只作假想性或象征性的练习。推手方法则以缠、绕、粘随为中心内容，综合了擒、拿、跌、掷、打等竞技技巧，并且有所发展。譬如拿法，它不限于专拿人的骨节，而是着重拿人的劲路，这就比一般拿法的技巧高。推手方法的出现，解决了实习技击时的场地、护具和特制服装等问题，成为随时随地两人可以搭手练习的竞技运动，并在我国的武术技击方法中注入了一个新的内容——推。

陈氏太极拳由于受儒家思想的影响，在武德修养方面要求极严，必须敬拳尊师，有着几百年的传统。行辈云："学拳不可不敬，不敬则外慢师友，内慢身体。"陈氏太极拳以极为严格的门规戒律限制门徒的举止，教导着下一代的行为，使陈氏太极拳的历史上出现了很多武德兼备的功夫大家，陈发科就是最具代表性的一位。

陈发科是陈长兴的曾孙，是近代太极拳史上的代表人物，不但武功高强，而且为人谦虚。与人谈论功夫，他总是爱说"我不中"，时间长了，武林中人干脆就叫他"陈不中"。

陈发科曾被邀请作为顾问去参加武术比赛。比赛期间，全国第一流的摔跤老手沈三莅临。两个人见面后，沈三对陈发科坦言："我们摔跤的对太极拳没有了解，总以为是活动活动身体，而不是武术，太极拳与摔跤交手，会怎么样？不如咱们就研究研究。"陈发科听了，没有推却，将两臂故意伸出叫沈三抓住，大家正想看精彩的比试，谁知没三秒钟，二人相视哈哈大笑，比武就结束了。

这两个人的较量中隐藏着什么玄机？在场的人都是武林人士，却没有一人明白其中原委。

比赛结束后，沈三提着礼物前去看望陈发科。一见面，沈三就握着陈发科的手说："那天多承陈老师相让，感谢，感谢！"在场的陈发科的徒弟，不禁惊愕不解。沈三便问："你们老师回来没和你们说吗？"众徒弟回答："只字没说。"沈三十分激动地伸出大拇指说："陈老师不但功夫好，而且人品更好！"便道出了事情的原委。

原来那天沈三和陈发科进行比试时，两只手握住陈发科的双臂后，打算用力把陈发科摔倒，结果沈三根本用不上力，甚至连腿都抬不起来，就知道陈发科的功夫比自己高多了。沈三心想，这下完了，武术名家的身份不仅不保，这样的输法也实在太寒碜了些。就在他已经抱定在众人面前出丑时，陈发科却只哈哈大笑，轻轻放开了他。陈发科的功夫比沈三高多了，可他当着众人给沈三留了面子，而且背后又没宣扬，所以沈三越发地感激起来。

沈三走后，徒弟们问老师为何不摔他，老师一反素日的和颜悦色说："为什么要摔人家？如果你们处在沈老师的地位，愿不愿意当着大家的面被摔？"接着他又说："一个人成名不容易，我们应当替人家爱护名誉。古人讲：'己所不欲，勿施于人'，损人利己的事不能干。"

平日，陈发科从不主动去找人比试，但有人找上门来也不拒绝。不过，每有比试，总是预先声明："你有什么绝招，尽管使出来，我如不胜，甚至受伤，不但不怪你，还要拜你为师。至于我，却保证点到即止，决不损伤你一根毫毛。"他教导徒弟也是如此要求：发劲必须加在对方的胳臂上，不可直接发在身上，以免脏腑受伤；不能撒手，以免对方跌倒碰伤。

陈发科在北平授拳时，凡有单位请他去当武术教练，他都会提出一个条件：不能辞退原来的武术教师。一次，有所大学在请他任教时偷偷地把原来那个老师辞退了，陈发科得知后，便拒绝去那所学校教拳。过去人们常说"同行是冤家"，陈发科在北京几十年，武林中却从没有冤家，而且其他门派拳师提起他来也无不点头称赞。

陈发科一生授徒甚多，沈家桢、顾留馨、洪钧生、田秀臣、雷慕尼、冯志强等太极拳界的顶尖高手都出自他的门下。陈发科对陈氏太极拳的传播起到了非常重要的作用，使陈氏太极拳得以发扬光大。

二、杨氏太极拳

杨氏太极拳发源于河北省永年县广府古城，是清道光年间广府南关人杨露禅开创的，历传五代，迄今已有一百七十多年的历史。杨氏太极拳博大精深、奥秘无穷，是中华传统文化的精华之一，融合技击性、健身性、艺术性于一体，具有丰富的文化内涵，被西方人称为中国第五大发明，深受世界人民的喜爱。

谈杨氏太极拳的形成与发展，就不得不从永年"太和堂"药店说起。永年"太和堂"药店是温县陈家沟陈氏第十二世传人陈继参于明崇祯七年

（公元 1635 年）在直隶省广平府创建的。据永年县《卫生志》记载：到清代，永年“太和堂”药店与“同仁堂”药店、“达仁堂”药店齐名。永年“太和堂”不仅在医药界赫赫有名，而且促进了当地经济发展，悬壶救人、仗义疏财、周济乡亲，同时在弘扬我国传统的太极拳文化方面也功绩卓著。

永年“太和堂”药店自创建以来，掌柜、店伙计都是从温县招聘过来的，他们不管掌柜的还是店伙计在闲暇之际都练太极拳。就这样，永年“太和堂”药店将太极拳文化从怀庆府带到了广平府，使太极拳文化在这里得以发扬光大。

杨露禅，字福魁，家境贫寒，自幼就与父亲以售煤土、摆粮摊为生。一天，杨露禅经过“太和堂”药店时，刚巧碰上有人在药店内无端闹事，只见柜台内的伙计将手掌一扬，就将闹事者掷于门外跌倒在地。杨露禅见状惊奇不已，对这种神奇的武功更是赞不绝口。于是，他千方百计托人说情，苦苦哀求要到“太和堂”药店学拳。杨露禅痴心求学深深地打动了“太和堂”药店的掌柜，便答应让他先在“太和堂”药店内做杂工，闲时可跟着“太和堂”药店掌柜王昶学拳。

由于杨露禅聪明伶俐，“太和堂”药店东家陈德瑚便推荐他前往河南陈家沟学习陈氏太极拳。当时，跟从陈长兴学习拳术的都是陈氏族人，异姓只有杨露禅和他的同乡李伯魁两个人。

旧时代的武师教徒往往要保留一手，陈长兴也不例外，尤其对于外姓的徒弟，更是有所保留。当时杨露禅正值壮年，朝夕苦练，六年后以为自己有所成就了，就辞别师傅回到永年县。永年县本来就是武术之乡，练习武术的人很多。乡里精于拳术的人见杨露禅从陈家沟学太极拳回来了，就找杨露禅比试。结果杨露禅大败，失望之余再次回到陈家沟学武。

一天晚上，杨露禅从睡梦中醒来，听见隔院有哼哈之声，便起来越墙过去，见有几间很宽敞的房子，他从墙缝中往里张望，看见师傅陈长兴正在教众徒弟太极拳，讲授的都是拳中的精义，大为惊奇。自那以后，杨露禅每夜都去偷看，并悉心研究，功夫大进。

这样又过了六年后，杨露禅再次回到永年县。当时正是新年，乡中人想试试杨露禅的功夫，就趁贺年相互作揖行礼的时候，突然攻击他。结果，那人才刚刚接触到杨露禅，就仰面后跌。杨露禅为此十分得意，以为自己已经学到陈氏太极拳的精髓。永年县有一个武氏家族，与陈家沟有亲戚关系，所以武功造诣很深，听说杨露禅已经得到陈氏太极拳的精髓就相约一试。结果杨露禅拿出全部本事都不能获胜，这时他才明白，自己虽然从师十多年，却一直未能深入堂奥，于是再度发愤回到陈家沟。

正所谓精诚所至，金石为开。陈长兴见杨露禅执礼恭顺，求进诚恳，习拳刻苦勤奋，当然也不能无动于衷。有一天，陈长兴要杨露禅与众师兄弟比手，结果杨露禅战胜了所有的人。陈长兴十分惊叹，集合陈氏族人说：“露禅师我愈十年，去而复至者三次，其专心一志，勤学苦练之精神毅力，非你们所能及。我的功夫，本想传给你们而你们不能得，不给露禅而露禅已经得到了。”这次陈长兴将自己平生所学全部传给了杨露禅。

杨露禅回到故里后，在教拳实践过程中与当地习惯相结合，将陈氏太极拳原有的五路拳、五路捶、一路一百单八势长拳、一路小四套以及散手、短打等十五个套路，根据拳势的特点将套路名称改为大架、小架、四路炮捶、四隅捶、十三路炮捶、撩挎八卦掌、散手等，由此杨氏太极拳得以形成。

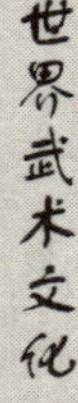

在杨露禅的弟子中，他的次子杨班侯最为优秀。杨班侯相貌清瘦，富有臂力，幼承严父真传，学武悟性极高，腾挪跳跃，像猿猴一样，功夫已达炉火纯青的境界，掌握了太极拳的奥秘。

清光绪年间，杨班侯在端王府当太极拳教师。当时京城有一个名叫“雄县刘”的武师，精于技击、体格魁梧，经常表演掌击大石，石随掌碎；用两个手指夹着数枚铜钱，奋力一捏，钱成碎粉。这位刘师傅听到人们盛赞杨班侯武艺高深，于是心存嫉妒，极不服气。

有一天，杨班侯与朋友在街上饮酒，有一个朋友问杨班侯，倘若你和雄县刘师傅比武艺，哪一个赢？杨班侯笑笑说：“该是刘师傅赢，我比不上他，甘居下风。”谁知，这位刘师傅的徒弟听到后，却到刘师傅面前搬弄是非，说杨班侯自夸功夫高明，如果比武，师傅一定败于手下。刘师傅不知有诈，一定要与杨班侯比武较量一番。

杨班侯迫于无奈，伸出一手臂放在桌上说：“尊驾有千斤力，如拿住小弟的手臂不能动弹，当即认输。”刘师傅用力握住腕部，谁料杨班侯得力借力，手臂轻举，就将刘师傅两脚提离地面，全身力气都用不上了。刘师傅再度上前，杨班侯又将他打出一丈倒地。刘师傅两番受挫，仍不心服，要求到院中比试。二人走下台阶时，刘师傅突然向杨班侯额头击下，杨班侯反应奇快，按住他的手，将他掷到阶下。自此，杨班侯的名声更响了，成为京城名号最响的武师。

杨露禅、杨班侯在京城授拳时，洋枪、洋炮已经输入中国。火器的演进使拳术的作用逐渐减小，武术家们开始重新考虑练习武术的目的和发展方向，于是太极拳拳师们提出了“佯推用意终何在？益寿延年不老春”的思想。杨露禅所教弟子多是王公大臣、贝勒贵族，他考虑到这些人身体素质和保健的需要，将陈氏太极拳中一些高难度动作，如跳跃、跌叉、震脚等，改作不跳、不跌、不震，或缩小动作，使姿势变得简单、动作柔和易练。这样，即便是穿长衫、留辫子的贵族老爷们，也能练习太极拳。时间长了，便形成了一种新拳势，称作“太极小架”。后来“太极小架”经杨露禅的子孙修改，定型而成“杨氏太极拳”。杨氏太极拳在京、津一带影响很大，特别是改革开放以来，杨氏太极拳更是得到空前的发展，如今的杨氏太极拳已经真正从小城步入京城，从京城走向全国，走向世界。

三、孙氏太极拳

孙氏太极拳由孙禄堂创制，是现代流行的太极拳中最晚产生的拳种。

孙禄堂（公元1860—1930年），名福全，字禄堂，晚名涵斋，祖籍河北省完县城东会家疃村（现属望都县）。孙禄堂天资聪颖，过目成诵，幼年时就开始学习形意拳。中年后，孙禄堂和八卦名家程廷华、李忠元学习八卦掌，掌握了八卦掌的精髓。后来，孙禄堂跟随郝为真学习太极拳，将形意、八卦、太极拳融为一体，形成现在的开合鼓荡，架高步活，独具风格的孙氏太极拳。

孙氏太极拳追求意形调和，讲究形和意适中。形不紧，则意自活；意自活，则形必顺；如此不断调试，才能使身体运动时，中正不偏，协调有度，形成最佳的“虚灵顶劲，气沉丹田，下偏不倚，忽隐忽现”的中庸状态，对肢体和神经有很大的健益作用。

孙氏太极拳还讲究“避三害守九要”。避三害是要求练拳时，切忌努气、拙力和腆胸提腹；守九要是要求练拳时必须“一塌，二扣，三提，四顶，五裹，六松，七垂，八缩，九起钻落翻要分明”。因此，练拳时，“三害”不可不避。塌、扣、提、顶、裹、松、垂、缩主要落实在心意上，起钻落翻分明主要落实在动作的节奏上，讲究“九要”即是讲究动则俱动，静则俱静，动静相宜有废，节奏鲜明适中。

在练习孙氏太极拳过程中，要时刻关注周身，对每一个动作细节要精打细算。在这一过程中，心意和力是工具，身体各大部位和关节则是被雕刻的对象，也就是要求将练拳过程细心揣摩、悉心体认，注重对自身进行感觉观察。要体会“心静、身灵、气敛、劲整和神聚”的状态，建立其间的逻辑关系。这种关系最初是模糊的，但随着功力的增加，最终达到自如状态。

孙氏太极拳的文化特征非常明显，孙禄堂在他所著的书中，从传统哲学层面出发，全面系统阐地述了太极拳名称的由来。指出：“太极即一气，一气即太极”，即太极是一种高度有序的状态，并且这种状态因时空而变，是一种随时适应时空变化的高度有序态。这种有序态的标志性特点即是协调，就是“随曲就伸，无过不及”，也就是“一气之伸缩”。孙氏太极拳从运动形式和心意状态而言，就已经具备了太极文化的这种特征。

孙禄堂不仅武技超群、武德超卓，而且在其成名之后，仍能虚心向别人学习，博采众家之长，不断推陈出新，堪称一代宗师。孙禄堂晚年，正值列强入侵，国力衰微，日趋严重。在外国侵略者面前，孙禄堂大义凛然，常常以他高深的武功大显身手，使列强不敢轻视。

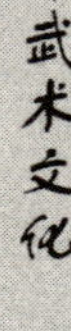

1923 年，日本武士道大力士板垣奉命来到中国，要求与孙禄堂比武，并声称要用他的硬功折断孙禄堂的右臂。孙禄堂坦然应对。在交手时，孙禄堂以“鲤鱼打挺”之势，骤然跃起，施展他闪、展、腾、挪的步法，使这个日本大力士根本无用武之地。最后，板垣恼羞成怒，像野猪般狂吼乱叫，一头向孙禄堂胸部撞来，孙禄堂略加闪身，只听“砰”的一声，板垣应声跌到，只好认输。事后，板垣提出愿意出二万元酬金，请孙禄堂到日本教习太极拳。孙禄堂断然拒绝说：“莫说二万，即二十万亦不教日本人!”并要翻译转告，这次只不过是略施小技，给他一点颜色看看，让他知道中国人是不可欺辱的。

孙禄堂创立孙氏太极拳后，孙氏太极拳一直择人而授，很少在社会上流传，因此孙氏太极拳的传播范围很小，到了 20 世纪 80 年代才开始向社会上广泛传播。在孙氏太极拳的发展传播中，孙禄堂的女儿孙剑云功不可没。

由于孙氏太极拳具有较强的健身作用，能够增强人体呼吸、循环、消化系统的功能，同时还能够畅通经络，强健肌肉关节，孙剑云便立志要将孙氏太极拳推广开来，为广大人民造福。1983 年，在孙剑云的倡导下，北京孙氏太极拳研究会成立，孙剑云任会长。孙氏太极拳研究会开始在北京的公园设立太极拳辅导站，义务向社会传授孙氏太极拳。经过十几年的辛勤耕耘，孙氏太极拳终于走入了寻常百姓人家。与此同时，孙剑云还利用自己的社会名望，到全国各地以及国外传授孙氏太极拳。

1995 年，孙剑云深感自己年事已高，在经过多方考察后，正式确立同姓不同宗的孙永田先生为孙氏太极拳第三代掌门人。这种打破门规的做法是十分需要勇气的，促进了孙氏太极拳的传播和发展。这几年，孙氏太极拳研究会除了在社会上广泛传授孙氏太极拳外，还举行了许多重大活动，扩大太极拳的影响力。

四、吴氏太极拳

吴氏太极拳是由河北省大兴县吴鉴泉创立的。吴鉴泉（公元 1870—1942 年），本为满族人，自幼从汉，改姓吴，又名爱绅。吴鉴泉的父亲全佑是太极拳的高手，曾跟随杨露禅学习太极拳，后又拜杨班侯为师，学习杨氏小架太极拳。

吴鉴泉自幼跟父亲学习小架太极拳，在父亲教导下，对太极拳苦心钻研，造诣日益精深。1921 年，吴鉴泉受聘于北京体育研究社，在任教时去掉小架太极拳中的发劲、跳跃和重复动作，突出轻柔、缓慢、圆活、连绵的运动特点，创编成吴氏太极拳。吴氏太极拳共 84 式，动作轻松自如，连绵不断，松静自然。

吴氏太极拳的基本技法包括悬顶弛项、含胸拔背、转腕旋膀、展指凸掌、弓腰、收臀、屈膝坐腿。要求做弓步时，两脚尖朝前，头顶与后脚跟形成一条斜线。做马步时，要求左桩右柱或右柱左桩，即重心偏向进攻方向一侧。在转身变向时，不论转 45 度、90 度、180 度，都采取全脚辗转的方法。

吴氏太极拳的功架紧凑、松静自然，充分表现出轻灵、圆活和动作连贯的特有风格。此外，吴氏太极拳还保留了较多的传统器械项目，如太极剑、太极对剑、太极刀、太极 13 枪（大枪）、太极刀枪、太极扎四枪和粘杆等。

吴鉴泉还对太极拳推手做了改进，使吴氏太极的推手别具一格，其要求立身中正安舒，手法严密，招数多样化，细腻绵柔，守静而不妄动。

1933年起，吴鉴泉在上海创设鉴泉太极拳社，很多人慕名而来，教授出一批又一批的学生。鉴泉太极拳社自创设以来便迅速发展，它的分社目前已发展到香港以及新加坡、菲律宾、加拿大、美国等地区和国家，使吴氏太极拳得到广为传播。

五、赵堡太极拳

明朝初期，张三丰在武当山传授的弟子很多。据传：约在嘉靖年间，有个武当道门弟子云游山西，将太极拳传授给了太谷县的王宗岳。王宗岳从学后苦练不辍，经多年研习，拳艺炉火纯青。

据今河南温县赵堡太极拳门保存的有关史料介绍：明万历年间，王宗岳和朋友前往河南郑州经商，途经河南温县赵堡镇。到达赵堡镇时天黑了，可村头仍有人在习武，其中一个穿紫花布衫的年轻人尤为认真，功底也明显地高出别人。两人回到客店后就谈起了这个穿紫花布衫的青年人，并说他将来定会有出息。

赵堡太极拳

碰巧这话被店主听见，料定这两个人必是武林高人，就将两人的话转述给那个穿紫花布衫的年轻人蒋发。蒋发听到后十分欣喜，急忙跑到王宗岳面前一跪不起，请求王宗岳收为徒弟传授武艺。王宗岳无法推托只好答应了下来，并将蒋发带回山西传授武艺。

山西人称蒋发为蒋把式，即认为功夫好。据传：蒋发能在黄河水上往返，人称“八步赶蟾”，也有人称之为“百步撵兔”。蒋发学成归来后仍回到赵堡镇，并将自己所学的太极拳又传邢喜怀，而后又传张楚臣、陈敬伯、张宗禹、张彦、陈清萍、张敬芝、陈应铭、王庆升等，经历代传人数百年的辩理、习技，最终形成了独具特色的赵堡太极拳。

赵堡太极总会会长吴金增曾在赵堡镇西水运村了解到，蒋家至今仍有后人。据蒋发后人蒋乾元提供：蒋发字福，生于明万历二年（公元1574年），祖籍开封府东蒋家寨人，后随家迁往河南怀庆府温县赵堡镇西水运村居住。蒋乾元至今仍保存有蒋发所使用的兵器，长把手稍、袖捶、拐棍等。

赵堡太极拳有拳架72式，整个拳架是从先转大圈后小圈，犹如春蚕抽丝连绵不断，里面则由顺圈逆圈组成。以身而言，要以手化圆，以肘化圆，以胸腹化圆，以膀化圆和以胯化圆。赵堡太极拳架轻灵圆活、动作舒展大方，演练时没有明显的发力动作，套路贯穿，有柔有刚。在掌握套路后，逐步化圆为圈、由简到繁，提高技巧、难度。在演练过程中，旁人观看只见走圆画圈，却找不到头与尾，犹如长江大海滔滔不绝。

赵堡太极拳在走技方面擅长拿、跌、掷、打、靠等，又有各种擒拿与反擒拿动作融于套路中，技击特点非常突出。在推拿方面，赵堡太极拳以二人推手为代表，每一式动作都要求全身的整体配合，全身协调一致、上下相随。

用意不用力是最能反映太极拳特点的一个高要求，赵堡太极拳同样重视用意不用力。赵堡太极拳的用意还有着特别的内容：一般太极拳要求走架练拳时必须不用拙力，用意识引导动作。赵堡太极拳除了有这样的内容外，还要十分注意用心去设想各个式中的用法，每打一式，就要明白该式的意义。赵堡太极拳的用意，是由无到有、由淡到浓，熟练后，能够无意识地接应。这时候，意与身体的自觉反映融为一体，是一种随心所欲应物自然的较高境界。

练习赵堡太极拳只要得到正宗传授，按正规操作练习，认真按要求练习架子，练习者就会自然提高功力，就会逐渐掌握各种技击本领。赵堡太极拳在近代和当代出过不少名家，历代名家的学拳经历证明了赵堡流传的一句话："拳练十万八千遍，不打自转。"

六、武氏太极拳

武氏太极拳是由清代武禹襄在原赵堡太极拳的基础上进行改进创编的，以后经过李亦畬完善而成，被称为"武氏太极拳"。

武禹襄（公元1812—1880年），名河清，字禹襄，河北省永年县广府人，自幼习文好武。武家很富有，在城内东、西两街各开一处茶庄，后来将两茶庄合并，腾出西街茶庄租给河南温县陈家沟的陈德瑚经售药材，店名“太和堂”。太和堂掌柜陈德瑚和店内的伙计经常练习太极拳，演练起来轻灵巧妙，很让武禹襄佩服。有一次，有人到“太和堂”寻衅闹事，陈德瑚一出手就将那人掀出丈外，更让武禹襄佩服得五体投地，于是他开始跟随陈德瑚学习太极拳。

杨露禅从自陈家沟学艺归来后，武禹襄又常常与他切磋武艺，但太极拳的奥妙终难晓悟。当时在赵堡镇有个武师陈清萍，拳艺十分精湛，武禹襄听说后便前往拜师学艺。碰巧陈清萍被一桩官司牵连在内，有人狱杀身之难，武禹襄奔走相救，帮陈清萍摆脱了这桩官司，陈清萍为感谢武禹襄救命之恩，将自己所学武艺倾心相授。

武禹襄聪明过人，加上原功底深厚，在赵堡镇跟从陈清萍学习了 40 多天，就掌握了太极拳的精髓，并得到了王宗岳的拳谱《太极拳论》，由此别过恩师返回广府。回到广府后，武禹襄潜心研练、细心揣摩，他以陈清萍所授拳艺为基础，以王宗岳《太极拳论》为指导，又结合自己的练功体会，创编了一套小巧紧凑、神气激荡，外示安逸、内固精神的拳法，被后人称为武氏太极拳。

武禹襄还根据拳理创编了一套融技击、健身、养性为一体的拳式和刀、杆锻炼套路，把推手演化为进退各三步半的活步推手。他创编的拳式组织缜密、法度严谨、式简技繁、用法精敏。走架打手强调用意、以心行气，拳风自然洗练，含阳刚于阴柔之中，形成了“简洁缜密，术法分明，古朴典雅，端庄洒脱”的独特风格。

武禹襄还撰写了《拳解》四则、《十三势行功歌解》、《身法十条》、《打手撒放》、《四字秘诀》等著作。这些著作为后人留下了宝贵的理论知识，被称为一代理论家和技击家。

在武禹襄的门徒中，要以他的外甥李亦畲功夫最好。李亦畲（公元 1832—1892 年），名经纶，字亦畲，河北永年广府城人。李亦畲 22 岁就随母舅武禹襄学习太极拳，用全部心血苦心钻研，百般揣摩演练武氏太极拳。习练中，每得一式巧妙，便将心得体会记写于纸上，贴在墙上，再比试揣摩，细心体会，发现不符合拳理的地方再撕下，把新的体会贴上，直到感觉正确，符合拳理、拳法的要求为止。这样日复一日、年复一年地反复撕贴，纸条竟然贴满墙壁，他的武功大为长进，名扬黄河两岸、大江南北。

李亦畬以行医为业，终身致力于太极拳的研究，著作有：《五字诀》、《撒放秘诀》、《太极拳小序》、《走架打手行功要言》等等。李亦畬不但继承了武氏太极拳的衣钵，还进一步完善了武氏太极拳。

武氏太极拳既不同于陈氏太极拳，也不同于杨氏太极拳，武氏家族学而化之，自成一派。武氏太极拳拳架小巧紧凑，身法紧严无隙，严格按照太极拳运动的规律，处处遵循其理法原理而形成的一派太极拳，具有完整丰富而又镇密细腻的理法。武氏太极拳的特点是动作连绵不断，身体挺直，讲究用内气推动身躯，用一臂保护身体半身，手不伸延到脚的垂线外等。

武禹襄、李亦畬传下来的太极拳套路有五十三式。每一式都分起、承、开、合四个字，所有的动作都是按起、承、开、合的节序来编排的，而且在身法、步法、手法上，都严格遵循太极拳的原理。其中要以身法中正为基础，步法上严格分清虚实，以正中为前提，变换时强调完全用内劲而不允许依靠身体的前俯后仰、左右偏倚，或者身体的起伏（除下蹲及跳跃动作外）来借力，因而对腰腿的要求极高。手法上则以竖掌为主，出手不过足尖，左、右手臂各管半个身体而不可随便逾越。在整套动作中强调身法、步法、手法三者的有机配合与统一，强调内外一致，并以内形的变化来支配外形的运动。

武氏太极拳的第三代传人李逊之对武氏太极拳的传承起了极大的作用。李逊之（公元 1882—1944 年），名宝让，字逊之，是李亦畬的次子。李逊之不满 6 岁便在父亲的督促下开始学练武氏太极拳，每日上午习文，下午习武。由于李亦畬晚年得子，对逊之备加体贴和爱护，把武氏太极拳艺和秘诀全部授于逊之，因此在拳艺上逊之造诣颇深。

李逊之在自己的练功过程中，不断地总结新的内容和练功方法，比如：用绳子系住双手固定在脖子上，不用伸缩来发放人。他讲出武氏太极拳的抽丝劲和缠丝劲是相互之间联系的，能掌握抽丝就有了缠丝劲。从神气方面讲抽丝是直的，可是这一转身，腿转、腰转、两臂也随之转了，就形成了缠丝，产生了劲路。

有一次，李逊之遇见一个恶棍调戏女子，便上前好言相劝。谁知恶棍不但不听，反而威胁他，让他少管闲事。李逊之再劝，恶棍举拳就朝他打来，只见李逊之略一闪身，轻轻一拨，恶棍便跌出一丈开外，来了个嘴啃地。恶根眼见不好，赶紧溜走了。这时，乡邻好友才发现他是个武林高手，身手不凡。李逊之最得意的门徒是他的族孙李锦藩，并将其毕生所学毫无保留地传给了他，使武氏太极拳后继有人。李逊之在晚年时仍不断地探讨新的内容，研究拳法的奥妙所在，著有《初学太极拳练法述要》、《不丢不顶浅释》、《授艺精言》等。

武氏太极拳的历代传人由于受旧社会重文轻武思想的影响，都愿意以书生自居，不愿意被人称为武师，所以历代授徒极少。1980 年之后，武氏太极拳传播迅速、流传广泛，国内外也相继建立了武氏太极拳研究会等民间社团组织。

七、郝氏太极拳

郝氏太极拳与武氏太极拳渊源颇深，创始者为武氏太极拳的第三代传人郝为真。

郝为真（公元 1849—1920 年），名和，字为真，河北永年人。他体貌魁伟，敦厚坚毅，嗜好武术。郝为真是武氏太极拳第二代传人李亦畬的弟子，李亦畬见他诚笃肯学，便悉心传授。郝为真苦练六年，终于掌握了武氏太极拳的精髓。

郝为真的儿子郝月如得到父亲真传，以教拳为业。郝月如（公元 1877—1935 年），名文桂，字月如，河北永年人。郝月如幼年时体质孱弱多病，郝为真时常请医生调治，却难有疗效，便决定教他太极拳。后来，郝为真又让儿子跟随李亦畬读书上学，郝月如对太极拳的喜爱与日俱增，不仅身体强健起来，又因聪颖异常，逐渐掌握了武氏太极拳的精髓，成为颇负盛名的一代太极拳名家。

郝为真谢世后，郝月如继承父亲职业，担任永年中学拳术教师，后又出任永年国术馆馆长。当时，武、李两家为书香门第，不以传拳为业，所以武氏太极拳的传人很少，正是郝为真父子的授拳，使武氏太极拳得以广泛传播。郝月如著有多种太极拳论，影响较大。其中较重要的有《八门五步说》、《武氏太极拳的走架打手》、《操手十五法》等。

如今，郝为真所传太极拳经过发展创造已自成一体，人们称其为郝氏太极拳。郝氏太极大师王慕吟是郝氏太极郝少如的嫡传弟子，在上海以郝氏太极拳和推手而极富盛名。王慕吟是一个很有耐心且毫无保留的老师，在上海和国外教过很多学生，可谓桃李满天下，美国的太极杂志曾多次发表对他的专访，对于郝氏太极拳的传承发挥了十分重要的作用。

八、和氏太极拳

和氏太极拳创编人为和兆元。和兆元（公元 1810—1890 年），字育庵，河南省温县赵堡镇人。和兆元出生于中医世家，自幼机敏灵动、修文习医、喜爱武术。1825 年，在姐夫李棠阶鼓舞下，和兆元随赵堡镇人陈清平学拳，经十余年勤学苦练，武功出类拔萃，在陈清平诸弟子中脱颖而出。

清咸丰年间，和兆元随礼部尚书李棠阶进京。在京期间，他精心钻研太极拳，广交武林同道，博采众长，在原传拳架的基础上，增补不足，创编了一套体用一致、理技相合，既不失传统又独具特色的和氏太极拳。和氏太极拳遵循合、顺、中、平、轻、柔、圆、活之要领，集拳架、推手、散手为一体，融技击、强身、养生为一道，使太极拳的技理有了巨大的发展。

和兆元一生的传奇故事有很多。一次，他因公务途经山东境内，遭到强盗拦截，他因时间紧急，不愿恋战，就拿出随身携带的白腊棍，运动内功将白腊棍直插进旁边的老槐树干上。他告诉匪徒，如果有谁能拔出这支白腊棍，他可以将身上的财物留下。结果，土匪虽然人数不少，却没有一个人能够拔出。这时和兆元挺身上前，将手搭住棍尾，猛力一击，白腊棍立即穿树而过。匪徒们见状立即倒头跪拜，和兆元和随从们平安离去。

同治年间，和兆元返归故里赵堡镇，终日研拳传拳，并著有《太极拳谱》、《太极拳行功要论》等多部拳谱拳论，至今仍在和氏后人及部分传人中珍藏。

和氏太极拳遵循“中正松柔，轻灵园活，顺遂自然”的要领，演练时身体中正安舒、不偏不倚、经络通畅、气血循环。由形体到意识都要放松，然后积柔成刚、以柔走化、以刚击敌、阴阳相济、刚柔并用，有“要拳时眼前无人当有人，交手时眼前有人做无人”的说法。

和氏太极拳以步活圈圆著称，有圈太极的说法，即一动无不是圈。招势的上下、出入、开合、进退的转换都是圆、弧及曲伸运动，协调配合，从而达到浑厚园转，支撑八面，揉如棉花、硬如钢这种太极拳特有的击技效果。太极拳用“靠”击人，和氏太极拳的“靠”更是出神入化。用靠时身法是关键，要求身法园转灵巧，四肢随身体的曲伸、纵横、转侧高度协调，要求有意无形，犹如三尺罗衣挂在无影树上，素有“和家神靠”之美誉。

和氏太极拳练拳以自然为准则，不尚用力。练习时速度可快可慢，但均匀适宜，架式可大可小，以自然舒展为度，动作朴实无华、简洁流畅，深受广大太极拳爱好者的青睐。

在和氏的传人中，和定乾颇负盛名。和定乾 1955 年出生，自幼跟随父亲和士英学习太极拳。和士英（公元 1918—1987 年），字立明，和氏拳法在赵堡镇的主要传承者。他聪颖好学，自幼随父业医习拳，不但拳艺高超，而且中医理论造诣颇为深厚。他一生乐善好施、拳技精湛、医德高尚，在乡里有口皆碑。

和士英授拳极其严格，对太极拳理法精益求精，一招一式都要求学生认真领会，并结合祖传理论加以融会贯通。据和定乾弟弟和有禄所著的《和氏太极拳谱》记载：1963 年的一个夜晚，和定乾在练“云手”一式时，多次不得要领，父亲和士英情急之下拍他一巴掌，直打得他两眼生泪。事后父亲语重心长地给他讲：“做任何事情都要认认真真，以后你们走向社会一定要有真才实学才行。”

此后，和定乾更加努力练习，由于他天资聪颖，在明师和严父教导下，他眼界大开，感到练拳一天，技精一日，三十多岁就已经在太极拳界崭露头角、侠名远播。

和定乾不仅拳艺精湛，而且武德高尚，乐观豁达，平易近人，丝毫没有架子。他经常教导学生说：“练武者需以德服人，不重武德者，拳艺绝对上不去。”

为弘扬家传拳艺，使和氏太极拳这一中华民族文化瑰宝能够为更多人造福，20 世纪 80 年代末，和定乾开始授徒。为推广和氏太极拳，他先后赴浙江温州、乐清、河南焦作、博爱等地传拳，学生遍及全国各地，脱颖而出者有和东升、贾澎、董永胜、宋国庆、马建设、王佩华、顾广州、徐大军、和曙光等。

在教学之余，和定乾还积极整理家传拳术与理论。他善于把极其深奥的太极拳理用浅显易懂的语言表达出来，既可将初学者引入其门，使之兴味盎然；又向他们指出一条深造的道路，于深入浅出的叙述中蕴含着无穷的深奥之理，对于和氏太极拳的推广起了极大的作用。

九、玄门太极拳

青城道家太极拳，又名青城玄门太极拳，是中国著名武术流派之一青城派武术的重要组成部分。青城道家太极拳源于四川青城山，是中国太极拳流派中唯一发源于中国西南地区的太极拳，历史悠久、源远流长。但由于史料的缺失，青城太极拳的起源已经无法查考，最早的文字记载是清末武术家陈琳。

玄门太极拳传人余国雄

陈琳号紫阳真人，是青城派第 34 代掌门人。他出生于湖南湘潭，出家前为清末武举人，四川西康军标统，骁勇善战，武艺超群。后看破红尘前往青城山道观出家，在青城山悉心修炼青城玄门太极拳法，终成大家。陈琳虽身怀旷世绝技，但择徒甚严，直到 93 岁高龄才选中余国雄为关门弟子。余国雄 1913 年 3 月 13 日出生于富顺县毛桥乡的一个贫农家庭。他 7 岁亡父，12 岁亡母，因生活无着落而被迫飘泊异乡。成为陈琳的弟子后，他跟随陈琳学习青城派太极拳等武功，掌握了青城太极拳的精髓。

1936 年，正值国难当头，96 岁的陈琳嘱咐余国雄："古人云：天下兴亡、匹夫有责。东洋人强占了我东三省后，还想侵吞我整个大中华。你可速去从军，以此报效祖国。"余国雄谨遵师嘱，赴成都青羊宫参加擂台赛，一路过关斩将，一举夺得擂台赛银章，随即受聘出任军队教官，出川抗日。

1937 年，卢沟桥事变后，余国雄所在的 140 师在临潼待命。由于部队武器装备太差，难与日军对抗，余国雄发挥自己的武术特长，命令工厂赶造大刀，每人配一把大刀，由余国雄进行训练，组建了有名的"大刀队"。1938 年，台儿庄会战正式打响，140 师参战。战斗中，余国雄亲自带领 400 多名官兵一齐向固守在台儿庄左侧的敌人猛扑过去，逢官就砍，遇兵就劈。两个连的大刀队就砍掉了日军一个营的大半部队，余国雄杀死的日本鬼子就有十多名，在抗日战争中立下了汗马功劳。

新中国成立后，余国雄潜心研究青城玄门太极拳法。余国雄收徒十分严格，他曾收刘绥滨等三人为弟子，传授他研习多年的青城太极拳。刘绥滨练功最为用心，掌握了青城太极拳法的精髓。

青城玄门太极拳在实战中表现不俗。20 世纪 90 年代，曾有一个荷兰人和一个德国人联手到青城山来寻找青城山的武林人切磋武艺。这两人曾练过中国武术，又是拳击高手，结果在青城山连胜六场。刘绥滨最后应战，以青城玄门太极拳法轻易打败对手。

英国跆拳道高手詹姆斯也曾前来向刘绥滨切磋武艺。詹姆斯身高 1.9 米，体重 100 公斤，而刘绥滨体重仅有 50 公斤，詹姆斯以为自己必胜无疑。谁知，两人摆开架势后，刘绥滨使出玄门太极拳中的“魔云手”，以迅雷不及掩耳的三招就将詹姆斯制服，整个交手过程仅仅一秒钟时间，令詹姆斯惊愕不已。

青城山玄门太极拳不仅实战性强，而且健身治病的效果十分显著。长期练习此拳，对五脏六腑形成牵拉按摩，内气鼓荡，对神经衰弱、骨质增生、支气管炎、肺气肿、风湿关节炎、体虚胃寒等多种病症有治疗作用。但由于青城太极拳法对弟子心性、道德及武学功底要求极为苛刻，并规定弟子即或学成也不得轻易示人，一般很难见到其踪影。

十、李氏太极拳

李氏太极拳又称太极五星捶、刚柔太极拳，是近代著名武术家李瑞东宗师和好友王兰亭等在陈氏和杨氏太极拳的基础上，集多种门派的武术精华创编的。

李瑞东（公元 1851—1917 年），名树勋，号瑞东，清朝直隶武清城内人。李瑞东一生历经名师传授武功，得内外家各大门派的武学真谛，后融会贯通，将自己所得各大门派之精华熔冶于一炉，创李氏太极拳。

李瑞东天资聪颖，甚至有过目不忘的天赋，练功也十分刻苦，所以到了成年时已经练就了一身超群的武功，而且屡战屡胜，在和王兰亭交手之前从来没有输过。王兰亭是太极拳大师杨露禅的大弟子，与李家世交，李瑞东曾多次败在他手下，于是便和王兰亭学习练太极拳，功夫大有长进。

庚子年，八国联军入侵北京。当时李瑞东正在北京端王府任职，便参加了抗击联军的队伍，在城中与联军周旋。有一次，李瑞东被联军士兵包围在一个四合院内，院内根本没有藏身之处。情急之中，李瑞东发现一眼水井，当时天色已晚，他便施展绝技“缩身法”藏进水井中，贴身于井壁。联军惧怕李瑞东的武功，便向井底放了一阵乱枪后离去，而李瑞东竟然奇迹般地生还。

后来，李瑞东辞职回到武清家中，从此一心研究各派拳学，将各派拳法精华融会贯通，熔冶于一炉，开创了著名的李氏太极拳。

李氏太极拳在动作和技击的方法上，吸收了多种门派拳术的手法，尤其侧重刚柔相济，以体松缓慢、连贯灵活、意念引导动作为基本原则。练习李氏太极拳时要求心平气和、神态自然，以意念引导动作，循规蹈矩。在动作上要求头、肩、手和胯、膝、足各部位都要放松舒展，放松后，动作灵活敏捷，可使血脉通畅。

李氏太极拳吸收了陈氏太极拳的长处，有很多爆发力很强的动作，如：虎扑式、怪蟒翻身式、金鸡抖翎式、野马擻毛式等。“虎扑式”动作“起如举鼎式，爪落似扑羊”；怪蟒翻身式是随着翻身动作，两手下按至胸前，身体下沉，两脚同时震地，两掌由胸前同时向前撞出，也是爆发力极强的刚劲动作。李氏太极拳中还有很多柔软连绵的动作，如：“盗银砖式”，以腰为中心，动作连绵柔软、上下相随、协调一致；又如：“研磨掌式”，动作以腰为主宰，用腰带动手臂，沉肩坠肘，手指自然分开，尽量往前探出，整个动作轻灵柔化、连绵不断。

李氏太极拳以意念引导动作，有较强的健身功效和攻防技击价值。几乎每个动作都有明确的攻防意识，技击动作符合要领，是体用兼备的优秀传统太极拳套路。

李氏太极拳在北京、天津、河北、山东一带广为流传，深受一些名家和文化艺术界人士的喜爱。著名京剧艺术大师梅兰芳先生练的太极拳就是高瑞周老师亲传的李氏太极拳。在梅兰芳先生诞辰一百周年的纪念画册中，还刊登了梅兰芳先生在庭院练李氏太极剑“凤凰展翅”的照片。

李氏太极拳还深受国际友人的喜爱，剑桥大学毕业的英国人施安龙就深入学习过李氏太极拳，他演练的李氏太极拳还获得了第四届北京国际武术邀请赛传统太极拳金牌。

十一、简化太极拳

简化太极拳即 24 式太极拳，是国家体委（现为国家体育总局）于 1956 年组织太极拳专家，吸取杨氏太极拳的精华编撰而成的。尽管它只有 24 个动作，但相比传统的太极拳套路来讲，内容更显精练、动作更显规范，并且也能充分体现太极拳的运动特点。

简化太极拳动作柔和均匀，姿势中正平稳，全套练习时间为 4—6 分钟，老幼皆宜，易学易练，而且内容简单精炼，适于每天早、中、晚随时随地抽出一点时间进行练习，是人人都可以学习修炼的健身养生之道。

简化太极拳套路开始安排直进动作，其次安排后退和侧行动作，最后穿插蹬脚、下势、独立和复杂的转折动作，体现了由浅入深、难易结合的特点。在演练时，要求思想上排除一切杂念，有意识地让全身关节、肌肉以及内脏等达到最大限度的放松状态。运动时，要求圆活连贯，虚实分明，要做到“运动如抽丝，迈步似猫行”，肢体各部在运动中不能有不稳定的现象，虚实不但要互相渗透，还需在意识指导下变化灵活。

简化太极拳套路的重点动作增加了左右对称练习，自然呼吸和拳势呼吸相结合，使学练者的身心得到全面均衡的锻炼，并能收到平衡人体阴阳，抵抗疾病侵入，培根固本，自我修复，延缓衰老，保养生命的特殊功效。

简化太极拳在 1956 年正式公布推广后，对国内外太极拳运动的普及和发展，起到了巨大的推动作用。现今，简化太极拳早已是享誉中外、习者如云，深受世界各国人民的喜爱。

十二、其他太极拳

当代人们大多只知道太极拳有陈氏、杨氏、吴氏、武氏、孙氏，对其他太极拳流派很少有了解。其实，除了前文介绍的郝氏、和氏、李氏等太极拳流派外，目前国内还流传有心意混元太极拳、螳螂太极拳、武当太极拳、乾坤太极拳、八卦太极拳、五行八卦太极拳、无限太极拳、闾山道家太极拳、卢氏太极拳、四维太极拳、益寿太极拳、静功太极拳、自然门太极拳、原地太极拳等，这些太极拳门派各有特点，他们共同继承了太极拳武术的精髓，将太极拳发扬光大。

心意混元太极拳是一代宗师、太极泰斗冯志强，根据陈发科、拳神胡跃贞的武学精华，融进混元功法而独创的一优秀拳种。它集太极拳内涵真意，既以心意为指导，以丹窍混元气为根本，依据太极阴阳之理修炼的一门上乘功夫。心意混元太极拳在练法上主张练意不练气，练气不练力，行拳则以心意领先。

心意混元太极拳还是一门养生功法，以养为主，养气、采气、运气、行气旨在生元、培元、壮元、混元，对于强身健体有很好的功效。

卢氏太极拳据传由明末清初的顾奠一道长所创，具有架式低、身法灵活、手法巧妙、步活臂长、闪战快捷等特点。卢氏太极拳原为单传秘授，自第五代卢鸣金才打破门规收徒授艺。卢式太极拳世代都有不少名师高手，现代著名的卢氏太极拳大师为卢氏第九代传人张东海。张东海不仅武功高强，而且广为授徒，对卢氏太极拳的推广起了十分重要的作用，使其得以发扬光大。

四维太极拳则融汇内、外家拳术共冶一炉，动静结合，阴阳互生，刚柔相济。它内容丰富、形式活跃、运动量较大，全套太极拳共有50式、10种步型、5种手型、近30种手法及多种动作组合。四维太极拳的问世意义重大，它说明武学同源，内外家技法原是人为而分，二者可以糅合一体再造体用两全的运动技术，这是武术在继承传统的基础上的发展趋向。

当然，这些太极拳流派是否是由于地域不同、传人不同，出现一式多名，或是附会之说，还需要学术界继续研究和探讨。这对于重事实、重证据、重研究的学术界来说，定可以水落石出，给那些喜爱太极拳的人们一个完美的答案。

第四节　太极拳与中国传统文化

经过长期的历史发展，我国儒、释、道三大主流教派在思想、文化、理论上相互渗透、融合，因而太极拳的理论基础不仅限于道家思想，而且吸收了中国传统文化的精华，有着醇厚的传统文化气息，成为中国传统文化中的一支奇葩。

太极拳首先是武术的一个拳种，含有技击的特点，能健身边能防身。比如：太极推手，不是主动进行攻击，而是利用上肢和腰腿的协调，做到全身上下黏连粘随；周身和顺，不生棱角，关节松沉，随来随化；攻守兼备，见隙即进，得实即发，体现出很强的实用技击功能。

太极拳同样是一种文化形态，它深深扎入中国传统哲学、医学、美学、文学等广袤深厚的领域中，以形体的运动表达、阐述、张扬一种文化精神，是中国古人对于生命、自然、平衡、发展的理解，也是几千年中国历史文化的结晶。

一、太极拳与中国传统哲学

哲学是太极拳最深的“印痕”之一，因此也有人将太极拳称为“哲拳”。从技术上来看，太极拳处理的是一对对的矛盾元素，如内外、开合、攻防、练养等等，统称为“阴阳”，太极拳的运动规律就是阴阳的变化法则。

太极拳的产生带有革命性的思辨色彩，它在某种意义上来说具有一定的“反叛性”，即对传统武术的某些特性上的“反叛”。相对于太极拳以前的武术，它更强调“立”的成分，而不是“破”；更强调“柔”的成分，而不是“直”。

太极拳直接、大胆、毫不掩饰地从中国古典哲学中汲取养料，并全面移植其哲学论点。一方面，中国古典哲学主要研究人与自然的和谐，研究阴阳对立统一的发展、变化关系，这与太极拳的理念相统一；另一方面，武术家们在移植过程中进行了“选种”和“培植”的程序，把那些具有实际意义的内容加以适当定位和对应，并与实践结合起来，去除虚无缥缈的“玄论”，完成从“哲理”到“拳理”的过渡。最后形成了每招每式都有哲学依据，进而每一拳术的哲学含义在动作中都有了落实。

二、太极拳与儒家文化

儒学对于太极拳的影响主要在于个人品德修养方面，如忠孝、仁爱、中庸、宽恕等，一言以蔽之，即为“道德”。儒学中的中庸、忍让、仁爱、忠孝等所蕴涵的人格力量，对太极拳影响深远，使太极拳形成了一种谦虚礼让、博大宽容而又奋发进取、不屈不挠的文化。

儒家文化对太极拳的影响主要体现在三方面：一是重“德”，儒家主张“万物以德为生”，太极拳中“德”具体来讲就是武德。练拳者自身要十分讲究修养，武德不好，功夫再高也不能算作优秀武术家，武德不好甚至难以练成或学到上乘太极拳功夫。二是讲“仁”，这是关于拳的使用规则。不举无名之兵，不逞匹夫之勇，以静制动，后发制人。三是讲“礼”，这是指拳术的运用程序。练拳人之间互相尊重，“敬人者人恒敬之”，尊敬师长、尊敬拳友。练拳是为修身，要恭谦有礼，不好勇斗狠，虚怀若谷。随着太极拳功夫的增长，自身的品行也不断提高，直至达到武德与功夫浑然一体的境界。

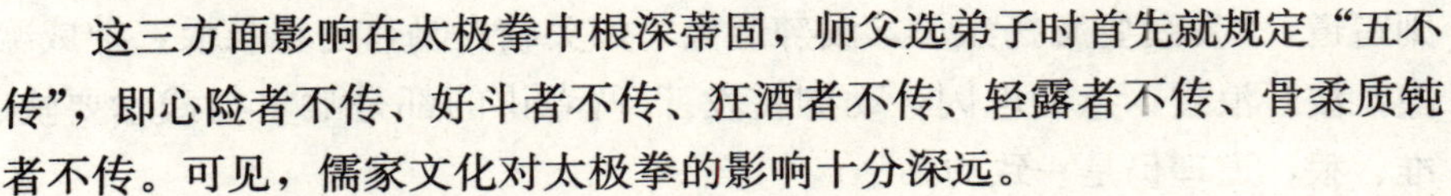

这三方面影响在太极拳中根深蒂固，师父选弟子时首先就规定“五不传”，即心险者不传、好斗者不传、狂酒者不传、轻露者不传、骨柔质钝者不传。可见，儒家文化对太极拳的影响十分深远。

三、太极拳与道家文化

道家思想是我国传统思想文化的两大源流之一。道家崇尚自然、返璞归真；主张唯道是从、无为而治；强调人与自然、人与人之间的和谐关系。太极拳的理论和行拳之中无不体现出道家的这种思想的影响。

老子说：“将欲歙之，必先张之；将欲弱之，必故强之；将欲废之，必固兴之；将欲夺之，必固与之；是谓微明，柔弱胜刚强。”太极拳拳法中讲求欲左先右、欲右先左；推手则要求“欲要先给”、“欲顺先逆”、“欲逆先顺”。这些行拳的要领很明显是道家理论在做指导。

道家还讲究道法自然、天人合一。太极拳要求松静自然，无拘无束：“全身处处毫无牵制”、“动静做势，纯任自然”、“屈伸开合听自由”。在这种道家观念的指导下来练习太极拳，使人处于一种空明的“无人之境”的心态。与大自然静静地进行心灵交流，这种和谐使人忘掉烦恼，抛却浮躁，让人的身心升华到一种轻松自如的境界，对陶冶人的格调、风仪、内在心境颇有裨益。

四、太极拳与兵法

太极拳作为搏击的拳术，无疑具有攻防价值。太极拳的行拳规律无不遵循兵法原则。

以《孙子兵法》为例。《孙子兵法》强调："兵者，诡道也。故能而示之不能，用而示之不用。"《太极拳经谱》则同样认为："佯输诈败，制胜权衡，顺来逆往，令彼莫测。"这里文字叙述虽不相同，但说理相仿，都是讲战争与武打的特性——诡诈性；目的也是相同的，那就是克敌制胜。

《孙子兵法》认为："是故善战者，其势险，其节短，势如彍弩，节如发机。""其疾如风，其徐如林，侵掠如火，不动如山。"《太极用武要言》则写道："发劲要鹰扬猛勇，泼辣胆大，如关临白马，赵至长坂，神威凛凛，波开浪裂，急如电闪，动如雷发。"两者讲的都是战争与武术要快、准、狠，道理仍是一致的。

另外，《孙子兵法》强调："攻其无备，出其不意。"《太极用武要言》同样也认为："拳术如战术，击其无备，袭其不意，虚而实之，实而虚之，避实击虚，舍本求末。"二者都指明交手要奇正相生，攻其无备。

在近代，太极拳的行拳规律与毛泽东的军事思想有着惊人的相合之处。毛泽东的军事理论认为：敌进我退、敌驻我扰、敌疲我打、敌退我追是克敌制胜的法宝，长征胜利的关键就是合理的退却和转移。太极拳则要求：欲进先退、欲左先右，太极推手中的你进我退、借力而行，不靠力气的强大，采取虚虚实实的战略战术，以柔克刚、避实就虚、以静制动从而战胜对方，同样也是合理运用退却和转移这样一个道理。可见，太极拳与兵法密切相关，太极拳与兵法有二者相互促进、影响，并共同进步。

五、太极拳与传统艺术

太极拳是智慧型的武功，虽属武术，但它凭借的不单是力量和速度，而是敏锐的感觉和灵动的智慧。智慧的力量与速度可以远远超出单纯物理的力量和速度，创造出近于艺术的武功。

太极拳的"以柔克刚"、"引进落空"、"四两拨千斤"、"随曲就伸"的成功运用，是一种艺术实践活动，能给人以巨大的美感，因此西方人把太极拳叫做“东方芭蕾”。

太极拳对于节奏的处理、人内在潜力的挖掘，都有很强的艺术创作、发挥空间。如中国画，讲究立体，讲究“顾盼”，要“呼应”，这在太极拳套路中也有明显的体现。太极拳要含蓄，要“折叠”，这与作画的方法也是一致的。书法中的中锋、藏锋、绵裹铁的笔法，章法中的“疏密有致”，在太极拳要领中都可以真切地感觉到。把五种太极拳流派与五种书法流派作一个粗略的对比研究，可以发现：陈氏太极拳与狂草的起伏跌宕、杨氏太极拳与楷书的工整舒展、吴氏太极拳与行书的流畅、武氏太极拳与篆书的严谨与雅致、孙氏太极拳与隶书的开合有度都是相呼应的，这两种艺术形式内在的节奏、章法、布局上都十分相似，说明二者在追求风格上具有趋同性，证实了二者源于共同的文化根基。

六、太极拳与文学

“文为心声”，文学的意境就是人生的境界，王国维先生曾用诗化的方式来描绘学问的境界。太极拳为文学提供了足够的物质和精神载体，首先是关于自身的体验，特别是关于健康状态；其次是关于社会的体验；再次是关于自然的体验。古时的很多拳论书写时使用的都是非常文学性的语言，有的是很精致的古体散文，有的是典型的骈文或律诗，可见二者关系的密切。

在中国古代文学中，很多意境在太极拳的功夫境界中都有很别致的体现。古诗词中有些是对武术的直接描述、直抒胸臆。即使是一些山水风光之作，也能在意境上统一，如：“潮平两岸阔，风正一帆悬”与“如风似闭”在空间、时间展开上的一致；“无边落木萧萧下，不尽长江滚滚来”与“掩手肱捶”在气势起承转合上的协同；“银瓶乍破水浆迸，铁骑突出刀枪鸣”与太极拳发劲在气势、节奏上的合一等，无不精妙异常、殊途同归。

中国古典文学也有很大一部分是“武”的文学，四大名著中的三部直接与“武”的题材有关。太极拳产生以后，出现了大量直接以太极拳为题材的文学作品，包括大量近现代的影视作品。太极拳的家喻户晓与这些文学作品的广泛传播有很大关系。在现代，将“武”文学发挥得淋漓尽致的作家要属金庸，他在小说中引用太极拳的拳学招势、境界、理法、概念最多，可见太极拳与文学的渊源极深。

七、太极拳与传统中医

太极拳不但运用了中医的经络学说，几百年来还深深扎根于中医学中。如：太极拳的点穴和捏骨技法与中医的正骨和针灸一脉相承，所以在强身健体、预防保健等方面起到了良好的作用，是延年益寿的最佳途径之一。

王宗岳《太极拳经》注云：“此系武当山张三丰祖师遗论，欲天下豪杰延年益寿，不徒作技世之末也。”可见张三丰祖师创太极拳的初衷，不仅是注重技击功能，同样也十分关注太极拳的保健功能。关于太极拳的保健功能后文将详细讲述。

太极拳从里到外，处处洋溢着文化的芳香。如果说太极拳是一瓶酒，肢体的外形动作只不过是酒瓶，内盛的佳酿则是文化。太极拳的魅力已经吸引了整个世界，许多国内外有识之士入迷太极拳已不单单限于学拳健身，而是通过练习太极拳探索中国传统文化的精髓，领悟中国传统文化的奥秘。

第五节　武当武术的养生功能

武术一般都是起源于生产劳动，产生于与野兽搏斗、与人搏斗的需要。然而武当武术的起源却与道教的人生观密切相关，产生于道教养生、健身的需要。道教追求福禄寿喜，认为人只要通过精神的、肉体的修炼，即可达到长生久视。

道教的养生多强调通过静养来实现。有人提倡模仿龟少动静养以达长生的目的，也有主张“动以养生”的，告诫人们要经常运动，才能确保健康。东汉名医华佗创编的五禽戏、宋代的八段锦，以及在现代的奥林匹克运动，这些观点与方法都是对“生命在于运动”的最好诠释。

武当武术没有追求单一的动或静，而是将动静结合，成为养生修炼的最好方法。它是贵柔贵静的功夫，肢体运动处处适中，不超过极限，体现“中、正、平、圆、轻、灵、柔、和”八字要领，并且有行、立、坐、卧和动、静相别的多种功法。武当武术以太极、阴阳、五行、八卦为武术法理，由调心、调息、调身三者协调统一，并且贯彻在锻炼过程始终，成为一种对人的身心进行全面修复调节的健身、养生运动。如果抛开技击性，它就是中医的治病术。

在武当武术的历史上，不知有多少出类拔萃的武术家，他们当初都是因为病魔缠身，生命处于垂危之际，才开始习练武当武术的。后来，他们不但有了健康的体魄，还皆获得长寿之益。1983 年，武当山地区有关部门将 20 世纪 50 年代到 80 年代这 30 年间武当山的道人年龄做过一个统计，包括非正常死亡者，平均寿命为 83 岁多一点。

武当武术中，太极拳的养生功能最为卓著。太极拳讲究通过“静中求动”，达到静中有动。即：身体处于相对静止，要求意气周流，呈外静内动之象。具体体现于练拳的预备势和收势。还讲究通过“动中求静”，达到动中有静。即：肢体运转时，内意要专著守一，内气要平缓如一，出现相对的内静。王宗岳在《太极拳经》中写道：“此系武当山张三丰祖师遗论，欲天下豪杰延年益寿，不徒作技世之末也。”可见张三丰祖师创太极拳的初衷，不仅注重技击功能，更重在延年益寿。

依据有关科学调查测算：人的自然寿限可达到 130—150 岁。要提高人类的自然寿命没有什么仙丹妙药，关键在于加强自我保健。太极拳舒缓柔和、轻松自然，是年老体弱或有慢性病者强身壮体、康复延寿的有效手段。太极拳自始至终以意念贯穿，动如抽丝，藕断丝相连；行似流水，轻若浮云；动中有静，静中有动，动静结合，适度合宜。

太极拳运动对慢性顽症有辅助治疗的作用，但由于单纯的药物治疗往往顾此失彼，在治疗疾病的过程中会产生负面作用。所以在药物治疗过程中辅助太极拳锻炼，可以使身体机能日趋健全，从内部增强免疫力，修复受到破坏的系统和功能，这会比单纯依靠药物治疗收效更显著。

现代医学健康的标准已不再是身体上没有疾病的状态。太极拳强调身心合修，注重精神和体魄的平衡发展，宜于塑造心理、生理都健康的新人。精神和肉体本来就统一在人生命的过程中，两者相互依存、相辅相成。太极拳心身双修，在练习过程中不但可以获得健康的体魄，也可以养成健全的心理。长期习练太极拳的人心情开朗、情绪稳定、富于同情心理、乐于助人、不怕挫折、明辨是非。

不过，对于传统太极拳养生文化的挖掘也要注意去伪存真。中国古代的养生术有很多财富，但也有一些故弄玄虚的东西。比如：有的人强调“炼丹”，有的人把五行和八卦与人体简单、生硬地对照等，所以需要甄别对待。

在练习太极拳的时候，也要注意方法，如果练习不正确，就难以收到好的效果，因此提倡科学地习练。武当太极拳的练习过程分三个阶段：练形、练气、练神。这三部分主要蕴含的功法有吐纳导引功、外气采补功、混元站桩功。在演练太极拳时要求立身中正安详，支撑八面；行气如九曲珠，无微不至；举动都要轻灵，并且要保证动作连贯完整一气。

武当武术是中华民族的优秀文化遗产，这已成为全世界的共识。许多人在练习武当武术的过程中，不仅直接受益于它的健身功能，而且注意体验、感受其中蕴含的文化内涵，在健身养生之中寻求精神上的健康愉悦。武当武术，尤其是太极拳，长期以来倍受党和国家领导人的好评。

毛泽东曾说：“凡能做到的，都要提倡做体操、打球类、跑跑步、爬山、游水、打太极拳及各种各色的体育运动。”周恩来也曾亲自派顾留馨赴越南教胡志明主席练习太极拳，藉以治疗胡志明的疾病。此事已被传为中越友谊的一段佳话。邓小平更是推崇太极拳，曾为日本友人书赠“太极拳好”的题词，并由此推动了包括太极拳在内的武当武术在中外的推广和普及。

第六章

峨嵋武术

峨嵋山雄踞四川盆地西南方，披风沐雨，大有秀甲天下之姿，并与浙江普陀山、安徽九华山、山西五台山并称佛教四大名山。著名的峨嵋武术就是起源于此。

峨嵋武术深受峨嵋山道、儒、佛等宗教文化的影响，古代冷兵器时期的战争以及四川独特的“湖广填四川”等移民文化，也促进了峨嵋武术融各派武术为一体，再加上巴、蜀各族人民在生存斗争中受到民俗、民风及自然环境的影响，使得峨嵋武术内外兼修，成为几千年来各种流传拳种的精妙汇总。

峨嵋武术与少林、武当共为中原武功的三大流派，尤其在西南一带可以说是独占鳌头。通过几千年的心传、身传、口授，被人们世世代代流传，有坚实、雄厚的群众基础。如今的峨嵋武术已经成为我国文化遗产中的重要组成部分，是世界文化遗产中的瑰宝，在世界文明史中发扬光大。

第一节 峨嵋武术的起源与发展

峨嵋派与少林派、武当派的三足鼎立始于明代，这三派的历史渊源却可以追溯得更为久远。可是由于历史资料的匮乏，这三派起源的记载寥若晨星。目前，少林武术尊崇的创始人是达摩，武当武术尊崇的则是张三丰，峨嵋武术尊崇的则是火龙真人。当然，这些都是传说，真伪很难考证。

关于火龙真人，在历史上出现了很多次，在东汉、晋朝、唐朝、宋朝的史书中都有关于火龙真人的记载。火龙真人名叫魏伯阳，后世道家尊称他为魏真人、火龙真人。关于魏伯阳的身世及生辰年代，始终还是文化史上一个谜，但是比较普遍的说法认为他是东汉时期的人。

峨嵋武术表演

魏伯阳赠予后人唯一的礼物，就是他的千古名著：《参同契》。魏伯阳撰写这本书的目的，是为了说明修炼丹道的原理与方法，证明人与天地、宇宙有同体同功而异用的法则和原理，阐述人为的修炼可以升华而成神仙的传统学术。魏伯阳以《周易》的理、象、数三部分和周、秦到两汉的五行、干支学说，以及道家老子传统的形上、形下的玄学原理，为丹道的修炼程序做了一套完整的说明。所谓《参同契》，便是说丹道修炼的原理与《周易》、《老子》的科学、哲学的原理是同一功用，是“如合符契”的。

到了唐朝末年，峨嵋山万年寺的道人根据《参同契》一书中的理论，参照山上猴子的动作身法，模仿灵猴的搏斗动作及其他兽类相争的姿态，创编出了火龙拳。火龙拳究竟是以火龙真人命名，还是有其他意义，现在还无法确定，目前比较可靠的一种猜测来源于《山海经》。据《山海经》记载：夸父生西域，西域生先农，先农始生羌狄。羌狄是最古老的蜀民族，其图腾是龙。巴蜀在中国的西南，从五行来说，南方属火，羌狄则属于巴蜀，所以叫火龙。

关于火龙真人开创峨嵋武术由于找不到确切的记载，因而从学术的角度讲并不十分可信。在民间关于峨嵋派起源的传说则更加纷繁复杂，其中流传最广泛的就是金庸武侠小说《倚天屠龙记》中所记载的郭襄创立门派

的说法。

据金庸书中所讲：南宋末年，襄阳大侠郭靖与妻子黄蓉力拒蒙古兵，独守襄阳。他们的二女儿郭襄武功驳杂、行事任性，素有“小东邪”之称。郭襄15岁时在黄河风陵渡口见到了神雕大侠杨过，心生爱慕。在杨过、小龙女与众人分别后，郭襄一直行走江湖，希望能与杨过碰面，却始终没能再见。在40岁那年，她忽然大彻大悟，在峨嵋出家为尼，从而开创了峨嵋派。

这个结论之所以广为流传，是因为它出自中国武侠小说大师金庸的笔下，并因《倚天屠龙记》的大量发行而广为传播。由于金庸本人巨大的影响力，他笔下的野史往往被很多人误认为是正史。因此，峨嵋派是女侠郭襄所创之说使很多读者笃信不疑。但实际上，《倚天屠龙记》中的说法并没有任何史实依据。

除了这种说法外，峨嵋拳谱还记载了一段无名道姑创立峨嵋的传说：“祖师原为一道姑，后入佛门。师善技击，善研各家拳法……积十三年，始臻大成，身旁弟子习之，呼之玉女拳法，同道相誉，称拳，后弟子至山，偶谐其音，始称。”

《开封方志》（1989年2月）中的《峨嵋拳在开封》一文也认为：峨嵋武术起源于一名道姑。据记载：明朝时期，一位道姑在河南登封少林寺学艺。几年后，道姑出家到南海普济寺，路途中与别人较量武技，感到老师传授的接手打法力不如男子。她到普济寺后又与一名女子交手，这位女子虽不如她的功夫，但攻中有退、退中有打，而且不招、不架、不格、不拦，使道姑无可奈何。这位道姑大受启发，最终研练各家拳法，博采众长，创出了“手如三春杨柳，步如风摆荷叶，出手似闪电，发力如雷霆”的不接手打法。由于此拳为女子所创练，故称为“娥眉拳”。

当时，道姑还曾到四川峨嵋山传授娥眉拳，因“娥眉”同“峨嵋”两字谐音，因而后人又称其为“峨嵋拳”。

虽然有很多记载认为峨嵋武术起源于一个神秘的道姑，但实际上峨嵋武术并不是女人所创编的武术流派。因为峨嵋山历史上没有尼姑，有女尼是近代的事情，所以由师太或道姑创立峨嵋武术这一说法并不可信。目前学术界比较公认的说法是“峨嵋武术起于战国，成于南宋”，这一论述得到了许多峨嵋派传人的一致认同。

据《乐山市市志》记载：周慎靓王五年，秦惠文王派张仪、司马错、都尉墨伐蜀，蜀王战败被杀。秦灭蜀后，遣大批富豪、文人、艺人，移民进入四川。由此，大量的楚越文化、中原文化和武学、艺技流入四川，从而使峨嵋武术得到了历史上的第一次大丰富。

富豪贵族为显示自己财富、身价等心理要求，让武士、下人和百姓等进行各种形式的搏斗、角力、手搏比赛，进而深化了武术的技击性。宫廷、贵府为满足视、听觉感官的享受，把技击动作进行了艺术加工，搬上了舞台。在民间，应民俗、民风的延习，劳动人民为消闲、娱乐的需求，把各种技击手段、方法、技巧编织成流连生动的套路。比较典型的是集技击、艺术为一体，又广为流传在巴蜀民间的、传承春秋战国时期的“巴渝舞”。如今在峨嵋山各地出土了大量战国青铜兵器，在各种岩墓、陶俑中也常见到各种武术舞蹈，由此可见当时的习武之风。浓厚的习武之风为峨嵋武术的起源和发展奠定了坚实的基础，峨嵋武术套路的雏形就在这样的背景下产生了。

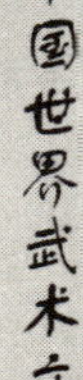

据《乐山市市志》和《四川武术大全》记载：峨嵋武术的创始人是司徒玄空。司徒玄空，号动灵，耕食于峨嵋山中。他模仿猿猴动作，在狩猎术基础上创编了一套攻守灵活的“通臂拳”，跟随他学习的徒弟很多。由于司徒玄空常着白衣，所以徒弟们称他为“白猿祖师”。他还是有史记载的中华武术第一人。

到了魏晋时期，道教和佛教先后传上峨嵋山，宗教文化的发展促进了武术的发展。高僧、道士汲取仙山道教的动功和佛教禅修的静悟，逐步发展、完善了动静结合、内外兼修、长短相应、刚柔相济的武功。道士们通过“吐纳、导引、坐忘、心斋、守一”等内练法门，达到意与气连、气与神合的境界，形成气功，为的是祛病延年以求长生不老。僧人除了参禅打坐，也常常练拳踢腿、舞枪弄棒，他们将道教的养生气功和山民的狩猎技艺糅杂在一气，开创了独树一帜的僧门武术。

渐渐地，有一些身怀绝技的武士也加入了峨嵋山的道佛之列。据明人方汝浩的《禅真逸史》记载：北朝东魏孝静帝年间，武将林时茂来到山中峰岭修炼。这位战功显赫的“镇南将军”，法名太空，号淡然。因受权贵迫害避祸于峨嵋山，他在经课之余将自己的精湛武功传授于年轻僧人，一时山上武风盛行。

宋朝以后，峨嵋山作为普贤菩萨的道场，成为我国佛教四大名山之一，习武的僧人很多。南宋建炎年间，峨嵋山白云禅师将阴阳虚实和人体盛衰的机理，与武术中的动静功法相融合，创编出“气桩功”，因共有十二节，后人便称之为“峨嵋十二桩功”。南宋时期的另外一名僧人德源长老则是峨嵋武术自成流派的重要人物，他在峨嵋山时，因山中多灵猴，于是模仿猿猴腾跃动作，编出一套猿拳。由于德源和尚眉毛纯白，所以被人称为白眉道人，因而武术界又将猿拳称作“白眉拳”。明代著名的爱国将领、右都御史唐顺之的《荆川先生文集》卷二记载：“道人更自出新奇，乃是深山白猿授，险中呈巧众尽惊，掘里藏机人莫究。”白眉拳流传至今，已经成为中华武术精湛的保留拳法，给后人留下了丰富的武术文化遗产。

白眉道人还写了《拳术》一书，从理论上对峨嵋派武术做了系统的总结，是峨嵋派武术发展成熟并自成体系的标志。该书从宋朝起一直辗转流传，直到1983年全国武术“挖掘整理”期间，还有人见到过，但目前已经神秘地不知下落。但峨嵋派武术起源于春秋战国、成型于南宋，已经成为无可非议的历史真相。

明清时期，佛、道两家相争使峨嵋武术有了空前的发展。峨嵋派的刀枪剑戟等十八般兵器的技法，在明代时达到了炉火纯青、出神入化的地步，在全国武林中，峨嵋派的剑术和枪法是最著名的。峨嵋剑动作严谨、招式凶猛、击法明快、以巧取胜。峨嵋枪也独具特色，曾经师从朱熊占学习枪法的吴殳写出了著名的《手臂录》，精确地阐述各种峨嵋枪法的精要。他写道：“西蜀山普恩禅师，祖家白眉，遇异人授以枪法，立机穴室，峨习两载，一旦悟彻，遂造神化，遍游四方，莫与驾并。枪法一十八札，十二倒手，攻守兼备，破诸武艺。”由此可见，峨眉枪法变幻莫测、精妙绝伦。峨嵋枪法中还有治心、治身、动静、攻守、审势、戒谨、倒手等技法，大大地丰富了中华武术的理论。

峨嵋派在传承中善于吸收和融会其他门派的功法，也给其他门派输送了血液。他们在相互切磋中取长补短，不断推陈出新。隋代末年，云游到峨嵋山的河南嵩山少林寺武僧云昙，就曾将少林拳法传授给了峨嵋僧人。到了清乾隆年间，善擒拿术的江西武术大师杜观印还曾来四川传授过“杜门拳”。峨嵋太空和尚、神灯法师和清虚道长，云游四方，参师访道，与少林、武当高手交流，领悟到各派之精要，苦心磨砺，练就了“子午门”拳法；民间则有董海川来峨嵋山学八盘掌，创八卦掌，现在田氏八卦掌传人也记录了该拳与峨嵋武术有较深的渊源。

经过几千年的积淀，峨嵋派正式形成了内外兼修的武术，在中华武术

这一大体系中与少林武术、武当武术一起被称为三大武术流派，峨嵋山从此也被世人称为武术的发源地。

在长期的历史演变过程中，峨嵋派逐渐形成了自己的特色，与少林派、武当派相比较，最明显的区别在于它特别强调内外兼修。其实，这三大派各有精微造诣，都讲究内修外练、体用兼备，只是程度有所不同。少林派由僧人所创，特点是大开大合、硬攻直上、抢先进攻，以腿法著称，善于先发制人，属于外家拳；武当派为道士所创，以静制动、以柔克刚、动静结合、借力打力是其主要特点，属于内家拳；而峨嵋派则为道、僧共创，更加注重内外兼修，它既重视内气的修炼，又讲究形体的结合，似快而慢、似柔而刚、刚柔相济、长短并用。

近年来，少林派凭借电影《少林寺》风靡全国而鹊声再起、雄霸江湖；武当派奋起直追，也有了一定的规模；相对来说，峨嵋派反倒薄弱得多。为了振兴峨嵋派武术，峨嵋山地区先后设立了四川省武术馆，成立了四川武术协会；由乐山大佛文武学校组成的“武术表演团”，多次在峨嵋山、成都、重庆、深圳和香港等地表演以彰显峨嵋武术。2002 年 9 月，在乐山第四届国际旅游大佛节中，于峨嵋山举办了“少林、武当、峨嵋三大门派武术精英赛”，以促进峨嵋派武术的振兴，一时高手云集，赛事精彩纷呈，为更多人了解峨嵋派武功打开了途径。

峨嵋武术在海外也有流传，英国有黄纪富、史密斯等人成立的“国际白眉武术联合会”，美国有陈坚、陈朝辉父子创立的武术馆，意大利也有徐浩建立的武术馆，加拿大的李蓉创办了武术气功保健中心。我们有理由相信：曾经声震四海的峨嵋派武术一定能再创辉煌，与少林派、武当派并驾齐驱，使峨嵋武术这一中华瑰宝得以发扬光大。

第二节　峨嵋武术的内容

宗教圣地峨嵋山的僧道人家在参禅拜佛之余，弄枪使棒，练拳踢腿，逐渐形成了一套动、静功相结合的练功方法，兼备佛家与道家之长，既吸收了道家的动功，又有佛家禅修的基础，并经过几千年的沉淀发展成为享誉中华的峨嵋派武术。

峨嵋武术内容繁杂，从 1983 年对峨嵋武术资料进行挖掘后的不完全统计：峨嵋武术的拳术、器械及练功方法有 2368 种，其中既包容了少林、武当等各派的精华，又有独特的“四川”特色。

峨嵋派武术讲究内外兼修、形气并重，刚柔相济、开合有度，以超常的“神”气和强大功力显威制胜。明唐顺之在《道人拳歌》中形容峨嵋武术的硬功为“岩石迸裂惊沙走”，柔韧为“百折连腰尽无骨”，灵活为“一撒通身皆是手”。如果把少林、武当、峨嵋三大派别相比较，可以看出少林派以攻架见长，武当派以呼吸见长，而峨嵋派则主张内外相重；在力道上，少林善刚，武当善柔，而峨嵋派却主张“亦柔亦刚，刚柔兼备”；另外，在特点上，少林派多用长手，武当派多用短手，峨嵋派主张长短并用。总的来说，峨嵋武术的特点就是缩、小、绵、软、巧，堪称中华一绝。

峨嵋派理论上主张动功与静功并重，著名的“十二桩”在动功上分为“天、地、之、心、龙、鹤、风、云、大、小、幽、冥”十二大式；静功上讲究六大专修“虎步功，重捶功，缩地功，悬囊功，指穴功，涅槃功”，其中尤以“指穴功”的三十六式天罡指穴功最具威力，既可按摩治病，又可制敌。

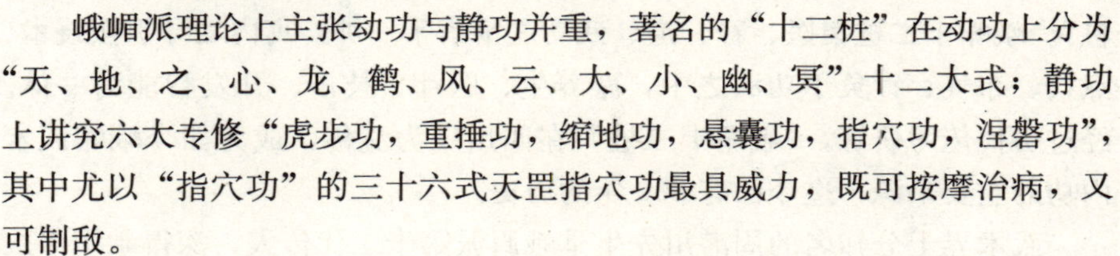

“腾、挪、闪、颠、浮、沉、吞、吐”是峨嵋派的主要技击方法，脚步、手法、步法与手法的移动，能够改变攻防的方向以及角度，从而占有攻击防守的主动性和招法变化灵活性。峨嵋技击战术讲究诱敌深入，故意敞开被攻击部位，后发先制。发力要“意整、形整、力整”。假如双方攻击的速度相等，此时攻比防快、攻则主动、防则被动，那么就要在闪开对方的同时打击对方，所以后发先制是便于防守反击的。峨嵋派武术善用五峰六肘之力。五峰即头、肩、肘、臀、膝；六肘指上肘、下肘、左肘、右肘、回肘、倒肘。

峨嵋功法认为：人体外为阳，内为阴，阳盛而阴衰，其病在内，阳衰阴盛，其病在外，由于功法强调外练手、眼、身，内练意、气、心，使内外统一。若出现阳盛阴衰，就要采用补阴法进行调剂；若产生阴盛阳衰现象则应运用壮阳法进行调节。通过这种抑强扶弱的调阴阳法，使体阴阳平衡、体健气足，为进一步掌握和提高技艺创造了物质条件。

峨嵋派武术还特别注意“武德”、“仁术”和“养气”，要求练武的人必须要有一颗正直善良的心。俗话说：“不讲武德就是武贼”，因而各种武艺以防御保身为主，作为抗暴图存的一种手段，要求习练的人要有人道主义精神和浩然之气，使峨嵋武术在中华历史文化中写下了瑰丽的篇章。

一、峨嵋十二桩

峨嵋十二桩是根据道家的吐呐养生和内丹修炼法，结合医学的阴阳虚实腑脏盛衰的机理、佛家的静气功、峨嵋武术的技击方法而开创的武功。

四川流传的同名峨嵋十二桩有两种：一种是南宋时期开创的峨嵋十二桩，一种则创编于明末清初。其中南宋时期开创的峨嵋十二桩流传比较广泛。

相传：南宋建炎年间，峨嵋山白云禅师将阴阳虚实和人体盛衰之机理，与武术中的动静功法相融合，根据擒拿封闭、点穴击要以及医学伤科等创编出“峨嵋气桩功”，因其共有十二节，后人便称之为“峨嵋十二桩”。峨嵋十二桩集医、释、道、武功之精华于一炉，寓内功导引按跷术、点穴、布气、针灸于功法之中，融养生、医疗、技击、开发智能为一体。经过历代传习研练，“峨嵋十二桩”在四川广为流传，成为如今峨嵋武术内功的主要来源，迄今已有 800 年的历史。

武术界十分知名的周潜川先生是峨眉派第十二代传人，深得峨嵋十二桩功的精髓。周潜川是四川威远人，1908 年生于书香世家，曾赴英、德学习军事工程，回国后在旧军队任医官。1939 年，周潜川得了一场大病，很多名医都医治无效，后来经峨嵋山高僧永严法师医治，竟然病愈，于是他便拜在永严法师门下，得法号“镇健居士”。

周潜川多年行医于川、渐、沪等地，广交气功术士，并研读了中医及释道诸家气功经典著作。他在功理功法上逐渐达到高深境界，提出了一系列养生方法，大大充实了养生学的理论，还曾编写《峨眉十二桩释密》一书，披露了他对峨眉动功的练功秘诀和多年从事气功研究的成果，受到社会的广泛好评。

另外一支峨嵋十二桩功传于明末清初，第一代传人为湖北麻城县孝感乡人姜氏。姜氏早年访寻高师至四川峨嵋山，拜于金顶朝天洞长老门下，终日习武练功，终于学到了峨嵋十二桩。姜氏将峨嵋十二桩传于子孙后代，如今已经传至第十一代姜汉清，主要流传于川东、川南一带。

峨嵋十二桩为导引功夫，其中气脉的运使尤为突出，众多手法可以直接对应五脏六腑，对于养生极具功效。峨嵋十二桩以天地二桩最为重要，其余都是从天地二桩演化而来，而关键则全在天罡指穴法上，大处用桩，小处用指。这门功夫全在神念上下功夫，纵然外在桩法上有所出入，只要诀法扣住了要窍，神念得正，一样可得其法。

十二桩分别以 12 个字标名，可分别称为：天字桩、地字桩、之字桩、心字桩、龙字桩、鹤字桩、风字桩、云字桩、大字桩、小字桩、幽字桩、明字桩。十二桩字可互为反正，如：天地、龙鹤、大小、之心、风云、幽明等；还可以互相联系，如：天龙、地鹤、之风、心云、天大、地小、心幽、云冥等，但是在练功或应用时则要按序相联。

天地桩主要以升降为用，气脉修练，即天字桩在升降作用中又主要以升来体会，其主要作用是益气升阳；地字桩主要以降来体验，主要作用是益阴潜阳。两桩合练，则可以使气运调和得到平衡。

之心两桩的分别主要体现在：之字桩练开放气，使内气外开；心字桩则练收敛气，使外气合内。之字桩是心字桩的前奏，练心字桩在操作地支之前，但到地支后，就要以开气的方法来运用。这样，两桩就共同起到开中蕴合、合中有开、开合互济的作用。

龙字桩与鹤字桩则要一起练习，不能按排列顺序先练龙字桩，要把鹤字桩作为龙字桩的前奏，然后由鹤字桩过渡到龙字桩。鹤字桩是练阳中之阴，以静为体，龙字桩是练阴中之阳，以动为用。鹤字桩练开合各半，同练任督二脉，以练督脉为主，龙字桩讲大开大放，运用任督二脉负阴抱阳的升降作用来修炼。鹤字桩练以静制动，龙字桩练以动制静，两桩合练，启天门，闭地户，散则成气，聚则固形。如果鹤字桩练不到火候，龙字桩也就不可能练出功夫。

风云二桩则有迟速之分，要以云字桩为基础。练云字桩功时，要体现出悠闲缓慢，如白云飘空的意象；练风字桩功时，要体现出迅速紧急如狂风荡地的意境。练大小二桩要把小字桩口诀作为大字桩口诀的基础，大字桩讲安静，小字桩讲急动，二桩的功法体现的是动静相对，而气脉神意则呈相因相显的作用。幽明二桩在调心方面体现静旨与观照，包括外观法和内视法，讲究调伏龙虎、情性相制等。

峨嵋十二桩融技击与修炼于一炉，心性一体，是一种非常有利于人体健康的传统功法，在我国广为流传。

二、峨嵋拳

峨嵋拳是峨嵋派武术中各类拳术的统称，它具有独特的四川地方拳味，是人们健身、防身、养性的重要拳术之一。

关于峨嵋拳术的论述，最早见于明代唐顺之的《峨嵋道人拳歌》。书中描述了峨嵋道人的拳术演练，刚暴能使“岩石迸裂惊砂走”，动作快似“去来星女掷灵梭”，柔能“百折连腰尽无首”，拳艺更是“险中呈巧……拙里藏机……”这种刚柔结合、动静相兼、内外兼修、功艺一统的拳术与少林拳、武当拳的风格迥然不同，是峨嵋拳独特的风格。

峨嵋拳的形成经历了漫长的历史。早在公元1世纪，佛道进驻峨嵋时开始，峨嵋武术就已经初现端倪。在历史的进程中，峨嵋山寺院拥有封地、良田，还有武僧护寺守院，一些习武者常与各路拳师交流技艺，各地拳师也常上峨眉山寻师访友。因此，峨眉山成了四川武术的聚散地。

到了唐代，峨嵋拳术取得极大发展，峨嵋山绿鸭道人善拳法，曾创编鸭子拳十路，其中一路至今仍在四川各地流传。宋时白眉道人不仅创编了“白眉拳”，更著成《拳术》一书，从理论上对峨嵋派武术做了系统的总结。白眉拳也一直流传至今，成为中华武术中珍贵的文化遗产。

明清时期，峨嵋山的拳术已经十分完备。僧道人员中精峨嵋拳、飞手、峨眉剑手、红扣六肘、点斗、猴拳、乌龙拳、蛇拳、汉拳的人很多，其中万花和尚、果树方丈以及后山“猪肝洞”中的神灯长老、清虚道长等武功高强，隐居在半坡的穆氏父女也是一代峨嵋拳高手。到了清代，峨嵋拳已形成独立的技术体系，据《武林》（1982年第二期）的《峨嵋拳系》论述：峨嵋拳主要有三套练法，第一套为蹬桩，练腿法与步法；第二套为四平，分上中下三盘练桩法；第三套即火龙拳套路，练手法、打法等对抗形式散打。

峨嵋拳属内家拳法，立意近似太极拳，但也有不同。如拳论曰：“尔以丹田，我以涌泉；尔以根摧，我以梢牵；尔以意求，我以自然；自然功成，无影无形。”峨嵋拳要求“拳不接手，枪不走圈，剑不行尾”。遇敌交手，不知道敌方技艺如何，一定不能冒然而攻。要求“手如三春杨柳，步如风摆荷叶，出手似闪电，发力如雷霆”，达到冷、长、快、巧、轻以制敌。冷，即是出其不意、攻其不备，使对方防不胜防；长，做动作要伸展到自身最大限度，尽量拉长肌肉；快，就是速度快；巧，就是动作巧妙，上下肢动作配合协调、自然；轻，就是身法、步法犹如天空之云，飘然轻盈。

峨嵋拳技击战术讲究诱敌深入，故意敞开被攻击部位，后发先制。假

如双方攻击的速度相等，攻比防快，攻则主动，防则被动，那么就要在闪开对方的同时打击对方。所以，后发先制是便于防守反击的。

练习峨嵋拳时，主要是练习发力。峨嵋拳发力要由轻到重、由单式到全式、由慢到快，慢练意，快练力，发力动作要突然。动作无论快练、慢练，都是“从里往外练，不在外边在内边。内里通，一身轻，玄妙天机自然生”。按训练方法进行练习，就能较快地掌握一面花、斜射虎等发力动作。练好了发力动作，也就是为学习峨嵋拳的高级技法打下了基础。当峨嵋拳动作的速度、力量、协调性，以及意、形、劲都练出来后，再练拳、腿的各种攻防方法。

峨嵋拳要求在个人单练中要以练单式为主，练时假设敌人就在前方，一式一式地练习。单式的练习要用两种方法进行：一是轻描淡写的方法，即练意的方法，以练习劲力的顺达，达到意念的集中和拳术内涵的领会。二是练力的方法，“霎时间集中全身之力于一拳”，以排山倒海之势、雷霆万钧之力去拼搏。这两种方法要交替使用，达到张弛相得、刚柔相济的效果。双人练习是过渡实战的基础，由接手、揉手、探手、让手、攻手等的组成。通过练习，可以掌握与对方交手时的时机感、距离感，以及对对方真假意图的判别和冷防的能力，使习武者在不知不觉中向实战过渡。

目前峨嵋拳系已知有两百多个拳路，包括峨嵋猴拳、峨嵋蛇拳、龙形拳、黑虎拳、青龙拳、盘龙拳、乌龙拳、火龙拳、峨嵋余家拳、峨嵋罗汉拳、白嵋拳、侠拳、峨嵋追魂拳等。其中峨嵋猴拳比较有代表性，遍及四川，拳路较多。

峨嵋猴拳是古代仿生拳家吸取猴子轻、灵、浮、猛、快的特点和闯、奔、闪、躲的本性，将其糅化在踢、打、摔、拿技法之中，创编出的法、象结合的猴形拳术，有着悠久的历史。明代戚继光在《纪效新书》中就记有“猴拳”之名。金铁庵在《醉八仙谱》中指出：“拳法之盛行南方者，以七红、八黑、大小天罡、猴拳最为普遍。”

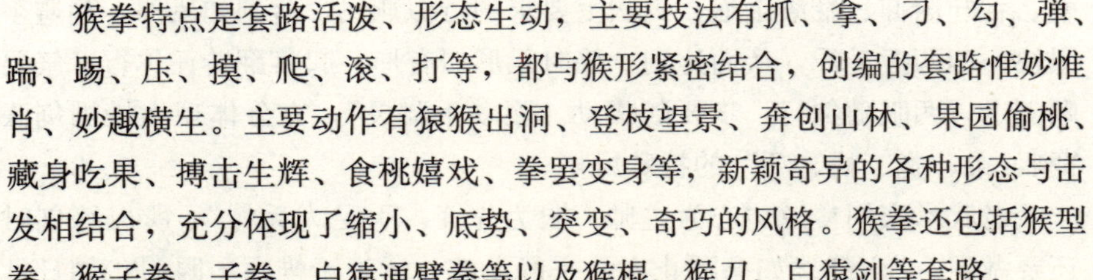

猴拳特点是套路活泼、形态生动，主要技法有抓、拿、刁、勾、弹、踹、踢、压、摸、爬、滚、打等，都与猴形紧密结合，创编的套路惟妙惟肖、妙趣横生。主要动作有猿猴出洞、登枝望景、奔创山林、果园偷桃、藏身吃果、搏击生辉、食桃嬉戏、拳罢变身等，新颖奇异的各种形态与击发相结合，充分体现了缩小、底势、突变、奇巧的风格。猴拳还包括猴型拳、猴子拳、子拳、白猿通臂拳等以及猴棍、猴刀、白猿剑等套路。

千百年来，峨嵋拳在历史风云变幻中，以它顽强的生态力发展变化着，逐步形成完整独特的拳系，成为“强健体魄，防身御敌，陶冶品性，祛病延年，练拳自乐”的武术项目，深受广大群众喜爱。

三、峨嵋剑

传说：在很久以前，有一位白发老翁云游到峨嵋山下，他深爱峨嵋山的鸟鸣猿啼、山清水秀，于是就在山上结草为庐定居下来。老人以采药为生，济世救贫，闲时研习鸟飞猿攀之技，据说后世流传的“白猿剑二十四法”就是这位老人开创的。而峨嵋剑就是峨嵋僧人根据“白猿剑二十四法”演变而来的，如套路中“探海取珠”、“饿虎吞羊”、“扫荡群魔”、“抱虎归山”等动作，都是“白猿剑二十四法”的传统击法。

峨嵋剑与其他剑不同的是：从起式到结束都是右手握剑，左手捏决。一般的剑练起来轻快潇洒、优美大方；而峨嵋剑注重实战，特别注重点、劈、刺、撩的劲力。峨嵋剑在演练中，要使全身的劲通过脚、腰、肩、肘、腕直接贯到剑尖或三寸剑峰上。击剑法有：直击，剑由上往下劈；横击，剑由左（右）向前平斩；斜击，剑由斜下几斜上截击；撩击，剑由下向前上撩击。刺法分上、中、下三个部位。格法有上格、旁格之分。一般用平面剑，不能用剑刃。

峨嵋剑步法特别注重斜出，因为剑有两刃，两侧薄而锋利，所以不能用生格硬拦的方法，只有采用斜出走边门。这就是人们常说的“抢外门的方法”。这种方法是寓攻于避，即躲开敌方的锋芒，走边门而进，然后出其不意地攻击敌方。总之，在步法上不能拘泥于旧有的程式和框框，应审时度势、随机应变。

峨嵋剑套路动作严紧、衔接奇妙，剑术演练时，身法上讲究扭拧折叠、吞吐俯仰、翻滚杀逼；剑法上要求剑行似燕飞，落剑如风停，趋避须眼快，四两拨千斤，从而达到“练时无形似有形，起落翻转任你行；气要顺剑走，两眼随剑行；步要随腰动，腰动手脚灵”，充分体现出峨嵋剑法“刚、柔、脆、快、巧”的特殊风格。

老武术家们常说“心为主帅，眼为先锋，手足为兵将”，所以练剑时还要做到：“心静犹如寒潭止水，平静无波，运筹于帷幄；眼明犹如日月当空，华光四射，万物皆照，无隙不窥，手眼相随；手足勤，犹如奔马翻蹄，螳螂捕食，快疾敏捷。”

由于峨嵋剑快疾敏捷、注重实战，因此长期锻炼能发展身体的灵活性、协调性，提高内脏器官和中枢神经系统的功能以及大脑神经的快速反应力。同时还能培养攻防意识和勇敢、顽强、坚毅、果断的意志，十分适合人们学习演练。

第三节 “五花八叶扶”——峨嵋武术的门派

峨嵋武术的门派分支可以用“一树开五花，五花八叶扶，皎皎峨嵋月，光辉满江湖”这首诗来概括。这首五言绝句诗的作者叫何崇政，是清代四川省名山县（今属雅安市）人。人们可能对何崇政比较陌生，但与其关系极其密切的太平天国翼王石达开，却是家喻户晓的著名人物。

何崇政年轻时曾投身太平天国，因精通技击，又懂文墨，被选拔为石达开的“记室”（秘书）。何崇政精于枪法和棍法，在军中常教石达开的亲兵习武，深得石达开喜爱。清同治二年（公元 1863 年）夏，石达开率部进军时被大渡河所阻，遭大批清军围困，进退无路，陷于绝境。他冀图“舍命以全三军”，投入清营，但清军不守信义，随后屠杀石达开部属，并在成都杀害了石达开。

作为石达开的记室，何崇政也遭到清军追杀，于是逃往峨嵋山避难，以图东山再起。此后何崇政多次来往于川西、川东等地，结交八方豪杰志士试图反清。但太平天国此时已经分崩离析，何崇政绝望之余在峨嵋山落发为僧，法号湛然。

诗中的“一树”正是中华三大武术流派之一的峨嵋派武术，那么诗中的“五花”、“八叶”又是指什么呢？据众多四川老拳师介绍：“五花”指峨嵋武术的五个派别，分别是灌县的青城、丰都县的青牛、通江县的铁佛、开县的黄陵和涪陵县的点易，“八叶”则是峨嵋武术的八门，分别是“僧、岳、赵、杜、洪、会、字、化”八门。“五花八叶扶”是指各地域的武术融入了各门派拳术精华，与巴蜀技击精妙相结合，自成体系，从而形成门派繁多、各有特色、丰富多彩、享誉华夏的峨嵋武功。

一、一树开五花——峨嵋派的五大支派

真实的武术并不仅仅流传在峨嵋山或乐山，正如少林武术不可能只流传在登封。峨嵋武术在四川分布极广，所以有“五花”之说，每一朵花都包含了很多深邃的内容。

（一）黄林派

黄林派是四川地方拳术之一，也称黄陵派，技击风格属于僧门和岳门。关于黄林派的起源有两种传说：一种相传是峨嵋山万年寺的一位道长开创的，他在深山长期观察群猴互相争斗及蛇兽相搏的形态，创立了独特的拳术，后人便根据万年寺的楹联将这派命名为“黄林派”；也有说法认为，黄林派拳师练武之地在四川彭县九峰山，那里有一片银杏，每年秋后叶落都是一片金黄，因此而得名“黄林”。

峨嵋武术从地域上分是有东西之别的。川东巴人性格刚烈、粗犷、豪爽；川西蜀人性格阴柔、机敏。黄林派武术就是根据川西人的特点而形成的，川西人身体矮小、性格内敛，这就决定了黄林派武术要以奇制胜，不硬碰，找窍道。

黄林派的拳术理论是“以步为先，以手为副，以柔克刚，后发先制，见空打空，以快制慢，借力使力，以巧制胜”。在技法上，多拳少腿，掌指当先，打击对方的薄弱处；以步为先，以身为辅，特别强调步法。武术谚语讲：“长对短，守内外；短对长，脚下忙。”身材矮小的四川人面对身材高大的对手，全靠步法的灵活敏捷，迅速贴近对手，发挥自己的特长。

黄林武术与少林武术最大的区别就是：蹦跳比较少，并且不是向高处跳，而是向远处纵，这样能够很快缩短距离；也不是硬拼硬打，而是软绵缠随，既能贴得进去，又能退得出来。它是按照道家的以柔克刚来对敌的。和武当武术相比，黄林派架势更加小巧紧凑，运动中讲究“脚似蛇行腰柔软，快速活变步为先，提箭盘破随机用，柔脆快巧狠当先”。

黄林派武术是养生和技击并重的，它的套路动作定式非常少，动作非攻即防。动时灵活秀丽，定式时又雄伟挺拔，转折时奇妙异常，非常富有哲理，它的动静、刚柔、转折和书法、音乐等艺术是相通的。练习的时

候，仿佛在一大片树林中穿行，身似猿猴，敏捷轻灵，好像融入到大自然之中，身心舒适畅快。

黄林派的主要武术有四平拳、等桩拳等徒手套路，器械套路有一套燕林刀，还有美人桩功法练习。清朝光绪年间，隆昌人刘松云学到了黄林派武术，后来又传给成都宋鹞山、钟润生、张海门、钟敬芝等人。如今，黄林派的功夫在成都等地广为流传。

（二）点易派

据传，点易派功夫发源于四川涪陵点易洞。北宋绍圣二年，著名哲学家、教育家程颐曾被贬涪陵，在北岩的石洞中点《易》立说，历时 6 载，写成理学代表作《易传》。南宋理学家朱熹继承和发展了他的学说，形成了我国古代哲学史上有名的“程朱理学”。如今在北岩石洞的洞口上方还有“点易洞”三字，但点易功夫是如何形成的却一直无据可查。

如今的点易派功夫流行于川东一带，代代长隐于民间，至今已有近 500 年的历史。正因点易的传承在民间，所以它更具有传统武术的单纯与质朴，没有一点花架子，技击风格也属僧、岳门。

点易派武术极其重视功力的训练，功力训练除了系统完整外，还有其独特之处。比如：其他武术的桩功往往要求“松”，而点易的神力训练里却有一桩要求“紧”。点易还极其重视步法的训练，阴阳步、移闪步、九宫步等。点易对劲法的训练十分简单，基本上分为长劲和短劲，其中长劲发放、短劲杀人。

点易在完成功力及步法训练的同时，手法上主要是无极莲花手配合步法练习。点易人比较善于用肘，善于攻击对方的小腿，交手时目中无人，对身形的要求是藏形蓄势，善圆走化。具体应用的实战散手训练就是点易肘击术、擒跌术等。

解放前，点易派曾出现过“陈大力士”、“江杆杆”、“草上飞”等武术高手，对于点易功夫的传承具有重要的意义。

（三）青城派

青城派流行于川西一带，以青城山取名。青城山是道教圣地，道家习武者不少，民间练武的风气也很盛，北宋时练武的王小波、李顺就曾在青城起义，为青城派的创立奠定了基础。

青城派创派年月不详。传说：青城派尊宁封真君、容成公为远祖，张道陵天师为初祖。不过，青城武术博大精深，并不是哪一个时代、个人可以创造和完善的，而是几千年来，在这片土地上生活过的仙家、剑客、高道、高僧、武林豪杰、绿林好汉不断创造、完善、补充而成的。

青城派的剑术十分知名，被誉为全国四大剑派之一，历代青城山道士中都有练习剑术的人。近代，青城山还流传有七星剑、飞剑十三剑、二十四剑等。青城山拳术深受剑术影响很深，有“剑拳”之称。青城派武术器械除剑器外，还有青龙大刀、乾坤圈、铁鞭等。

1989 年，青城派被四川省体委武术遗产挖整组、四川省武术协会确认为四川著名武术流派，载入《四川武术大全》。2003 年，青城派作为中国武术著名流派被人民体育出版社确定载入《中华武术展现工程》一书，确认了青城派在中华武术史中的重要地位。青城武术这支中国著名武术流派，尤其是在 2004 中国道教文化节青城武术大会后，已逐渐成为具有国际影响力的本土文化品牌。

（四）铁佛派（云顶派）

铁佛流行于川北一带，也称为云顶派，可能起源于铁佛寺、云顶山，但还有待查证。铁佛派武术风格属赵门和杜门，是四川流传比较广的峨嵋武术流派之一。

（五）青牛派

青牛派武术起源于川东，因当地有一座青牛山而得名。青牛派武术据说是由一个青牛道士所创，在川东地区一直流传着“青牛道士战胜黄龙和尚”的故事。

民间传说：“火烛堂”有一个会武的黄龙和尚，横行霸道，二十年间没有碰到过对手。一天，一个青牛老道前来挑战，双方立下生死状，比武三日。第一天，和尚见老道弱不经风，大笑说“胜来不费吹灰之力”，在比武中，老道处处躲闪，似乎根本没有招架之力。第二天，双方有攻有守、不分上下。到了第三天日，老道说“贫道自有回天之力”，结果一举打败了黄龙和尚，从此青牛武艺威名大振。

二、“八叶”皎皎峨嵋月——峨嵋八门

“八叶”即峨嵋派武术的八大分支，也就是很多人所说的“八大门”，即：僧、岳、赵、杜、洪、化、字、会门。其中僧、岳、杜、赵四门被称为四大家，洪、化、字、会四门被称为四小家。这八门兼备佛家与道家之长，与各种拳术、器械套路及散打技艺结合一起，成为峨嵋武术重要的组成部分，相习成风，经久不衰。

（一）四大家

1. 僧门

僧门又称峨嵋少林派，起源于少林寺，后经历代练习者结合四川人的特点改进而成，既保留了少林拳刚健实用的特点，又有南派拳法技术细腻多变的长处。

僧门武术的特点是拳、掌、肘、腿并用，左右出击，咄咄逼人，架式以前虚后实的含机桩式为主。含机，即等待时机攻击对方之意。僧门招式紧凑、快速有力、身法灵活、进退敏捷，技击上着力在“巧、快、狠、捷”四字上苦下功夫，补己之短，使之攻其不备，以小胜大，以守为攻，寓攻于守，力忌先发，意在取穴。

僧门的拳术代表套路有火龙拳、练步拳、大连环拳、虎豹拳、六通拳等，主要流传于川西、川南一带。僧门的流派较多，比较著名的是清嘉庆年间流入四川的大联地盘拳法，在《四川武术大全》中独立称为盘破门。盘破门拳法强调步法、身法为先，步型主要为齐步、小弓步、寒鸡势，步法多用龙心脚、钻脚、之字拐、羊尾脚；手法以扒擒撕扭、盘破提箭为主，灵活多变，迅速刚健；腿法以箭腿、箭弹腿为主，动作低快。民国初年，盘破门传人肖天禄击败川中众多高手，盘破门由此名声大振。

2. 岳门

岳门流传于川东、川南一带，相传为宋朝爱国名将岳飞所创，所以岳门弟子在拜师学艺时，会反复被师父告诫要精忠报国，随时准备听从祖国的召唤，上阵杀敌，保家卫国。

岳门武术的特点是矮桩，出拳时前手需外旋成圆，有“不画圆不成拳，敌人手来无法拦”之说。出手时力量较重，强调靠身打法，多利用五

峰六肘之力面对面迎战对手。岳门武术的步法突出弓箭步，即左腿上前半步，屈曲如弓，右腿伸直如箭，这样两腿都可以有实劲。

近代的岳门武术源于山西，拳种有金锁手拳、岳家拳、十二连拳、游禽拳、白猿望桃、九滚十八跌等，器械多使棍，并以实地对练为主，因而颇具实战的价值。中国健康老人、四川乐山现年 90 岁高龄的著名武术老人王旭是岳门唯一的正宗传人。

3. 杜门

关于杜门的起源众说纷纭。一种说法认为："杜"即杜绝，有阻止敌人进攻的意思；也有人认为：杜门功夫是清乾隆年间由江西武术名手杜观印传入四川的，因而得名杜门。在这两种说法中，后一种得到了广泛的认可。

杜门武术有问津拳、鹞子拳、枪、棍、大刀等众多套路，由于杜观印擅长擒拿术，所以杜门攻防技击突出，少用拳、多用掌，封锁严密，善使柔劲。杜门武术还讲究跌法，但不同于摔法，主要以破坏对方的重心取胜。

杜门广泛流行于成都、重庆、乐山、自贡、南充一带，一直传承至今。

4. 赵门

赵门技击也主要借鉴于少林派，由于突出了赵太祖拳术的风格，故名"赵门"。赵门武术是清嘉庆、道光年间，由直隶人张天虎传入四川的，后来众多弟子不断继承和发展这门技艺，形成了燕赵侠士风格。

赵门武术以腿为主，定根发腿，柔中含刚，式式讲规格，定式式每招慢，住式式留半拳，动作见棱见角，非常细腻。武术风格翻腾跳跃、舒展大方，和南派"踢不过膝"的技击风格迥然不同。赵门武术追求"默言无音胜有音，眼前有人当无人；松中求静寻自在，意中遇敌在实战；上下左右来回转，追迫彼方脚勿停；飘飘邈邈顺其势，整劲出击连贯强"。在技击上讲究以走打为主，步法轻快中寻机先发制人，躲闪还击，后发取胜。上棚下砸，内关外过，撑补为母，勾挂为能。眼明手快，步坚力实。静如处子，动如猛虎。

赵门拳种有梅花肘、黑虎拳、奇门拳等，器械有勾镰、双刀等，代表拳术为臂腿拳，刚猛有力，实战性极强，人不敢近。目前，赵门武术主要流传于四川的成都市、重庆市、达县地区、绵阳市、乐山市、自贡市、宜

宾市、内江市、涪陵市等地。

(二) 四小家

1. 洪门

关于洪门的起源没有定论，有人认为洪门创立于清顺治十八年（公元1661年）。当时明将郑成功为恢复大明江山，在台湾创立“金台山”的门派组织，积极备战习武，并以明太祖朱元璋年号“洪武”的“洪”字立门，故称“洪门”；也有人认为洪拳出自南少林寺；还有人认为洪拳为南少林俗家弟子洪熙官所创。但各种说法都没有确切史证，所以至今也无法对洪门起源做出定论。

四川洪门多是清末以及民国初期传入的，抗战时期胡剑秋等人也曾相继来到四川授徒。洪门在四川流行甚广，主要有八支，分布于成都、重庆、乐山、万县、达县、涪陵等地，有南北派之分。南派注重精、气、神一体，内外兼修，以威取胜，以声催力，凶猛异常。北派招式四平大马，清晰舒展，旋腕翻臂，善守善攻。两者都很注重眼神逼人，正面迎敌；动作大开大合，手脚并重。防御多用小臂格挡，即为“袖内藏珠”之法，“来得高往上挑，来得矮往下斩，不高不矮用手排”。

洪门拳种的套路除大小洪拳外，还有近70个功架，如缠手、五虎捶、二路红、燕青红、大八仙等。器械有青龙剑、短棍、五秀刀、蹯龙枪、春秋刀、棍、凳等。

2. 化门

化门也称蚕闭门。“蚕”即行拳时如春蚕吐丝，连绵不断；“闭”即应敌时紧封敌手，避实就虚。

化门拳术重视单手练习，主要手法是巴、探、挂、拿等，发拳时每一手挠头钩挂，讲究手脚轻快。化门的风格和洪门相反，没有大开大合的动作，以柔化、小巧为主，多用手腕“制化敌劲，引进落空”，其手法有化开对方进攻之意，讲究“掌不离腮，肘不离怀”。

化门中的典型套路是三十六闭手，三十六闭手又称四川南拳，也叫“天罡手”（俗称天罡星三十六），内容丰富、方法多变、攻防严密、刚柔并济，具有远踢近收、远手近肘的特点。此外还有二十四贴身靠、大连拳、八化拳、白虎鞭、抱月双刀、七星拜月、披棍等几十种。目前广泛流传于成都、重庆、南充、内江、万县、涪陵等地。

3. 字门

“八叶”中的字门因收势摆成“之”字形成“一”形而得名。也有人称“字”者为“智”的谐音，有以智取胜之意。

字门特点为高桩长手，功架起伏大，腿法少，出拳时用鼻发声，讲究气催力、静待动，发力迅猛，动静相兼。字门传习拳套功法有近40种，有七、八、九锤拳以及九手、十二神手、六合齐眉棍、八卦力、子午功、之字手等。

现今流传在四川的字门主要有两支，主要分布于内江、达县、大竹、巴中、自贡等地。一支是清朝末年由嵩山少林寺高僧传授给四川资中县潘庆华，再由潘庆华传授给他的长女潘彩霞，一直流传至今；另一支是由河南名武师陈钰（人称河南陈师）避祸四川时传授给当地人，至今仍在达县及川东一带广为流传。

4. 会门

会门也称慧门，其拳架与字门相仿，练拳时主张“观师默像”，迷信色彩较浓，练拳中多搀杂咒语，并常伴随发出“嗨”、“吁”、“嘘”等怪声。

会门的代表拳种为“神拳”，是一种利用气功的特点，结合拳技，练就强身御敌的功法，俗称“劈空劲”，但由于过分夸张了其效果，有“砍不进杀不人”的说法，成了无稽之谈。这种运用气功与拳术结合的方法也是一种特色，不过“劈空劲”与武侠小说中的“劈空掌”无关。

目前会门在四川大体分为三支。一支主要分布在合川、大足、重庆、内江等地，动作简单，风格别致，有总择手、七星拳等拳架；一支分布于川东、川北、遂宁等地，动作朴实、柔刚兼备、吐拳有声，注重意气力相合，如择拳二路等；还有一支流传于雅安、天全等县地，以吞、吐、封、化、贴为五字诀，技法上讲究避实就虚、声东击西、借力打力、起腿低矮、步手独特，流传有近20种拳架功法，如风拳、九拳、神手、五形手等。

近年来，国内武术界对“五花八叶”的历史归纳有一定的争议。五派八门虽然在四川近代流传很广泛，但是他们其实都是外来拳种，比如僧门实际是少林派功夫，嘉庆年间才传到四川；岳门是岳飞传下来的，是战争武术；赵门实际属于太祖拳；杜门则是江西过来的。真正是四川土生土长的拳种只有黄林派等。

虽然对“五花八叶”的传承脉络有一定的争议，但任何一种古代文化的历史沿革都可能出现不同的记载和说法。至于武术的“五花八叶”，既不能全部采信包括口口相传的一些说法，但也不能随意否定。事实上，“五花八叶”在一定程度上真实地反映了峨嵋武术的博大精深和丰富多彩的真实原貌，所以这里仍采用这种说法。

第四节　佛道对峨嵋武术的影响

峨嵋山不仅是中国佛教四大名山之一，是有着上千年佛教历史和丰富多彩的佛教文化的“西南佛国”，同时也是道教的“第七洞天”，许多著名道教人物都曾在山上隐居修道，至今山上仍有不少与道教相关的遗迹。起源和发展于峨嵋山的峨嵋武术，与峨嵋山的佛教与道教都有密切的关系，佛道两教的教理和一些僧人、道士对推动峨嵋武术的发展起了重要作用。

一、道教入主峨嵋

峨嵋山为道教“第七洞天”，神话传说中，道教人物吕洞宾、赵公明等曾在山上修行。这些虽然是神话传说，但却证实了峨嵋山的道教曾经相当繁荣。

道教创始人老子的著作《道德经》写道：“上善若水，水善利万物而不争”、“夫唯不争，故天下莫能与之争”、“反者道之动，弱者道之用”、“天下之至柔，驰骋天下之至坚”等等。道教贵柔主静、重视养生和道德修养的传统，对峨嵋山武术有着深刻的影响，习练武术的道士们无不尊崇这些教旨。

峨嵋武术的各种功法都打上了道教思想的烙印，包括峨嵋十二桩、九九还阳功、养生功、纯阳六合掌、太乙金罡掌、逍遥游桩法、地仙炬丹法、三才通气法、清虚玄机剑法、凤池剑法、行云剑法、白眉剑法等 20 多种。这些功法都以传统养生为导引，通过“吐纳、导引、坐忘、心斋、守一”等内练法门，达到“意”与“气”连、“气”与“神”合的境界，其中峨嵋十二桩功最为突出。

唐顺之笔下的“道人”的武术就与峨嵋养生功“峨嵋十二桩”有密切的关系。从诗中看，他的武术里含有内功，如“鼻息无声神气守”，本身就是对“峨嵋十二桩功”的真实描写，可见道教对峨嵋武术的影响之深。

唐玄宗天宝年间，安史之乱突然爆发，唐王朝由盛到衰，道教也陡之衰落，道祠荒废、倒塌、毁灭。虽然道教已经式微，但这并不是说道教就已经不存在了。据考证：当时道教基本上辗转到一些边缘地方，如四川峨嵋山上的猪肝洞（又名紫芝洞）就是道教修炼的场所。直到清代，这里的尹道士、蔡道士还是峨嵋武术中的佼佼者，峨嵋武术也由此流传了下来。

二、峨嵋山佛教与佛教文化

峨嵋山第一寺普光殿，俗称祖殿，建于汉明帝（公元 58—75 年）时期，应为佛教传入峨嵋山的开始。自此，在历代统治者的支持下，峨嵋山佛教的香火日益兴旺，佛教的发展与兴修寺庙同步进行，佛教对峨嵋武术的影响也日益深入。

东晋时期，高僧慧持、明果禅师等先后来到峨嵋山，他们把峨嵋山作为普贤菩萨的道场，崇奉普贤菩萨，使峨嵋山的佛教禅宗一统天下。唐宋以后，佛教在峨嵋山日趋兴盛，并在明清之际达到极盛，一时梵宇琳宫以及大小庙宇一百七十余座，遍布山峦茂林间，峨嵋山也被人们奉为“佛国仙山”，与山西五台山、浙江普陀山、安徽九华山并列为中国佛教四大名山，声名远播海内外。

佛教对峨嵋武术也有十分深刻的影响。隋朝末年，云游到峨嵋山的少林僧人云昙将少林拳传给当地僧人，使峨嵋武术也吸收、融会了少林禅宗武术的精华，武术技法上大有发展。另外，佛教的禅宗思想又使峨嵋武术注重将心性修养、禅定功夫、将道德人格的提升与习武健身融合起来，丰富了峨嵋武术的习练功法及理论。在近 2000 年的佛教发展历程中，佛教给峨嵋山留下了丰富的佛教文化遗产，造就了许多高僧大德，丰富了独特的峨嵋武术文化。

就这样，峨嵋武术由佛、道两家共同发扬光大，吸收了我国最具影响力的传统文化思想精髓，集武、医、气为一体，融佛、道武功为一脉，使峨嵋武术逐步成为中国乃至世界影响甚深的武术，受到海内外人士的喜爱。

第五节 峨嵋迷人传奇

峨嵋山是道教的“第七洞天”，又是普贤道场，更是中国的四大佛教名山之一。这“洞天”、“福地”的灵山秀水吸引了无数帝王将相、世外高人以及追随仙道、佛道思想的凡夫俗子前来求道学艺，因而峨嵋山被称为“天皇真人论道之地，楚狂接舆隐逸之乡”。正是由于有“仙”，有“佛”，有隐逸的“世外高人”，峨嵋武术也就变得丰富多彩、高深莫测，也就流传下来很多关于峨嵋的美丽传说。

一、峨嵋山佛光的传说

人们常用“光环随人动，人影在环中”这两句话来形容峨嵋山金顶佛光的奇妙。因此，每当人们来到峨嵋山，总要爬上金顶去看那舍身岩下、波涛翻卷的云海中出现的色彩瑰丽的佛光。

关于“佛光”这个名称的来源，已经是几千年前的事了。相传：东汉永平年间，在峨嵋山的华严顶下面住着一个姓蒲的老人，大家都叫他蒲公。蒲公祖辈都是靠采药为生，全年在山上到处采药，结识了宝掌峰下宝掌寺里的宝掌和尚。蒲公采药，常去宝掌和尚庙里歇脚，宝掌和尚也常到蒲公家里谈古论今。

一天，蒲公正在一个名叫云窝的地方采药，忽然听见天空中传来了音乐的声音。他忙抬头一看，只见一群人马脚踏五彩祥云，直往金顶方向飘去。其中有一人，骑了匹既不像鹿又不像马的坐骑。蒲公心想：这些人能在天上驾云，不是神就是仙，于是跟着那片祥云往金顶追去，想看看究竟是些什么人。

蒲公来到金顶，见舍身岩下云海翻卷、光彩万道。在五彩光环中，有一人头戴束发紫金冠，身披黄锦袈裟，骑了一匹六牙大象，头上有五彩祥光，脚下是白玉莲台。蒲公认不得是哪个，就赶着回来问宝掌和尚。刚到家里，就见宝掌和尚早已在等他。见他回来就问：“今天你到哪里采药去了？怎么一去就是半天？”蒲公把在金顶看到的事告诉了宝掌和尚。宝掌和尚一听大喜，忙说：“哎呀！那是普贤菩萨嘛！我就想见普贤，求他指引佛法，走，我们再去一趟！”说完，拉着蒲公就向金顶跑去。

走到洗象池，宝掌和尚指着池旁边一片湿象蹄印说：“你看，这是普贤骑的白象在这里洗过澡。”说着更加快了脚步，不一会儿他们就到了金顶。宝掌和尚到舍身岩上往下看，只见岩下一片茫茫云海中，有一团七色宝光。宝掌和尚说：“那七色宝光就是普贤的化身，叫做佛光。”

这时，蒲公忽然看见光环中又出现了普贤的金身，就忙叫宝掌尚看。可是等宝掌和尚看时，光环中却只出现了自己的身影。蒲公感到很奇怪，就问宝掌和尚：“怎么光环中只出现你自己的影子？”宝掌和尚对他说“你每天采药，救人苦难，为大家做了许多好事，所以感动菩萨，向你现了金身。我做的好事还不如你多，所以不能看见菩萨的金身，只能看见菩萨头上的宝光。”

以后人们就把能看见佛光当做一种吉祥的象征，并且给它起了个名字叫“金顶祥光”。

二、高风亮节的峨嵋武术

峨嵋武术历来注重“武德”，要求练武的人必须要有一颗正直善良的心，正所谓“不讲武德就是武贼”。因而，历来峨嵋各门派收徒都强调以武艺防御保身，作为抗暴图存的一种手段，并要求习练的人要有人道主义精神和浩然之气，敢于伸张正义、惩恶扬善。为此，峨嵋人在中华武术史上留下了很多美丽动人的传说。

（一）峨嵋正义僧兵

很多人看过《少林寺弟子》这部影片，知道河南嵩山少林寺有僧兵，但却很少有人知道我国佛教四大名山之一的峨嵋山也曾有过僧兵，而且留下了神枪手恒久大师一线天斗土匪的传奇故事。

峨嵋山自梁、唐以来崇信佛教，寺庙的生活来源一靠农林生产，二靠化缘布施。凡国家田粮赋税，都由地方征收，并受地方挟制。当地的豪绅、官吏认为寺庙丰裕，僧人慈悲，长袍阔袖，软弱可欺，因此寺庙常年受到敲诈盘剥、侮辱欺凌，再加上周围土匪肆虐，使寺庙文物遭到掠夺，农林生产罹祸，山规道范毁破，由此激恼了一批行伍出身、有正义感的和尚。

为了摆脱地方势力的干扰控制，争取寺庙自治、自主，由九老洞源西和尚、金顶峰传钵和尚、报国寺能均和尚等出面，他们联名向上级请求自治，并提出成立峨嵋山“独立甲”直属县政府，取缔地方势力在峨嵋山假公济私、苛捐盘剥的特权，并成立武装，保护寺庙及香客免受土匪劫掠之苦。

峨嵋山因涉及面广，僧人威望高，获得了社会各界的支持。在1930年下半年，由德高望重的恒久大师发起，从各寺庙选调精壮僧侣40名，在万年寺建立了僧兵部队。这支僧兵队由恒久大师出任第一任队长，配备毛瑟枪40支、驳克枪1支、五响马枪1支、弹药数百发。每年冬季集训两个月，统一服装，先着灰色短僧装，后改着黄色军装，不佩徽章标志番号，担负着维护山上治安、保护香客生命安全、保护寺庙财产、文物古迹的重任。这支僧兵部队战斗力高，迫使土匪大为收敛，很多地方恶势力见状也循规蹈矩，不敢轻举妄动。

有一次，清音阁后侧沟边，一伙匪徒拦路抢劫前来峨嵋山进香的香客，僧兵队闻讯后，立刻在队长的带领下由万年寺队部出发，奔赴一线天追捕。当即发生遭遇战，神枪手恒久大师手起枪落，当场击毙一名顽抗拒捕的动匪，保护了朝山居士的安全，消息传开，威震八方。

峨嵋山僧兵队自建立以来，经历了许多个春秋，常年巡狩在各个重点寺庙和森林里，充分发挥了日常的防匪、防盗、防火、防自然灾害等作用，为保卫山文物古迹与游客安全写下了光辉的历史篇章。

抗日战争后，峨嵋山设立了行政组织山管理局，这支僧兵部队在完成它的历史使命后，由行政组织取而代之，无形中被解除了武装而销声匿迹。恒久、智愚等这批僧兵骨干目前仍然健在，不过都已是七八十岁的老翁了。

（二）风尘奇侠杨兆源

在1983年“四川省武术挖掘整理老拳师合影”的照片上，有一位虎鹤童颜、仙风道骨的老者，他就是乐山103岁的“嘉州健康老人”、四川武林泰斗杨兆源老前辈。

杨兆源出身于武林世家。1909年，由父亲好友、山东“山胜镖局”总镖头李大兴介绍，拜在113岁的智普和尚门下，并被收为关门弟子，学得大小洪拳、梅花拳等功夫。1912年，杨兆源随师傅朝拜仙山，在峨嵋山上与性空、性敏和尚讲武习功。在这段时间里，杨兆源又学得了许多功夫，武艺大有长进。

杨兆源武功高强，被当地袁公馆的当家人看中，请他留下来传技。袁家儿子袁竹清是县警长，邀请杨兆源加入他的队伍，一起除暴安良。由于他武功超群，匪众都被他吓破了胆。杨兆源还生得年轻英俊、高大威猛，爱穿一身白长衫，爱戴他的群众就称他为“白袍将赵子龙”。

1918 年，杨兆源前往成都青羊宫打擂，决赛时他与外省来的侯某对阵。杨兆源的对手身壮拳重，尤其是那招“黑虎掏心”虎虎生风，而他却不和对方硬碰，总是用步伐躲过对方的重击。侯某屡屡不能得手，心里急躁起来，一下就被杨兆源抓住破绽，一个“凤眼锤”打向侯某的虎口穴，当对方马上用手捂住时，他一招“迎面铁扇”打中对方的脸部，对方随即蹲下。他心存善意，立刻停手，没有对侯某进行伤害，一时被武林传为佳话，获得了当年的金章。

由于他在武术上取得了优异的成绩，在 1918 年，杨兆源在国民党某团任武术教官，后来又到各地行医。在行医的过程中，他对穷苦的病人非常同情，对于没钱医病的穷人不但免费医治，还会把他们留在家里吃饭，并送上几斗米。有些边远的农民因行走不便无法上门求医，他不管刮风下雨都要深入到农村去为他们减轻疾苦。

当年“百货行商”的小贩在各地都会受欺压，他们便自发组织了“百货行商”的理事会。由于杨兆源有侠义心肠，又德高望重，大家就选举他为“百货行商会”会长。他处处保护大家免受欺负，同时也为了家乡父老的安全而组织了防护团，多次保护了商会的人生和财物安全。哪儿有人被欺负、哪儿有火警他就会去哪儿抢险，还总是免费为受伤的群众诊治。

有一次他独自保镖去绵阳，途中经过一片大树林时，突然听到耳边有风声，顿时感到不对劲，提起手中的钢棍，一招“秋风扫落叶”，接着一招“空手入白刃”，夺下了数人手中的八把钢刀，强盗落荒而逃。夹江当地的“地头蛇”也曾来找他的麻烦，他一人手提钢棍单刀赴会，独斗数十人，从此一战成名。

他常年一根钢棍在手，走起路来噔噔作响，在社会上有很大的影响力。一次，夹江几个商人运货到成都，被成都的“舵把子”扣了货，在交涉过程中提起了他，对方说如果你们能拿出他的“名片”，便退还全部货物。他们便连夜赶回夹江，拿到了他的签条，果然顺利地取回了货物。

由于杨兆源在土匪中也颇有影响，甚至赢得了土匪的敬畏，于是在十年动乱中，他被说成是“匪首”，受到了不公正的待遇。在这段时间里，他四肢瘫痪，住院治疗而没有效果，最后医院出具了“病危通知书”。但杨兆源凭着坚强的毅力坚持了下来，还修炼内功，结果身体一天天地好了起来，最后竟完全康复了。

1979 年 3 月 20 日，杨兆源接到了夹江县公安局关于“摘掉帽子，给予公民权”的通知书。平反后的杨兆源仍旧从事中医临床和武术教育，为祖国医学事业和武术事业做出了毕生的贡献。他悉心研究武术运动近一个世纪，摒门户之偏见、集众家之所长，把中医理论同中华武术融会贯通、结合起来，自成一体，无论从医学、武术、社会和自我保健各个角度来讲，都有着重要的现实意义。

杨先生桃李满天下，弟子遍及省内外，多次在全国及省、市武术比赛中获得好成绩，声名遐迩。特别是近十年来，先生勤勤恳恳地把自己全部的精力和丰富的精湛的技艺毫无保留地献给了武术事业，培养了一批又一批的新人。

1983 年，全国武术挖掘整理工作全面展开，他毫无保留地将自己的技艺展现出来，为四川武术遗产挖掘小组作出了巨大的贡献，献出了《手、肘、身、躯、腿的步伐》、《十二段锦总决》、《七星功》三本武术著作，他个人也被载入了《四川武术大全》中，写下了四川武术史上光辉的一页。

三、历代名人在峨嵋

峨嵋山是中国佛教四大名山之一，同时也是道教的“第七洞天”，许多著名佛教、道教大师都曾在峨嵋山上隐居修道，也引得无数历史名人，包括各代皇帝对峨嵋山推崇至极，留下了很多著名的历史传说。

（一）朱元璋与峨嵋山

朱元璋是明朝开国皇帝，未得志前当过和尚，曾在安徽凤阳县南二里名刹皇觉寺做过火头僧。当了皇帝以后，朱元璋支持佛教，对共过患难的同道僧人常激起由衷的思念，往往不能自制，于是便派人寻访旧日禅侣。

峨嵋山有两个和尚，一个叫宝昙禅师，另一个叫明济禅师。宝昙，据说是宋代高僧断岩禅师转世，他志在高山，来到峨嵋山普兴场募化修建一座普贤寺，以便教化世人去恶向善、皈依佛门、早成正果。

太祖知道宝昙的下落，特召他进京。宝昙见诏，即打点行囊，吩咐徒弟后便匆匆随行入宫。朱元璋与故人重逢，喜出望外，一时忘了身为万民之尊的威严，赶忙赐座金凳，并亲自用龙袍为宝昙掸尘，还劝宝昙说："师父黄卷青灯，委实清苦，不如弃山进宫，共享荣华富贵，以乐天年。"宝昙急忙匍匐在地，激动得涕泪交流，向朱元璋奏道："老衲一介贫僧，承蒙万岁厚爱，却之不恭，受之有愧。怎奈贫僧早已六根清净，万象皆空，圣上心有好生之德，僧只有菩提之树，愿赐以清净禅院，为圣上祈万年之福！"言罢，还迟迟不肯起来。太祖见状，只得从其宿愿，于是问："禅师意欲何山修持?"答："峨嵋山。"不日，便赐以重金，叫宝昙自选一处清静所在，在峨嵋山静心修持。

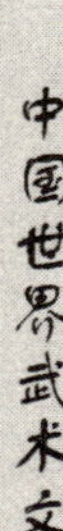

宝昙回到峨嵋山，便选定旧址重建光相寺，因此地山高风大，房顶全用锡瓦盖覆，故又名锡瓦殿。旭日东升，锡瓦金光四射，故光相寺所在地又叫做金顶。

明洪武三年（公元 1370 年），太祖又要宝昙进京去，意欲拜为国师。宝昙辞谢圣恩，便铸一普贤金像，早晚课诵，祝大明江山风调雨顺、国泰民安。太祖挽惜之余，亲自题诗二首，以慰思慕之情，并赐建华严寺以便往来，赐白水寺茶园万亩，以便品茗。宝昙圆寂后，朱元璋还亲赐祭文和诗，均藏于普兴场普贤寺中，后载入县志。

明济和尚对待朱元璋却是另一种态度。他在皇觉寺与朱元璋一齐当过和尚，一个是火头僧，一个是司水和尚，两人职务相近，故而交情极深。朱元璋当皇帝后，曾召明济，明济深知朱元璋的为人，心想："朱元璋已为万民之尊，可出身寒微，怕人知其底细，于己不利，莫非是召我进京，诛杀以灭人口！"便从龙兴寺逃往峨嵋山后牛心寺避祸，并把明济法号改为广济，想从此"隐姓埋名"而免遭横祸。但后来朱元璋还是派人查访到他，广济先是装疯卖傻，后被戳穿，只得借病为由，婉言辞谢京都之行。广济从此终年缄默、郁郁不乐，后来死于后牛心寺。

（二）明神宗与峨嵋山

在我国历史上的历代帝王中，对峨嵋山佛教支持最大和次数最多的恐怕要首推明代的万历皇帝了。据有关史料记载：在万历二十七年（公元

1599年）四月，他向山白水寺下敕书一道，诏令僧人整修寺宇，诚心礼佛，“祈求民安国泰，天下太平，俾四海八方，同归仁慈善教（佛教）”。在万历四十年（公元1612年），万历皇帝又向山永延寺敕书一道，令扩建永延寺。后又向山金顶下敕书一道，新建护国草庵寺。

万历皇帝为什么如此看重峨嵋山的佛教呢？他在给永延寺的敕书中解释说“朕惟自古帝王，以儒道治天下，而儒术之外有驿教翼辅，并存”。儒家思想是我国历代相传的正统思想，统治者们就是靠它来制定国法民约，以此来巩固自己的宝座。自晋以来，一些帝王已开始察觉到光靠儒家思想难以维持其统治，所以又提倡佛教和道教。聪明的万历皇帝出于对母后的尊崇和加强统治的需要，走上了尊佛礼佛的道路，这在客观上为山佛教的发展起到了一定的促进作用。

关于万历皇帝对峨嵋山佛教特别厚爱的原因流传有两种说法：一种是说四川为天府之国，赋役很重，人民不堪其苦，经常有人民起来反抗，特别是少数民族，因受害更深，几乎连年都有反抗行动，使得万历皇帝不得安宁，因此才支持峨嵋山佛教，以此把四川人民引向佛国。大家都信佛了，便能忍辱苟安，天府也就安宁了。另一种说法认为：由于万历的母亲慈宁太后信佛，所以万历皇帝才大力扶持峨嵋山的佛教。

相传慈宁太后年轻时，为了巩固贵妃地位，继续获得穆宗宠爱，便向普贤菩萨许下大愿：若生太子，定为菩萨重换金衣，护寺建庙。不久，慈宁果然生了朱翊钧（即后来的神宗皇帝）。朱诩钧即位后，忘不了自己降生的渊源，秉承母志的他在万历二十七年为母亲祝寿时，便刺书白水寺新建一座高大的无梁砖殿将普贤瑞象护罩起来，还亲自题额“圣寿万年寺”，敬祝母亲福寿万年，从此改白水寺名万年寺。在万历四十年，万历又将母亲组织编写的佛经四十一函经卷，赐给护国草庵寺。据《明史·列传第二》载：慈圣太后，“顾为佛，京师内外多置梵刹，动贵钜万。帝亦助施无箕”。这京师之外就包括峨嵋山的寺庙了。

当然，普贤菩萨也不能保护万历的江山传之万代，传到崇祯手里就败亡了。不过，万历赐建的无梁殿在今天却成了古代建筑史上一大奇迹，成为一座珍贵古迹，这恐怕是万历皇帝始料不及的吧。

第七章

南　拳

南拳是明代以来流行于南方的一大类拳种的总称，最初出于南少林。它始于晋唐，盛于两宋，明清时期大放异彩。南少林武术作为中华民族古老灿烂的优秀文化，千百年来历久不衰。

南拳在明代形成独立拳系，一些前辈高僧更在研修锻炼过程中总结自己的心得体验，又借鉴医家经络学说和气功导引理论，独创出一种气力合一、内外俱练的技击拳术。南少林武术以其刚猛雄健、固守短打的独特风格迥异于北派拳术，在中华武术中独树一帜。

南拳流传广泛，除我国大陆各省和港、澳、台地区，还远及欧美、日本、澳大利亚和东南亚。近年来，随着南少林学术研讨会的举行以及各种国际南少林武术交流，为进一步开展国际武术交流活动及推广南拳武术起到了重要的作用。

第一节　南拳的起源与发展

“南拳”作为武术词语，最早出现于明代隆庆二年（公元 1568 年），明武将郑若曾所著的《江南经略》拳法论述一节，曾记载有南拳流派，可见南拳的出现至少是在四百多年以前。

关于南拳的起源流传着一个传说。据传：福建有一座少林寺，是嵩山少林的分支，被称为“南少林寺”。康熙年间，西鲁国前来侵犯，无人可

南拳表演

以抵挡，福建少林寺僧人出征，结果大破西鲁国凯旋而归。没过多久，清王朝竟然派兵围剿福建少林寺，最终少林寺被焚毁，寺中仅有五个僧人幸免于难。这五位僧人四处寻访英雄豪杰，创立了天地会，立誓“反清复明”。福建、广东、湖北一带的南拳都由这五位僧人传出，因此他们被尊为南拳“五祖”。

这段传说看起来有鼻子有眼，但实际上并没有历史依据。清代康熙年间根本没有所谓的西鲁国，就更不可能有西鲁国来犯的事情，当然也不会有南少林寺僧人为国出征的壮举。那么，这座福建南少林寺是否真正存在过？有很多人为此作出了推测：有人认为这座少林寺在福建莆田，有人认为在福建泉州，甚至有人说在广东连平。

根据近年来的一些历史和考古专家发掘研究，确认福建确实存在有南少林寺，其中莆田、泉州、福清三座南少林寺院影响较大。创寺最早的是莆田南少林寺，据《兴化府志》记载：莆田南少林寺原名“林泉院”，建于南朝陈永定元年（公元557年），比莆田置县早11年，较嵩山少林寺晚建61年。这座千年古刹由当时南宗少林高僧至善禅师所主持，曾一度出现过“寺僧千人，陇田百顷，树林茂郁”的盛况。

除莆田少林寺外，还有泉州少林寺，据《晋江县志》与《泉州府记》记载：泉州少林寺建于唐乾符（公元874—879年）中年，原名“镇国东禅少林寺”，今名“东禅寺”。至于福清南少林寺，在一些史书如《八闽通志》、《三山志》以及清乾隆皇帝钦定的《四库全书》中虽有记载“福清少林”字样，却无详细的文字记载其创建时间，而根据在福清南少林寺遗址所挖掘的文物来推断：福清南少林约创建于宋代，距今有一千多年的历史。

南少林寺是南拳的发祥地，南少林的僧人将嵩山少林的功夫糅合进南方拳术的特点，创建了蜚声海内外的南少林拳。

南拳拳系的形成与北方民间武术也有着密切的关系。据记载：中国境内曾出现过三次由北而南的大规模移民。两晋之际有一部分北方人辗转迁移到福建，被称为“福老”；唐末僖宗时期，河南固始人王潮、王审知兄弟率兵五千人及大批眷属南迁至泉州、福州；在两宋时期，南迁军民超过百万。这三次移民都是从河南出发，他们定居在南方的同时，也把比较成熟的北方武功带到了福建、广东一带。

很多北方武学大师也对南拳的发展产生了很大影响，参加平倭战争的戚继光就是其中一位。戚继光是山东蓬莱人，他的武功属于嵩山少林一系。他在训练戚家军时，所有的拳械套路都由他亲自编写，剔除了那些华而不实的动作。戚家军转战浙闽粤三省，百战百胜，也将这种带有明显北方特色的武功传入了闽粤一带。

福建地区的地方武功也直接促进了南拳的起源。福建民风强悍，特别是闽南一带，人们素以悍勇好斗著称，这一地区的武功早在明代中期就已崭露头角。与戚继光齐名的抗倭名将俞大猷就是福建晋江（今泉州市）人，少年时便学兵法、习骑射，还是罕见的剑术高手。他又精于棍法，曾广教士卒，当时泉州一带的棍法几乎全是俞大猷所传，这些地方武功对于南拳的形成起到了极大的作用。

从《江南经略》关于“南拳”所述可看出，南拳在明代中后期就已经初具雏形。据目前福建南拳、广东南拳等一些主要南拳门派的拳谱记载：到了清初，南拳得到空前的发展和传播，形成了不同流派、不同风格的系统化的南拳。

新中国成立后，南拳作为中华武术的重要组成部分得到了长足的发展。1960 年，国家将南拳列为武术竞赛的主要项目之一，在历年全国性武术表演赛中占有重要地位。1989 年，中国武术协会受亚洲武术联合会的委托，组织部分专家创编了“南拳竞赛套路”，被各类武术比赛列为竞赛项目。1997 年，据《中国武术段位制》实施的具体要求，国家体委武术研究院和国家体委武术运动管理中心又审定通过了包括有《南拳》、《南刀》、《南棍》在内的南拳类规定考评技术，南拳成为《中国武术段位制》考评正式项目之一。

千百年来，“南拳北腿”在我国已形成了鲜明的南北武术流派，随着武术的推广和发展，南拳不仅在南方，而且在北方也深受广大武术爱好者的喜爱。在国外，尤其是新加坡、马来西亚、菲律宾、印度尼西亚等东南亚国家，南拳爱好者越来越多，各种南拳组织应运而生，南少林武功已远播五洲，名扬四海。

第二节　种类繁多的南拳

南拳内容丰富，拳种多以地域而得名，有广东南拳、福建南拳、广西南拳、浙江南拳、四川南拳、湖南南拳、湖北南拳、江西南拳等，各地流传的南拳往往自成体系、各具特色。

南拳虽不像少林拳那样雄浑朴茂、舒展大方，但其刚烈之气、威猛之势，却灏然自成气象。南拳门户严密、动作紧凑、手法灵巧、重心较低，体现出以小打大、以巧打拙、以多打少、以快打慢的技击特色。

闽粤一带人体形较为瘦小，力气也较弱，因此特别重视下盘的稳定性。南拳将步型、步法称为“马”，通过适当加宽两脚的横向距离来加大支撑面，提高动作的稳定性，要如落地生根一般。下盘稳定的同时，南拳还讲究步法的灵活多变，多有骑龙步、拐步、盖步等，使身体可以灵活转向，与上肢紧密配合。

南拳的上肢动作绵密迅疾，极富变化，有时下肢不动，拳掌可连续击出数次，力求快速密集，以快取胜。南方人由于四肢较短，所以讲究贴身靠打，多出短拳，充分发挥“一寸短，一寸险”的优势。

南拳要求力从腰发，把腰视为发力的重要枢纽。同时，南拳又强调腰功必须刚柔相济，如“鱼游于水，蛇行于陆”，如果腰部呆板刚硬、缺乏柔韧，也带动不好劲力的发挥。南拳在劲力上分寸劲（短劲）、长劲、飘打劲、连绵劲、爆发劲等等。这些劲力均须“发于腿，宰于腰，形于手”，而且要求“未稳不发”，要求脚趾抓地如落地生根时才能发招出击。

南拳也非常讲究气沉丹田，强调沉气实腹。蓄劲时，以腹式深吸气配合，将内气蓄丹田，将内力蓄腰脊，随后关闭声门、闭住气息；发劲时，以短促的呼气配合，丹田内气和腰脊内一并外发，表现出南拳劲力浑厚、拳势风烈的特点。

广东的“五大名家”是南拳的杰出代表，分别是洪家拳、刘家拳、蔡家拳、李家拳、莫家拳。除五大名拳外，广东南拳还有蔡李佛拳、虎鹤双形拳、咏春拳、侠拳、佛家拳、练步拳等。此外，福建南拳的五行拳、鹤拳、五祖鹤阳拳、白鹤拳、连城拳；广西南拳的周家拳、屠龙拳、小策打；浙江南拳的、黑虎拳、金刚拳；湖南南拳的巫家拳、洪家拳等也都是南拳的突出套路。这些拳术套路不仅各具特色，也全面体现了南拳的特点。

一、广东五大名拳

南拳在广东沿海一带形成独有的南方特色，其中广东五大名拳十分具有代表性。洪、刘、蔡、李、莫五大名拳多数从福建南少林传来，不仅是武术门派，也是极为活跃的江湖派别。在清中叶前，洪、刘、蔡、李、莫五大名拳的影响十分大。

（一）洪家拳

洪家拳也称洪拳，是以龙、虎、狮、豹、蛇、鹤、象、马、猴的象形特性结合武术技法创编而成的，包括五行拳（金拳、夹木拳、水浪拳、火箭拳、土地拳）和十形拳（龙拳、蛇拳、虎拳、豹拳、鹤拳、狮拳、象拳、马拳、猴拳、彪拳等十大象形拳）等。洪拳已有三百多年的历史，历代著名高手有洪文定、陆亚彩、觉固禅师、铁桥三、林福成、黄泰、黄飞鸿、林世荣等，位居“洪、刘、蔡、李、莫”五大拳之首，是南拳中最大的一派。

关于洪拳的起源暂时没有定论，流传有多种说法。有人认为：洪拳创立于清顺治十八年（公元 1661 年），明将郑成功在台湾创立“金台山”，以明太祖朱元璋年号“洪武”的“洪”字立门，所以称为洪门。洪门主要练习洪拳、发展组织、宣传反清复明思想；也有人认为洪拳出自南少林寺，在明末清初时由福建传入广东；另外也有人认为洪拳为南少林俗家弟子洪熙官所创，洪熙官从师至善禅师，曾两度入少林寺苦练，并创立“洪拳”，由于不敢用少林旗号，便托姓“洪”，称为洪拳。目前学术界对于洪拳的起源还没有定论。

洪拳的拳法原则要求先慢后快、先简后繁，要求先示刚劲、后示刚柔，劲力的运用上，由内至外、表里合一。在战术的使用上，洪拳有一套独特的方法，以稳扎稳打、先发制人为主。洪拳手法丰富，腿法较少，硬桥硬马，刚劲有力，湖北洪门拳就有“洪门一头牛，打死不回头”的说法。

洪拳的手型有拳、掌、指、爪、勾、鹤顶手等，手法中有沉桥、圈桥、封桥、冲拳、插掌等。洪拳要求身正步稳，下盘沉实，“桥”是洪拳中最讲究的一部分。桥是前臂，马为步法，因此在学习的过程中，要求桥马扎实、下盘稳固，所有的技法都不离开“桥”，透过“桥”更可判断练家功夫的深浅。但桥的发挥又离不开马步，最主要的马步技法则有四平大马、子午马以及吊马等，在洪拳中若马步不稳则根本谈不上技法的运用，所以洪拳的根基最重要的是要有强硬稳健的手桥，再辅以扎实灵活的马步。

工字伏虎拳、铁线拳及虎鹤双形拳等三套洪拳套路被称为洪拳三宝。

工字伏虎拳传说是洪熙官改十八罗汉伏虎拳而成，路线成工字形，它是洪拳的代表套路。工字伏虎拳气势雄壮、刚劲猛烈，要求沉肩展背、劲贯骨髓，以身调气、以气催力，达到“气吼山河动，举步风云起”的神态和气概；铁线拳为洪拳的内功拳术，动作大开大合、长桥大马，要求以身调气、以气催力，加上五脏六腑的调息锻炼，达到“内练一口气”的效果；虎鹤双形传说是洪熙官创的一套武艺，主要取自虎的威猛与鹤的轻巧灵敏，达到“虎鹤合一、天下无敌”的功用。

这三套拳术中，工字伏虎重根基，它的手法及桥马、劲法可奠定学习其他洪拳的根基，所以一般都把它作为母形拳，被称为洪拳的代表套路；铁线拳主扎内功，是洪拳名言“外练筋骨皮、内练一口气”的实践套路，所以被称为洪拳至宝；虎鹤双形则为洪拳的表演及应用套路。这三者可以互补互用，所以被并称为洪拳三宝。

洪拳流传区域很广，目前在广东省各市、县、区都有流传，尤其在湛江、花县、广州、佛山、南海、顺德流传十分广泛。在湖北、浙江、山西、四川、广西地区也有洪拳流传，四川峨嵋武术的洪门功夫就是以广东洪拳为源头的。

洪拳作为五大名拳之首，到清末已日渐式微，而黄飞鸿对洪拳的振兴功不可没。黄飞鸿自幼在佛山继承家传，又拜林福成为师，成为洪拳大家。黄飞鸿对洪拳进行了较为全面的整理，现传下的要拳术套路有工字伏虎拳、虎鹤双形拳、铁线拳、五形拳；主要器械套路有五郎八卦棍、子母刀、单刀、飞鉈、行者棒、瑶家大耙、形意簕、挑等。

如今流传在海外的洪拳主要是黄飞鸿传下的拳术。武学大家林世荣曾随黄飞鸿学艺 20 年，迁居香港后对洪拳进行了全面的整理，先后刊印

《工字伏虎拳》、《虎鹤双形拳》、《铁线拳》等拳谱，在海内外产生了很大的影响。现在，美国、加拿大、欧洲及东南亚等地数十个国家和地区都有洪拳流传。

（二）刘家拳

关于刘家拳的起源没有史籍可查，据传是粤北英德县绰号叫刘三眼的人开创的。因他额上有条伤疤，形状很像眼睛，故得名“三眼”。相传：刘三眼少年到南少林学艺，后来创立刘家拳，成为刘家拳的开山祖师。

刘家拳的拳法纯用短手，高不过肩，要求“近似追风箭，退似雷电闪，走步需灵活，出手似云烟”，多用吊马、拖马、侧闪等动作。刘家拳手法快速敏捷，如蜘蛛捕食一样，腰肢伸曲转体，像虾在水中游动一样，运转自如，因此有“蜘蛛爪、虾公腰”的说法，可见刘家拳的灵活多变。

刘家拳的拳术套路有大运天、小运天、天边雁、八图功和刘家五形拳等，器械套路有刘家棍和刘家刀等。如今的刘家拳已经很少见到，在民间只有极少数人练习，濒于失传。

（三）蔡拳

相传蔡拳由莆田少林寺的僧人蔡九仪所创。蔡九仪籍贯肇庆，明末清初人，曾随洪承畴部队驻辽东，任军令承宣尉。1642 年，洪承畴兵败降清之后，蔡九仪愤然投奔河南嵩山少林寺，学少林武功。经过 8 年的苦苦习练，蔡九仪学成少林武功返回肇庆，传授少林武功，由此开创了蔡拳一派。

蔡家拳的特点是：快速灵巧、敏捷多变、偏身借力、以巧取胜，不要求硬逼硬打。正如武谚所云“洪家讲桥马，蔡家讲快打”。蔡家拳技法上主攻偏门，步法多以高四平马、拖步弓马、跪马、三角马、插步、歇马为主；手法多以挂、插、哨拳、扫掌、顶掌、插指、凤眼拳为主；腿法以下盘连环标腿、中下盘踩腿、钉腿、勾弹脚、拨脚为主。

蔡拳的拳术套路包括十字拳、大运天、小运天、天边雁、柳碎梅、两仪四象拳等。器械套路有单头棍、双头棍、蔡家三矢大钯、双刀。蔡家拳流传地区很广，其中濂江、湛江、茂名、化州、中山、江门等地最为普遍。

（四）李拳

广东武术历史上有两种风格不同的李家拳，一个是新会李家拳，一个是惠州李家拳，两者都有二百多年的历史。其中新会李家拳为广东洪、刘、蔡、李、莫五大名拳之一。

新会李家拳手法多变、步法灵活、擅用腿法。新会李家拳以肘攻击为主，要求沉实稳重、出手准确，由于是以肘攻击为主，所以也要求着点准确，以避免一击不中而被别人有机可乘。

新会李家拳的的拳术套路有五连手、中六连、七连手、三十六肘、哨打、短扣、子午连环棍、双头大圈点棍、金锁连环双刀等。新会李家拳流传于新会、江门、广州、佛山、中山、惠州及高州、廉江、合浦、钦州、防城一带，名徒有新会的陈享、广州的林绍乾等。

（五）莫拳

关于莫家拳的起源也流传有多种说法。有人认为莫家拳是福建南少林至善禅师所开创的；也有人认为是清代嘉庆年间，广东惠州府海丰莫蔗蛟首创，后传给东莞火岗村，经火岗村人反复琢磨、修改后成为著名的莫家拳术。但这两种说法并没有得到广泛的认可，一般认为莫家拳是由莫达士所创。

公元 1644 年，明朝崇桢皇帝自缢于北京景山，政权为李自成的大顺政府所夺。清兵乘势南下，流匪四起，南方两广地区扰乱六十多年。莫达士祖籍惠阳县沥林镇火岗村，由于世道混乱，莫达士曾到少林寺学艺，技成后返回火岗村，并开创了莫家拳法，广泛传授给莫氏族人，以求在乱世中保存性命。

武术界流传一种说法，即“洪家讲桥马，刘家讲灵巧，蔡家讲快打，莫家讲腿法”。在南方武术中，拳术所用腿法较少，而莫家就突出腿法。莫家认为“一脚胜三拳”，“手长尺七，脚长三尺。放长击远，凌空飞踢。拳重一百两，脚重千斤力”。著名的莫家腿法有撑鸡脚、穿心腿、虎尾脚、钉脚、勾镰脚等。莫家拳除腿法较多外，拳势也十分勇猛，攻防结合、拳势勇猛、刚劲有力。

莫家拳早期不外传，只传给族人，后莫亮、莫清娇等人将拳术外传，才创下“南拳五大名家”的名号。莫家拳在惠州地区，特别在东莞一带较普及，广州、佛山、顺德相当流行，现已传播到香港、澳门、英国、美国和东南亚等地。

二、蔡李佛拳

清中叶前，广东南拳以洪、刘、蔡、李、莫五大名拳影响最大，但到清末，蔡李佛拳取代了五大名拳的地位，成为广东最大的流派。蔡李佛拳，顾名思义，这门拳法是由三家拳法合成的。不过，这个“蔡”不是指当年广东省五大名拳中的蔡拳创始人，“佛”也不是指流传的南拳“佛家”的“佛”，蔡李佛拳的创始人是陈享。

陈享是广东省新会县京梅乡人，自幼酷爱武术，7 岁起就跟从陈远护学拳，打下了扎实的武术基础。17 岁时，他又拜新会县七堡村李家拳的创始人李友山为师，学习李家拳。陈享 22 岁时，拳术已经相当精纯，但他并不感到满足，又前往广东省罗浮山的鹤观跟蔡福学拳，一学就是 10 年。

陈享 32 岁艺成下山，他悉心研究各家拳法，综合陈远护、李友山和蔡福三家拳法，创编出新的拳术套路，形成独特的风格，命名为“蔡李佛拳”。蔡福的手法最好，而且在三家之中辈数最高，所以“蔡”字排在前头，又因陈远护善用掌法的拳术是在广东省鼎湖山，向独杖和尚学来的，和尚乃佛门，故以佛字作代表。

陈享创编的蔡李佛拳共四十九套，套路繁多，内容丰富。蔡李佛拳身型端正，腰活肩松，动作舒展大方，活动幅度大，步法稳健灵活、快速多变，有“定步如坐钟，活步如浮云”之说。“姜子槌”是该派独特的手型，劲力充沛、刚柔相济、刚而不僵、势雄力猛；柔而不软，手出如轮转，呈圆弧运动。该拳力点准确、用力顺达，多用爆发劲，吸气以蓄劲，呼气以助发力，发声与动作配合，助威助势。

“蔡李佛拳”诞生一百多年来，历久不衰，这与陈享威名远震是分不开的。陈享离开罗浮山后，回到家乡新会县，在江门设馆授徒。后来，陈享参加了广东“天地会”武装起义，进军省城，但起义遭到失败，陈享不得不带领残部东走。当撤到增城一带时，陈享一行又被清军包围。起义军在突围时被敌人冲散，陈享只身逃至香港，又从香港转到南洋。

陈享在南洋以教拳为生，其精湛的拳术赢得了很高的声誉。当时，金山大埠有一个叫基利士的恶霸，拳脚十分厉害，自称是世界大力士，一向凌虐华侨，并向华侨勒收所谓年规，不缴纳的人都会遭到他的拳脚报复。华侨迫不得已，就以当地中国公馆的名义赴南洋聘请陈享去主持公道。陈享本来是爱国志士，听到自己的侨胞遭受恶霸的折磨，当即慨然应聘前去。

陈享到了金山大埠以后，约基利士谈判，劝他取消年规。但基利士自以为天下无敌，竟然提出公开比武，陈享也想教训他一下，就爽快地答应了。

比武开始后，基利士以凌厉的拳脚猛攻陈享的要害，由于陈享身手灵活，加上蔡李佛拳擅走活步，所以在基利士狂攻的时候，陈享忽进忽退，活似落叶飘絮，忽左忽右，矫如水中游龙。基利士见自己拳拳落空，气得暴跳如雷，总想一拳置陈享于死地，但性越急，式越莽。基利士双拳虚恍，右脚随起，使出平生本领，向陈享心窝猛踢，陈享毫不畏惧，从容将身稍侧，施展出蔡李佛手法之一的“骑龙扛掌”，横托基利士的来脚，将他抛出一丈之外。

基利士不知好歹，起身再战，结果被陈享用右肘击中胸口，胸骨折断，口吐鲜血，倒地不起。陈享虽有生死文书在手，却没有乘机进攻，叫人扶起基利士，让他坐好，然后用少林跌打接骨药给他治疗。从此，基利士再也不敢欺侮华侨了。

陈享在海外飘泊了几年后，又回到祖国，在新会设馆授徒，馆名“鸿胜馆”。陈享的徒弟很多，陈官伯、张亚炎和龙子才是十分突出的几位。如今传播蔡李佛拳卓有成就的，首推广东省武术馆蔡李佛拳主教练区汉泉。区汉泉是广东省云浮县人，他在广州先后创办了“城西全义堂武术社”、“西山武术社”，几十年来培养出众多武术人材。区汉泉在长期教学活动中，敢于革新，善于总结教学经验。他既继承了传统套路，又不被传统套路所束缚，先后改革过十几个高、中级套路，删去一些过多的重复或不合理部分，使蔡李佛拳的套路更臻完善。

如今蔡李佛拳流传于广州、佛山、肇庆、番禺、南海、江门、新会、中山、广西、香港、澳门、台湾等地，在东南亚、欧洲及美洲也有弟子传承，真可谓桃李满天下。

三、咏春拳

咏春拳，也称“泳春”、“咏春”、“永春”，是少林嫡传武技之一，关于咏春拳的起源流传有很多说法。一种认为：咏春拳创始于五枚师太，由于福建南少林被清政府所焚，她避祸于川滇边界的大凉山，因见蛇鹤相争而创出咏春拳。还有说法认为：咏春拳应为“永春拳”，得名于福建泉州少林寺的永春殿，是当年进殿所习的南派内拳法，全称是少林永春，总教习是少林弟子至善禅师。后由于南少林被焚，至善逃避到佛山，永春拳便得以在佛山发扬光大。

以上说法虽然都是各有所本，但由于火烧南少林只是传说，所以五枚、至善因此逃亡避祸的说法都难以成立，而他们创编咏春拳，并将咏春拳传播出去的说法自然也很值得怀疑。目前流传最为广泛的说法认为，咏春拳创始人为严咏春。严咏春原籍福建，自小跟随五枚师太练习武术，后来因见蛇鹤相斗而悟出一门独特的拳术，即为咏春拳。

咏春拳是一种十分科学的拳术，它拳快而防守紧密，马步灵活和上落快，攻守兼备及守攻同期，注重刚柔并济，气力消耗量少。咏春拳用“寸劲”来攻击和防守，理论和心法方面注重中线、朝面追形、左右兼顾等。

中线理论的中线是指由人体头顶至尾闾一线，在进攻时，咏春拳要求沿着中线向敌方中线攻击，这是敌我之间的最短距离，同等拳速，拳轨近者当然较快击中。向敌方中线攻击，对方也很难卸力，而且受力较重。

朝面追形中的朝面是指与对方面对面。咏春拳法强调对敌时尽可能是正面朝敌，这样可以简化敌人进攻的来向，对敌人来势较易捉摸。同时配合中线理论，可以较易击中目标并使敌人受力较重，并且这样做出手快而影小，双手能同时到达敌人，而且左右手很易互相兼顾。

咏春拳还有很多功法理论，如不“追手”。“追手”是指离开防守范围来追着去接触对方桥手。咏春拳长于桥手相接后的感觉和反应，所以初学咏春拳的人很容易犯“追手”的错误。另外，咏春拳要求不“冲身”，咏春攻防、马步上落和转变都要以维持重心为原则，尽量减少失去重心而不能保持对敌的平衡状态。

咏春拳实战性强，很多理论都被后代武术所借鉴，一代功夫巨星李小龙所创的截拳道就有很多咏春拳的影子。咏春拳在南方甚至东南亚、欧美地区都流传很广，很多世界无差别搏击大赛也都有咏春拳师的踪迹，在国外一度是中国功夫的代名词，备受推崇。

四、鹤拳

鹤拳也是流传很广的南拳拳种，相传创始人是福宁府（今宁德地区）拳师方振东的女儿方七娘。方七娘自幼跟随父亲学习罗汉拳，后来在一次与鹤相斗中受到启发，由此创立了鹤拳。鹤拳已有三百多年的历史，流传至今已演变为纵鹤、飞鹤、食鹤、鸣鹤等四种不同的拳种。

鹤　拳

纵鹤、飞鹤、食鹤、鸣鹤同出一源，在技法和训练要求方面有许多共同之处。它们都要求气沉丹田、练丹田功、以气补劲；技击时都要求内外合一，借助明暗二劲；手法都要求五行变化，讲相生相克；步法都要求稳固，五点金落地，落地生根等等。但它们作为不同的拳种，又各有特点，呈现出独特的拳术风格。

（一）纵鹤拳

纵鹤拳的创始人是清道光至光绪年间的方世培。方世培，生于1834年，福清市茶山村人。他幼年即喜欢练武，当时福州一带流行南少林鹤拳，方世培受教名师，武艺大有长进。茶山村位于齐云山下，周围树竹丛生，鸟兽出没。一次大雨过后方世培外出练功，看到一只乌鸦立在树头，抖动羽毛上的水珠，结果树干也摇动起来，方世培大受启发，由此开创了纵鹤拳。

纵鹤拳最大特点是“纵”，乌鸦抖动羽毛上的水珠，靠的是身上发出的弹抖的劲力，这种弹抖之劲就叫“纵劲”，这里的“纵”有弹、抖、撞的含义。纵鹤拳在训练中就是要求习练者练习两臂弹抖的劲力、两腿缩绷

的劲力，要求做到“两手如竹绳，两脚如车轮，进如猛虎出林，退如老猫伺鼠”。使用纵鹤拳交手时要求见力生力、见力化力、见力得力、见力弃力，要善用“断手”、“挪手”、“冲手”、“摔手”，腿上则常用“返腿”、“踩腿”、“扫腿”，要渐打渐进，渐打渐退，讲闪躲带打。

纵鹤拳套路共有108个动作，在整个运动过程中，自始至终都贯穿着吞、吐、浮、沉的气功运动，要求注气不注力，注意更注气。这“气”有一定的运行路线，武术家认为这种气的运行是可以锻炼的，纵鹤拳就是要练这种气。呼吸方法是从胸式呼吸引向腹式呼吸，构成一种独特的运动方式。在技击武术中，气能助力和劲。在发劲时，气还有助于稳定自己的重心，增强两脚之间的力量，做到两足落地生根，稳固下盘，加大爆发力。这就是老一辈武术家们所说的“劲到脚底，浑身是劲”的道理。

常练习纵鹤拳能起到祛病延年、强身保健的作用。由于纵鹤拳是以腹式呼吸见长，它能使腹肌、腰肌、膈肌等机能都得到增强。腹式呼吸还可促进内脏运动，消除脏器淤血，促进新陈代谢和胃液、胆汁等消化液的分泌，以增进食欲，改善营养的吸收。同时，腹式呼吸还能促进静脉血回流到心脏，改善淋巴液的循环，同时，刺激神经系统，不断改善内脏器官的功能，从而使人精神旺盛、面色红润、体格健壮。

（二）飞鹤拳

飞鹤拳也是南派鹤拳中的一种，动作多模仿鹤的飞翔、跳跃、展翅拍击等动作，两手不断地发出一阵阵地颤抖之劲，有时还发出长鸣之声，以发声助发劲，比其他鹤拳更为形象、舒展、大方。

飞鹤拳跟其他鹤拳一样，身法上也讲吞、吐、浮、沉，两臂的动作较多，手法上有击、勾、摔、点、贴、盖、压、剪、弹等。

“练武不练功，到老一场空”，基本功是武术之源，飞鹤拳对基本功也有着很高的要求，要求习练“动中求静”的桩功。练习飞鹤拳的桩功应很好地配合呼吸，它的呼吸方法与其他南拳相比较为特殊，大多用鼻孔吸气，用口呼气，呼吸应深长有力、气沉丹田，且气应有意识地上提，使气鼓荡，在紧张运行时仍能保持浮中有沉、沉中有浮。

由于飞鹤拳拳势激烈、运动量大，在发劲时肌肉强有力地收缩，不断地发出颤抖之劲，再加上时而还用喉发声，以声助力，所以运动时对氧气的需要量也就相应地增加。如果没有很好地掌握正确的呼吸方法，运动起来就会出现气急、运动速度不快的情况。只有经过长期呼吸训练，才能使运动器官和内脏器官，特别是使呼吸器官适应飞鹤拳的运动要求。针对不同动作，协调地配合不同形式的呼吸方法是学好飞鹤拳的关键。

（三）食鹤拳

食鹤拳也是比较独特的鹤拳拳术，多用指，有如鹤啄食，动作轻巧、快速，因此得名食鹤拳。食鹤拳要求以静为主，静以养神，一静百静，动时则快速勇猛，讲究精与神、手、眼的配合，运动起来给人以沉着、稳静、灵活多变、勇猛而强悍的感觉。

（四）鸣鹤拳

鸣鹤拳也是鹤拳的一种，特点是以形为拳、以意为神、以气催力，拳势激烈。鸣鹤拳种手上的动作较多，在技击上也讲金、木、水、火、土的五行变化。这五种手法讲相生、相克，互相矛盾又互相转化，在训练时自始至终都得保持着吞、吐、浮、沉的变化。

鸣鹤拳的发劲方法也是气沉丹田，劲由腰起，下至足，使两足落地如生根，再从两足由下往上发于全身各部。这种劲力明显地表现为两手有显著的颤抖感，每次发出“颤吹劲”时，两手有显著的弹劲，不断地颤抖，待劲力达到顶端时突然出击。

鸣鹤拳的这种发劲方法需要长年累月不间断地锻炼，使身体各部的柔韧性得到进一步提高，肌肉的弹性和活动性不断得到加强，神经肌肉的活动反应迅速，同时收缩力加强，再加上气沉丹田，以气催劲，以声助力，这样发出来的劲才会成为那种“颤劲”。

在鹤拳的几大支派中，鸣鹤拳传人最多，不仅在广东、福建一带广为流传，而且在欧美、东南亚等地也广为传承，是世界知名的拳术。

五、五祖拳

五祖拳全称为五祖鹤阳拳，是南拳流派之一，相传为福建晋江人蔡玉明所创，因综合了白鹤、行者（猴）、达尊、罗汉、太祖五种拳派的技法，因而得名五祖拳。

蔡玉明是福建泉州晋江梧塘冯尾村人，生于清朝咸丰癸丑年（公元1853年）。蔡玉明从小酷爱武术，他凭借着聪颖、悟性，18岁时就精通了闽南一带流传悠久的太祖拳、罗汉拳、达尊拳、猴拳及鹤拳五种流派的拳法。此后的20年间，他广游大江南北，寻师觅友，在切磋较技的过程中汲取了各门各派的武术精华，铸就了一派新的拳种，成为五祖鹤阳拳的创派始师。

五祖拳创始人蔡玉明

五祖拳属典型的外家功力型拳术，威猛激烈。五祖拳出拳迅疾有力，脚步稳重坚牢，配着细腻缠绊的脚法，起踢时直起直落、拳拳进逼、硬弓硬马、步步为营。五祖拳的技法讲究“锐”，也就是出手要迅猛有力，让对方防不胜防。“锐”指的不单单是劲力问题，它是手法、身法、步法、力法等的一种综合功力的表现。技法“锐”首先要求起动快，功力越深的人起动越快，而且不易为人觉察。五祖拳讲究每个动作在瞬间发劲制动后能即刻放松，就是说松和紧一样要在瞬间完成，只有这样才能做到连续起动而不易疲劳，才利于实战。另外，还要做到能快速完成一个动作，能在手到的同时充分加速，收缩发劲，才能为中途变招，为后发制人、后发先制打下良好的基础。

“内练一口气，外练筋骨皮”。五祖拳从入门就开始了内气的练习。五祖拳通过挺胸收腹、沉肩夹肘等来协调胸、腹、背肌肉群的运动，这种运动完全受意念的支配，结合技手的运动，从慢到快，从用意到随意，形成了高度灵敏的条件反射和布气状态。经过长久练习后，习练者的胸腹背部能直接承受强有力的拳击，而一般硬气功都要经过排打训练后才能达到这一阶段。

五祖拳融合了南北派拳术的长处，这在五祖拳马步和技手当中得到了充分体现。南拳的马步多呈八字步，北拳的马步多为丁字步，五祖拳的马步则采取不丁不八步，重心位置为前后四六开，这种马步十分易于作前、后、左、右的快速运动，其重心位置根据现代科学的“黄金分割率”分析，也是极为合理的。

在拳术套路中的技手方面，北拳偏于大开大合，南拳侧重稳扎稳打偏于短小精悍，五祖拳则汲取南北之长，长、短兼而有之。以冲拳为例，南拳打出去时手臂肘关节保持略为弯曲，弓步冲拳时后腿也微弯。五祖拳冲拳时要求手臂要直，弓步冲拳时后腿要直，双脚要脚踏实地，和北派拳法十分相似。另外，一些技手如开弓、敲打、双批、阴阳插、横钗、清平打、挡等都要求手臂伸直，和北拳相似，常见的短打技手如打扎、割扎、双贡、挠、父子相随、双竖拳等又和南拳一样短小精悍。

五祖拳的小鬼磨刀

五祖拳的武术套路达二百多种，各套路拳法既能单练又能对练。器械类有川耙、钗、月牙枪铲、方天画戟、齐眉棍、丈二棍、朴刀、宫刀、开山大斧、柳叶刀、剑等，民间常用的器具，如锄头、雨伞、板凳、扁担等也可作为器械使用。五祖拳作为结合南北派拳术而创立的一门拳术，是我国武坛上的一朵奇葩，在各地广为流传。

六、法门拳

江西南拳主要包括余、岳、赵三家，他们拳术风格各异，却又相互揉合，形成了独特的风格，其中赵家的法门拳影响最大，但此拳源传不详。

法门拳风格古朴明快，朴实无华，多发寸劲、抖劲、缠丝劲等。在行拳走套时，要求出手刚柔相济、眼观四面八方、身如摇风摆柳、脚似古树盘根、步法圆活快捷、闪展动静分明、劲力充实顺达。

法门拳手法主要有拧、披、分、穿针、南铁、贴夺、照镜、拉弓等，这些手法可以一手拆三招，三招变九势，由此千变万化。法门拳的步法灵活多变，主要步型步法有马步、弓步、丁步、虚步、抢步、窜步、仆步、三角步、蛇形步、圆弧步等。法门拳的身法讲究方圆扁侧、吞吐浮沉、沉肩纳脯、含胸拔背。发力时讲究以柔克刚，借力打力，要求“未粘切莫吐，一粘即用推，处处分顺逆，疾吐莫迟延”。而且，法门拳在套路演练和技击实战中常配以腿法，腿法宜低忌高，宜冷暗忌腾跳，以达到出其不意的效果。

法门拳有完整的训练体系和拳械套路，学练时要从扎马练桩入手，经过严格的基本功训练后，初步达到出手刚柔相济、走马圆活快捷、劲力充实饱满、身如铜墙铁壁的境界，此后才可以学练拳械套路。

法门拳主要拳术套路共有单灌、双灌、溜马、二防、大金丝、小金丝、三角抖、连环步等 18 套，其中有些套路还配有反法套路，既可单练，又可对练。主要器械有：刀、枪、剑、棍、耙头、扁担、流星、板凳等。

法门拳在江西各地流传甚广，尤其是在南昌、清江、丰城、高安、新干等地更为盛行，传人很多。

七、巫家拳

巫家拳是南拳流派之一，相传是清乾隆末年由福建汀洲人巫必达所创的。

巫必达又名巫黑，少年时就开始学习南少林拳，青年时期走南闯北，寻师学艺，深得武当内家拳法的精妙，由此糅合平生所学，创立了独特的巫家拳。

巫家拳既有少林拳术的各种攻防手法，又有武当内家拳法的特点。拳架紧凑，刚劲不外露，势势相连，环环相扣，无明显停顿；套路多直线往返，无跌扑、翻滚和跳跃动作。巫家拳拳理为交手不离七孔，手打三分，脚追七分；乘空而进，见隙必攻；手进身进脚相随，意动气动劲亦动。其拳法套路有六肘、八拳、十二拳等 18 种。

至今，巫家拳已传七代，门徒数以万计。巫家拳传艺崇尚武德，有“狂妄、轻浮、忘恩负义之徒不教”的戒律。辛亥革命领导人之一的黄兴、“鉴湖女侠”秋瑾都曾练过此拳。

第三节　南少林传奇故事

隋末“十三棍僧勇救唐王”的故事，使河南嵩山少林寺以绝世武功博得“天下第一名刹”的美誉。此后，嵩山少林寺派僧人南下福建兴建少林分寺。据说：福建这座寺院规模宏大、僧人众多，与祖庭嵩山少林寺一同是禅武同修。南少林寺院的僧人匡扶正义，留下了很多传奇故事，也留给了世人很多难解之谜。

一、南少林之谜

当年赫赫声名的南北两少林寺，如今却只留下嵩山少林寺，南少林寺很早就销声匿迹了，那么它到底是如何消失的？

南少林武术表演

北京的清宫档案库里收藏着一本嘉庆十六年清政府查获的天地会《会簿》，其中记录了天地会创立的一段悲壮历史。据记载：康熙十三年，西鲁国入侵国境，朝廷张贴皇榜招募天下勇士，南少林寺僧自愿揭榜请缨，奋勇杀敌卫国。不料得胜回朝后，康熙却火烧少林寺，屠杀僧人。最后只有五位僧人逃到

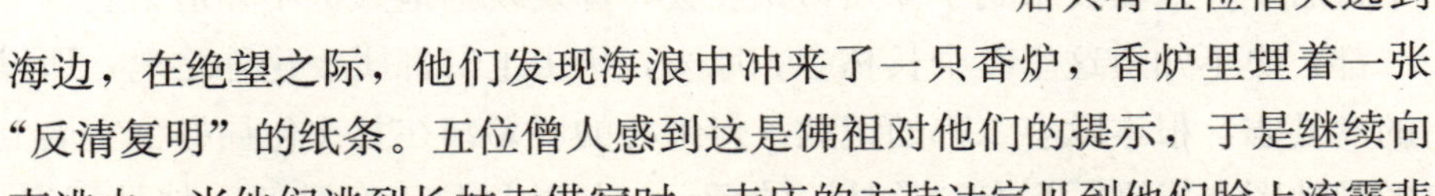
海边，在绝望之际，他们发现海浪中冲来了一只香炉，香炉里埋着一张“反清复明”的纸条。五位僧人感到这是佛祖对他们的提示，于是继续向南逃去。当他们逃到长林寺借宿时，寺庙的主持达宗见到他们脸上流露悲

戚愤恨的神色，便问起原因来。五人向达宗讲诉了事件的缘由，后拜达宗为大哥。从此，六位僧人在高溪庙歃血盟誓“反清复明”，创建天地会。

历史上的天地会又名三点会、哥老会、小刀会等，在清朝二百六十七年的统治期间内从未停止它“反清复明”的斗争。然而，被现代小说家描绘成“英明神武”的“康熙大帝”，为何会背信弃义杀害有功之臣，而且是已遁入空门的僧人，甚至烧毁千年古寺呢？

要想解开这个谜底，首先就要找到历史上南少林真实的所在之处。但令人疑惑的是：众多版本的《会簿》对南少林寺的地点似乎有意遮掩，记载模糊不清。几乎所有的《会簿》都记述少林寺被火烧以后，幸免于难的僧人向南逃去。有几本《会簿》还明确记载他们“来到云霄地面”。

为了揭开南少林被毁的谜团，中国社会科学院的罗炤教授开始了他的福建之旅。1991年，罗炤一路颠簸来到了《会簿》中提及的闽南小城云霄。

在云霄，罗炤很快就找到了天地会会簿中所记的地名，并找到了高溪庙，这里是结盟起义的地点(《会簿》载)。紧接着，罗炤又找到了另一个天地会的秘密地点观音亭，它就在高溪庙的不远处。清乾隆51年，台湾地区发生了反清的李爽文大起义，起义军几乎占领了全台湾。乾隆皇帝派出精兵强将，耗费了将近一年的财政收入才把这个起义镇压下去。后来清政府追根究底：原来，李爽文大起义和天地会有关系，而观音亭就是此次起义的策源地。

更为奇妙的是：在云霄的仙峰岩的山洞中，至今还埋藏着少林僧人的几个骨灰罐，这些罐顶为狮子图案的骨灰罐与天地会《会簿》中描写的形状居然一模一样。看来，《会簿》中的记载大部分是真实的。那么《会簿》记载的康熙背信弃义火烧南少林是否同样确有其事呢？罗炤并没有就此得出结论，而是选择了继续追查。罗炤注意到：《会簿》中多次提到了长林寺，那么这个长林寺在哪里？它是不是就是历史上的南少林呢？

1993年初，泉州召开南少林研究会，席间漳州市的曾五岳先生的一篇文章中，提到了诏安二都有一个长林村，这立即引起了罗炤的注意。几个月后，罗炤辗转来到了漳州市诏安县，却发现当地人都不知道诏安有个二都，更不知道这里有个长林寺。原来，历史上二都属于化外之地，那里的《县志》根本没有二都的记载。但细心的罗炤却在县文化局办公室墙上的县地图上发现了标有“长林”的标记。长林村位于官陂镇，地处诏安、平和、云霄三县，是福建、广东两省的结合部，又在万山深处，因而十分隐蔽、安全。

在罗炤到来之时，长林寺早已被拆毁，遗址的平场上横卧着一石碑，碑上刻着“长林寺记”。据记载：长林寺是顺治十年由第五和尚道宗创建的。而天地会的《会簿》却记载：火烧少林寺后，逃出的少林五祖和长林寺的主持达宗歃血盟誓，创建了天地会。那么，这里的达宗和道宗是同一个人吗？村里匾额的记载证实了罗炤的推断：达宗果真就是道宗。更令罗炤兴奋的是，长林寺的碑记上还记载着郑成功及其十二员大将的署名。但奇怪的是，这位神秘的长林寺开山僧究竟与郑氏集团有着什么样非同寻常的关系呢？又是什么致使郑氏集团的所有高级将领接连捐银修建道宗兴建的寺院呢？

1993 年 6 月，罗炤来到漳州市东山县的铜陵镇，正好有一批天地会研究人员也在铜陵镇，其中一位面容清癯的僧人释道裕法师提供给罗炤一本《古来寺赞集》，它是古来寺香花僧做佛事唱经时所用的。这本书确实非同小可，它记的内容和天地会的《会簿》有联系，但是远远比其要严密得多，内容也更加具体，真实性更强。

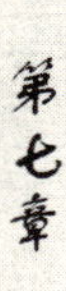

《古来寺赞集》记载了古来寺的历史：明成化三年，兴化清源九座寺的僧人南下东山铜陵镇，建古来寺，讲经弘法。在清康熙时期，为了防止郑成功和大陆的联系，并隔断郑成功的经济来源，康熙几次把沿海几十里的居民迁到内地，福建东山县的居民就在迁徙之列，古来寺也是在这一时期被烧掉的。古来寺有一种神秘的佛教派别叫香花僧，其也侍奉佛祖，为民众做丧喜事，但却有不同于正统佛教的地方。例如：香花僧可以娶妻生子，可以杀生吃荤，佛事活动可在寺庙，也可在居士家里进行。长林寺开山僧第五和尚道宗就是古来寺的香花僧。

仙游县的一个下乡知青林振宁还为罗炤提供了一本古书，在这本书中也记载了南少林被毁的原因，并明确写出了道宗与郑氏集团的关系，解释了长林寺碑记郑成功及其十二员大将署名的原因。

根据林振宁提供的古书记载：明朝末期，闽南地区 18 位不同姓氏的兄弟，以“万”为姓结义成万姓集团。事实上，万姓集团里是以万礼为首、长林寺的开山僧人道宗为军师的一个秘密团体。后来，万姓集团投靠郑成功并屡建战功，很快成为郑成功反清军队中的一个重要组成部分。然而，在一场著名的南京战役中，由于郑成功指导思想错误，万礼的军队溃败，万礼战死。

这次战役以后，郑成功回到厦门建立忠臣庙。他本来是要把万礼的牌位作为忠臣来祭祀的，后来却听人攻击说万礼不是战死的，而是逃跑时被淹死的，于是就把万礼的牌位从忠臣庙里给移了出来。这件事情以后便成为万姓集团和郑成功决裂的导火线。把万礼的牌位从忠臣庙移出来，对于万姓集团来说是一个极大的侮辱，道宗和万礼的结义弟兄们是不能接受的。当时万姓集团驻守在福建东山，这是郑成功的一个战略据点。后来，万姓集团在万礼的牌位被移出忠臣庙之后，就叛郑降清了。

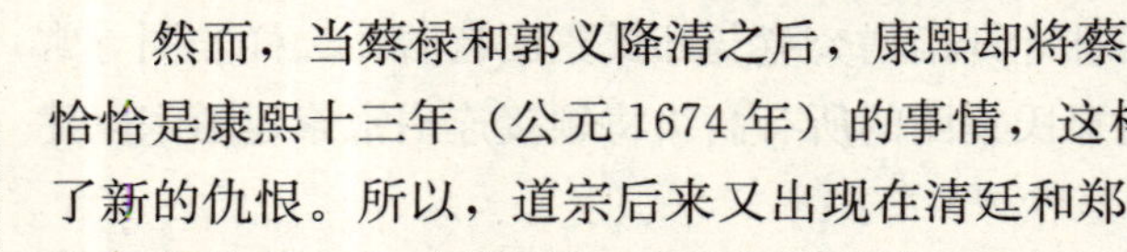

然而，当蔡禄和郭义降清之后，康熙却将蔡禄及其亲信全部杀害。这恰恰是康熙十三年（公元1674年）的事情，这样万姓集团又跟清朝结下了新的仇恨。所以，道宗后来又出现在清廷和郑经部队作战的战场上，为战死者收尸。此时的道宗又回到了反清的立场上。

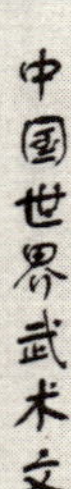

反清——降清——又反清，这一段曲折的历史和清朝新的仇恨，在当时怎么可能对外人明白地讲出来呢？民族的仇恨、胞兄盟弟的惨死之恨，促使道宗立志要洗雪报仇。但眼前的政治军事局势复杂多变，加之未来难以把握，需要激励徒众在任何情况下都不忘血仇、坚持反清，这就需要传下口头与文字的嘱托。而且，这文字嘱托一定要能写出与清朝的深仇大恨，由此道宗就想起了古来寺的被毁。于是，火烧少林寺、僧人南逃的故事便在道宗的笔下应运而生，他要以此来激励后人记住仇恨，却也为后人留下了这段曲折的南少林之谜。

二、南少林遗址之争

随着南少林的故事频繁出现在武侠小说和电影之中，国内外掀起了一股研究南少林的热潮。至今为止，在福建发现的比较有影响力的少林寺有福清少林寺、泉州东禅少林寺以及莆田林泉院，但究竟哪一座才是传说中的“南少林”呢？

莆田人最先开始了寻找，他们还要把历史的传说和现实的发现结合起来。对莆田少林寺的正式探访起于1986年，这一年莆田县的文物普查队来到西天尾镇林山村进行文物普查，结果在露天的石槽上发现了十分醒目的“僧兵”二字，并证实了这些石槽建自北宋中期。很快地专家们又发现了林山村枇杷林中的寺院遗址林泉院，遗址上还有练功场、钟鼓楼、梅花桩的痕迹。1990 年，福建省考古队进入林山村“林泉院”的遗址，开始了第一期的发掘工程。考古报告显示：“林泉院”遗址始于北宋之前，毁于清初。这与传说中的“南少林”始于唐、毁于清的年代大致相同。那么，“林泉院”究竟是不是“南少林”？

在传说中，南少林是嵩山少林的分寺。于是，人们猜想嵩山少林寺里会不会有南少林遗址的记载呢？1990 年，几位专家来到嵩山，拜访寺中的方丈德禅大师。

德禅大师当即找来寺中的高僧一起座谈。高僧告诉专家：如果想从碑林、碑廊中找到有关南少林寺的文字根据，在清朝以前是很多，但在清康熙以后就不可能找到了。原来，康熙皇帝因害怕嵩山少林参与反清复明的活动，对嵩山少林发出了解散僧兵、不准练武、不准同南少林有任何来往的敕令，而且把有关的碑碣全部打毁、文字全部烧掉。如果连嵩山少林中也无法找到关于南少林寺院遗址的记载，那又能到哪里去寻找呢？

就在这时，泉州的几位专家联合声明：真正的南少林寺不在莆田而在泉州。泉州，这座历史文化古城曾在宋元时期成为“东方第一大港”，与埃及亚历山大港齐名于世，来往通商贸易的国家达一百多个，世界各大宗教皆汇集与此。那么，它会是南少林遗址所在地吗？

一本明代无名人士撰写的手抄本《清源金氏族谱》的附录《丽史》引起了泉州专家的注意。据《丽史》记载：明朝期间，泉州城中有一位年轻的书生，名为伊楚玉，曾在一寺院读书，经常从一富翁凌氏的门前经过，后与凌氏的女儿相遇并产生爱慕之情。而伊楚玉读书所在的寺院正是泉州少林寺。

在古城泉州的民间也一直流传着一个故事。相传：泉州在唐朝年间就存在一座少林寺，少林寺的僧人个个武功高强，历代以来一直匡扶正义、爱国爱民，最后为反抗清朝压迫历尽坎坷，终被清朝统治者下令给焚毁了。自此以后无人敢修复，无人敢私下议论。渐渐地，谁也不知道当年的泉州少林寺究竟建在何处。

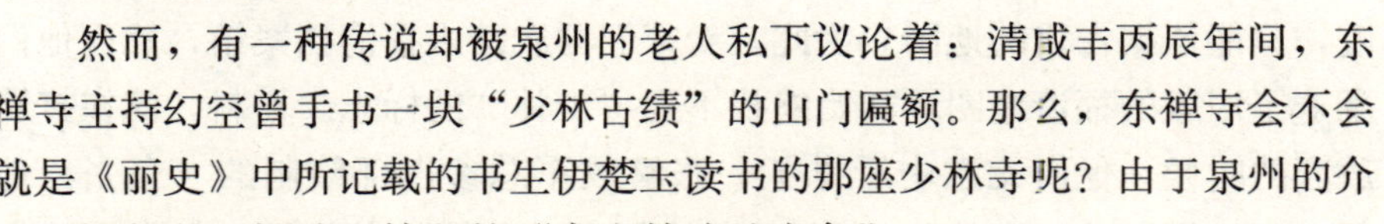

然而，有一种传说却被泉州的老人私下议论着：清咸丰丙辰年间，东禅寺主持幻空曾手书一块“少林古绩”的山门匾额。那么，东禅寺会不会就是《丽史》中所记载的书生伊楚玉读书的那座少林寺呢？由于泉州的介入，掀起了一场旷日持久的“南少林遗址之争”。

东禅寺位于泉州东门外凤山之麓，始建于唐朝乾符年间。清乾隆的

《泉州府志》记载："镇国东禅寺，广明年赐今名。宋德祐和元至正两次遭火，后复建。明宣德十年重修，后废。"东禅寺的始建和废弃年代与传说中的南少林大致相符，最重要的是，这里曾经存在过一块清朝年间《少林古绩》的匾额。从这块匾额字面上的意思来理解，东禅寺就是少林寺的古代遗迹。

晋江东石人蔡春草有本的世代相传的手抄本，名为《西山杂志》，是蔡永蒹在清嘉庆年间撰写的，书中有大量篇幅记载着泉州少林寺的故事。但经过考证：书中有很多记载与嵩山少林寺的记载并不相符。如：隋末少林寺长老"济慈"和"十三棍僧"的名字，都与嵩山少林寺的有关碑记不符。另外，书中更描绘有"少林寺十三进，周墙三丈"，但中国佛教寺院中规模大者一般不超过五进，特殊情况的有六进，但决不会有十三进的寺庙。封建时代的建筑都有严格的等级限制，"天子之居九重"，任何建筑也不能超过皇宫的规制。"周墙三丈"指的是围墙的高度，泉州城墙历代的最高点也只是达二丈六尺，所以这本《西山杂志》的真实性遭到了学术界的质疑。

正当南少林遗址之谜被海内外媒体炒得沸沸扬扬时，《福建侨报》发表了一篇刘福铸撰写的文章，引出了福建省内的第三座少林寺——福清少林寺。那么，在福清这座城市能找到神秘的南少林吗？

据近代武术名著《少林拳秘诀》中记载："国内有两少林，一在中州，一在闽中。""中州"指的是嵩山少林寺，而"闽中"则是指福建的中部。从福建的地图上看，莆田和福清都属于闽中。

刘福铸的文章中写道：在福清的新宁里有座少林院，然而现今的地图并没有新宁里的标志。1993 年 5 月，专家们在《三山志》的福清县寺观中找到："新宁里，少林院。"紧接着，清朝乾隆年间钦定的《四库全书》同样记载着："新宁里，少林院。"如此看来，从宋朝到清朝的几百年中，福清新宁里都存在着一座少林院。

然而，这座少林院会是在哪里呢？专家意识到：要寻找古福清的少林院，只能依据古代的地图。为此，专家们再次踏入福清档案馆，然而他们翻遍了旧版的福清地图，却始终找不到"少林"的标志。不料，就在打算放弃的时候，他们无意中看见了一张解放军总参谋部绘制的《东张》地图，上面标注着"肖林"。这个"肖林"跟"少林"有差异，它是福清方言的谐音。

为了确定古福清是否真的有座少林院，几位专家决定重新翻看那些古代地图，期望能从中再寻找到一些蛛丝马迹。就在此时，档案馆管理员送来了一张 1931 年版的《福清县全图》。陈华光意识到这是一张他们从未查看过的地图。他紧张地查找着地图上的每一个标注。果然，在新宁里西北部位置上，标注着“少林”二字。

1993 年 6 月 4 日，陈华光等人又依据 1943 年版的《福清县全图》中所标注少林的位置，来到福清东张镇。结果发现这里有个少林村，也有一个破庙，而且还有少林桥、少林溪。

就在这破庙的遗址中，专家们在一块石桥板上发现了镌刻有“少林院”的字样。紧接着，人们在村西口处又发现了一口大石盂，石盂上同样刻有“少林当山僧”的铭文。

谜底似乎揭开了，专家们却有点不相信眼前的发现。海内外众多学者争论多年的南少林遗址，难道这么轻易就找到了？为了能得到更为科学的论证，人们决定申请探方考古。

1995 年 7 月，福建省福州市考古队来到了福清少林院的遗址。他们在这片荒芜的土地上进行了为时一年半的艰苦发掘工作。此时，从出土文物的考证、史料的记载等方面来看，福清少林寺无疑就是传说中的“南少林”。专家们感到万分欣喜，以为找到了那座神秘的南少林遗址。然而，故事并未结束。

不久，一篇《少林学者说“南少林”》的文章却对福清少林院提出了疑义。杭州一位大学教授周伟良认为：在福清并没有看到武术爱好者深入民间的现象，同时也没有材料说明福清少林寺与武术的关系，现有的证据不足以证明福清少林院就是“武艺出在少林中”的“闽中少林”。

那么，少林寺能完全等同于“南少林”吗？南少林是以少林武功为核心内涵的，这也是南少林与其他的禅宗寺院的根本区别。而福清这座少林寺里，究竟体现了多少“南少林”的内涵呢？

如果福清少林寺只是一座寺庙，而没有产生武术，那么就不能说是南少林寺。老武术家张本利出现在世人面前，无疑给福清的武术界带来了意外的惊喜。

张本利生于 1909 年，7 岁习武。1937 年，福清举办第二届体育运动会，张本利获得个人总冠军。相传，张本利的师父傅昇华则是南少林高僧林如的嫡传弟子。那么，假如福清拥有一个既有“寺”又有“拳”的少林

院，是不是就意味着这里就是传说中的南少林呢？

福清这个少林院在明朝前期就没有了，这在弘治的福州府志里已经明确地记载了。福清这个少林院、少林寺和天地会可以说没有关系，因为天地会是在清初，最早也是在明末才出现的，所以福清少林寺应该不是历史中传说的南少林。

除了以上三座南少林遗址外，中国社会科学院的罗炤教授还发现了仙游的九座寺、东山的古来寺、诏安的长林寺，到底哪座才是真正的南少林呢？在中国的历史长河中，朝代的更替、地域名称和管辖范围的变动，致使南少林遗址始终谜案重重，至今仍无法解答。也或许那座神秘的“南少林”就是福建多座寺院的化身。

三、南少林传奇人物

南拳在历史上出现了很多传奇人物，如洪熙官、方世玉、黄飞鸿、铁桥三、苏乞儿等都是民间广为流传的侠义人物，留下了很多传奇故事。

（一）叱诧风云的方世玉

方世玉在中国近代武坛上享有盛名，他的名字家喻户晓，尤为老一辈拳师们所乐道。很多武侠小说都以方世玉为题材，如《少林小英雄》、《万年青》、《方世玉三探武当山》等等。

方世玉是广东省肇庆人，父亲方德做丝绸生意，好习武，往往是白天经营生意，晚上练习拳脚。方德年轻时和一个李姓女子结婚，生下两个男孩就是方孝玉和方美玉。方德有意培养二人成为武林高手，便送他们到少林习武，拜至善禅师为师。

方德在妻子死后一直独身，60 岁那年遇见苗翠花。苗翠花的来头可不小，她是“少林五老”苗显的女儿。“少林五老”即五枚、至善、白眉、冯道德、苗显，他们被奉为“真祖”，武功盖世。

苗翠花武艺高强，一直在江湖当保镖，有“一代女侠”之称。一次，方德遇到劫匪，被苗翠花所救，由此两人结下姻缘成为夫妻。两人结婚的第二年就生下了方世玉，因此方世玉和他的哥哥相差近 20 岁。

苗翠花决定把方世玉培养成一个铜筋铁骨的侠客，在他满月时，就用特制药水通身淋洗，再用竹板、柴枝、铁条把方世玉的身体全部层层包扎起来。通过这样反复地锻炼，可以使他全身坚实无比，经得起拳打脚踢。

方世玉3岁开始头戴铁帽子、脚穿铜靴练习跳跃，5岁扎马步，6岁练拳脚，7岁练桩柱，8岁打梅花桩，11岁时十八般武艺样样通晓，少林拳更是熟练无比。在苗翠花的熏陶下，方世玉还养成了侠胆义骨、路见不平、拔刀相助的性格。

方世玉小时候爱逗同辈的小孩们往自己身上打。可当他们挥动拳头往他身上捶打时，一拳起、两拳止，第三拳自然就会因疼痛而把手缩回去了。13岁那年，他和哥哥来到广州，在广场上看见一群青年人把一个老汉打死后，还揪着那老汉的儿子施加毒打。方世玉十分反感，纵身一跳飞入人群。他举起双臂，架住打手的拳头，并用自己的身体挡住那个被打的白面书生，大声质问，“你们把他的父亲打死了，还要这样毒打他，这还像话吗!”

说也奇怪，经他这么质问，众人都停手了。方世玉扶起那个白面书生，给他拍去身上的灰尘，像安慰又像鼓励地对他说：“你要报仇，就往少林寺去吧!”那个白面书生依了他的话去了少林寺，而他就是后来“少林十虎”之一的胡惠乾。

方世玉14岁那年，随父亲一起去杭州做丝绸生意。杭州是风景秀丽之地，又是武坛上藏龙卧虎之处。方德父子到达杭州后，方德领着世玉跑了几间庄口。一天，方德在房里休息，见方世玉闷在房里，便叫他到处去逛逛。

方世玉立刻高兴地跑出客栈，在闹市的尽头发现一个宽阔的广场，这里一摊摊，那里一档档，摆卖着苏杭杂货、纸张笔墨、木桶饭碗，样样都有；此外，还有耍武卖药的、玩猴讨钱的、耍魔术骗人的，式式俱全。他再往前走去，发现一座木台挡住去路。这座木台宽三四丈，高约二三尺，台上挂着一条横额写着“雷老虎擂台候教处”，台前则写着“凡上台攻打擂台者要缴纳报名费一角钱；凡能把台主的躯干和头部任何部位击中一拳者，可得白银一元，多中多得；凡能把台主打落台下者，可得白银五十元”。最后还写上“若有不测，各安天命”等话。因为付出的代价很少，而得益的希望很大，所以登台攻打擂台者不乏其人，但往往以被雷老虎打落台下而告终。

雷老虎身材高大，40岁左右，满脸又短又黑的胡须，裸着上体，下

身穿着带有虎纹的黄色灯笼裤，腰间系着一条黑色的绉纱带子，坐在台的当中，胸口露出一撮黑毛。他身旁悬着一副对联，写得十分刺眼，上联是“拳打广东一省”，下联是“脚踏苏杭二地”。

“好大的口气啊，真是岂有此理！”方世玉对雷老虎骄横自大的态度十分不满。这时他又从旁观者的议论中晓得雷老虎是苏杭地方的恶霸，日间摆设擂台以厚利来诱人入套，夜间奸淫邪盗、无恶不作，当地人对他恨之入骨。方世玉得知情况后，心里十分气愤，很想走上台去把他整治一下。主意既定，他摸摸自己的口袋，掏出一角钱，一边拿在手里，一边慢步往台上走去。

“喂，小子！要买膏药的请往别处走！”雷老虎把走上台来的方世玉上下端详了一下，见他个子矮小，穿着一套对襟唐装衫，两脚穿着一双毡底鞋，哪里会放在眼里，便以讥笑的口吻对他说：“这儿是打擂台的，你懂吗？”

“我就是为攻打擂台而来的。”方世玉用掌抱拳拱手见礼，接着把银币朝他抛去，道出自己的姓名，说：“我算报个名啦。”

雷老虎接过银币，放落肚兜里，斜眼向他招手：“小子，来，来，来！我露出肚皮给你打吧。”

“老师傅，我来也！请你做好准备。”方世玉挽起衫袖，慢条斯理地做着压腿、拧腰……他觑见雷老虎一边摸着胡子一边眨眼瞧他，便出其不意地一个箭步走上前去，用双龙出海密集出击，一连打他四拳。这时，站在台下的观众个个刮目相看，都为方世玉的奇袭大声喝彩。

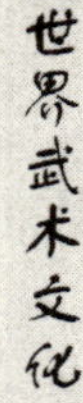

雷老虎同人交手是很少捱拳头的，如今一连着了四拳，立刻恼羞成怒，张开葵扇般大的手巴掌，急步上前，对准他的脸庞用劲掴将过去。只见方世玉不甚回避，打个正着，但他站得稳稳的，动也不动，雷老虎反觉得自己的掌心有点发麻，好像打着了铁板似的。他正感到奇怪时，方世玉跟进一步，一个上晃下打，一个下晃上打，又打了雷老虎两拳。顿时，雷老虎气得像被拔了须的老虎似地咆哮跳跃，飞起一个横钉脚朝方世玉拦腰踢去，又是踢个正着。那知这一脚反倒使雷老虎脚趾酸痛、透彻心肝。这时，他心里明白：“碰上劲敌了！”

方世玉眼见雷老虎正在那里发愣，飞起一个二起脚，接着又一个扫堂腿，弄得雷老虎眼花缭乱、虚实不分、判断不明，“叭”的一声，颓然倒地了。观众们亲眼看到这精彩的场面，一时掌声响个不停。雷老虎的心里更火，他爬起身来，扑将前去，抡起大拳头，使尽全身力量朝方世玉胸前冲击过去。原想这着就要把他打下台去的，那知方世玉稳如铁塔，动也不动，而他自己的拳头却是皮绽骨酥、痛不可当！这时他心里明白：这小子不仅马步扎实，而且练就了“金钟罩”和“铁布衫”的过硬本领。如果硬拼只有失败，必须使他双足离地，才有取胜的希望。

雷老虎主意已定，便采用诱敌之计让方世玉踏入中门，然后立即迫步上前，双手把方世玉的两条胳臂往自己腰身一夹，顺手把他高高举起，接着“哈哈”大笑起来，十分高兴地说：“好吧，我要让你往台下去吃……”

本来雷老虎想说“让你往台下去吃泥巴”，那知那个“吃”字刚出口，方世玉便使用脚尖朝他咽喉处一钉，雷老虎“呃”的一声，不觉四肢无力就往台上倒下去了。雷老虎的两个伙计，慌忙奔上台来，只见雷老虎双眼紧闭，脸色由青转白，知是击中要害，呜呼哀哉了。

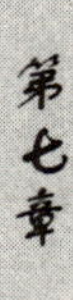

雷老虎是武当派李巴山的女婿，仗着自己的岳父是文渊阁大学士陈文耀的侍卫使，横行无忌。这次被方世玉击毙，自然大快人心。观众们拥上台去，对方世玉的武艺高强十分赞赏，“神童”、“小英雄”交相称誉。方世玉原来只想把雷老虎骄傲自大的气势挫败一下就算了，哪知弄到这个地步，内心感到不安。他走下台去，低着头便向客栈的方向走去。

方德听方世玉讲述了打擂台的事情之后，生气地责备说：“你闯祸了!”方世玉分辩：“公开打擂台，打死不用赔!”方德说：“话是这么说，但日后灾祸无穷了！快走!”他连忙付了房租账，收拾行李，赶去驿站租上马匹，快马加鞭，父子俩立即赶回了广东。

方德、方世玉回到广州后不久，杭州的李小环、李巴山夫妇就接踵而来。李巴山仗着自己是清廷文渊阁大学士陈文耀的侍卫使，最终将方世玉迫害致死，死时大约 24 岁。

《乾隆游江南》第七十五回也有关于方世玉死因的描述：方世玉与五枚比武，在战至三十多回合之后，被五枚“一脚踢中谷道照门，登时就爬不起来了”。这是方世玉死因的另一种说法。

（二）武师黄飞鸿

早在 100 多年前，无论是在佛山还是在广州，黄飞鸿远没有今天的知名度。但在今天，无论是在粤港澳、东南亚还是欧美，你都可以在影视和文学作品中看到关于黄飞鸿的种种传奇故事。

黄飞鸿唯一留下的一张照片

1856年，黄飞鸿出生于佛山，父亲黄麒英是清末武林“广东十虎”之一，他6岁就开始跟从父亲习武。黄麒英武功虽然高强，家道却非常困难，黄飞鸿12岁起就随父亲在佛山、广州、顺德一带卖武，同时还卖跌打药。据说：有一次，他曾经以四象标龙棍战胜了武师郑大雄左手钓鱼棍法，博得了“少年英雄”的名声。

黄飞鸿13岁那年在佛山豆豉巷卖武时，救助了铁桥三的高徒林福成。林福成为表谢意，向黄飞鸿传授了“铁线拳”、“飞砣”等绝技。16岁时，黄飞鸿开始移居广州，当时铜、铁行工人集资为他在西关第七甫水脚创设武馆，向工人们传授武艺，黄飞鸿漂泊多年的卖武生涯终于得以结束。两年后，有点名气的黄飞鸿还被“三栏行”（果栏、菜栏、鱼栏）中人聘为行中武术教练。

1876年，一个洋人带着一头牛犊大的狼狗在香港设擂台向华人邀斗，伤了很多人。20岁的黄飞鸿不甘华人受辱，赶赴香港打擂。擂台是一个蒙古包式的大帐篷，不论什么人都可以与狼狗较量，但必须赤膊上阵，赢了可获50港元，败者只要交5港币。

黄飞鸿主动走上擂台，洋鬼子说了一声“OK”，人狗大搏斗便开始了。这条狼狗健壮得像小牛犊，牙齿又尖又粗，狗眼暴出却藏着凶光。黄飞鸿沉着应战，丝毫不敢大意，所以这头狼狗虽猛扑了许多次，但都无功而返。黄飞鸿也不急于反攻，只是腾跃躲避而已。

观众中有不少人知道黄飞鸿武功高超，但对其在场上的表现却不理解。看到黄飞鸿没有还击一下，他们都以为黄飞鸿害怕狼狗的凶猛。其实黄飞鸿处处以退为进、忽左忽右，就是要让狼狗消耗大量体力。洋人见黄飞鸿只是躲闪，也以为他胆怯，暗自发笑。

相持了大约有三刻钟，狼狗开始乱来，不像开始那样有章有法。只见黄飞鸿向侧移步，狼狗张着大口露着利齿猛扑过来，想咬他的脚踝。黄飞鸿纵步侧走，身体作猴行的样子，等狼狗扑近的一刹那突然用两手合掌向它头上用力拍了两巴掌。狼狗听到响声，仰起头往上看，黄飞鸿趁机用点子脚出击，飞脚如风又急又猛，一下子踢中了狼狗的背脊。这一脚又准又狠，把狼狗的脊梁骨踢断了！只见狼狗倒在地上，不停地哀鸣，声音非常凄厉。

在场的观众欢呼雀跃，有人向空中抛帽子，还有人抛鞋子来庆祝黄飞鸿获胜。洋鬼子非常沮丧，吆喝了几声，可那狼狗还是动弹不了，气得他忍不住踢了一脚。

按照事先签订的协议，黄飞鸿上前向洋鬼子要回 5 港元押金，同时要对方付给他 50 港元的获胜奖金。这虽然不是个大数目，却有着非同寻常的意义。但洋鬼子此时却要起了无赖："你把我的爱犬打成重伤，我不向你要赔偿，已经给了你很大面子，你还想来讨要奖金吗？"

黄飞鸿厉声地说："你的狗要花钱治伤，那么前段时间我们那么多被你的狗咬伤的同胞，就不要治伤了吗？"

洋鬼子耍赖地说道："我的狗输了，但我人没输，你若想要奖金，必须与我较量身手才行。"洋鬼子自以为身体健壮又懂一点拳术，身高又比黄飞鸿高出一大截，以为此番较量应不费多少力气就可以将黄飞鸿打趴在地。所以双方较量刚一开始，他就举拳直逼黄飞鸿，拳拳打向他胸前。

黄飞鸿见这个洋鬼子来势凶猛，迎架不是那么容易，就以封闭手法应战，意在截格中封闭他手势的变化。在双方交手过程中，黄飞鸿乘势逼迫对方，暗中用脚插入对手马步内。马步偷进成功后，再用"勾弹脚法"向他的马步用力一弹撬，两手再向他身体猛推，上下夹攻，打得洋鬼子措手不及。力量之大，使猝不及防的洋鬼子仰面倒在地上。

洋鬼子倒地的一瞬间，黄飞鸿飞身跃起，落地之后单脚已经准确无误地踏在了洋鬼子的肩上。黄飞鸿松了脚，朝倒在地上的洋鬼子摆摆手，示意他起来再打。洋鬼子被重重地摔倒在地上，由于身体肥壮，摔得真是够分量。见黄飞鸿朝他摆手示意，他躺在地上摇摇头说："No. No……"

"不打了？那好，认输你就得给钱！"黄飞鸿把这话给翻译说了，翻译再转译给洋鬼子听。洋鬼子慢慢从地上起来，示意手下人付钱给黄飞鸿。

打败洋犬、洋人的第二天，香港的各大报刊用套红标题报道了这个特大喜讯。有位诗人还在报上发表了一首打油诗，诗中写道："一双铁脚斗凶狼，洋人不服太嚣张。飞鸿再度来开战，击败红须绿眼郎。"黄飞鸿由此名声大震，成为香港的风云人物。

1882年，黄飞鸿被广州水师聘为武术教练，后来还考取广州将军衙门“靖汛大旗手”一职。3年后，记名提督吴全美聘他为军中技击教练。就在黄飞鸿30岁那年，父亲黄麒英辞世，他心生退意，辞去了军中的技击教练职务，在广州仁安街开设了一个跌打医馆“宝芝林”。1888年，黄飞鸿治愈了黑旗军首领刘永福的脚疾，刘永福赠送给他一块写有“医艺精通”字样的木匾，并聘请他作黑旗军的军医官，同时担任福字军技击总教练。1894年，刘永福率领军队赴台湾抗击日本侵略军，黄飞鸿也随军抵台，驻守台南。1895年6月，刘永福护台失利，遭受了重大打击的黄飞鸿开始离台返粤，自此只行医，不授武，并在“宝芝林”门前张榜说：“武艺功夫，难以传授；千金不传，求师莫问。”

1924年8月，广州商团总长陈廉伯在英帝国主义支持下，乘孙中山北伐之际在广州发动武装暴乱，纵火劫掠。黄飞鸿与其继室莫桂兰苦心经营数十年的宝芝林也毁于战火。他经不起沉重打击，积郁成疾，是年冬天不治去世，终年77岁。黄飞鸿身后萧条，家徒四壁的后人甚至无力殡葬，多亏了女弟子邓秀琼出资相助，他才得以埋葬到白云山麓。

黄飞鸿的一生是中国历史由封建专制开始转向民主共和的年代，他以弘扬国粹、振兴岭南武术为己任，纵横江湖数十年，凭着过人的勇敢、智慧和绝技，身经百战，显赫辉煌，成为中外闻名的武术大师。而且，他武艺高强且崇尚武德，推尚“习武德为先”，从不恃强凌弱，坚持以德服人。

黄飞鸿传授过的弟子很多，有凌云阶、梁宽、卖鱼灿、陈锦泉、帅老郁、帅老彦、陆正刚、林世荣等，其中成就最大的是随黄飞鸿习武20年的林世荣。林世荣早年以卖猪肉为生，被人称为“猪肉荣”，曾获清末在广州东较场举办的首届广东武术比赛第一名，后来因为热心公益而获得过孙中山的银牌嘉奖。他曾经在广州开办过三家武馆，一生授徒万余人，弟子遍布美、加、欧洲还有东南亚。

林世荣晚年因为受牵连逃往香港，开始打破门派的界限，著书立说，约于1930年左右出版了《伏虎拳》、《铁线拳》、《虎鹤双形拳》等拳谱，开创了广东近代武术套路写作的先河，使得黄飞鸿流传下来的洪拳远播港澳、东南亚、欧美和南非等地，经久不衰。

第八章

异彩纷呈的武术流派

从有组织、有机构的角度来说，武林集团表现为门派，门派具有很强的社会性，它与技艺性强的拳种套路相互包容、相互交叉而存在。

我国的武术门派套路众多，目前有源流沿革、有理论、有完整基本功和拳械套路的就有129种，其中细化派别又不在其列，可见流派之多。在武术门派中，少林、武当、峨眉、南拳四大派最具有代表性，除此之外还有很多影响较大的武术派别，尤其是近阶段中国创拳运动广泛开展，创造出来的新门派初步估计已过百个，再加上那些神秘的派别，实在让初涉武术殿堂的人看得眼花缭乱，形成了蔚为大观的中国武术文化体系。

第一节　蔚为大观的武术门派

中国武术门派套路众多，人民体育出版社1985年出版的《中国武术史》中仅列入的拳种就达46节75种，可见武术门派的纷繁。在我国武术门派中，可担当重任且具有一定名气的有少林、武当、峨嵋、南拳四大派别。另外，通臂、形意、八卦等也是十分优秀的武术门路，经过了近千年的积淀，它们已经发展得比较完善。

俗话说：天下功夫出少林。虽然其中不乏夸张的成分，但是也说明了少林功夫确实博大精深。武当山则重道教，所以武术的技击风格内外兼修、以柔克刚，并且具有独特的养生功能。另外还有亦刚亦柔的峨嵋派、独具特色的南拳等。少林、武当、峨眉、南拳四大派内部又有许多支派，各支派中某一套路如有显著特色，又可能发展为新的支派。

如果说少林为外家拳之代表，那么太极、形意、八卦都是比较优秀的内家拳种，无论是用来强身健体还是用来自卫都是上选。虽然早有人对内外家之分的科学性表示怀疑和批判，但从通俗的角度来看，内外之分还是有一定道理的。

此外，各地的著名拳种还有大成拳、长拳、绵拳、八极拳、三皇炮捶、戳脚、劈挂拳、苌家拳、拦手门、梅山拳等。除了这些传统的武术流派，近现代也产生了很多武术流派，并以简单实用为主要特点，如长拳、截拳道。他们都是由中国传统拳法衍生出来的，秉承了中华武术技法的一些优点，攻击方法也具有多样性。其中截拳道的思想最为丰富，已经超越了现代的大部分格斗术。截拳道把“以无法为有法，以无限为有限”作为其口号，以无限的方法去战斗，从不拘泥于现成的技术，从不敬畏任何一位拳学权威，十分值得提倡。

这里所介绍总结的武术门派不过是中华武术中的一小部分，但从这些武林门派、拳种、套路中，可以看到中华武术历史和现实中的源头，这对于武术文化的进一步理解和鉴赏具有一定的意义和价值。

第二节　迅疾勇猛的通背拳

通背拳是中华武术百花园中的一朵奇葩，属于较为典型的长击类拳法，擅长中、远距离克敌制胜，讲究放长击远，进而将中国武术“一寸长，一寸强”的技击理论发挥得淋漓尽致。

通背拳历史悠久，以独特的技术动作和极强的技击作用驰名中外，并有多位通背拳大师如修剑痴、张策等纵横武林，鲜有其匹。通背拳流传至今，已形成许多流派分支，风格多样化、技术体系完善、内容丰富多彩、拳械全面，不愧为中华武术的瑰宝。

一、通背拳的起源与发展

通背拳也称通臂拳，顾名思义，“通”表示通达、贯穿，“背”指人体的腰背，通背则有出力发腰背、贯达肢体的含义，体现了通背拳放长击远的技术风格。

关于通背拳的起源，至今传说不一。有人说是战国时代孙膑所传，也有人说为战国时白猿所传，但其详细的历史、发源地和原始技艺等却没有确凿的史料。通背拳的文字记载最早出现在宋朝，据《中国体育史》引证：当时与赵匡胤为敌的北周名将韩通使用的就是通背拳，但如今的通背拳是否是韩通所传已经无法考证。

这以后，通背拳的文字记载屡见不鲜，其中最为确切的是明末学者黄宗羲在《南雷集·王征南墓志铭》的六路歌诀中“佑神通臂为最高”的记载。黄宗羲的儿子黄百家在《学箕初稿·王征南先生传》一文中，进一步注释：“通臂，长拳也。”这些记载证明通臂拳至少在明代就已经流传，但创始人等源流也无从查考。

根据拳谱遗存的确切记载：最早传习通背拳的人是清末浙江人祁信，此后通背拳大为昌盛、好手辈出。近代流传于北京、天津一带的通背拳就是祁信所传，也称“老祁派”。

祁信，浙江人，因官司避难在河北省固安县琉璃河尹府中，糊口谋生。一天，尹、杜两家因口岸利益发生矛盾，结果大动干戈。祁信听到后立刻手持长杆去帮助尹家，结果遭到杜家很多人围攻。祁信毫不胆怯，杆到之处人员翻倒，杜家招架不住，被迫退去，尹家大胜而回。自此，祁信威名大震，被人们敬称为“杆子祁”，登门求学者从四面八方而来。祁信从此开场授拳、广收弟子，称为“祁家门”。

通臂拳从传出到现在已经有二百多年的历史，由于旧时各派门规极严，又各秘其术，从不肯轻易传授。通臂拳的流传范围并不广泛，主要传习于河北、河南、山东、辽宁、京津等地。

近几十年来，经国家大力提倡、挖掘传统、整理继承、交流推广，通臂拳开始活跃在我国武坛上，还出现了许多承上启下、继往开来的人物，如：蜚声国内外的贵州的王之和、云南的沙国政、北京的王侠林、天津的邓洪等等，他们善于继承、发扬传统武术，使通背拳取得了较快的发展。

如今的通臂拳流传于全国各地，形成了很多支派，有“祁家通背”、“白猿通背”、“五行通背”、“六合通背”、“劈挂通背”、“两翼通背”、“二十四式通背”、“洪洞通背”等等，其中“祁家通背”、“白猿通背”、“五行通背”的流传较为广泛。

二、通背拳的独特风格及流派

通背拳的运动特点很多、风格各异，区别于其他拳种最大的特点就是双肩、双臂的动作，这也是通背拳得名的由来。通背拳要求运动时肩、臂关节要放松，两臂前伸、敞开，通肩达臂，力贯梢节，背通则臂长，臂长可击远，以体现出开愈大、力愈大、放愈长、击愈远的道理。通背拳不但要求“开”，而且讲究“合”，开势如大鹏展翅，合形似猿猴入洞。运动中上挂下连、上下相随、此起彼伏、贯穿一气，这就是通背拳最大的特点所在。

通背拳还要求做到形神兼备、六法合一。所谓六法，就是内三法与外三法。内三法是意、气、力三方面的配合一致，就是在运动时思想集中，呼吸和顺，发劲整齐而协调一致；外三法就是手法、身法、步法，即动作时架子协调统一，合一就是动作配合协调、内外相应、整齐合一。在运动时，要拧腰切胯、吞吐胸背、腰背发力、甩膀抖腕、臂膊如鞭、放长击远、灵动快速、体用俱全、形神兼备。

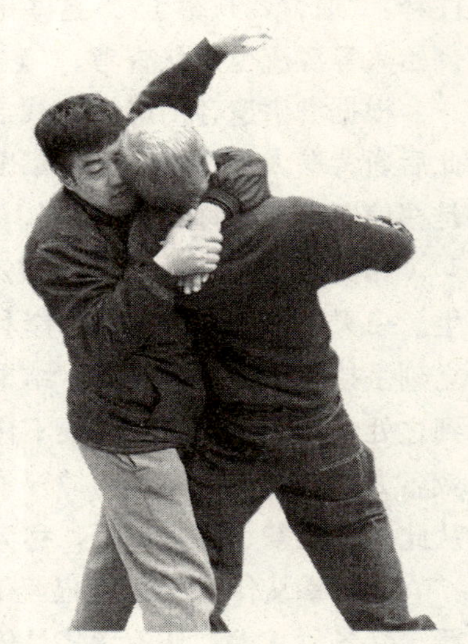

通背拳练习

通背拳操练时动作自然活泼，朴实而又豪放。全身关节松灵，柔中寓刚，体态轻捷，缩、小、绵、软、巧，反应灵敏，动作柔软激烈、快速矫健、轻松坚韧、雄浑有力。通背拳的劲力以“缩小软绵巧，冷弹脆快硬”十字为主，有许多技法的运用，如摔、拍、穿、劈、钻、刁、拿、锁、扣、掤，搂、带、擢、抖、挑、崩、按、挂、扇、擂等等。发劲时，力点清楚、击点准确、内外合一、劲势饱满。运动时，顺自然、重实用，往来都是技法、出手就是致用，技击性非常强。

通背拳与一般拳法比较，拳或掌的手形较丰富，主要有单晃掌、撩阴掌、双盖掌、引手掌、拍掌、踏掌、秀骨拳、平拳、尖拳、斩首等。运动时舒展大方，气势通串，其拳势起落转换，劲势不断，断而复连。通背拳拳谱上说“手法，势如流星。身法，动作如电，步法，行走如飞”，简要而准确地说明了通臂拳运动的风格和特点。

通背拳在练功中反对有害肌体的拙力、硬劈等练法，提倡粘、绵、吸、化的柔化之力，讲究以柔克刚、刚柔并蓄。技击手法讲求“明、暗、奇、绝”四法。明手要引诱对方，另一只手藏于明手下侧，以灵活多变的技术手法寻机打击对方。腿法的运用多与步法相结合，要求手脚并用。

通臂拳主要分类有“祁家通背”、“白猿通背”、“劈挂通臂”三种，各种拳法既有传承又各具特色，风格、特点、技法虽不尽相同，但其拳理是一致的。

（一）白猿通背拳

关于白猿通背拳的起源已经无从查考，据传于明代万历年间传入山东，后传入北京柳河村（今宣武区牛街）。由于牛街是伊斯兰教聚集区，回族人彪悍的体魄和民族尚武精神使得这一优秀拳种在牛街回族中得到完整的保存和发展，并秘传至今。

白猿通背拳的拳式要求头顶、项领、前空（虚胸）、后丰（紧背）、凹肚、探背、松肩、臂长、腕活，运动时要求“身似云、手似箭，腰似螺丝、腿似钻”。两臂运转要“琵琶骨（肩胛骨）活如扇，两手相连似星串”。活动中要“拳对口中发，回来归肋下”，抡圆贴身，在舒展中显出严密、紧凑。

白猿通背拳招法快速多变，讲究弓背松肩，放长击远，劲力要求沉、长、冷、脆。而且，其以实战技击为目的，内外兼修，其中有打坐静修法、站桩服气法、沉手操桩法、神意与内劲相参、单操与连手互汇。

白猿通背拳不仅拳法精妙无比，而且功法系统完整，以修炼身心为体，实战技击为用，上功迅速，练养得宜。它以中华传统文化为根基，内含易学天人合一之哲学思想，阴阳动静之间涉及中医学、经络学、心理学、解剖学、生理学和力学等多学科理论知识。只要贵悟持恒，循序渐进，就能步入武学殿堂，经过易筋、易骨、乃至易髓，内外兼修而臻上乘。

（二）祁家通背拳

祁家通背拳创始于清朝道光初年，由避居河北的浙江人祁信所传，也称“老祁派”。祁信的儿子祁太昌广学博采、宗归汇新，将多种枪法、拳法、刀法熔为一炉，发展形成了祁门“三绝艺”，改通背猿猴为六合通臂，后来被称为“少祁派”。从此，通背拳中有老派（老祁）、少派（少祁）之别。此后经历代传人不断丰富发展，尤其是“中兴之祖”胡悦县数次搜集散传民间的老、少两派手法，科学系统地继承了“祁家通背拳”，使其成为中华武林百花园中一朵不可多得的奇葩。

祁家通背拳的拳式要求虚胸下气、松肩坠肘、全身松柔、透空。运动时表现为节节贯通、敏捷流畅。劲法讲究冷、弹、脆、快、硬五字。力由脊发，经肩、肘、腕三关，毫不滞涩，直达手指。基本练习动作包括顺背、圈手、吊袋、挺掌等“原地法根”，以及劈山炮、转环拍掌、圈搁、四平炮等“动步法根”，还有将单式串组成套的三十四式“拆拳”。祁家通背四路拆拳以单操散手为主，注意势、法、理及心意的培养，刚柔相济、奇正相生、虚实结合、动静相宜、松紧有度、内外双修。

（三）五行通背拳

五行通背拳由祁家通臂中的“少祁派”拳技发展而成。技法主要取法于长臂猿的动作，以摔掌、拍掌、穿掌、劈掌、攒掌为基本手法，并配以五行，因此也被称为“五行掌”。

据修剑痴撰写的《通臂掌·论五行相生相克》记载：“攒掌属土”、“摔掌属金”、“穿掌属水”、“拍掌属木”、“劈掌属火”。五行中土能生万物，所以该拳的攒掌（中拳）为万法之本，正所谓“万拳之法不如中”。

与其他通背支派相比，五行通背拳的特点表现为：全身各关节“曲扣以防护，舒展以放长击远”，动作开合幅度较大，在大开中求密合，在长击中藏短打。五行通臂拳共有七十二个散招，每招是由三至九个攻防动作串成的小组合。按照动作难易程度分为前二十四手、中二十四手、后二十四手。五行通臂多用暗腿，以步藏腿，发腿不过膝，基本套路有十二连环掌、通臂六合拳、六路总手。

除以上三种通背拳流派外，还有流传于山西的“关中通臂”、“洪洞通臂”、“两仪通臂”，以及流传于天津的“两翼通臂”。其中，“洪洞通臂”的拳理、拳法和技艺，都和陈家沟太极拳很相似。练习通臂拳对于发展躯干和上肢的柔韧性，特别是对于提高肩关节灵活性有很好的效果。

三、通背拳高手的故事

通背拳是中华武术众多门派中一个独立的拳种，有着悠久的历史和丰富的技术内容，是较为古老的拳种之一。通背拳在漫长的发展历程中，留下了很多精彩的民间传说。

（一）“燕北大侠”修剑痴

修剑痴原名修建池，又名修明，河北省固县修辛庄人，生于1883年。他自幼练习长拳、形意拳，十分擅长剑术，自称“剑痴”。由于他酷爱剑术达到痴迷的程度，而且剑法独到、无人能比，在当地名声很大，于是改名为修剑痴。关于修剑痴的剑术是从哪里学来的一直众说纷纭，至今无法考证。

修剑痴以剑术成名后又在河北通背名师许天和门下学习五行通背拳，艺成后来到京津一带，博众家之长，武艺得到进一步升华，曾与“北方大侠”王荣标有深厚交情。

五行通背拳分金、木、水、火、土五门，剑痴尽得精髓，成为近代少祁派五行通背拳的集大成者。三十多岁时，修剑痴因家道中落，云游四海，以教拳为生，足迹遍及大江南北，以武会友，相互砥砺，艺臻化境，人称“燕北大侠”。修剑痴还曾在曹锟府上谋事。曹锟是河北直系军阀的首领，军中与府内有很多武术教官，通背名家刘玉春就曾任曹锟亲兵苗刀营的武术教官。苗刀可劈、可刺，可单持、可双拿，是通背上阵的实用刀法。一天，曹锟打算亲自检验一下修剑痴的身手，把他引到练武厅中说：“修先生是不是用用功？”修剑痴随即在大厅里演练通背拳，在场的武术教官见此拳一出一进，像木匠拉手钻一样，非常简单，心中按捺不住，打算挫一挫修剑痴的威风。一名武师走上前来，表示要切磋一下武艺，于是两人便在厅中交起手来。对方攻势凶猛、招式凌厉，但没过多久就显出用力过刚、招式嫌散、步法欠活的弱点，修剑痴找到一个破绽，立刻出拳打中

对方。对方被击中后连退数步，当场折服退出，在场众人无不拍手称奇。

1917 年，修剑痴前往大连，在西岗区东关街韩鹏尧家中落脚，授徒传艺。在这一时期，他融会了儒家、道家、纵横家、阴阳五行家、兵家的思想精华，填补了通背拳某些理论上的空白，又总结出一些具有指导意义的通背拳理，为中华武术宝库做出了不可磨灭的贡献。

这一时期，曾有两人带着伪满洲国“皇帝”溥仪的手书，从新京（现在长春）来到大连，专门找修剑痴比武过招。结果两名武师都失败而归，此后修剑痴名声大噪，被武林同行敬称为“通背大师”。

1933 年，修剑痴应湖南省邀请任湖南省国术比赛裁判，之后留在湖南任武术教官多年。他还对当地的太极、形意、八卦等拳种进行研究，先后创编和整理了多种通背拳械套路，其中“奇形剑”、“五行八卦刀”驰名国内，而“断门枪”从 20 世纪 50 年代起即被列为全国规定枪术甲组套路。

修剑痴深钻技艺、穷究理法，自 1930 年开始著书立说，整理出数十部书稿，主要有：《五行掌法》、《健康论丛》、《体育规范》、《通背刀论》、《通背拳技击法》、《大枪概论》等，另外还整理出多种通背拳谱，这些套路至今仍被人们传练。

（二）通背拳名家王耀庭

燕北大侠修剑痴教拳四十多年，门徒众多、桃李芬芳，在他亲传的弟子中，王耀庭就是其中十分杰出的一位。

王耀庭，山东文登宋村镇草埠子村人，14 岁时在大连跟随修剑痴学拳，24 岁出师，先后在大连寺儿沟和西岗设馆授徒，曾随修剑痴游历南方数省，与诸多名手交流技艺。

20 世纪 30 年代，大连处于日本侵略者的统治之下，日本的驻军及移民很多。当时，有一个日本人精柔道、剑道，善拳击。他听说王耀庭是一个十分厉害的拳师，便到拳房找他比试。王耀庭以不会用拳击套加以推辞，但这个日本人坚持要比试，最后约定进行徒手搏击。交手后，日本人以快速凌厉的刺拳、直拳、摆拳向王耀庭面部发动猛烈攻击。王耀庭并不还击，只是与他周旋，但对方愈打愈猛，王耀庭便采用通背拳打向对方面部，结果这个日本人面部被击出鼻血。可他仍不甘心，继续顽强地发起进攻，结果又被王耀庭击中胃神经后，捧腹倒地而输。这回这个日本人输得心悦诚服，此后仍时常来拜访，并向王耀庭虚心求教。

王耀庭不仅拳术精湛，品德也十分高尚。数十年来找他比武的人不少，但他在比武中小心翼翼，很少伤人。20世纪60年代，一名黑龙江的武术家到大连访友试艺，要求与王耀庭比武较量。王耀庭打出一招补手中拳，但担心对方跌倒有失脸面，又急忙把拳收回。对方武师深明拳理，对王耀庭的拳艺、武德十分钦佩。

王耀庭教拳几十年，培养了无数通背拳名家，为通背拳的薪传播下了种子，留下了一笔宝贵的中华武术文化遗产。

第三节　内劲外用的形意拳

形意拳是我国三大著名内家拳拳种之一，起始于明末，盛行于晚清，迄今已有三百多年的历史，历代名人辈出，影响极大。

作为博大精深的中华武术，形意拳经过历代传人不断钻研、实践、总结、提高，逐渐形成了较为完整的理论体系，讲究以意领气、以气导力、意形二表、形意一体，通过对形与意的相互调节、内与外的相互作用达到体用兼修的功效。

形意拳不仅有强身健体、祛病延年的功效，且富有实战的技击效果，因而以强大的生命力日益普及和光大。

一、形意拳的起源与发展

形意拳脱胎于心意拳而自成体系，它讲究“象其形，取其意”，要求“心意诚于中，肢体形于外”，是非常注重内意和外形高度统一的拳术。

目前关于心意拳的起源说法不一，有达摩创拳说、岳飞创拳说等等，但这些说法都无从查考。明末清初的姬际可是心意拳史上一位非常重要的人物，他生于明万历年间，是山西蒲州（现永济县）诸冯人氏，曾在少林寺学艺十年，开创了“心意六合拳”。

形意拳就是从心意六合拳中衍化而生的，它的创始人是李洛能（也作李老能）。李洛能曾学得姬际可的这套“心意六合拳”，并在这套心意拳的基础上开创了著名的形意拳。

李洛能，字能然，号飞羽，河北深州人氏。据记载：李洛能34岁时到山西经商，拜在山西心意六合拳名师戴龙邦门下学习“心意六合拳”。为了学习这套拳法，李洛能变卖家产，以种菜、卖菜维持生活，利用十年功夫终于学成。

形意拳练习

学成之后，李洛能在山西太谷县边教学边研究拳艺，并在深入研究戴氏心意拳的基础上改革创新，创编了人的整体形态与思想意识高度统一的拳法“形意拳”。早期的形意拳健身、技击并重，拳法内容比较简单，动作强调刚柔变化，基本要领概括为“龙身、熊膀、鸡腿、鹰爪、虎抱头”。后来，李洛能在理论上吸取了道家的养生及哲学观点，以“三体式”为基本架式，新编套路“杂式捶”，并创编对打套路“安身炮”等。这套新拳法简单易学、朴实明快，强调先发制人，着重力量与速度，深受人们的喜爱。

心意拳的传播本十分保守，但李洛能打破了这种墨守成规、教人唯亲的保守门风，广为传授，被世人称为“神拳李”。李洛能的传人中，著名人物有车毅齐、宋世荣、李太和、刘奇兰、郭云深等。他们积极完善拳术理论及内涵，并加强对外交流与研究。因此，其名家辈出，在武林中声誉大振，门人曾多次在国际性的比赛中取得成绩，深受同行的敬慕。

1937年，日军发动侵华战争，许多青年拳师奋起抗日，为捍卫中华民族的尊严、抗击日寇的侵略作出了积极贡献，仅山西就有陈晓峰、胡殿基、史克让等多名形意拳新秀为抗日战争英勇献出了生命。

20世纪50年代以后，形意拳得到了恢复和发展，从事其理论研究的人们克服重重困难，查找历史文献，走访形意拳前辈，实事求是地在研究形意拳的历史源流，挖掘整理形(心)意拳文献，阐述形意拳拳理、拳法中的疑难问题，以及在澄清某些历史讹传等方面作了大量工作，并取得了重大的研究成果。

随着社会进步，许多人对形意拳术独特的健身功效有了进一步的认识，习此拳者遍及各地且与日俱增，并出现了很多形意拳研究会。如：北京市形意拳研究会、山西省形意拳协会、中国深州李洛能形意拳研究会、济南形意拳研究会等，为形意拳更好地造福人类，以及人类的健康长寿和社会安宁做出了巨大贡献。

二、形意拳的内容

形意拳是中国著名拳术之一，它以动作朴实、劲力精巧、体用兼备、内涵丰富等特点深受人们喜爱。在历代形意拳师的辛勤耕耘下，形意拳大大发展与丰富了中国传统文化，并成为中国传统文化中不可缺少的组成部分。

形意拳采用中华传统文化中的阴阳五行学说来阐述拳理。阴阳五行学说是中国文化的内核与哲学思辩的基础，它贯穿于传统医学、气功学、宗教学、武术等各个领域，是中国传统文化中具有高度概括性的学说。

形意拳对人体的理解深受阴阳学说的影响，它认为人体上部为阳，下部为阴；外部为阳，内部为阴；左边为阳，右边为阴；阳济阴，阴润阳。因此长期练形意拳，可以使人体上下协调、内外结合、形神兼备，身体素质增强、心理素质也有所改变。

五行学说是中国传统哲学的有机组成部分，与形意拳也有着紧密的联系。五行认为世界万物由五种基本要素构成，即水、木、金、火、土；在五行理论中，五行相互联系、相互制约。“五拳”则是形意拳的基本套路，它的设计正是源于五行生克理论。五拳为劈拳、钻拳、崩拳、炮拳、横拳。它们也是相生相克的，即劈生钻、钻生崩、崩生炮、炮生横、横生劈，同时劈克崩、崩克横、横克钻、钻克炮、炮克劈。

形意拳的实用性很强，要求“两肘不离肋，两手不离心”，钻翻伸屈，拧旋往返，起钻落翻，体现出严密紧凑的上肢运动特点；要求“迈步如行犁，落步如树生根”，体现出快速沉稳的下肢运动特点；还要求快攻直取、寓守于攻、顾打兼备，做到“起如风，落如箭，打倒还嫌慢，硬打硬进无遮拦”，做到全身的完整协调。

形意拳以五行拳为形意母拳，以十二形拳为基本拳法，以八字功提高技击，丰富手法。民间流传的形意拳单练套路有：五行连环拳、形意八势、杂势捶、十二洪捶、安身捶、八字功连环拳、五行连环刀等；对练套路有：绞手炮、五行炮、五花炮、安身炮、散手炮、九套环等，另外还包括：刀、枪、剑、棍及稀有兵器鳞角刀、鹿角镢、铁筷子等。

形意拳吸取了中医学与气功学的精华，长期练习可强身健体，对于增强体质、防治慢性病具有很好的辅助治疗作用。比如：意拳站桩功是形意拳的基本功，而现在已被广泛普及与应用，并被作为专门健身医疗的气功。正所谓“武医同源”、“练武先学医”，形意拳即是集养身、健身，技击于一体，注重内功修炼、陶冶情操、强健体魄、完善人格的一种拳术。

（一）五行拳

五行拳是形意拳最基本的拳法，包括劈拳、钻拳、崩拳、炮拳、横拳。它是以中国传统文化中的五行学说来命名的拳术，前辈拳家以五行学说结合拳式、把拳式招法删繁就简，再结合人体中医理论解说拳理和攻防技法，由此创立了五行拳。

1. 劈拳

五行拳中的劈拳属金，是强击性拳法，分为双劈拳和单手劈拳。劈拳并不仅仅只有向下的劈劲，还应该有向前的刀割劲和向后的抽拽劲。发力轨迹为从前额至胸腹，这样的劈拳才能浑厚有力。

练劈拳要求先打明劲，再打暗劲，最后打化劲。劈拳的劲除明、暗、化以外，还要打出捕、拍、撞、按、劈五种不同变化的劲来。练习劈拳还有一条口诀：“劈拳不用看，两脚一条线。前手出拳后手跟，掩肘摩肋打中心。前脚进步后脚蹬，起落钻翻才算成。”

劈拳的用法变化很多，主要有出掌劈敌头、面、胸等身体要害部位。功夫上乘者既可单劈，又可双劈。运用捕、拍、撞、按、劈五种不同打法，都可以将敌手打倒或打出丈外。劈拳功夫达到中上乘者，拳式与呼吸相配合，可以达到一步一鸣、一掌一腹鸣响的效果。劈拳除技击有巨大威力外，还有健身祛病的功效，尤其对人的肺部健康大有益处。

2. 崩拳

崩拳属木，因其动作形如利箭穿物，拳击有力，发力时威猛如山崩地裂而得名。崩拳有半步崩拳、拗步崩拳、顺步崩拳、跨步崩拳、快步崩拳等几种不同的步法，其中半步崩拳是崩拳当中最基本的锻炼方法，其他各式崩拳都源出于此，故半步崩拳有“母拳”之称。

半步崩拳为清同治年间的武学大师郭云深所创，崩拳的步法用“半步”，即：前脚进，后脚跟，两脚互不交换。前脚进时，应先将脚提起，然后再向前趟出，后脚跟进，应着重在趟上。后脚的跟进要快速、猛烈，如箭出弦；意一动，身一抖，便进身，不能有丝毫迟疑之感。崩拳实用的劲力是崩劲，它是当接近对方时猝然发出的一种最猛、最凶、最狠的劲力，采用先蓄而后发，先松而后紧。它除崩劲之外，还有压劲、裹劲、扑劲、抖劲、踏劲等，常要求一劲之中又须含有顶、拧、磨、翻、蹬、猛、顺、透八种混合劲，十分难练，所以形意拳前辈常有“练拳容易，找劲难”的说法。

崩拳练习

3. 钻拳

钻拳属水，演练起来犹如海中巨浪翻卷，其气势大有将海上之物抛向空中的钻天之势，因而得名钻拳。

练习钻拳时，要沉肩坠肘，肩胯与手的动作要协调一致。前手不可越过前脚尖，此即形不破体，力不出尖，从而使自身保持平衡。与崩拳、炮拳相比，钻拳更重视一个“巧”字，久练钻拳能去僵拙为灵巧，使人体运动更加协调灵敏，这才是钻拳似水的根本含义。

4. 炮拳

炮拳属火，刚劲猛烈、气势逼人，因而得名。炮拳一出，大有雷霆万钧之势。加上打炮拳时，无坚不摧，拳劲宏大，可以说炮拳是五行拳中最为凶猛的拳法。

练炮拳能增强心脏功能，从拳理上说可以促使血脉灌至上焦，气沉丹田足可以充实下部，所以练炮拳有生髓生血、益智益神的功效。

5. 横拳

横拳属土，土性中和，是一种阴阳平衡、刚柔相济的拳法。其为五行

拳之母，既可化为劈、钻、崩、炮四拳，也能化十二形拳，正所谓“一本可散万株，万株咸归一本”。形意拳立拳核心为中庸，而中庸代表性最强的拳法就是横拳，所以横拳若是一味追求“刚劲猛烈，无坚不摧”就失其本意了。

形意拳除了技击性强外，更是一种养生延年的妙术，其劈拳通肺、钻拳强肾、崩拳舒肝、炮拳健心、横拳益脾，五行拳每一种拳法都是养生健身的药方，效果不逊于气功、太极拳，形意拳名师多长寿就是实证。

（二）十二形

十二形是形意拳系的传统套路之一，是取十二种动物的动作特点编排而成，既是精妙的攻防技巧，又是练身的良好方法。在十二形中，由戴龙邦传下的有十大形，即龙、虎、猴、马、鸡、燕、鹞、蛇、鹰、熊，后来形意拳鼻祖李洛能又添加了鮀和鹱形，使形意拳的技击之法更趋于全面。

较五行拳的练习，十二形又增加了许多手法、身法、腿法和步法，形象丰富、劲力全面，不仅能够提高身体素质、改变人的精神气质，进而达到延年益寿的目的，还可锻炼和掌握多种劲力，提高攻防实战能力。

（三）八字功

八字功是形意拳系的套路之一，由于其传承者将这套拳法的拳路要诀概括为八个字，因而得名“八字功”。而这八字分别是斩、截、裹、胯、挑、顶、云、领。形意拳讲究学以致用、学用结合、体用兼备，八字功就是致用的功拳。每一字功法都有其独特的动作组成，各有不同的练法、功法和用法。八字功既可每一字功法单独往返左右练习，也可八字功法串连起来练习，串连练习被称为八字功连环。

练习八字功可以学到五行拳和十二形之外的招式用法，对于丰富形意拳的技法，提高自身的技击能力有很多促进作用。

三、形意拳高手故事

形意拳蕴含了我国传统民族文化的精髓，它以冶炼操守、强健体魄、造福人类为宗旨，培养出了一批技艺精湛、品德高尚的武学大师，谱写了一曲曲扶正祛邪、保家卫国的正义之歌，为今人留下了很多耐人寻味的传奇故事。

（一）形意拳大家车毅斋

同治年间，李洛能的五位弟子在山西太谷县传授形意拳，民间素有“五星聚太谷”之称。太谷县一时成为形意拳名流荟萃之地，在此学习形意拳的人日益增多，因此太谷被武林誉为“形意拳之乡”。

清朝时的形意拳练习者

车毅斋就是这五星之一，他技艺精深，形意真功达到出神入化之境。车毅斋成名之后，曾在祁县乔家做教师兼护院。乔家是巨富之首，在全国各地都有大商号，与北京载沣（清末为摄政王）交情甚厚。载沣听说山西有个车毅斋武艺高超，便约他来京与府内的武术教头比武，车毅斋毫不推辞，应邀前往。与车毅斋比武的教头武艺高强，连连攻击车毅斋致命要穴，他边后退边巧妙化解，直退到一尺高的门栏前，教头猛攻一拳，想把车毅斋隔门打出去。只见车毅斋身体一个“束展”，迅如闪电，将教头凌空打出一丈开外，摔在王爷喝茶的八仙桌上，茶倒盘碎，淬了王爷一身水，车毅斋却一甩马袖离开了大庭。乔家老爷慌忙说：“车二是一乡间武夫，是个粗人，请王爷恕罪！”载沣却没有责怪。

车毅斋晚年正值列强侵略中国。光绪十四年（公元 1888 年），日本武林高手板山太郎在天津设擂，气焰十分嚣张。车毅斋听说后，前往天津和这个日本人比武。结果以形意剑术大败板山太郎，名声大震，被清政府授予“花翎五品军功”，以示嘉奖。

（二）韩慕侠大败康泰尔

韩慕侠生于 1877 年，自幼跟随清末武术大师张占魁习武，擅长“形意八卦”。解放前，他曾担任黄埔军校首席国术教官，是当时国内赫赫有名的拳师。韩慕侠平生最为得意的事莫过于在 1918 年打败俄国大力士康泰尔。

1918年秋，康泰尔来到北京摆擂比武。这个大力士个头有两米多高，膀大腰粗，据说能够曲钢轨、断铁链，打遍欧美46国无人匹敌。他准备把中国作为“荣归”的最后一站，在中央公园（今中山公园）摆擂7天，并做一面大金牌，奖励给最后的胜利者。他还让翻译宣布：“如能把康泰尔先生打倒在地，可得一面金牌，打倒11次，可得全部11面金牌!”

一连五天，没人应战。到第六天时，韩慕侠在天津听说康泰尔如此嚣张，便决定赶赴京城与他一决高低。不料警厅却以“恐伤人命，引起外交”为名，不准比试。一怒之下，韩慕侠便直接找上门去会康泰尔。一见面，韩慕侠说明来意，便定下在客厅交手。只打了几个回合，韩慕侠的双掌就击中康泰尔的要害，把他打得倒退了几步，倒了下去，立即服输。

第七天是康泰尔摆擂的最后一天，观看的人特别多。康泰尔叫翻译先到擂台上，用望远镜四处巡看。韩慕侠知道他是在找自己，就背过了脸去。康泰尔以为韩慕侠没有来，就又跳到台中耀武扬威起来。正当康泰尔得意扬扬的时候，韩慕侠突然跃到台上，康泰尔一见，连忙摆手说：“不比了，不比了，服了，服了!”回头便将11面金牌乖乖捧出，并当众在一块白绫子上写下了中、俄文对照的字据。韩慕侠返津后，把10枚小金牌分赠给了天津各武术馆，自己只留下了那块大的。

后来，他还成立了“韩慕侠武术专馆”。当时正在南开中学求学的周恩来曾拜他为师，练武健身。1947年，一场痢疾夺去了韩慕侠的生命。目前，西青区文化局正准备修缮他的土墓，以供后人凭吊这位爱国武术大师。

（三）忠义大侠李存义

李存义生于1847年，字忠元，清末深州（今深州市）南小营村人。他出身贫寒，自幼爱好武术，20岁时向刘奇兰、郭云深学形意拳，还跟随董海川学过八卦掌，又精于刀术，素有“单刀李”之称。李存义曾在北京打败过号称世界第一的白人力士，并获得政府赐予的一等金质奖章。他为人厚道、轻财好义，与武林名家大刀王五、程廷华等过从甚密，与“闪电手”张占魁情同手足。

光绪十六年（公元1890年），李存义在军人刘坤一帐下教士兵练武，屡建功绩，后到保定开万通镖局任镖师。八国联军侵华时，53岁的李存义参加了义和团，奋勇杀敌，每战必先。他曾率众夜袭天津老龙头火车站，痛杀守站俄兵。

李存义由于参加义和团运动杀了洋人，被清政府通缉，不得已避祸出走。有一天，李存义师徒来到了天津北辰刘快庄，一行人又饥又渴，李存义便让他的徒弟到拳房去讨口水喝。当时的武林同道相互照应、义字当先，做地主的就要好吃好喝好招待。谁知李存义的徒弟讨水时却遇到一个多事的，硬要他亮亮功夫。结果一动手，李存义的徒弟就被打败了。

李存义见状便说：“你的功夫真不错，过来打我试试吧。”那人见李存义其貌不扬，而且年纪很大，不屑动手。李存义就指着兵器架上的白蜡杆说：“你用它顶我的肚子，你要是能把我顶动了，我就算输。”结果那人一下都没有顶动，顶到第三下时，李存义稍稍用了些力，一下子就把他摔出去了。于是，拳房里十多个人每人拿根竿子来顶李存义，结果李存义一发劲，十多个人都被摔在地上。见李存义功夫了得，众人折服，立刻跪下叩头，要求拜在他门下学习武术。

民国元年（公元 1912 年），李存义在天津创办了北方最大的民间武术团体——中华武术会，亲任会长，教授形意拳。沧州有一位刘某善用大杆，他想见识一下李存义的功夫，便前来比武。交手前，他问李存义用什么器械，李存义微微一笑，答道：“我要用器械，就不任此会长了。”结果刘某听了大怒，用杆尖用力向李存义腹部挑去，李存义上前一步，运气用腹部顶住杆尖，大杆居然弯曲成弧状。刘某十分惭愧，回到沧州后立刻关闭了拳场。李存义听闻后亲自赶往沧州与刘某讲和，并帮他恢复了拳场，由此更是声名远扬。

李存义晚年在家乡的南小营村传授拳术，村前街、后街都设有练武场，村民习拳练武蔚然成风。他还参考《五行拳谱》、《连环拳谱》及谭腿功夫，创编了十六路的《拳术教范》，又编写了《刺杀拳谱》，对推广形意拳做出了突出贡献。民国 10 年（公元 1921 年），李存义因病逝世，安葬于南小营村，终年 74 岁。

第四节　后起之秀八卦掌

八卦掌是中国著名的拳种之一，是以掌法变换和行步走转为主的拳

八卦掌练习

术，由于它运动时纵横交错，分为四正四隅八个方向，与“周易”八卦图中的卦象相似，因此得名“八卦掌”，也称游身八卦掌、八卦连环掌。

在内家拳种中，八卦掌算是一个后起之秀，虽然自问世以来只有一百多年的历史，但它以简单新颖的运动形式、独特神奇的技击效果、快速显著的健身作用、古老神秘的拳术理论、精彩迷人的神功轶事享誉武林，成为中华武林中不可缺少的拳种之一，引起世人瞩目。如今，八卦掌的传人已经遍及世界各地，并形成了不同的流派，其中程派八卦掌、尹派八卦掌、史派八卦掌、梁派八卦掌、张派八卦掌因流传面广、传人较多而成为八卦掌的主要流派。

一、八卦掌的起源

八卦掌是一种以掌法变换和行步走转为主的拳术，它将武功与导引吐纳溶为一体，内外兼修，是我国传统武术中一个风格独特的流派。

八卦掌的创始人董海川，1797 年出生（另一说是 1812 年出生），河北省文安县人。他身材魁梧，臂长手大，自幼嗜武，每天都在外练武或游学，很小的时候就以武勇成为乡里的风云人物。清咸丰年间，董海川前往北京求取功名，谁知天外有天，人外有人，北京武林高手云集，他与人比武失败后，便决定走遍名山大川，广学各家武艺，并隐去原名“明魁”，起字号为“海川”，“海川”即容纳百川之意。

董海川到一处，学一处，足迹遍布河北、河南、江苏、浙江、安徽、江西等地，拜访了各地的高人隐士及武林高手。经过近 30 年的求索，董海川将许多种拳术练功方法集于一身，创编出一种新的武术拳路，最初将其定名为转掌，也就是如今广泛传播的八卦掌。

清同治四年（公元 1865 年），董海川来到京师，成为肃亲王府的散差太监，后升任七品首领职。肃王府的太监中有一个叫全凯亭的，偶然看见董海川练习武技，羡慕其武功高深，立即拜在他的门下。此后，董海川的名气逐渐大了起来，由于他的拳术以绕圆走转为基本运动形式和过去流传的拳术有所不同，因此一些怀疑八卦掌技击实用性的武技家们纷纷来与董海川较量，但都败在他手下。

据董海川碑铭记载："有剑戟专家，特与公赛，公赤手空事，夺其械，踏其足，赛者皆靡，……观者群雄无不称为神勇。"董海川名声日隆、弟子日众。由于前来学习八卦掌的人多是带艺拜师，所以他因材施教，根据每个人原来所学武艺进行指导改进，这样便有了以后广为流传的尹派、程派、梁派等不同风格的八卦掌，成为风靡全国的武术流派。

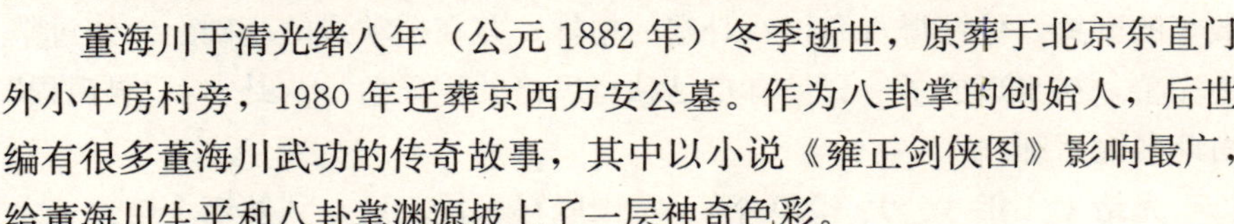

董海川于清光绪八年（公元 1882 年）冬季逝世，原葬于北京东直门外小牛房村旁，1980 年迁葬京西万安公墓。作为八卦掌的创始人，后世编有很多董海川武功的传奇故事，其中以小说《雍正剑侠图》影响最广，给董海川生平和八卦掌渊源披上了一层神奇色彩。

八卦掌的基本掌法包括单换掌、双换掌、双撞掌、穿掌、挑掌、翻身掌、摇身掌、转身掌八种，其基本步法包括起、落、扣、摆四种。阳仪和阴仪是八卦掌技术的基础，它以向左沿圈绕走称为"阳仪"，以向右沿圈绕走称为"阴仪"，其他种种变化和作用，都是将攻防招术融于沿圈走转中，成为八卦掌的一大特色。

八卦掌以"行桩"、"蹚泥步"内功功法为入门基础，以拧、翻、走、转为基本运动形式，以掌法的变化为主要技击手段。它的技击原则要求"以动为本，以变为法"，要求在对敌时用不停地走转与对手周旋，避实就虚，避正寻斜，讲究以动制不动，以快动制慢动，强调制胜之法在于变动。

八卦掌的动作是柔软地使用身体，轻快地扭拧着，如蛇一般跃动，动作迅速旋转，踢打、摔、拿溶为一体，围圆打点，循循相生，没有穷尽，能一次面对多位敌人。其技法以实战为主，同时在强身健体、祛病延年上也有独特的功效。

二、八卦掌的五大流派

从董海川开门授徒至今，八卦掌已经走过了 100 多年的历史，传人也已经遍及世界各地。在这些传人的推广下，八卦掌得到了很大的普及，并形成了很多不同的流派，其中程、尹、史、梁、张五派流传面广，传人较多，成为八卦掌的代表流派。

（一）程派八卦掌

程派八卦掌的创始人是程廷华。程延华，字应芳，生于1848年，河北省深县程家村人。他自幼入京学徒，后来在北京崇文门外开了一家眼镜铺，以经营眼镜为业，所以江湖人称他为“眼镜程”。

程廷华青年时喜好摔跤，在当时的摔跤圈里还小有名气。由于他与尹福、史计栋交情很好，后来经二人引荐，28岁那年拜董海川为师。经过数年的磨练，他深得董海川八卦掌的精妙，并在授掌式的基础上，经过整理完善，初步形成了一套具有自己独特风格的程氏游身八卦掌，“眼镜程”由此名冠京师。

光绪十二年（公元1900年），八国联军入侵北京，到处烧杀抢掠、无恶不作。面对外国侵略者的强盗行径和清廷的软弱无能，程廷华怒不可遏，多次与侵略者发生冲突，侵略者十分惧怕他。1900年8月14日，程廷华在北京东珠市口东平乐园附近与德国兵相遇，怒杀德寇数人，结果遭八国联军枪杀，终年52岁。程廷华遭枪杀后，遗体由他的弟弟程殿华、长子程有龙等冒死运回家中，草草入葬于京城东郊楼梓庄，一代武学大师就这样陨落了。

程廷华的四弟程殿华也是一位武学大家，自小力大过人，喜爱武术。1900年，由于哥哥死于德军火枪下，程殿华返回老家练习八卦掌，一生练功不辍，人送绰号程老殿。程殿华一生授徒众多，程派八卦掌由此得以传承下来。

在董海川的众多弟子中，以程廷华所学的八卦掌与董氏八卦掌最为接近。原因在于程廷华在入门前只学过摔跤，对其他门派的功夫少有涉足，因此能够学到最接近董海川精髓的八卦掌。由于其他支派的创始人入门前多学过其他武术，再加上董海川的因材施教，因此融入了许多其他支派的技法。

程氏八卦掌出手为龙爪掌，虎口撑圆、拇指外张、四指内抱。程派八卦掌的定式共有八掌，俗称八大式，分别为：猛虎下山、大鹏展翅、怀中抱月、白猿献桃、黑熊探臂、狮子张口、指天插地、青龙探爪。老八掌又名为八大母掌，内容为单换、双换、顺势、背身、转身、磨身、翻身、回身八掌，各掌式间相互串联，所以又叫八卦连环掌。后来又在此基础上加以部分六十四手的内容，充实而成的游身八卦连环掌，是程氏八卦掌的高级套路。在练习此掌时，讲究天时地利，尤其是内功的修炼要达到一定的程度，而且须按时辰方位而作，用时又讲究五形生克制化，走化沾打，游身绕进，背身击敌。

程派八卦掌的基础功法为站架、行桩。步法以蹚泥步为主，同时也练习鹤行步增加功力。步形讲究曲腿蹚泥，即以腰为主宰，拧翻走转，摆扣舒展，潇洒稳健，进退反转，善用迂回；劲力上要求刚柔相济，沾粘连随，拧旋挣裹，沉实圆活，注重腰力，寸劲爆发；在技法上讲究游身绕进，斜出正入，走化沾打，脱身化影，背身击敌；在形象上讲究行走如龙，回转若猴，换式若鹰，三形兼备，大开大合，舒展大方。指分掌旋，刚柔主辅，掌如穿梭，善用削踏，由此构成了一整套先练腿，次练身，后练掌，以拳脚为主，以器械为辅的完整体系，与其他武术风格相比，具有鲜明的特色。

八卦掌的器械内容以转掌为法则，以突出大幅度走转为特点，包括转刀、转剑、战身枪、春秋刀、方天戟等套路不下十几种，其中以子午鸳鸯钺、鸡爪锐、判官笔等较为独特。程派八卦掌在八卦掌各流派中流传最为广泛，传人遍及全国各地及海外。

（二）尹派八卦掌

尹派八卦掌的创始人是尹福。尹福，字德安，号寿鹏，生于 1840 年，是河北冀县北漳淮村人。他自幼好武，曾习练过罗汉拳、弹腿等。因其身手非凡，面容清瘦，人称“瘦尹”。后来他带艺拜在董海川门下，由于董海川的因材施教，尹福自成风格，成为尹派八卦掌的创始人。

尹派八卦掌出掌为牛舌掌，四指并拢，拇指内扣，每路八手，共有 64 式。尹派八卦掌在劲力上以干冷刚直见长，讲冷、弹、硬、脆、快，善爆发、顿挫和弹抖，人称“硬掌法”。在速度上，尹派八卦掌强调“打闪穿针”，瞬间爆发，在步法上要求走寒鸡步，强调小步、快步、续步，在走转时犹如寒鸡行走之态，步步贯穿，含、稳、续三劲。含，即欲进步先抽胯、提膝、蓄劲，要体现出听察蚁鸣之神态；稳，即在快速行进时要轻灵稳健，落步有方，不盲目轻率；续，即前脚落地时后脚要蹬拔，使前脚落地的瞬间，在后足蹬拔之力和丹田鼓荡之气的催动下，继续再向前尽力延伸铺进，如鸡之踏雪，要体现出神气灌达足尖而不弱的气势。

尹派八卦掌在战术上强调以我为核心、以逸待劳，通过不断调整角度迫使对方绕我而行，我则随心所欲，伺机进攻。在拳术套路上以八大掌式为主，即穿掌、塌掌、推掌、托掌、劈掌、削掌、双合掌、钻掌，连环多变，丰富多彩。另外，还有十八般罗汉拳法和十二连腿法。

尹式八卦掌主要在京津一带流传，遗憾的是它一直没有被整理出系统的功理、功法，也尚未有相关专著问世，至今让人难以参悟其内在的高深拳理。

（三）史派八卦掌

史派八卦掌的创始人为史计栋。史计栋，字振邦，生于 1836 年，是河北冀县小寨村人。他精于腿法，在家中排行第六，所以人称“溜腿史六”。他先前曾和董海川比武，被董海川的八卦掌击败后折服其技艺高深，由此拜在董海川门下，苦练多年，并掌握了八卦掌的精髓。由于他在东城开有木厂，所以史派八卦掌也被称为北京东城派八卦掌。

东城派八卦掌的特点是以八字为法，以五形为势，八法为推、托、带、领、搬、拦、扣、截（或搬、扣、刁、钻，搬、扣、劈、进），五势为龙、虎、猴、蛇、痛。八法每法一段，每段八掌，共计有六十四掌，每掌多式，将五形五势贯穿其中，在圆上走转中行拳，每掌都练左右式，所以八段可分为八个小套路练习。史派八卦掌的出掌为钩镰手，食指和中指并拢，虎口撑开，拇指内扣，其余二指内抱微屈，此掌形便于上刁下扣，前截后捋。步法有道泥步和鸡形鹤步两种，也有刀、剑、钺、杆、枪等拳套多路。

（四）梁派八卦掌

梁派八卦掌创始人为梁振圃，字照亭，生于 1863 年，河北省冀县城北郝家冢村人。他 7 岁就开始学弹腿，13 岁时在北京前门外“万兴估衣庄”学徒，以贩卖估衣为生，故人称“估衣梁”。他因身材矮小、体弱多病，经掌柜介绍拜在董海川门下学习八卦掌。他入门较晚，但由于天资聪颖、练功刻苦、勤思善悟，深受董海川喜爱，还经常虚心向尹福、程廷华、史计栋等师兄求教，善于博采众长，由此开创了梁派八卦掌。

梁振圃性格豪爽，好济人急，有古侠之风。在学成八卦掌后，他还在北京前门外珠市口南“德盛居”黄酒馆传授八卦掌，他的弟子很多，除北京外，河北、山东等地仍有很多梁派八卦掌的门徒，真可谓桃李满天下。

1899 年，梁振圃在北京永定门外马家堡打死当地恶霸金标赵六等人，犯下人命官司被打入死牢。这件案子影响极大，京、津、唐地区无人不知，他由此名声大震。1900 年八国联军进攻北京，梁振圃得以越狱而出。他逃回家乡后以传授八卦掌为业，后来又在河北省立十四中学和束鹿女子师范中学任武术教师，并对八卦掌的推广和普及做出了巨大贡献。

梁派八卦掌与史派八卦掌的风格特点大体相近，也以八字为法，讲究推、托、带、领、搬、扣、劈、进。梁派八卦掌在掌法上以穿、带、挑、塌、推、捋、掰、劈等为多；在身法上以拧、坐、揉、抖、旋、翻、颠、撞等为长，在步法上以扣、摆、挫、跺、趟、踢、蹬、踹等为主；在形象上以猴头、蛇眼、包背、龙腰、鸡行、虎步、鹏展、鹰旋等为尊；在战术上，要求以善趋其后、以正击斜、声东击西、出其不意、避实击虚、借力发人、刚柔相济、以巧制拙、以捷制疾等战术。

梁派八卦掌的主要传人有李同泰、李少庵、郭古民、李子鸣、田金峰、傅振伦等人，其中郭古民和李子鸣对梁派八卦掌的发展与贡献最大。

（五）张派八卦掌

张派八卦掌的代表人物是张占魁。张占魁，字兆东，生于 1859 年，河北省河间县后鸿雁村人。他生性温和、聪颖过人，幼年时就开始学习少林拳、迷踪拳，后来又拜在形意拳名家刘奇兰门下学形意拳，苦练多年，技艺精湛，有“闪电手”之称。他轻财好义，喜欢结交江湖豪杰。当年程廷华曾与人发生纠纷打官司，张占魁得知程廷华为当代八卦掌名家，便多方奔走，对程廷华百般关照，后者为表感激之情将自己所学八卦掌悉数传给了张占魁。后来，张占魁融形意、八卦之大成，且独创了一派形意八卦掌，在京津一带颇具盛名。

张派八卦掌的特点是象形取意、以形育神。在掌法套路编排上，参照八个卦象及八种飞禽走兽的形象，再运用八卦掌的步法、身法、掌法和左右旋转的练法设定而成，还强调重视意念配合、内外兼修。

形意八卦掌观人体运动变化的规律，遵循古老的阴阳、内气学说，并结合八卦掌左旋右转的步法、身法、掌法，总结出了一套五步练意法，即“阴阳运转法”、“阴阳守气法”、“意气运转法”、“意念示意法”、“内外修身盘膝法”。这五种练意法贯穿在整个套路各式中，每招每式必须以意先行，不用拙力，意念到、内气到、内劲到，身法、步法、掌法也就随之做出，使得拳势不脱、不断、不浮、不散、不呆，内外如一、一气贯通。

由于形意八卦掌重视意念配合，强调内外兼修，从而更有效地促进体内气、血、精、髓的变化，形意八卦掌认为这是该派的精华所在。其每一掌式动静都须有意相随，拳理、拳法多联系穴位、经络、气血、脏腑、阴阳，使技击与健身有机结合，同时又使技击威力更大、层次更高。另外，形意八卦掌招式丰富、套路优美，实用与观赏价值都很高。

张占魁一生授徒很多，其中韩慕侠、姜容樵和赵道新等学有所成，且成为了后世的武术名家。

八卦掌除上述五个重要流派以外，还有如马维祺、刘凤春、樊志勇、刘宝珍、刘德宽等八卦掌名家，他们的建树也很高，同样是风格独特的流派代表，但由于种种原因传人较少，所以他们的掌法还需要进一步进行系统的研究整理。

第五节　内涵丰富的长拳

“长拳”一词最早记载于明朝戚继光的《纪效新书》中，戚继光在《拳经提要篇》记载：“古今拳家，宋太祖有三十二式长拳。”到了清朝，王宗岳的《十三势歌》也提及长拳，说：“长拳者如长江大海，滔滔不绝也。”但这里所提的长拳一词实际上是指太极拳，与今天的长拳内容相差甚远，是迥然不同的拳种。

今天的长拳指的是近三十多年来发展起来的新拳种。新中国成立后，国家体委把在群众中广泛流传的查、华、炮、花等拳种进行综合整理，创编了长拳。长拳姿势舒展大方，动作灵活快速、刚柔相济、快慢相间、动迅静定、节奏分明，既适合基础武术训练，又适合于进行竞赛和技术水平的提高，是全国武术表演和比赛项目之一。

长拳的手法主要有冲、劈、崩、贯、砸等拳法，推、挑、撩、劈、砍等掌法。长拳的手法须“拳如流星”，要迅疾、敏捷、有力。这不仅要在拳、臂挥舞时做到，且在掌、腕的细微动作里也要如此。上肢运动要达到“拳如流星”这种要求，就必须松肩活肘，使肩、肘、腕等关节在运动时松活顺畅，以迅疾不及掩耳之势，先声夺人。

长拳练习

长拳的眼法要求“眼似电”，要明快、锐利。眼法在长拳运动中不是单独活动的，而它必须“眼随手动”，“目随势注”。既然手法要求如流星般迅疾、敏捷，那么眼睛的注视，就要相应地像“闪电”般地明快锐利。同时，眼法还涉及到动作意向的问题。一般来说，长拳的动作都有它的意向，进则是攻，退则是守，即使是静止时的拳势，也都含有伺机待动的意向，眼法则是表现动作意向和传神的关键。

“腰如蛇行”是长拳的身法要求。一方面要求各种身法在运动的时候要像蛇行那样灵活，有曲折、有变化；另一方面又要求胸椎和腰椎的柔韧性要好，使动作做得既柔软又坚韧，柔软则灵活，坚韧则有力。在长拳运动中，由活动性动作进入到静止性动作时，要求挺胸、直背、塌腰、收腹、敛臀，当由静止性动作向活动性动作转变时，要求灵活自如，“体随势变”，并根据不同的动作采取不同的身法，与手、眼、步、腿诸法协调配合。

长拳还讲究步法轻快、稳固，站定时要像粘在地上一样稳固，不掀脚、不拔跟。它不能受上肢、躯干活动的影响，而且要给上肢、躯干的活动提供必要的稳固条件。这样，才能动而不乱，使下盘扎实有力，正所谓“步不稳则拳乱，步不快则拳慢”，因此练习长拳要十分注重步法的练习。

呼吸对于长拳也十分重要，它直接关系着长拳的持久性、劲力的催动等。一般来说，长拳套路复杂、起伏转折、快速有力，所以演练长拳对氧气的需求量也较大。所以，练习者必须掌握和运用“气沉丹田”的腹式呼吸的方法，使气息在胸间游动，保证力气的持久及运动的平衡。长拳的呼吸方法除了沉之外，还有提、托、聚，这些呼吸方法随着动作而进行变化的时候，始终遵循着“气宜沉”的基本要求，但要顺其自然，不能故意做作。

长拳动作舒展，关节活动范围较大，对肌肉和韧带的柔韧性、弹性都

有较高要求。长拳十分忌讳“僵劲硬力”，强调“力要顺达”。要做到用力顺达，须从“三节”、“六合”着手。三节，以上肢来说，手是梢节，肘是中节，肩是根节。以下肢来说，脚是梢节，膝是中节，胯是根节。六合，是手、肘、肩、脚、膝、胯等六个部位的配合。掌握好“三节”、“六合”运用顺力，动作才会豁达。

在长拳的演练中，快与慢、动与静、刚与柔、起与伏等多种矛盾的对比越鲜明、越突出，节奏性就越强。演练长拳时常常能让人感受到一种“怒”气，充沛饱满得如雷霆万钧。但这种鼓荡的“怒”气不是表现在脸上，而是贯注在动静的运动之中，使长拳运动气如雷霆、势如浪涛，十分具有观赏价值。

一、查拳

查拳是长拳类代表拳种之一，也叫插拳、叉拳，据说是由于该拳多插步、插掌而得名，现代统一称其为“查拳”。

关于查拳的起源至今说法不一，比较流行的说法认为它是由回族人查密尔所创的。明朝末年，倭寇经常侵扰我国东南沿海，明帝命戚继光为抗倭大将，并诏书天下，聚兵东征，抗倭保国。新疆回族人查密尔（尚义）应征东来抗倭，但是由于路途遥远、气候多变，长途跋涉中，经鲁（山东）西染病。当地百姓对这位爱国义士爱戴尊敬，精心护理，他病愈后为感激当地百姓的恩情，便将周身武艺留传给冠县一代人民。他逝世后，人们便把他传授的武艺命名为查拳，以示纪念。

虽然关于这段传说无法得到确切考证，但可以明确的是：清康熙年间查拳的确已在黄河流域盛传。据查拳谱的记载和历代武师口传：到了清雍正年间，山东冠县沙庄回民沙亮成为一代查拳大家，此后查拳得以广泛的传播与发展，逐步流传到长江南北。

清乾隆年间，查拳在山东冠县、任城（今济宁市）逐渐形成了三个不同的技术流派，分别为：张氏查拳、杨氏查拳和李氏查拳。张氏查拳以张其维为代表，动作快速敏捷，拳法严谨；杨氏查拳以杨鸿修为代表，动作舒展大方，势正招圆。李氏查拳以李恩聚为代表，动作刚劲有力，招势连贯。这三派拳法各有特色，彼此之间却仍融为一家、互相切磋、紧密联系，都遵循着查拳独特的风格。这在旧武术界分门别派，门户之见严重的情况下是十分难能可贵的，因而促进了查拳的传承发展。

查拳动作特点鲜明，除含有长拳共有的舒展大方、快速勇猛、灵活敏捷、动迅静定、劲力充沛、节奏明快以外，还有其他独特的风格特点。查拳“出招快、收回快”，正所谓“手快打手迟”、“拳打人不知”，只有出击时异常迅速，闪电式攻防，才能赢得主动，以便有效地防护和再进攻。

查拳强调手脚齐发，上踢下打，讲究手到步到，同起同落。在动作过程中，胸、腰、腹等部位以摔、转、含、展贯穿四肢，加速肢体的运行速度，增大动作的活动范围。同时，头随势转，眼随手动，构成了外形上的完整一体，形神兼备。同时还要求将攻防意念贯注于一招一式，强调以气催力，使精神融注拳式，呼吸配合动作，呈现出内外合一的风采。

查拳还十分重视技击步法，并且“重腿法，多摔法”。其套路中含有很多腿击法和摔打法，经过刻苦训练，腿部关节灵活自如、威力无比。查拳的每一拳路中都有数次弹踢，或踹脚、或侧踹、或腾空跳跃动作，错综而紧密的配合在必要的动作中，常常达到“手是两扇门，全凭腿赢人”的效果。

查拳发力的顺序是上肢起于腰，传于肩、肘，达于手；下肢起于胯，传于膝，达于足。在完成这个发力顺序的同时，还要做到节奏分明，即在整个套路演练过程中要求做到刚柔相济、快慢相间、一气呵成、自然顺达。其姿势舒展，动作紧凑。肢体关节活动范围较大，对肌肉和韧带的柔韧性和关节的灵活性要求较高，有助于发展肌肉、韧带和关节的灵活性。

另外，查拳还要求人体内外协调完整，对于动作中的手法、身法、步法必须上下照顾、前后连贯。同时眼神、意识、呼吸必须与动作密切配合，做到眼到手到、神形合一。这种内外配合的练法有助于增强大脑的调节作用，使呼吸和内脏器官得到锻炼。

如今的查拳在中国武术中占有重要地位，很多自选拳套路的编排、动作、内容、结构都来自传统查拳，很多规定套路也采用了不少查拳的内容，查拳同时也被列为全国武术表演和比赛项目之一。

二、花拳

花拳是长拳的一种，由于花拳在操练时表现的英姿飒爽、姿态优美，故得名花拳。

相传花拳为清雍正年间江宁人甘凤池所传。甘凤池，南京人，生卒年月不详。据《清史稿·甘凤池传》记载：甘凤池勇力过人，能够提起一头牛，十几岁时就以“提牛击虎的小英雄”名震江南。甘凤池曾先后拜黄百家、一念和尚为师，精通外家拳与导引之术，相传《花拳总讲法》就是他所著。

花拳重短打，它不讲套路，重功防散招，每招都假设对方用拳脚进攻，重实战。主要有抄手、抄腿、肘击、肩靠、股插等，短打法共有88式。练时要求：停快得宜、进退得法、架式得稳、转身得静、起落得速、起腿得停、上身得力、出拳得平、靠身得紧、收拳得快。交手时要求：气沉丹田、气促力发、以腰为一身之本、盘旋转侧、形如虎相、步动如飞、眼到手到、步到身到。交手时，两手护头、胸，两膝护裆部，眼斜视，见缝插针，侧身而进。

花拳在新中国成立后被列为全国武术表演和比赛项目，自此得到了进一步的传承和发展。

三、梅花拳

梅花拳是长拳拳术之一，也称梅花桩、梅拳。据《辞海》“梅”字条目记载：梅花拳起源于明末，在清乾隆年间流传较广。由于历史久远，梅花拳的具体起源年代已经无法查考，据《梅花拳根源经》和《梅花拳传承谱》记载：梅花拳的创始人为收元老祖，第二代传人为张三省，但经考证收元老祖只是一个虚拟的人物，张三省的资料也寥寥无几，可以找到确切史料记载的只有第三代传人邹宏义。

邹宏义是梅花拳的第三代祖师，原名邹讵亮，字魁阳，江南徐州府铜山县北街人。有说法认为：邹宏义在明崇祯末年得张三省真传，梅花拳由此得以传承。但也有人认为：邹宏义实际上就是梅花拳的创始人，莫朝迈先生在《武魂》中就曾认定“梅花拳正宗是邹家”。虽然关于梅花拳的创始人一直没有定论，但邹宏义作为梅花拳传人，将梅花拳发扬光大却是无可非议的事实。

邹宏义掌握了梅花拳的精髓后，决心将该拳推向社会，传留后世，于是广收门徒，使梅花拳得以广泛传播，在河南、山东、河北一带尤为突出。梅花拳与其他拳派不同，自公开流传以来就有“文场”和“武场”之分，而且文场指导武场。武场锻炼武功，传授拳理；文场敬祖师，研究文理及香礼妙法。文场包含着佛、道、儒三家学说之精义和周易之理的神奇妙用，讲修心养性、练神练气，称为文功。这是因为邹宏义深受中国传统文化、宗教的熏染，以及中国古代哲学思想的影响。他的武术伦理观，即武德是深深地植根于儒家思想基础之上的。

梅花拳分为大架、小架两派。小架与大架都以梅花拳“五势”为拳母，但在练法和内容上又各有千秋。大架是大劈大挂，舒展大方，形如龙、动如虎，气势雄壮，有泰山不可挡之势，以兵器善长。小架则表现为缩、小、绵、软、巧，灵活多变，以柔克刚，妙不可言，以拳术著称。

梅花拳十分重视桩功，其功能是提高身体躯干、四肢、关节的灵活性，起到形神合一的作用。桩上练习可根据功力的增长、加高桩的高度，桩下练习可根据功夫的增长愈练愈低。梅花拳桩法有“三星桩”、“五行桩”、“七星北斗桩”、“八卦桩”、“九官桩”、“天罡桩”、“繁星桩”等等，且可采取单练、对练、集体练等多种形式，或开或合，变化无穷。梅花桩式有“丹凤朝阳”、“二郎担山”、“大鹏展翅”、“猕猴攀枝”、“霸王卸甲”等，练时可互变互换。后来，渐渐由桩上发展成为地下练习，并称其为“落地梅花”，但仍保持了原有的套路、风格和招式。

梅花拳的器械内容繁多，除常见的十八般兵器外，还有许多本拳种特有的兵器，如走线铜锤、方天戟、春秋大刀、六合梅花大刀、南阳叉、月牙棍、月牙大斧等。

梅花拳讲究外拳内禅、内外结合、形神合一，动作舒展大方、刚柔相济、动静有致、徐疾有节，无论形神都具有独特的风格。

四、华拳

华拳是长拳的代表拳术之一，起源于山东济宁。据说：在唐代开元年间，华山游侠蔡茂曾避祸山东，在济宁落脚。到了宋代宣和年间，他的后人蔡泰、蔡刚，在技击实践中创造了华拳拳法。明代嘉靖年间，华山蔡氏后裔蔡挽之，以精气神“三华贯一”的古代哲理作为拳法的理论基础写成了《华拳秘谱》，使华拳最终成为了一个具有完整体系的拳种。

华拳把人体的躯干、两上肢、两下肢统称作“五体”，也称“五骨”或“五筋”，认为拳法的每个动作和招式，都由这五条线组成。如果这五条线的组合结架不匀称或不工整，就不能算是具备了拳法的形体。《华拳秘谱》记载：“五体称，乃可谓之形备。”因之主张“其形”必须“方中矩，圆中规，自中绳衡平均施，敛束相抱，左顾右盼，八面供心。”华拳的每个动作和架式都要顾忌空间的前后左右、上下高低，做到不偏不倚、中正安舒、势正招圆、形体工整。

华拳练习

华拳的拳法不仅要做到五体匀称、形体工整，还应该有“质”的要求。只有把组成拳法动作和招式的“五体”充实，并使形体的筋骨强劲有力，才算达到质的要求。因此非常强调“骨法”，主张“贯其力于股之中”，使四肢、躯干经常处于自然的张力状态之下。即使是绵柔的拳法，同样也需要筋骨强劲有力。否则，便是“精而无骨，有其形而无质也。”

在理论上，华拳形体的任何运动，都是受内在的心志活动所支配。仅有外在的形体动作，而没有内在的心志活动，拳法还达不到质的高度。华拳强调“体称劲遒”的内在因素取决于“心力”的主导作用，“心坚则精劲”，主张“心动形随”。

华拳的功法包括基本功、打桩功、打沙包、摘星换月、梅花桩，有徒手、器械、单练、对练套路，其中最具代表性的是一至十二路华拳徒手的拳法套路。这套拳法由踢、打、摔、拿等攻防技击动作组成，按照攻防进退、动静疾徐、刚柔虚实等规律运动。在技法上，华拳要求做到“拳如流星，眼似电；腰如蛇形，步赛沾；精要充沛，气要沉；力要顺达，功宜纯”，同时还要“动如涛，静如岳，起如猿，落如鹤，站如松，转如轮，折如弓，轻如叶，重如铁，缓如鹿，快如风”。

操练华拳必须要善于运用气息，华拳的呼吸方法包括“提、托、聚、沉”四种。一般情况下，由低动作进入高动作或做腾空跳跃动作时，运用“提”法；在高式或低式的静止性动作出现时，运用“托”法；在刚劲、短促有力的动作出现时，运用“聚”法；由高动作进入到低动作时，则运

用“沉”法。

中华人民共和国成立后，华拳被列为全国武术表演和比赛的项目，其后人先后整理出版了《一路华拳》、《二路华拳》、《三路华拳》、《四路华拳》4部华拳典籍，对华拳的传承与发展起了非常重要的作用。

五、六合拳

六合拳又称“母子拳”，是长拳拳术之一。关于六合拳的记载较早出现在明代戚继光的《纪效新书》中，至今已有400多年的历史。关于六合含义的说法不一：有人认为是六个方位之合，也有人认为六合是指沙、刘、杨、赵、罗、孙六姓武术家之合。

一般认为六合拳中的六合指的是：在拳法演练时人体的内外三合。“内三合”指“心、意、气”三者相合，即“心与意合，意与气合，气与力合”。“外三合”指“手脚、肘膝、肩胯”三者相合，即“手与脚合，肘与膝合，肩与胯合”。内外合一，即为六合。习武时讲究六合，是当今武术界各门派的普遍要求，许多门派中还有冠以六合的拳械套路，也有简称为六合的拳种。例如：心意六合拳，或冠以六合的流派，如六合螳螂拳，但是这与长拳之一的六合拳不能混淆为一体。

六合拳动作刚劲有力、舒展大方，招式清楚、变化多端、动静分明、干净利落，是十分优秀的长拳拳种。它的基本套路为前四趟、中心趟和后四趟，还有六姓精华的六家式。练习时要求三尖相对，上下相随，内外合一，手、眼、身法、步紧密配合，强调眼观六路、拳打八方、随机应变。另外，还要手动眼随、步动身随、心动意随。要求招法准、速度快、步法稳、出手狠。讲究出手便打、顺手便拿、缩手便摔、起脚便踢等打法。只有将智、勇、力、巧相结合，才会有必胜的把握。

六合拳十分重视功力训练。除各门共有的武术基本功外，本门还有一些根基功夫和特殊技艺的练法，如“七星桩”、“九星躲闪桩”、“梅花桩”、“插沙法”、“上罐功”、“悬线法”、“木人功”、“沙袋法”等等。

在练习六合拳时，要“内练丹田气，外练筋骨皮”，讲究先有其形，后有其意，从有形到无形，从外三合到内三合，而且还要学、练、用相结合，从而达到固内强外、健身自卫。

六合拳内容丰富，系统完整，有拳术、器械、单练、对练、技击、功法等多种内容。拳械套路有二十多套，包括刀、剑、枪、棍、双刀、双剑、双钩、双枪、九节鞭、三节棍和飞刀、镖刀等多种器械。六合拳还有较特殊的器械，如拦马镢、单手钩、弹弓等，但目前会使用的人已经十分少见。

六、迷踪拳

迷踪拳又名迷宗拳，是长拳的一种，其历史悠久、内容丰富、实用性强，是中国传统武术宝库中的一颗明珠，更因近代大侠霍元甲而扬名海内外。

关于迷踪拳的起源说法不一，有传说认为是水泊梁山的浪子燕青根据“燕青十八翻”创立的；也有说法认为该拳源于河北的燕州和山东的青州一带，故又称燕青拳；也有说法认为迷踪拳出自少林至今已有一千四百多年的历史。虽然关于迷踪拳的起源众说纷纭，但至今也没有确切的答案。

迷踪拳最初的内容比较单薄，在名称上曾叫迷踪艺。后来，历代拳师在传授和发展中不断汲取其他一些拳种的精华，使其逐步发展成为博杂而精深的拳种，随之而称迷踪拳。它的内容极为丰富，分为拳术和功法两个部分。拳术套路包括徒手、器械套路共六十多种；功法也很系统，有四十多种。

迷踪拳的身法轻灵、拳快步松，手、眼、身法、步法很多地方与八卦、形意、太极相合。在练拳思想和方法上也主张内外兼修、刚柔相济。“要练拳，先修心，习武功，意为先”，这是迷踪拳习练秘诀。迷踪拳在习练时，要求心为主帅、意为先导、意动气行、气催力发。无论是拳术或器械、单练或对练都把心意等动作贯穿始终。

迷踪拳身型讲究“抱桩为虚形、提拦为马形、搭袖为鸡形、盘坐为蛇形”。挺胸收腹、歪腰斜胯，因操练过程中反打、侧打、拧打、挫打比较多，故必须以腰为轴心，动遍全身，肩、胯、肘、膝相合，靠、挤、撞、抖、化自如。行拳时动作大开大合，重心大起大落，但却轻而不飘、沉而不僵。威猛似虎豹、轻快如猿猴、柔活似龙蛇、和缓似雄鹰。

迷踪拳的手型复杂多样，有四平拳、柳叶掌、刀子掌、八字掌、蛇形掌、勾卦手、勾顶手、勾撩手、鹰爪、鸡爪、二字指等。其手法变化多端，有云手、掸手、勾手、舒手、推手等十多种。

迷踪拳腿法复杂多变，有踢、踹、蹬、撩、踢、搓、扫、蹶、缠、摆、点、挂、提、踩等。步型主要有马步、弓步、虚步、丁步、歇步、仆步、盘步、拗步、顺步、独立步、跪步等。行步则以蹬泥步和金丝套环步为主。步法要求轻灵自然，如猴纵，似猫行。一动如行云流水，连绵不断、一气呵成，招式变化都在行动之中。由于实战中腿的运用十分重要，因此迷踪拳特别重视下盘功夫练习，有“入门先蹲三年桩、踢三年腿”之说。

迷踪拳在实战时，讲求乘人之势，借人之力，借力打力。行功习拳最忌使用蛮力，要求练就刚柔之劲，最终达到艺到精纯、诸法融会贯通、招式举一反三、变化莫测、随心所欲、顺其自然、运用自如的境界。

在迷踪拳发展的历史上，武学宗师霍元甲起了极其重要的作用。霍元甲，字俊卿，生于1869年。霍家祖祖辈辈居住在天津静海小南河村（今天津西郊）。当年，这个武术世家以种田为生，过着与大多数村民一样的农家生活。

霍元甲自幼体弱多病，他的父亲不许他练武，也不让他跨入习武房。求艺心切的他，只能偷看父亲与哥哥们练武，到了夜深人静时便独自一人在枣园里依样练习，且从不间断。就在这期间，霍元甲学得了迷踪拳，并且经过十多年披星戴月的磨炼，终于深得迷踪拳精义，练就一身高超本领。霍元甲自幼嫉恶如仇，富有正义感，年轻时代以挑担卖柴谋生，当地地痞恶棍经常寻事挑衅。一次霍元甲以武力教训，打败了几十个人，从此在天津城名声大震。

1901年，有个自称“世界第一大力士”的俄国拳师到天津卖艺，声称“打遍中国无敌手”。霍元甲见了广告，十分气愤，挺身而出，前往较量。当时俄国大力士正在台上吹嘘自己是“世界第一大力士，病夫之国如有能者，可登台较量……”霍元甲听后，一个箭步跳上戏台，开门见山地说：“我是‘东亚病夫’霍元甲，愿在这台上与你较量。”这时翻译将霍元甲的来历告诉了俄国人，这个俄国人听闻过霍元甲的威名，不敢怠慢，连忙将他让进后台。霍元甲当场斥责俄国人，并提出条件，要求重登广告，必须去掉俄国人是“世界第一”的说法；二要俄国人公开承认侮辱中国的错误，并当众赔罪谢过。色厉内荏的俄国大力士不敢违背，只好公开承认藐视中国人的错误，并灰溜溜地离开了天津。

1909年冬，上海来了一个名叫奥皮音的英国大力士，在张园设擂，

并大肆侮辱国人是“东亚病夫”。霍元甲为雪病夫之耻，与奥皮音约定比武，赛前霍元甲已在张园摆起擂台，用英文声明，“世讥我国为病夫国，我即病夫国中一病夫，愿与天下健者从事!”并称“专收外国大力士，虽有铜筋铁骨，无所惴焉!”结果到了比武那一天，奥皮音早已逃之夭夭了。霍元甲威震俄、英大力士，为中华民族雪洗了“东亚病夫”之耻，鼓舞了中华民众之志气，为亿万同胞所钦佩、仰慕。

1910 年 6 月，霍元甲在上海潜心研习迷踪拳拳理，与此同时还创办了“精武体育会”，赢得了“精武大侠”的美名。创办精武会仅 3 个月后，1910 年 9 月 14 日，霍元甲便不幸逝世。孙中山先生对霍元甲“以武保国强种”的胆识给予了很高的评价。霍元甲死后，迷踪拳由此声望日隆，研习者日益增多，这与霍元甲高深的迷踪拳造诣、高尚的个人品质是分不开的。在精武会成立 10 周年之际，孙中山亲临大会，为“精武”会刊撰写序文，并亲笔题写“尚武精神”四个大字。

第六节　生动活泼的象形拳

象形拳，顾名思义，泛指模仿某种动物的技能、特长和形态，或模仿某种特定人物的动作形态，并结合攻防技法、艺术手法而创编的拳术，鹰爪拳、螳螂拳、猴拳、蛇拳、鸭形拳、醉拳等都属于象形拳。

象形拳分象形、取意两种，象形是以模仿动物和人物的形态为主，缺少或很少有技击的动作；取意则以动物的搏击特长为主来充实技击动作的内容。世间万物大者如雄狮、猛虎，小者如蝼蚁、螳螂，各自具有特殊的生存本领，人虽为万物灵长，然而尺有所短，寸有所长，人们便从自然环境中吸取万物灵性，丰富和完善人自身的生存本领，从而创造了高境界的象形拳。

各类象形拳虽各具特色，但它们仍具有共同的特点，即：以形象为势、以意真传神，动作生动活泼，栩栩如生，技法高难，技巧性强。象形拳虽追求形象、神似，但不拘泥于生硬的模仿，因为人并不是模仿对象的本身，模仿的动作往往都要高于模仿对象的本身。如：醉拳中的跌扑、翻腾动作，就是真醉汉也不能做到；猴拳中旋子腾翻等空中造型，就是真猴子也望尘莫及。

好的象形拳套路是“神似”、“意真”和技击方法的有机结合，且达到了出神入化的境界。所谓出神，即要达到禅思时的无我境界，象龙为龙，象鹤为鹤，于一攻一守中深刻体验所象之物的生存欲望，这样才能攻则必胜、守则难克。

象形拳讲究造型、注意技击、形象逼真、造型优美，是我国武术先辈们的杰出创造。如果说各种武术除了健身，技击的作用以外，都具有形象美的欣赏作用的话，那么象形拳就更具有形象美的欣赏价值，堪称一绝。

一、螳螂拳

螳螂拳是在少林长拳攻防技术的基础上，吸取了螳螂的许多特长而编制的一套优秀拳术。在长期的传习过程中，螳螂拳又广泛地吸收其他拳术的优点，终于形成了长短兼备、刚柔相济、勇猛快速的特点，在各类拳术中具有独特的风格。

据传：螳螂拳发源于明末清初，一位名叫王郎的武术家比武失败后，偶然间看到螳螂捕蝉灵巧激烈的样子大受启发。他捕捉了许多螳螂，认真观察研究螳螂每一个细小的神态和动作，意念上吸取了螳螂高度集中、刚毅机智的气概；手法上吸取了螳螂运用前臂进行勾、搂、卦、劈等动作；身法上吸取了螳螂腰身仰、俯、拧、旋的灵活多变；步法上吸取了螳螂的踏实、稳固以及前后左右闪展腾挪的突跃等，由此创编了螳螂拳。王郎创编螳螂拳后，又不断地在访友习武中总结经验、虚心学习、取长补短、丰富和改进已取得的成果，终于使螳螂拳不断发展和完善起来。

螳螂拳的手法、步法、腿法、身法十分巧妙，稳健而灵活，活中求快、快中求稳、稳中求精。其气势要求紧快，即眼快、手快、步快、身快、式快，一招变三招，长短兼用，气势逼人，变化莫测。发力时，快速突然、松紧结合、富于弹性，做到刚而不僵、柔而不软、脆而不短、快而不毛。螳螂拳虽属象形拳类，但从总体来讲是“重意”不“重形”。器械套路有螳螂棍、刀、双钩等。

螳螂拳主要流传于山东胶东各地，流派有七星螳螂拳、梅花螳螂拳、六合螳螂拳等。

七星螳螂拳又名罗汉螳螂拳，据传由山东福山人王永春开创。王永春生于1854年，最初学习长拳和地躺拳，清光绪十四年（公元1888年）开始学习螳螂拳。他以螳螂拳为基础，吸收所学，并自成一体，取名七星螳螂拳。

而且，七星螳螂拳以“七星步”作基础，劲力刚脆、直撞。此拳讲究身为上星、步走七星。前者指身体姿势要在保持以头为魁的前提下，肩、肘、腕、臀、膝、踝弯屈，使肢体曲如七星，而且在步法的进退与闪展中要遵循七星的轨迹。

七星螳螂拳刚柔相济、长短相兼、轻而不浮、稳而不滞、刚而不僵、柔而不软、快而不乱、脆而不短。讲究长打短，快打慢，硬欺软。同时要求步到拳到，击手必连及步，每式动作都十分实用，贯穿紧凑、一气呵成。

据传：梅花螳螂拳为山东威海都莲茹所传。此拳的套路很多，有牧童指路、白猿偷桃、崩步、拦截、梅花糖储翻车、勾法、螳螂扑蝉、螳螂展翅等。

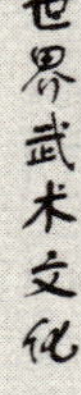

梅花螳螂拳动作组合上与七星螳螂拳十分接近，二者的许多套路名称、动作组合、攻防办法等方面都大同小异。在手法上有掌、勾、爪、拳、指五种，用力时多用暴发力和寸劲。但梅花螳螂拳在劲法上讲究“顺劲、巧劲、柔劲”，所以较七星螳螂拳显得刚柔相济一些。但总体来看二者发力较硬，因此被纳入硬螳螂拳系。

六合螳螂拳同“七星”“梅花”在动作的组合结构、套路内容、演练风格上差距较大，且在刚柔劲法的选择上更倾向于柔，因此有人称它为“软螳螂”。

六合是指内三合（心于意合、意与气合、气与力合）、外三合（手与足合、肘与膝合、肩与胯合）。六合螳螂拳对以意变形的要求更为严格，讲究轻灵、柔顺、巧妙；要求一动皆动、一静皆静、上下相随、内外合一。由于人体的结构同螳螂的结构不同，要把螳螂的特点在人体上提炼成“拳术”，避免“动物化”，所以要求“重在取意”。

中国近代涌现出了很多螳螂拳的杰出人物，崔寿山便是螳螂拳的一代宗师，并留下了很多可歌可泣的感人事迹。崔寿山，号彭年，生于1890年，烟台市莱阳东诸麓村人。他出身于名门望族，从小就得梅花螳螂拳的真传，艺成之后云游四方，寻师访友，博采众家之长，不断丰富完善螳螂拳法，使拳术达到了炉火纯青的境地。

崔寿山不仅武艺高强，还具有强烈的爱国精神。在抗日战争期间，他所创的莱阳国术馆先后输送了五十多位学员参军抗战。抗战期间他在烟台开设武馆时，一个日本宪兵队长来到武馆想比试武功，崔寿山没有推迟，只对日本宪兵队长说：“我站在这里，你要是能把我摔倒，就算你赢。”

崔寿山说完就站好马步，双手交叉于胸前。日本宪兵队长从后面将崔寿山狠狠搂住，使尽浑身力量，将他摔了出去，可是摔下后，崔寿山落地时仍是马步，毫不动摇。一次不行再来一次，反复多次，日本宪兵队长累得满头大汗，气喘如牛，也没有摔倒崔寿山，不得不松手认输，承认中国功夫好。

后来，日本宪兵队长想跟崔寿山学中国功夫，学费出价很高，崔寿山心中愤怒：“我中华武术岂能传给倭寇，用以欺负中国人。”便以语言不通拒绝。事后学生们问崔寿山，日本人出高价你为何不教他？崔寿山义正辞严地说：我不能当汉奸卖国贼，教日本人打中国人。他就是给我金山银山，我也绝不教他！崔寿山的民族气节被人所钦佩，这段故事也被传为佳话。

崔寿山一生以研练传授国术螳螂拳为已任，授徒极多。早在1912年，他就在莱阳、海阳、安徽、烟台、大连等地设馆授徒，教授螳螂拳，决心为螳螂拳的发扬光大和增强国民体质开创一条新路。崔寿山所著的《螳螂拳谱》是螳螂拳有史以来从理论到实战的提炼总结，内容涉及拳术、兵器等，是最为完整的武学典籍之一，对螳螂拳的发展做出了巨大贡献。

二、猴拳

猴拳是象形拳的一种，是模仿猴子的各种动作与攻防技法融合而成的拳术。它的历史十分悠久，早在西汉时就已经出现了猴舞和猴拳，西汉长信少府檀长清曾在一个盛大宴会上表演猕猴舞；明代戚继光著的《纪效新书·拳经捷要》也曾有过猴拳的记载。但由于历史久远，猴拳的确切创始人已经无从查考。

猴拳要求做到形象、意真、法密、步轻、身活。形象就是外形要像猴子，如耸肩、缩颈、圆背、束身、弯肘、垂腕、曲膝等；意真则要求做到神似，要能够表现猴子的精神；法密是方法要紧密连贯，有起伏、有节奏；步轻是步子轻巧迅速；身活即表示身子要灵活。

猴拳在发展过程中形成了不同的流派和技术风格，但基本要领却是共同的，即在眼、身、手、步等方面要做到22个字，即：刚、柔、轻、灵、绵、巧、躲、闪、神、束、抓、甩、采、切、刁、拿、扣、顶、缠、蹬、踹、弹。其中前10个字是对整个动作的神态的要求，中间8个字指的是上肢的手法，后4个字则为腿法。

近代猴拳多以套路的形式出现，动作内容既要模仿猴子机灵、敏捷的形象，又要符合武术的技击特点。如：出洞、窥望、看桃、攀登、摘桃、蹬枝、拼抢、藏桃、蹲坐、吃桃、喜乐、惊窜、入洞等都是具有形、法统一的猴拳动作。有的套路还编进了一些跌、扑、滚、翻动作。

新中国成立后，猴拳在动作质量、套路编排、表演效果等方面都有所提高。自1953年全国民族形式体育表演竞赛大会以来，历届全国性武术表演比赛中都有猴拳项目。

三、鹰爪拳

鹰爪拳是象形拳的一种，是在吸收鹰的形、意和击法的基础上发展而成的一种拳术，原称鹰爪行拳、鹰爪连拳。据传：鹰爪拳的创始人为河北雄县陈子正，早年陈子正在上海精武会执教，鹰爪拳由此得以广泛传承和推广。

鹰是一种凶猛飞禽，气势威武、双爪雄浑有力，觅食时快、准、狠，哪怕比它更凶悍的动物也会惧它三分。鹰爪拳广泛吸收了鹰的特点，以模仿鹰爪抓扣和鹰翼翻旋的动作为主，爪法丰富、抓扣掐拿、上下翻转、连环快速、仿形造拳、形神兼备。要求出手崩打、回手抓拿、分筋错骨、点穴闭气、翻转灵活。整个套路动作机智稳健，似鹰待兔，加上“雄鹰展翅”、“雄鹰捕食”等象形动作的配合，给人以机智、果断、勇猛、优美之感。

鹰爪拳

擒拿是鹰拳的主要攻击方法。反手为擒、正手为拿，两种手法一起运

用威力更大，因此大多是擒拿并用。擒拿手法中又分为大擒拿和小擒拿。大擒拿主要进攻人体穴位、如：头部的头维穴、大迎穴，胸部的缺盆穴、乳中穴，腹部的天枢穴及手足的合谷穴等，要求指力作用于人体穴位时，使对方产生一种酸软感，并在短暂时间内失去反击力。小擒拿则攻击人体的运动关节，如肘关节、肩关节、膝关节等，使对方关节超越运动范围而束手就擒。

鹰爪拳的爪型是否正确直接会影响着擒拿的准确使用，同时对鹰形的表现也有所影响，尤其注意不要与虎爪、鸡爪、龙爪等爪型相混淆。爪型正确，技击含意才能表达得准确。鹰爪拳的爪法主要有：抓、打、掐、勾、拿、搂等。

鹰爪拳的腿法主要有八种，分别为：旋风腿、双飞腿、单飞腿、扫堂腿、正踢腿、侧踹腿、后蹬腿、虚点横击腿。八种腿法中，虚点横击腿虚实多变，极其神妙，当右脚尖提起即收到达对方小腹时，实然改变运动方向，髋关节迅速左转，右脚由直线运动改为弧线运动，以迅雷不及掩耳之势用右脚背横击对方太阳穴，以虚带实，常会使对方措手不及。

在步型上，鹰爪拳不但有弓步、马步、扑步、丁步、虚步，而且还有许多丰富多变的步法，如滑步、击步、标步、震步、铲步、插步。步法变换中结合了各种技击手法，如飞梭走线，变化无穷，使对方难以捉摸，应接不暇。身型要吸腰收胯、含胸拔背，以显鹰形；身法拧旋翻转、灵活展缩；平衡动作以提膝平衡、扣腿平衡为主。

练习鹰爪拳要以形似为基础、以神似为精髓，从而实现形似与神似的统一。使鹰爪拳的演练，在神形兼备中给人以技击美、神形美、意境美的享受。另外，鹰爪拳还能培养人的勇敢、敏捷和提高神经系统和内脏器官的机能水平，是一种很好的强自卫传统套路。

四、鸭形拳

鸭形拳是象形拳的一种，是模仿鸭子的习性特点、行走及戏水姿势，并结合武术的攻防技巧编排而成的一种拳术。这种拳术形神兼备，笨拙古朴的动作中显出灵敏，是中华武术中十分珍贵的拳种之一。

关于鸭形拳的起源没有确切记载，有民间传说认为：鸭形拳起源于一位道人。唐朝末年，在四川峨嵋山有位道号“绿鸭”的道人，他养了一大群鸭子。由于整天和鸭群接触，绿鸭道人十分了解鸭子的生活习性及动作特点，由此编创了一套鸭形拳。

据传这套鸭形拳有上、中、下各四套共计12套，但经历了一千多年的岁月，大部分套路都已经失传。据老一辈武术家介绍：清朝末年在辽宁省营口市火神庙附近有个“永发”镖局，该镖局镖头张希顺就擅长鸭形拳，但这脉鸭形拳的具体传承情况却没有确切记载。

鸭形拳实用价值很强，既可以用于攻防实战，又可以用于锻炼身体和艺术表演。鸭形拳手型有拳、掌、勾；手法以掌为主，有穿掌、摆掌、掖掌、展掌、插掌、托掌、撑掌、推掌等；鸭形拳还有勾手、搂手、格拳以及扇、展、抖等动作。在步型上鸭形拳以弓步、马步、虚步为主。步法很多，仿照鸭子的动作有行步、拖步、盖步、挤步、跳步、辗转步等。此拳特别要求头部动作的前探、后拉，左右扭转等一要灵活，二要与步法手型协调配合。

鸭形拳演练起来惟妙惟肖，有一种古朴笨拙之感，但在古朴笨拙中又有一定的虚实配合和快捷灵活。如：鸭形拳的穿掌、插掌就要求“静处如昏睡，快似鸡叼食”。在习练时，鸭形拳和八卦掌一样，讲究“走”，不论是拳术中的“托掌行步走”、“双摇臂行走”还是“双勾手行步”、“行步双摆掌”等，它们都是在行走运转的奇妙步法之中实现攻与防的有机结合。

五、醉拳

醉拳是象形拳的一种，是以醉形、醉态而迷惑对手的，也是寓藏武术进攻与防守技术为一体的拳术。醉拳的特点是快速多变、出奇制敌，并以其独特的观赏价值、健身价值和实用价值，倍受习武者的青睐。

醉拳的历史十分悠久，据《今壁事类》记载：卫武公刺周幽王时，就已有了酒醉后跌跌冲冲，摇摇晃晃的醉舞，以后被武术家吸收其醉态，与武术的技击方法紧密结合，逐渐形成了醉拳。其内涵极为丰富，现在流传较广的醉拳大体可分为两大类：一类是古老醉拳套路，偏重武术实用性；一类是现代醉拳套路，实出跌扑滚翻，醉形醉态的表现性。

醉拳打起来很像是醉汉酒后跌跌撞撞的样子，但醉拳形醉意不醉，是由严格的武术手法、步法、身法等组成的套路，其飘逸、洒脱的动作是经过长期刻苦训练而体现的高度熟练化而成。醉拳的技击特点是以醉形、醉

醉拳表演

态，迷惑对手，并在技击中要求形醉意不醉、步醉心不醉、手捷眼快、步法身变、刚柔相济、形神合一、意气相配、克敌制胜。

醉拳的功架造型多为半倾半斜、似倒非倒、以倒取势，常在重心失势间变化动作，来防御对方、攻击对方。醉拳身法常以来、合、外、降、拧、转、旋、摆和前俯、后仰等变换。劲力上通过站、带、缠、弹等体现出如痴如醉、狂放不羁的风格。醉拳利用掀脚拨跟来表现踉跄醉态，并施展挨、撞、挤、靠等肩、胸、背、胯的技击方法。醉拳对腰腿的柔

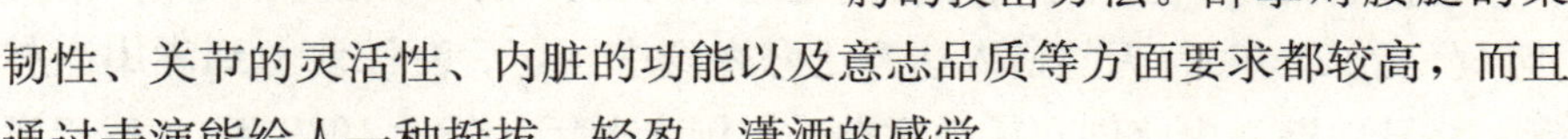

韧性、关节的灵活性、内脏的功能以及意志品质等方面要求都较高，而且通过表演能给人一种挺拔、轻盈、潇洒的感觉。

从形态上，醉拳主要可分为斟酒、初饮、微醉、颠狂醉、烂醉及醒酒等几种醉形、醉态。醉拳有不少是跌扑滚翻动作，如：扑虎、栽碑、头翻、侧空翻、后空翻、摔盘，双飞爷与跌、旋子转体 360 度、金绞剪、鲤鱼打挺、乌龙绞柱等。

比较著名的醉拳套路有“醉八仙”、“太白醉酒”、“武松醉跌”、“鲁智深醉打山门”、“燕青醉酒”等等。“醉八仙”是模仿传说中的八仙汉钟离、吕洞宾、韩湘子等的醉酒形象；“鲁智深醉跌”是表现水浒英雄鲁智深醉打山门；“燕青醉酒”是表现水浒另一英雄燕青醉酒的形象。这些醉拳套路虽然形象和内容不同，但都离不开醉形醉态的特点。新中国成立后，醉拳一直活跃在国内各种武术表演和比赛项目中，深受人们喜爱。

第七节　其他武术流派

中国武术内容极其丰富，可以说是中华民族传统文化的一个突出代

表。由于我国地广人多，武术在民间流传中形成了很多流派。早在明朝时，民间就已经产生很多武术流派，据戚继光《纪效新书》所记载的“温家七十二行拳、三十六合锁、二十四弃探马、八闪番、十二短”，这些都是当时比较著名的门类流派。

流传至今，中国武术内容更加丰富，除了少林、武当、峨嵋、南拳，以及前面提及的通背拳、八卦掌、形意拳等，还有很多流传范围较泛、影响较大的武术流派，这一节里将一一作介绍。

一、心意拳

世人常把心意拳和形意拳并称，但实际上心意拳与形意拳是两个非同代拳法，二者不能混淆。心意拳为形意拳的始祖，形意拳就是在心意拳的基础上发展起来的。

关于心意拳的创立有三种说法。

有说法认为：心意拳为印度高僧达摩所创。相传：南朝梁武帝大通元年（公元527年），天竺僧人达摩泛海来到中国，后渡江北上到嵩山少林寺，终日面壁，由此创立了心意拳。民国十七年（公元1928年），凌善清在他所著的《形意五行拳图说》中说：“六朝时，天竺僧达摩始挟其所谓西域技击者来传之于中土，于是北方之强者群起而趋之。今犹有所谓达摩拳、达摩剑等流传于世，而形意拳亦其一也。”

但凌善清的说法引起了武术界的非议。民国十九年（公元1930年），徐哲东著《国技论略》、唐豪著《少林武当考》，都指出达摩与武术无关。有关记载达摩身世经历的史料《传说正宏记》和《续高僧传》以及《景德传灯录》等书也没有关于达摩创立心意拳的说法。

另外还有说法认为：心意拳为岳飞所创。这种说法最早见于曹继武的《十法摘要》。书中记载：“惟此六合拳者则出自宋朝岳武穆王。嗣后金元明数代，鲜有其技，至明末清初有蒲东诸冯姬隆风先生……遍访名师，至终南山，得岳武穆王拳经。”戴龙邦在乾隆十五年（公元1750年）为“六合拳”作序时也写道：“岳飞当童子时，受业于周侗师，精通枪法，以枪为拳，立法以教将佐，名曰意拳，神妙莫测，盖从古未有之技也。”岳飞创拳说顺应了人们对清王朝统治的不满和对民族英雄岳飞的敬仰心理，因而很快被人们所认定，并广泛地传播开来。

对于岳飞创拳说也没有准确的史籍可查，此说法应该只是虚传，无非是想“托英名以示拳贵”而已。不能否认的是：岳飞创拳说的确对心意拳的广泛传播起了巨大的推动作用。

最为学术界认可的说法是姬际可创拳说。姬际可，字龙峰，是山西蒲州人，自幼学文，13 岁开始习武。他 20 岁左右前往少林寺，在少林寺学艺十载，颇得少林秘法。后来清军南下，各地反清志士云集少林，姬际可素来敬仰岳飞精忠报国的精神，以反清复明为己任，后来被清朝廷通缉，只好下山出游避难。

姬际可在出游期间，访遍技击高手，融各派精华与一身，逐渐成为一名武学大家。他还承袭了中国古代武学众多拳经的精华，所以姬际可创立心意拳可谓瓜熟蒂落、顺理成章。姬际可由于有着明确的政治目的和强烈的民族意识，不能直接从事反清斗争，便创拳立法，以传播反清思想。为达到这一目的，他还在《姬际可自述》中编创了一段在终南山得到岳武穆《六合拳经》的故事，讲述自己所创编的六合心意拳是在岳飞拳经的基础上发展而来的，以托他的反清志向。

山西祁县人戴龙邦是著名的心意拳大师。1836 年，直隶深州（河北深县）人李洛能久闻戴龙邦大名，变卖部分家产，来到祁县寻找戴龙邦学武。李洛能学成之后，对心意拳大胆改革创新，自成一路拳术，便以“形”字代替“心”字，开创了独具一格的形意拳。

意拳（大成拳）也是在心意拳的基础上发展起来的，是心意门“家族”中最年轻的一代拳法，为武学大师王芗斋所创。至此，心意拳、形意拳、意拳三代同堂，在中华武苑中斗艳争芳、蔚为奇观。心意拳这一传统武学也得以发扬光大，为中华武术留下了宝贵的文化遗产。

二、大成拳

大成拳又名意拳，是在形意拳的基础上，综合八卦、太极、通臂、鹤拳等各家拳术的精华而成的。由于该拳没有拳套及固定招法，强调以意念引导动作，最初定名为意拳，后来改称大成拳，有“百日一小成，千日一大成”的含义。

据传：大成拳为王芗斋所创。王芗斋在清光绪年间就学于形意拳名手郭云深，后遍游长江南北诸省，前后二十多年专心研究拳理，并在形意拳

基础上吸取各家之长创立大成拳。

大成拳的核心就是以站桩、试力、走摩擦步为基础，在站桩的过程中，通过精神假借，意念诱导，在无力中求有力，在不动中求微动，在静中求动，培养掌握并运用“浑元力”的方法。实践证明：通过站桩、试力、走摩擦步的训练，精神和四肢百骸都可达到高度协调统一，并能在运动中充分发挥本身的能量和潜力。

大成拳认为“松紧”是构成人体运动的基本矛盾，诸如：力量、速度、争力、灵活、协调等身体素质都是派生的，都受人体肌肉松紧的制约。所谓松紧，既是肌肉的松紧，又是意念上的松紧，但意念上的松紧最为重要。此拳的训练就是从训练放松开始的，然后训练松紧的相互转换，达到松紧高度谐调。在大成拳的训练过程中，松多紧少，发力就是紧的一瞬间的作用。大成拳的发力要求冷、脆、快，也就是瞬间的爆发力，以极大的力量，在很短的时间内，集中地发到对方的身上某一部位。当触及到对方后就马上松下来，准备再作下一次的紧。

在练习大成拳的过程中，始终强调意念导引，以意念统帅肢体，要求精神集中、呼吸自然、周身放松，使肢体各部连成一个整体，促使气血通畅、新陈代谢旺盛，调整内脏器官的各项功能，因而具有很高的养生价值，是中华武苑的一枝奇葩。

如今，大成拳在全国各地广泛流传，而且被列为全国武术比赛表演和比赛项目，爱好者远及欧、美各国，对当今世界武术的发展有着深刻的影响。

三、八极拳

八极拳，中华武术的独特拳种之一，以刚劲、朴实、动作迅猛的独特风格流传至今。早年因地域不同而被称作“巴子拳”、“八忌拳”、“八技拳”、“开门八极”、“开拳”等，近代根据其发劲可达四面八方的特点，以“八极”定名。

八极拳起源时间和地点，至今说法不一。有人认为八极拳为一名武当道士所创；也有说法认为是清代河南岳山寺和尚张岳山所创；另外还有人认为是清代一位自称“癞”的云游道士所创。在这几种说法中，“癞”道士创拳说流传比较广泛。

据拳谱载：清雍正五年，一位自称为“癞”的云游道士来到沧县孟村镇（今孟村回族自治县）孟村，见 15 岁的吴钟练拳刻苦，便加以指教。吴钟见来者身手不凡，便把他留在家中，随其学艺三年。这位“癞”道士的真实姓名已经无从考查，只留下种种猜想，引人回味。

吴钟的侄子吴辉庭文武兼备，他征得吴钟同意，便将这种没有名称的拳法命名为“开门八极拳”，此后学习八极拳的人日益增多。到乾隆四十年左右，吴氏族人开门授艺，弟子遍布各地。

八极，即拳打八方极远之地的意思。八极拳的习练尤其注重各种劲力的发放练习，特别讲究“十字劲”和“沉坠劲”的发放，以崩撼突击为准。此拳法的主要核心理论是“六大开”和“八打招”。六大开即：顶、抱、单、提、胯、缠；分指在拳法演练和应用中不同的发力方法；八打招即：人体的头、肩、肘、手、胯、膝、足、尾等八个部位。在八极拳的演练中，尤其是在实战技击应用中，由上述人体的八个部位结合“六大开”所打出的变化多端、往复无穷技击招法的技法理论。

八极拳的训练可以增强人体的力量、速度和灵敏度，同时培养人们勇敢、顽强的作风。八极拳法讲十六大步，除马、弓、虚、盘五种基本步法外，还有闯步、拖拉步、盘提步、跟提步等。腿法有搓提、弹腿、侧蹬、三挣提、蹁踹等。手型则有云、罗、提、按、刁、扣、缠、粘八大手型。

八极拳姿势舒展、协调优美、神形兼备。解放后，八极拳作为传统项目，被列为全国武术表演和比赛项目，得到积极扶持，发展十分迅速。国外对八极拳的研究也很重视，日本曾特意派代表团来华学习八极拳，如今八极拳在美国、日本以及东南亚各地均有传播。

四、三皇炮捶

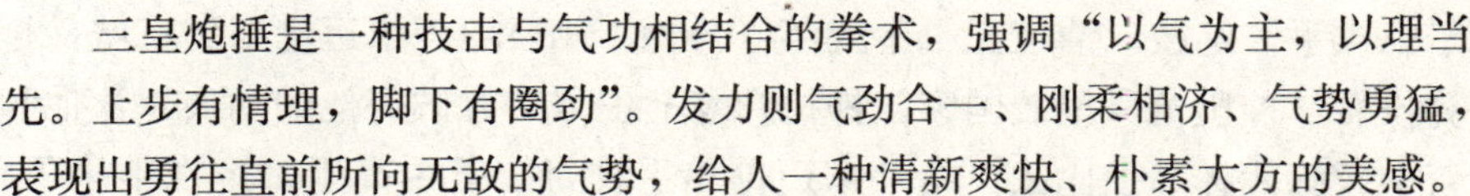

三皇炮捶是一种技击与气功相结合的拳术，强调“以气为主，以理当先。上步有情理，脚下有圈劲”。发力则气劲合一、刚柔相济、气势勇猛，表现出勇往直前所向无敌的气势，给人一种清新爽快、朴素大方的美感。

三皇炮捶的历史悠久。传说：该拳起源于轩辕黄帝，所以这派功夫又称“人宗门”、“人祖门”、“三皇门”，但关于这种说法无据可考，并不可信。还有说法认为：三皇炮捶起源于河南嵩山少林寺，师承于普照和尚，后来传至俗家。关于普照和尚已经找不到确切资料，只传闻他是清初嵩山少林寺的僧人，他传授的弟子中比较著名的有乔三秀和甘凤池两人。据拳谱记载：流传至今的三皇炮捶拳艺，都是乔三秀一系流传下来的。

据传：当年乔三秀与甘凤池朝夕不离师侧，晨昏用功，寒暑不辍，勤奋不息，经多年刻苦练习终于学成了三皇炮捶。他俩在炮捶拳艺上功有大进，并不断创新发展，能够根据自己的条件及专长，创造出不同拳艺风格，由刚化柔，意在修身。但是，由于当时传人极少，虽在拳艺上有不同发展，可是并未形成自己的派系，仅是方法与内涵有别而已。

三皇炮捶的拳术大发展始于第四代传人宋迈伦和于连登，他们分别创立了三皇炮捶的于、宋两家，为炮捶拳艺的发展奠定了坚实的基础，三皇炮捶自此才广为流传。

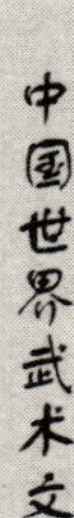

于连登，字金榜，原籍山东，幼年时在家乡就学习拳棒，壮年后投在三皇炮捶第三代传人乔鹤龄门下学习三皇炮捶。于连登师从乔鹤龄多年，深受喜爱，得到了他的真传。于连登学成后返回家乡，边练功边教学，广为收徒授艺，还根据自己的条件和练功的体会，逐渐形成了具有自己拳路风格的于门三皇炮捶拳。但万变不离其宗，尽管于连登在拳艺上有新的变革和突破，可是从实质上讲并没有离开乔鹤龄三皇炮捶的根本原则。

于连登在晚年传艺于五个儿子与众多徒弟，可惜的是并无一人有成就。因此，老人常暗自叹息。于连登的第六个儿子于鉴因身材矮小瘦弱，于连登不肯传授他武功。谁料于鉴人小志大，多年来暗地偷学，终成大器。后来，于连登嘱咐于鉴进京投奔宋迈伦深造。于鉴由此得到了宋迈伦师伯的真传，拳艺深精、威震武林、名扬四海。后来，于鉴在会友镖局担任镖师，因转走西北路骠的总镖头“神弹子李武”去世，他出于朋友义气，帮镖过道。走镖黄牙山时，遇上强人劫镖，于鉴单枪抵挡打败贼人，安全护镖到达目的地，从此威名远传西北。

三皇炮捶的宋派创始人为宋迈伦，他集平生所学，潜心钻研，创“夫子三拱手”绝技。清道光二十五年（公元 1845 年），宋迈伦来到京城，打算投靠“神机营”报效国家。神机营老七王爷有意试探他的功夫，让他和营中教练武林高手比武，结果宋迈伦出手神奇，营中高手都败在他手下，老七王爷非常欣喜，惊呼“真乃神拳也”！此后，“神拳宋迈伦”的名字享誉武林。

宋迈伦在“神机营”耳闻目睹了朝政腐败，自感报国无望，便弃官从贾，在北京前门外粮食店街创办京都会友镖局，开始了他的保镖生涯，同时广为传授武艺，开拓了北京三皇炮捶历史的新纪元。

在三皇炮捶的第五代传人中，刘德胜是十分突出的一位。刘德胜，生于1874年，北京人，10岁练教门弹腿，26岁参加义和团，曾率一哨人马火烧北京西什库的日军驻营地。义和团被镇压之后，他孤身闯江湖，足迹遍黄河上下，大江南北，访能人奇士，追求武学真谛。

1902年，刘德胜拜于鉴为师，学习三皇炮捶，并在京都会友镖局担任镖师。他擅长大刀，在武林界素有“大刀刘”的美称，乐善好施、侠肝义胆。1934年，刘德胜创办“北平第七国术社”，广授门徒，并对弟子宣传抗日救国思想，是当时十分著名的爱国武术家。

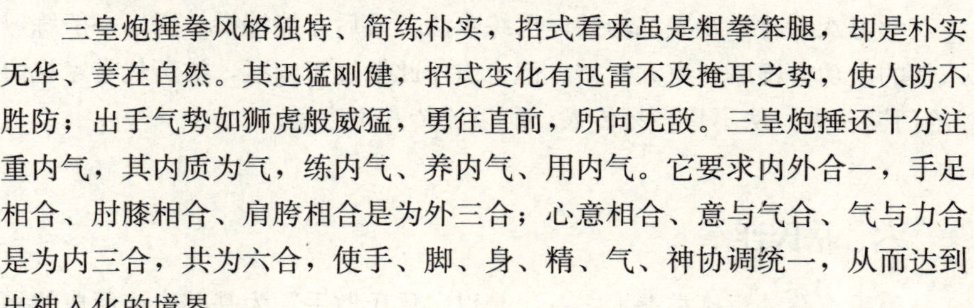

三皇炮捶拳风格独特、简练朴实，招式看来虽是粗拳笨腿，却是朴实无华、美在自然。其迅猛刚健，招式变化有迅雷不及掩耳之势，使人防不胜防；出手气势如狮虎般威猛，勇往直前，所向无敌。三皇炮捶还十分注重内气，其内质为气，练内气、养内气、用内气。它要求内外合一，手足相合、肘膝相合、肩胯相合是为外三合；心意相合、意与气合、气与力合是为内三合，共为六合，使手、脚、身、精、气、神协调统一，从而达到出神入化的境界。

此外，三皇炮捶还具有很高的养生价值，是武林界公认的长寿拳。正所谓：练拳者体健、练气者益寿、练功者御敌。

五、八拳

八拳是一个拳术套路名称，该拳朴实无华、内涵丰富，两手似牛角、两脚如犁，二步一势、拳架短小、进退有方，是十分独特的一门拳术。

相传：八拳为清中叶湖南辰州人言永福所创。他自幼喜欢武术，由于家里贫困，很小就开始浪迹江湖。言永福在河南的一次比武中大败，便回到老家一边务农，一边潜心研究武术。一天，言永福无意中看见鹤、蛇相斗，悟出一套独特的拳法，因全套共八式，因而得名八拳。

八拳的广泛传播主要得力于第四代传人王润生。王润生又名志群，1880年生人，长沙县人。他学得八拳后曾留学日本，并打败日本柔道家，名扬一时，自此开始广泛传授八拳。

八拳在战术打法上取“以直破横、以横破直，不招不架”，讲究步法灵活、发动整体、刚柔相济。八拳的起式和收式也别具一格，起式为毫不客气、极干脆的出手；收式却为拱手，以示礼貌，给人信心十足、必胜无疑的感觉。整个套路古朴蛮拙、苍劲有力、架大势野、凶猛强悍、子母循环、变化无穷。

八拳套路讲究近身粘贴而打，单练的手法有单鞭手、双鞭手、父子手、大车轮、小车轮、搅手、大神拳、小神拳等，可谓内容丰富、变化繁多。其套路中没有腿法，但有时也采用极矮的腿法，同时还利用进、退、换、夺、转夺步之机用跪、压、钩、拦、绊、踩等法与手法相配而成跌法，成为多路极短的散手拳打。比较著名的有沾衣跌、三步凌、五步凌等，使用价值很高。

学习八拳时，要先练功劲，再练步法，最后才能练拳，所以一般练习八拳的人功力雄厚、力大无穷。但也由于此拳过于凶猛，被历代拳家视为“绝门”功夫，从不肯轻易传人，所以流传并不广泛。

六、岳氏连拳

岳氏连拳是短打类拳术之一，是以“岳氏散手”为基础串连而成的拳法。传说此拳是岳飞独创，最初只有九手，其中上盘三手、中盘四手、下盘二手，左右互换皆为散手练法，所以叫岳氏散手。当时，中原军民常习此拳，在黄河一带极为盛行。

如今的岳氏连拳是由清代河北雄县刘仕俊改进的。刘仕俊擅长岳氏散手，后来他在散手的基础上，逐步改进归纳为八母势，并形成简单套路，可以连贯练习，故名岳氏连拳，又名八翻手，也叫子母拳，表示拳法子母相生、富于变化。

岳氏连拳分八路，有挣捶式、进退连环式、回身靠挤式、拦腰捶式、双推手式、捆锁靠挤式、琵琶式、研肘架打式。每路动作多则五六势，左右轮换、一气贯注、动作简单、节奏鲜明，与形意拳的五行、十二形拳术练法近似。

岳氏连拳的手法包括捆、拿、锁、靠、推、打、刁、捋；步法以直进直退为主，劲力刚健明快，讲究吞吐沉浮、刚中寓柔。该拳的桩法有三门桩、四门架、木人桩等，桩步稳固，进退起止皆有节序。如今的岳氏连拳不断丰富，已经发展为三十二路，在北京一带流传比较广泛。

七、绵拳

绵拳也是中国拳术之一，流行于河北中部各县，在中国繁杂的拳种中，它称得上是十分珍贵的拳种。

关于绵拳的起源已经无文字可考，相传是一名僧人所传。据相关拳谱记载：宋代曾有一位绵拳侠士救了某位皇帝，御赐牌匾称他为“神拳”，所以绵拳在这一期间也被称为“神拳”。可惜的是绵拳拳谱《丝白巾》在“文革”时期遗失了，对于以上传说已经无从考证，其真实起源至今仍是个谜。

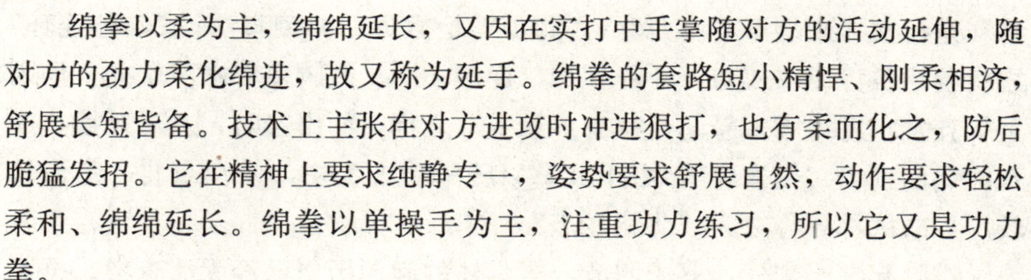

绵拳以柔为主，绵绵延长，又因在实打中手掌随对方的活动延伸，随对方的劲力柔化绵进，故又称为延手。绵拳的套路短小精悍、刚柔相济，舒展长短皆备。技术上主张在对方进攻时冲进狠打，也有柔而化之，防后脆猛发招。它在精神上要求纯静专一，姿势要求舒展自然，动作要求轻松柔和、绵绵延长。绵拳以单操手为主，注重功力练习，所以它又是功力拳。

绵拳的拳法主要有崩、冲、搂、挂、勾、砸；掌法主要有砍、劈、掼、穿、拔、捋。绵拳的腿法较少，主要有铲、踩、勾、缠搓，肘法主要有顶、撞、拔、挤、靠、横，也有以摇手、缠抓为代表的柔中寓刚的动作，是十分罕见的拳种。

绵拳的传统套路有两路：一路“六架式”，二路“大八折”。它强调柔韧性，而方法上又是先收后放，要求稳定，因此其套路中有较多的平衡动作和对柔韧要求较高的动作，也有以抖臂、抓空为代表的柔中寓刚的动作，这是极其显著的特点。抖臂是两臂随胸腰柔和摆动，发力时要沉气猛呼，以胸腰带动两臂，要先肩后臂，完整有序。

其他拳种采取的是外家练习抗击打，内家练习肌腱的运力强度。绵拳则不同，它是把关节中骨膜的强度最大限度提高，其所产生的力量是其他拳种所不能比拟的。任何人最大的身体弱点都在关节，然后是骨头。绵拳要求“立体发力”，主要练习关节点和骨膜，通过训练提高这些穴位的骨膜强度后，产生的力量和承受力自然就要高很多。

绵拳很讲究身体的整体性，在摔跤和柔道交手之中，讲究采取瞬间破坏对手的平衡，然后技巧性地引导对方的身体，使之失去重心，达到摔倒对方的目的。其本身在使用过程中的平衡是一个整体，它始终在不平衡之中保持平衡，是一种动态的平衡。同时又经过身体的抖动，让柔道和摔跤无从下手，即使摔也不能真正把一个整体的平衡破坏。

新中国成立后，绵拳被列为全国武术表演和比赛项目，以其独特的练功方法及功法原理在中华武术中占据着十分重要的席位，并深受广大武术爱好者的喜爱。

八、戳脚

戳脚是中国拳术之一，全名“九番御步鸳鸯勾挂连环悬空戳脚”。“九番”是指文、武趟子各有九路；“御步”是戳脚一典型脚法；“勾挂连环”意指各招各势或攻或防，环环相扣，连接不断。戳脚多取虚步站立，动则手脚齐发，发力脚多悬起，故有“悬空”之称，而出击时，左右互换，成双配偶而别名“鸳鸯脚”。由于此拳以腿脚功夫为主，并在东北一带流传较广，故武林界称之为“北腿之杰”。

戳脚起源于宋代，盛于明清，但具体的起源历史已经无法查考。据民间传说：武松醉打蒋门神时，他使用的就是戳脚里的玉环步、鸳鸯脚，所以现在还有人把戳脚称作“水浒门”。到了太平天国时期，太平军战将赵灿益精通戳脚和翻子拳。后来太平军失败后，赵灿益隐居河北省饶阳一带，将戳脚、翻子拳传给当地群众，使其得以继续传承发展。

戳脚以腿见长，但又十分强调手脚并用。拳谚说：“手是两扇门，全靠腿打人”，“手打三分，脚踢七分。”戳脚在身法上要求中正、灵活，主宰于腰、宾辅肩胯。出手由脊发，出脚从臀输，二者均借以腰隙肩胯，即所谓“艺备身法方显高，技至无形始见奇”。

戳脚劲法概括起来有五种，即：绵、软、埂、脆、滑。绵，即彼进我退，彼退我进，顺人之势，借人之力；软，即：不逞强，不硬架，不着人时舒松自由，着人时力从内发，有推墙倒壁之势；硬，即：硬功直进，包括硬磕、硬撞、硬托、硬回等方法；脆，即：将劲全贯于手腕，手臂与身体放松；滑，即：溜滑之劲，随机应变，妙如转环，使敌方无从进。

戳脚分文、武两种趟子。武趟子是它的本源，文趟子是其发展变化。武趟子的特点是：舒展大方、矫捷刚健、放长击远、刚柔兼施、以刚为主；在全面锻炼手、眼、心、身、步中重点锻炼腿法、脚功。基本腿法有：挑、剪、丁、转、迎门插拦、左右八腿（指丁、踹、拐、点、蹶、错、蹬、碾等 8 种踢法）。

文趟子是以腿法为主、手脚并用的拳术。它的总体风格可概括为：静如松、动如龙、起如燕、行如蛇、倒如马、顾如猿。练拳时，要缩身屈膝藏肘掩肋、提膝绕步，起横落直，具有收发迅速、隐蔽性好的特点。实战时，手封脚打，手打脚封，攻中有防，防中有攻，攻防同生，运动中还有足、猛、快、活之说，最后达到“双腿连发如排炮，转换灵活似臂掌”的境界。

戳脚的拳术套路有三十二式、二十四式、二八腿、二八、软四趟子、十二连拳、十八拦拳、宏拳、燕行拳共九趟；枪术有左把枪、右把枪、左右换把枪等十多套，刀术有燕尾刀、姜家刀、武侯刀、单操刀等。中华人民共和国成立后，戳脚被列为全国武术表演和比赛项目。

在戳脚的发展传承中，其名家吴斌楼起了极大的推动作用。吴斌楼生于 1898 年，河北蠡县齐庄人，自幼习武，戳脚的技艺尤为精湛。

1915 年春，17 岁的吴斌楼带着师傅的一纸荐书，只身离乡闯江湖，并在北京一家镖局担任镖师，以其精湛的技击、独特的戳脚翻子风格蜚声武林。1939 年，他被当局指定参加武术代表团赴日比赛。当时，正值日寇侵华战争期间，一些武林同仁纷纷劝说他不要去日本，以免有汉奸嫌疑。吴斌楼思考再三，还是决定去日本，临行前他说：“此次东洋之行意义非同寻常，我要以武术扬我国威。”

吴斌楼一行到达日本东京后，立刻有“东京拳道联盟”的人来下战书，点名要他迎战日本搏击名家嘉廷真雄，他立即应允。第二天，他便如期来到“东京拳道联盟”的竞武场，看台上坐满了东京市民和日本士官学校的学生。在一片欢呼声中，矮胖壮实的嘉廷真雄身穿武士服出场，一脸不屑的神情。吴斌楼并不示弱，他一身中式武士装，精神抖擞地站立在场中央注视着他。

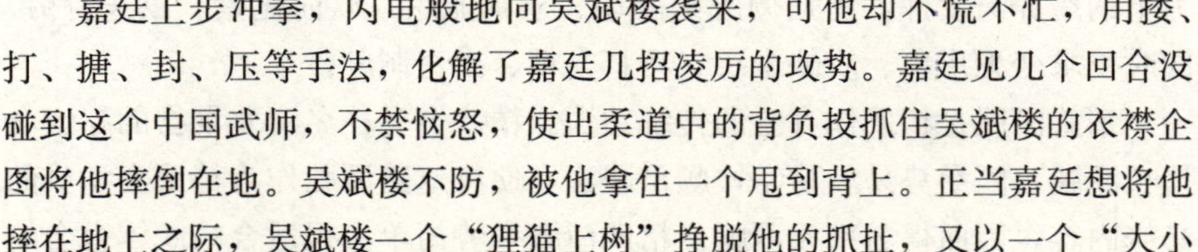

嘉廷上步冲拳，闪电般地向吴斌楼袭来，可他却不慌不忙，用搂、打、搪、封、压等手法，化解了嘉廷几招凌厉的攻势。嘉廷见几个回合没碰到这个中国武师，不禁恼怒，使出柔道中的背负投抓住吴斌楼的衣襟企图将他摔倒在地。吴斌楼不防，被他拿住一个甩到背上。正当嘉廷想将他摔在地上之际，吴斌楼一个“狸猫上树”挣脱他的抓扯，又以一个“大小翻车”将嘉廷顺势撂倒在地，场内哗然。

嘉廷迅速站起来，抬腿向吴斌楼踹来。“前踢、倒踢、后旋踢”，攻势更加猛烈。吴斌楼是戳脚翻子门的高手，日本人用脚正是以卵击石。他立个门户，然后突然使出一连串精湛的腿法，跌子腿、蹬子腿、跺子腿、搓腿、架标腿，将嘉廷踢出丈外跌倒在地，嘉廷无力地瘫倒在地上。

当时，日本在中国战场节节胜利，反华的情绪非常高涨。本想这次比武大败中国武师，也好借机羞辱一下中国人。不想出现了恰恰相反的结局，日本一些市民和军人觉得受辱，连日围攻旅馆，最后还是“日本拳道联盟”的人将中国武术代表团送出了东京。

吴斌楼日本之行，成就了一段振兴国威的佳话。回到北京后，一些汉奸举办堂会，请武术界助兴，他被点名献艺。在日伪的淫威下，他被迫登场，国仇民恨像烈火一样在他心中燃烧。只见他怒目横眉，突然纵身跃起，烟锅落地，彩色大灯破碎落地，霎时满堂黑暗、呼声顿起。在日伪爪牙再点灯捉人时，他早已离开了会场。

解放后，吴斌楼为发展中华武术，广泛教授学生。他摒弃了武术旧教授方法中不科学的成分，吸收了体育学院训练法的长处，并学习了体委编创的甲组拳、甲组剑等套路，形成了独具一格的教授方法。这些传授方法卓见成效，促进了戳脚的流传和推广，为中华武术做出了巨大贡献。

九、弹腿

弹腿是中国拳术之一，也称潭腿。目前国内的弹腿分为几大流派，包括临清潭腿、精武潭腿、教门弹腿、十路弹腿、六路弹腿等。

临清潭腿相传为唐末宋初的昆仑大师所创，距今已有千余年历史。昆仑大师因战乱所逼，在山东临清龙潭寺削发为僧。他身怀武功，且擅长医道，在龙潭寺立门授徒，研练出了一门偏重腿功的武技，并借用其发源地龙潭寺的潭字命名潭腿，又称临清潭腿。临清潭腿共有十路，注重内功功力上的培养与发挥，还强调威则能动、逼则能用，以简克繁、以逸待劳，同时要求变无形象、攻缺击要、巧打击梢、出奇制胜。

精武潭腿是精武体育会的传统功法。精武会有一名河北景县的赵连合擅长潭腿，因拳势易教易学，颇重腿法，便将这路潭腿作为精武会学员的必修内容，因而得名精武潭腿。精武潭腿拳势简单，很适合精武体育会的学员作为入门基础练习。

教门弹腿的习练者多为回族人，之所以取“弹”字，一是区别于潭腿练法，二是取其发腿弹射之意。教门弹腿的起源众说纷纭：有称是唐代西域穆斯林东传的拳术，也有称是明将戚继光部下的穆斯林所创，还有的称是昆仑大师晚年所传，但一直没有确实可信的说法。教门弹腿盛行于清中后期，同治元年陕西爆发回民起义，弹腿就是回民起义军必练的架子功。

十路弹腿与六路弹腿也颇具特色。十路弹腿发腿与裆平，顺序为一路顺步、二路十字、三路劈砸、四路撑滑（插）、五路架打、六路连环、七路盖抹、八路碰锁、九路穿心、十路箭弹。六路弹腿则是在十路弹腿的基础上简化而成的，另外还有各种门派类的弹腿，由各门拳术将弹腿技法溶入自己的门派形成了有一定本门派特点弹腿套路。如：查拳门弹腿、通背门弹腿、六合门弹腿、少林十路弹腿等等。

拳谚说“练拳不练腿，如同冒失鬼”，因此弹腿也被看成是武术基础训练项目之一，要求一路一法、快速有力、左右对称、功架完整。弹腿的技术从十路弹腿歌诀中可以看出其特点：“头路冲扫似扁担，二路十字巧拉钻，三路劈砸倒拽犁，四路撑滑步要偏，五路招架等来意，六路进取左右连，七路盖抹七星式，八路蹬锁躲转环，九路分中掏心腿，十路叉花如箭弹。”

现在流传的弹腿都是以腿功见长，并结合手形、手法、步型、步法等组成的徒手套路，其拳势古朴、功架完整、刚劲有力、节奏明快、意气相合、精神饱满，不失为一种打基础、长功夫的优秀传统功法。

弹腿有单练和对练，对练也称“双人潭腿”。新中国成立后，弹腿被列为全国武术表演和比赛项目。

十、劈挂拳

劈挂拳是典型的长击类拳术，古名披掛拳，也叫抹面拳，因多用掌，也称“劈挂掌”。其擅长、中、远距离克敌制胜，讲究放长击远，它将中国武术“一寸长、一长强”的技击理论发挥得淋漓尽致。劈挂拳发展至今，技术体系完善、内容丰富多彩、拳械全面，堪称中华武术的瑰宝。

劈挂拳在明代中叶就已在民间流传，明代军事家戚继光在《纪效新书》中对劈挂拳有着精辟的论述。他写道：“披劈横拳，而其快也”，这是指劈挂拳迅猛快捷；又说“腿可飞腾，而其妙也”，这是描述劈挂拳中“抄手起脚”等招势，说明腿法灵活妙用。

戚继光在他创编的长拳三十二势中也吸收了劈挂拳中的埋伏势、倒骑龙、摧地龙、顺弯肘等单势动作。由此可见，劈挂拳在军旅武术中的地位是很高的。在戚继光之后的百余年间里，再也没有关于劈挂拳的详细记载，关于它的起源也就无从查考。

一般认为：劈挂拳是清代乾隆年间年由少林僧人传出的。这位僧人外出探望师兄时，由于长途跋涉，病倒在河北盐山县，被大左村的左四爷收留家中，请医治病，疗养身体。一天，僧人散步时看见村内拳坊有人习武，他为报答当地人的好善之情，便将劈挂拳传授给当地乡民。劈挂拳名师左宝梅就曾跟随僧人学拳十多年，终于悟出劈挂拳的真谛。从此，劈挂拳在左门世代相传，逐渐传开沿袭至今。

劈挂拳以上肢的劈、挂、摔、弹、合、斩动作为主，在交错挂劈的动作中松肩舒背，臂起时绵柔快速，劲力通透，劈落时力猛如弹炸，体现了柔中见刚的特点。在技击上，它讲究吞吐伸缩、放长击远、回环折叠、虚实往返，主张以快打慢、以长制短、闪进攻取。其劲法有通透劲、吞吐劲、辘辘劲、滚勒劲、翻扯劲等。

劈挂拳注重以腰为根，用胸部的吞吐和腰部的拧转折叠配合的运动，使动作大开大合。其步法多为激绞连环步，即进步跟步连合交织、步步连环、逢进必跟、逢跟发进、进跟连环、互为子母、快速连贯。主要方法有：滚、勒、劈、挂、斩、卸、剪、采、掠、掖、伸、收、摸、探、弹、擂、砸、猛等。劈挂拳腿法灵活、提膝护胸、勾足蹶肋、伸足朝天、左右抹面。

劈挂拳的套路有一路挂拳、二路青龙拳、三路飞虎拳、四路太淑拳、大架子拳、十二大趟子、溜脚势、慢套劈挂、快套劈挂、炮锤等。劈挂拳的器械有奇枪、六合大枪、疯魔棍、七十三剑、梯袍剑、劈挂单刀、劈挂双刀等。

如今流传的劈挂拳主要有两支：一支是流传在甘肃及西北各省的由马凤图所传的劈挂拳；另一支是河北沧州郭长生所传的劈挂拳。两种拳法风格特点都大同小异。新中国成立后，劈挂拳受到国家的极大重视，并被列为全国武术比赛的竞赛项目之一，参加全国性竞技的劈挂拳选手也日益增加。各地劈挂拳专家经过多年的努力，在技术有了很大的发展，如今的劈

挂拳已经同太极、形意、八卦、通背、八极、少林等拳种并列成为全国十大优秀传统拳种之一。

十一、地趟拳

地趟拳是中国拳术之一，也称地功拳，因套路多由跌扑滚翻组成而得名。

地趟拳的历史悠久，戚继光的《纪效新书·拳经》就载有“山东李半天之腿”、“千跌张之跌”的说法。关于它的起源已经无法考证，目前有说法认为地趟拳是在醉拳的基础上发展而成的，醉拳以醉形进行摔跌，而地趟拳吸取了醉拳的摔跌发展而来，但在拳术套路中并没有醉形。

地趟拳以跌、扑、滚、翻动作为主体，配合手法、腿法、步法和身法组成，且擅长各种卧地进攻倒地反击的方法。地趟拳基本动作有：前滚翻、后滚翻、抢背、盘腿跌、绞剪、飞交剪、乌龙绞柱、磕子、扑地蹦、鲤鱼打挺等。这些动作多用于攻防实搏，例如：“抢背”古称“猴子掰桩”，是用两手抱住对方脚跟依次用肩背向前撞其小腿正面，使其后倒；又如：绞剪是卧地以脚击打对方；后滚翻是乘滚起之势，用脚后跟蹬对手。在现代地趟拳中也采用旋子、旋子转体、跳叉等动作，增加了套路的难度和艺术性。

地趟拳的套路很多，戚继光的《纪效新书》就载有“滚躺刀”、“滚躺双刀”、“滚龙枪”等，这些都是用摔跌动作以克敌制胜的。中华人民共和国成立后，地趟拳被列为武术比赛项目，深受人们喜爱。

十二、二十四拳

二十四拳是中国拳术中的一种，为清前期河南拳术大师苌乃周所创，因此也叫“苌家拳”。苌家拳是清朝至民国时期河南影响较大、流传时间较长著名拳种之一，迄今已有二百多年的历史。

苌乃周，生于1724年，字洛臣，又名苌三，河南汜水县苌村人。他自幼喜好练武，成年后曾随虎牢张八学习拳术，后又随四川梁道学习棍法，随洛阳阎圣道学习罗汉拳法，还曾到温县陈家沟访师求艺。苌乃周综合各家拳械技艺，去粗存精，由博返约，逐渐创立苌家拳武术体系。

苌乃周以《易》理为本源，参照中医及阴阳家关于经络气象的学说，既重武术的搏击实用之效，又重健体养生之功，从而使苌家拳独树一帜，传播越来越广。苌乃周一生勤于授徒传艺，门徒中有很多杰出人物，如柴如桂、高六庚、李清文等。他的弟子世代传习苌家拳，直至现代不衰。

苌家拳以实战格斗而名闻武林，以字为拳，以势变法，是“苌家拳”的主要特点，并且形气合一，体现了苌家拳内外相合、浑然一体的完整性。其技法精湛实用，在格斗技击应变中，要意到、气到、阴阳循环，行气、发力刚柔相济，节节贯穿，以内达外，虚实变幻，使敌不知虚实，可以见势借力打力、破敌重心，使敌人不及应变而被击倒。

苌家拳拳法基本功有推手功、单鞭功、斜行功、闪手功、四式连环套路等入门功法。拳法套路有：似猛虎神威形象的白虎拳、黑虎拳；似游龙翻腾的青龙出海拳；苦练拳法一百零八式的炮拳；快攻直进、连环技击的二十四大战拳；注重养身练气、开筋摧骨的二十四式气拳等。兵器套路十分奇特，有神奇的三十六枪；有吕祖双剑演化而来的苌氏双剑、单剑；有形似猿猴动态、轻灵实战的猿猴三十六棒、二十四棒；有功法全面的一百零八枪等。

苌家拳中蕴涵着浓厚的传统伦理道德观念，以谦让和气为主，从不轻易和人比武。据《续荥阳县志》记载：有一次，苌乃周在外传授技艺，外人与学生发生争斗，他并没有出手相助，埋头就将院中的枣树连根拔起，外人见状立刻停止了争斗。

乾隆四十八年，59岁的苌乃周去世。河南巡抚徐攀桂吊赠诗云：“南游楚蜀西游秦，不见成皋苌洛臣。回首梁垣都是梦，满门桃李竞如神。拳宗武穆根源正，枪接桓侯衣钵真。盖世英雄今渺矣，升堂入室有三人。”由此可见苌乃周的贡献之大。

十三、拦手门

拦手门是中国拳术之一。有人认为拦手门为少林武术的一支，清初时传入天津；也有说法认为拦手门源于四川，最早为南方拳种等等，但目前关于拦手门的确切起源已经无据可查。

拦手门是中国武术中较为稀罕的上乘功夫，它攻防合一，每逢交手，招架来拳时常使对方跌倒或伤及臂膀内脏。拦手拳表面看起来安逸娴静，但出手瞬间如手枪一触即发，能在各种不利的角度，发出各种长、短、横、直之劲，其劲突法性强、变化莫测，而且出手非常快，常使对方败后仍不知手迹。

拦手拳的动作简朴无华，除直劲外多横劲，如斩劲、贴劲、荡劲、崩劲、插劲、抖劲、蹭劲、弹震劲等，且一招之中常含沉、脆、粘、松、裹、拧、撑七种复合劲。

拦手拳套路有操拳、拦手拳、翻拳、炮拳等，每套的单式动作都要反复单练，使速度、劲力、行气自然精熟。拳趟、拳式练熟后，接练打桩，操练臂、胸、肋、背、肩、臀、腿等，使各部位加大发力并能经得起对方击打。拦手拳在练拳术、内功、打桩的基础上，可作两人实打，各自使用各种攻防方法。实打时，讲究内外合一，以攻为主，上下密切配合，步法要快、活、稳。

拦手拳的器械套路有：大枪、拦门枪、一字枪、四平枪、五虎断门枪、单刀、拔步刀、万胜双刀、盘龙棍、春秋大刀、六步剑、龙凤双剑等。除套路形式外，还有气功练法，其中养气法对慢性病患者颇有疗效。

中华人民共和国成立后，拦手被列为全国武术表演和比赛的项目。而且，拦手门有很多著名的拳师，并为我们留下了很多传奇故事，其中拦手名家傅采轩名气最大，为武术界所推崇。

傅采轩生于1893年，天津河东人，少年时就十分喜爱武术，曾随拳师学习北派拳术。后来，他父亲替他择聘了一个老师来到家中授拳，这位老师便是拦手门名师陈联芳。傅采轩苦练十年，终于深悟拦手门的气功、外功、拳术、兵器功法，武功曰臻上乘，与人交手，静如处子动若雷霆。

傅采轩平时身穿长衫，写得一手好字，文采过人，看起来十分儒雅文静，很少有人知道他是武林高手。在上海，只有唐豪、顾留馨知道他的武艺超凡，常邀请他到家中求教。

有一天，唐豪在家请客吃饭，在座都是武林各门高手。交谈之中，有一名武师夸言道，一生中没人能使他手里的剑脱手，大有天下第一剑的狂态。

傅采轩听了，默默无言。

酒席散后，众人移席后花园饮茶聊天。这位武师故态复萌，又自夸剑术如何精妙。傅采轩便起身，将唐豪平时练习所用的藤剑递给这位武师，并告诉他自己要空手夺剑。那位武师无奈，只好接剑。两人相试，仅仅一招那武师已飞跌出去，剑也脱手，震飞至围墙边。人们都没弄不明白傅采轩以什么手法使他跌得如此干脆，对其武功叹服不已。

在当时，练武之人互相比武是很普通的事，傅采轩平素却极少显山露水。那时，他在上海的山东会馆当账房先生，极少有人知道他绝技在身。1930 年，全国擂台赛在上海举办，山东武林人士都聚宿在山东会馆。有一名选手身手矫健，几场擂台赛打下来未逢敌手，已进入决赛。回到会馆后，他洋洋得意、出口狂傲，大有冠军非我属不可、我即天下武林第一人之口气。当时在场的工友都随声附和，夸赞他，唯有傅采轩瞥了他几眼，并不言语。

待众人走尽后，傅采轩这才起身叫住他，要与他比试。这位山东高手哪知道眼前这个账房先生的厉害，开始并不在意，谁知一出手，立即被荡出数步，踉跄间差点跌跤。他这才认真对付起来。但是，他再试再败，简直不堪一击。他立即回到宿舍，卷起被盖就走。众人问他原因，他说："我学艺还不精，争什么冠军！"人家再细问，他老实承认道："我连会馆的账房都不能胜，还是回家苦练算了。"

战争期间，傅采轩怀着满腔热血，担任著名社会活动家史良的保镖。有一次，史良要去某地方，一定要穿过日伪控制区。她通过日伪区有很大危险，因为一旦被认出来就有性命危险。傅采轩便让她化装，选择了一条相对来说危险性稍小些的小路行走。

可当他们随着普通百姓闯过了伪军的检查卡不久，却在日本兵的哨岗上被卡住了。日本兵叽里呱啦，要他们出示良民证。傅采轩观看了一下周围，见只有几个日本兵在这里，便突然出手，将一名端枪的日本兵击倒。另几个日本兵猝不及防，正要举枪，也被旋风般贴近的傅采轩一一击倒。这件事影响一时，在武术界被广为传颂。

傅采轩虽不喜欢露锋芒，却也时不时地打点抱不平。有一天，傅采轩乘 2 路电车回家，途经南京路外滩时看见一个售票员将一个人从车上推了下去，因为那人手里拿的东西太多，售票员不愿载送他。听见那人哀哀地求告声，目睹这欺凌老实人的场景，傅采轩按捺不住，过去责问售票员。售票员依仗人多，动手就打，傅采轩顺手一缠一拎，将售票员扔出了车外。

这一下捅了马蜂窝，所有来往的有线电车都停了下来，南京路的交通顿时阻塞了。十几个人立即围上来殴击他，片刻间气势汹汹的攻击者都被他击倒在地。傅采轩又朝西行，没过多久又有十几个人冲了上来，其中一个人还拿着一把铁撬棒，从背后偷袭傅采轩。他眼疾手快，转身一个“天盖地”式，将击来的铁撬棒击飞，又将偷袭者踢出丈外；其余的围攻者也很快被打倒在大街上。后来，又有一批人前来攻击他，仍被傅采轩击倒在地。当天，上海的报纸争相报道了这件新闻，广大市民这才知道了南京路堵车的原因。

十四、梅山拳

梅山，春秋战国时称为“梅山蛮”，地处长沙、益阳之间。梅山拳为湖南著名拳种之一，相传为北宋期间梅山洞主赵天祥所创，后经历代传人发扬光大，现已具有较为完整的理论体系和技术套路体系。

梅山拳不追求花架子，十分注重散打实战功法，讲究五行变化，要求灵活运用刚、柔、直、横、斜、虚、实七种劲力。梅山拳的手法有：冲、贯、扣、盖、横、砸、挑、撩及擒拿手、封闭手、砍手、劈手、标手、压书、接转手、抓手、摆手等。肘法有：靠、横、直、挡、撞、架顶等十多种。腿法则有：弹、踹、蹬、铲、踩、挂、扫等。其技法多样，实战中施展起来变化无穷，令人目不暇接。

梅山拳十分强调桩功练习，桩功以“坐、箭、丁”三种为主。坐桩有上、中、下三盘之分，姿态有如三点梅花呈“品”字形；箭桩多用九点游龙步，其前弓后箭要求做到十趾抓泥；丁桩要求虚实分明，丁腿脚尖点地为虚，支撑腿全掌着地为实。“立如钉”，是丁桩追求的至高目标。

梅山拳的格斗散招也十分独到，有冲拳、贯拳、盖拳、横拳等几十种拳法，在实战运用时都有许多讲究。例如：盖拳，有单双之变，阴阳之分，阴单盖拳、阳单盖拳，阴双盖拳、阳双盖拳。阴单盖拳的技法要领是一手握拳，以大臂带小臂，由曲到伸，向前盖击敌方头部；力达拳背，拳心朝上；另一拳则收防于胸前，当敌方来拳攻击时，前拳开路击开来手，后拳由胸前挥出盖击敌方头部。所以拳谱云：“阴单盖拳为翻天一火即，阳单盖拳如雷击空心树；阴双盖拳似泰山压顶，阳双盖拳如猛虎扑食。”足见梅山拳拳势的威猛。

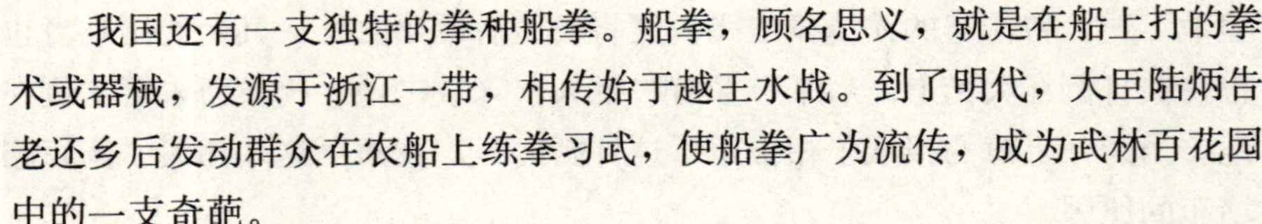

十五、船拳

我国还有一支独特的拳种船拳。船拳，顾名思义，就是在船上打的拳术或器械，发源于浙江一带，相传始于越王水战。到了明代，大臣陆炳告老还乡后发动群众在农船上练拳习武，使船拳广为流传，成为武林百花园中的一支奇葩。

船拳受海上风浪颠簸和船上场地限制，动作以身为轴，原地转动为主，注重腿部、臀部和腰部的运动，一招一式不能像其他武术套路那样，大面积的窜、跳、蹦、纵、闪、展、腾、挪，但它却集中了其他拳种的招式之长，似南拳而非南拳。

习练船拳时，为了适应船身移动，既要习武人桩牢身稳、发挥技艺，又不能使习武人受船动的束缚，因而船拳的一招一式都有别于陆地功夫。船拳的手法似出非出、似打非打、出招敏捷，收招迅速，如猫捕鼠、如箭在弦；防御动作，以手为主，双手不离上下，如门窗一样，似开非开、似闭未闭，形成了独特的风格。

船拳在太湖沿岸和江浙沪及沿海一带流传很广。如今，在我国南方也有出拳船的风俗，每逢农历佳节，如立夏、端午、中秋等来临之时，水乡拳师齐登拳船。拳船是用双橹快船装饰而成，船头板是拳师献技用武之地，船舱两旁威武架上，插着刀、枪、剑、戟等兵器。桅上飘着滚有牙边的村庄武术团体的标旗。船上佩红挂绿，有的拳船中舱还配有悦耳动听的江南丝竹，为拳师们献艺时伴奏。拳师们在盛情之下纷纷竞献绝技，引来阵阵喝彩和掌声，促进了船拳的发扬光大。

十六、自然门

晚清年间，我国习武之风盛行，武林中的新门新派不断涌现，作为近代武林名拳之一的自然门也是在这一时期创立的。相传始祖是被人们成为“徐侠客”的徐矮师。

徐矮师是四川雅安人，因其身形矮小，下颌刚抵桌面，故俗称“徐矮子”、“徐矮师”。“徐矮师”自幼年起就开始习练各种软硬功夫，翻筋斗、走软索等无所不能，内外家、南北派无所不通。由于“徐矮师”身材矮小，相貌丑陋，因此不为人重视，所以常年隐居在深山大川，对各种门派的武术进行潜心研究，一洗少林之刚烈、武当之阴柔，独辟蹊径，熔合各派精纯之长于一炉，且创编出了独特的武术拳法，并自命名为自然门。

创立自然门后，徐矮师闯荡江湖，不断对自然门拳法套路进行完善。自然门功夫发展至今已有二百多年的历史。

清末民初的一代侠士杜心武曾拜在徐矮师门下学艺，学得一身惊人的功夫，威震四方，被誉为“南北大师”。起初杜心武见“徐矮师”相貌丑陋，并没有把师傅放在眼里，但徐矮师并不计较，仍旧每天拿着小旱烟袋蹲在凳子上吸烟。杜心武见状，就想试探一下师傅的武艺深浅虚实，请求徐矮师和他比试一下武功。交起手来，杜心武才发现师傅的厉害，他使尽浑身解数也沾不到师傅分毫，而徐矮师却是一打即中。杜心武自此心悦诚服，真诚拜师学艺，一学就是八年，自然门功夫由此得以流传，并发扬光大。

自然门武术不似其他类别的拳种，有各种繁杂的套路，整个自然门注重的不是拳而是功，即自然拳、自然功。自然门产生套路的着眼点，完全是为了练气，讲究拳行自然、圆转自如、不呆不滞，软脱灵活而一气呵成。自然拳主要有：令牌式、雅雀步、回身式、长手推掌、捻步、翻锤、撩打、肘打、削掌、上山虎、靠打、炮闪、平胸掌收式等姿势。但练到一定程度时就完全没了定式，脚步转换轻灵，整个身姿、步法、手式浑然洒脱，使自然门武术风格自成一体，

自然门功法包括有以“子母球”功的抓、斩、切、刺、抛、刷、点、拿等，以“沙包”功的抓扣等，以“捏纠木棒”功的虎口劲，以“三角椿”功的蹬踢法等。自然门打法概括为 19 个字，即：生、擒、捉、拿、闪、躲、圆、滑、吞、吐、浮、沉、绵、软、巧、脆、化、妙、神。

杜心武学成自然门功法后广为授徒，为自然门的发展传承作出了重大贡献。他不仅武艺精湛，而且人品极佳，留下了很多耐人寻味的传奇故事。

抗站时期，四川武林和外来的武林人物因语言不合，武学见解有分歧等发生了很多矛盾。四川武林有个大名鼎鼎的人物叫蓝伯熙，绰号“南侠”，在民国的四川武林擂台上得过多次金章（金牌），是个让四川武术界胆寒的实力派人物。他的武学主要得自峨眉僧门、少林派，练得最得意的武功是以小巧灵活见长的分筋错骨擒拿功夫和阳刚之极的硬手功夫。

蓝伯熙自认为功夫绝佳，率众前往杜府，只身挑战杜心武。一见面，蓝伯熙就把自己的来意向杜心武说明。为表示对杜心武的尊敬和展示自己的武学，他还给杜心武打了一套拳法，极尽绵巧灵活和实力。

杜心武不做声，沉吟一下后对蓝伯熙说："打打杀杀没啥意思，我年纪已大（当时杜心武已近80岁），但你来了，我也不能扫你的面子，我就给你表演一套轻软功夫。"话毕，杜心武就给在场的武林人物踮着脚，用大脚趾点地走了几圈内圈手，只见黑影来回晃动，就是看不清人。演完轻功，杜心武又演练了一套软功夫，只见他将两腿一合，就成了麻花状，柔若无骨。蓝伯熙一见，自愧不能，于是握手言欢。

1905年，孙中山在日本组织同盟会，宋教仁是同盟会的骨干，经宋教仁介绍，杜心武也参加了同盟会，并做了孙中山的保镖。杜心武担任保镖，并不是每天跟随孙中山，主要是遇有重要会议时，由杜心武组织几个人在会场内外负责保卫工作。

有一次，孙中山、黄兴和宋教仁等，在日本东京共商革命大计，清廷对孙、黄等革命党人恨之入骨，暗中派人盯梢，伺机刺杀。那天，杜心武在门外发现三个中国人行踪诡秘，开口说道："我知道你们三个人身上都有铁器，能够拿出来让我见识见识吗？"那三个打手说："对不起，没有值得一看的！"杜心武说："你们不借，我会自己取出来！"话音刚落，杜心武一个转身，用手在他们三个人身上一摸，动作快如闪电，等到三个打手清醒过来时，身上的手枪，全到了杜心武的手中。那三个打手恼羞成怒，挥拳向杜心武打来。杜心武不慌不忙，只在中间走圆圈，一边走一边用手招架，身子像泥鳅一般滑溜，令那三个人只是看得见，却又摸不着。最后，杜心武使出他的神腿绝招，飞起右腿横扫一周，那三人应声倒地，爬起来后拔腿就逃。

还有一天，宋教仁家来了个可疑的磨剪人，这个人身材高大，虎背熊腰，兀自坐在宋教仁住宅前吆喝。杜心武一见，就知道这个人别有用意，他不声不响地走到磨剪人身边，轻轻用"双龙捧珠"的招式，将磨剪人悬空举起。磨剪人大为震怒，对准杜的头部劈去，杜心武将头一扭，一下把磨剪人踢出一丈多远，随即跳到磨剪人的身后，将其双手反扣，问道："你要说实话，来此有何目的？"磨剪人吞吞吐吐地答道："听说宋总长家里有能人，想来见识见识！"杜心武说："宋总长身边的能人很多，你心服了吗？"磨剪人的双手被杜反扣着，痛得流出了眼泪，连连说："我见着能人了，求你开恩吧！”由于有杜心武做保镖，虽然清朝廷打算伺机谋杀宋教仁，但一直没能得手。后来宋教仁在上海遇刺，可惜的是那次杜心武没有同去，倘若同去了，或许历史就能够改写了吧！

十七、截拳道

说起“截拳道”，很多人会与日本空手道、韩国跆拳道等混淆不清，但说起截拳道的创始人却是家喻户晓，他就是赫赫有名的功夫之王李小龙。

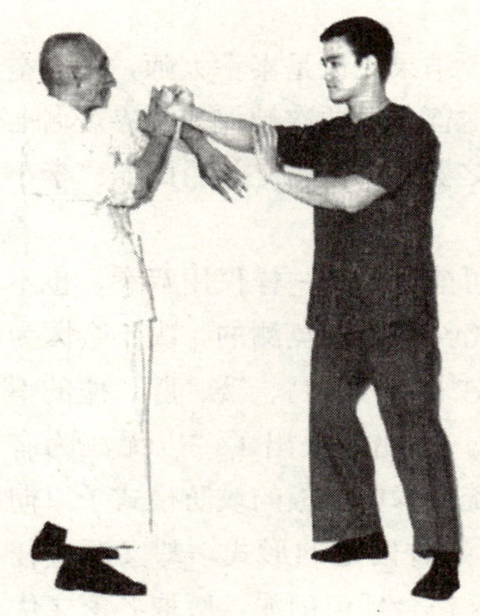

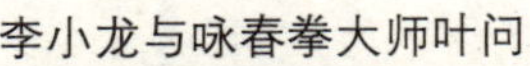

李小龙与咏春拳大师叶问

李小龙，原名李振藩，生于1940年11月27日，广东顺德人。他早年身体瘦弱，父亲李海泉为了让儿子体魄强壮，在他7岁时便教他练习太极拳。李小龙在13岁时还拜在咏春名师叶问的门下，系统地学习了咏春拳。此外，他还练习过洪拳、白鹤拳、少林拳、潭腿等，为后来自创截拳道打下了坚实的基础。为了提高技击水平，他除了勤习中国拳术外，还研究西洋拳、空手道、跆拳道等外国搏击术。截拳道就是吸取不同流派、不同国家武术优点于一身的全新搏击术，李小龙因此也被誉为“功夫之王”。

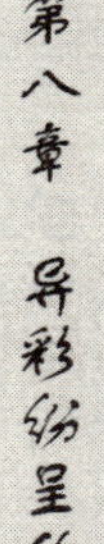

在截拳道的创立过程中，菲律宾魔杖对李小龙的影响也很大。李小龙的菲律宾魔杖得自美籍菲律宾人达尼·依鲁桑杜。依鲁桑杜出身于菲律宾的武术世家，他10岁起就跟叔父学习空手道，后来又学习过柔道、击杀术、空手道、杖法、腿功、菲律宾拳等等。而且他棍术高超，在美国素有菲律宾棍王之称。

依鲁桑杜见过李小龙武术表演后，十分谦虚地要求跟李小龙切磋武艺。后来，李小龙扎实的硬功、大胆的见解，使依鲁桑杜深深折服，便将自己的武术毫无保留地传授给李小龙。李小龙后来使用双截棍达到炉火纯青的境界，以及他在电影《龙争虎斗》中施展的令人眼花缭乱的魔杖，都是依鲁桑杜倾心传授的结果。

从字面上讲，“截”就是拦截或阻截；“拳”就是拳法；“道”是普遍的规律方法和最终的实现方式。李小龙截拳道的基本概念就是拦截拳法的方法。李小龙生前并未为截拳道正式取名，他认为这种形式的技击法仍处于发展与改革中。当年截拳道刚创立的时候，被某些传统武术家视着“异端”，直到现在，仍不被大多数习武者所接受。

“截”代表了截拳道的技术特色。学习截拳道，必须学会培养截击对手攻击的意识，截击各种攻击动机，截击各种行动语言，截击对手的拳法和腿法，直到截击对手造成的各种威胁。截拳道可使用一切手段和技巧，但却不受特定手段的束缚。反之，为了达到目的，它使用一切手段；而所谓的目的，就是取得胜利。

李小龙曾多次与各国搏击高手较量过，结果无论是泰拳大师，还是空手道名家，无不成了他的手下败将，因此他曾先后两次被评为世界著名七大武术家之一。日本观众称李小龙为“武之圣者”，并成立了日本“李小龙功夫研究会”，以纪念李小龙。

李小龙认为：格斗是整体性的，他不可能像拳击一样仅用双拳，也不可能像柔道那样仅善于贴身摔跤，真正的格斗是变幻莫测的，决不会因为某一门或某一派而变得有所不同。面临的对手也有着高、矮、胖、瘦的不同，所以真实的格斗是不会有任何限制的。由此他提出了“以无法为有法，以无限为有限”开拓性的拳理，对传统武术中呆板的攻防模式予以彻底的否定。截拳道讲究“无形”，不局限于某种固定的形式，却又顺应任何形式；没有固定的套路，无门派之分却又适合任何门派，吸取各家之优点，在实战中提高。

截拳道最高的追求要求像水一样，水具有很强的适应性和渗透性，它无孔不入。水倒进杯子当中，便成为杯子的形状，倒进碗中，又形成碗的形状，它适形而变、适势而变。截拳道亦是如此，它强调要像水一样去适应任何形式的对手以及打斗。它不会预设动作，没有传统形式的束缚，所有的攻击和防守均是临场本能的发挥，自然的表达。同样，在截拳道的教授过程中，也没有任何预定的动作设计和打斗模式，截拳道中不需要这些，它是自由的，不被任何东西束缚。但“不成套路”和“无套路”之间又存在着微妙的区别，前者代表着无知，后者则代表着超越。

作为一门整体化的武道，截拳道强调技术结构的全面性，从技术的划分范围来说，分别有拳打范围、踢击范围、封手设陷范围以及擒摔范围。

所有的格斗技术均包含在这四个范围之中，而这四个范围的技术则又在格斗中远、中、近不同的距离内得到发挥。

截拳道的形成是建立在中国传统武术文化与西方体育文化相交融碰撞的基础上的，同时也是中国传统武学在某种意义上的一种延续和发展。首先，截拳道是建立在阴阳哲学的基础之上的，很多人总是习惯把阴和阳分为力量。李小龙则认为二者是辨证存在着的一个整体。它的格斗技巧必须包含阴阳的和谐相互作用，阴（柔）阳（刚）两种力量互为辅助、互为作用，周而复始。

而“以无法为有法，以无限为有限”这 14 个字则是对截拳道哲学的一个高度概括。“以无法为有法”是指整个的格斗形式是毫无章法可寻的，没有任何的预定性，而格斗的瞬间所做出的反应则是有法可依、有法可寻的，二者的关系是整体与片段的关系；“以无限为有限”则寓示着真理以及知识是无限的，只有在掌握有限的基础上对其无限去追寻和探讨，才能使自己不断地提高，使每一次有限的表达更为整体。阴与阳、有与无的相互辨证与转换，也体现着截拳道是一门永不休止且相互辨证的武学。

第九章

神秘的少数民族武术

中国民族武术源远流长，五千多年来，56 个民族中关于武术的传说、著作、书籍、刊物等可谓汗牛充栋，也正是这些浩瀚的历史文字，为我们展示了中华民族悠久灿烂的武文化。

我国少数民族武术是在长期的生产、生活、狩猎或战争中发展起来的，有着鲜明的民族文化特性，其表现形式和内容都受到了各民族历史文化、民族习惯、经济生活、自然环境等因素的影响，展示了几千年中华民族生生不息的精神面貌，倾注着广博的民族文化精髓。

进入近现代以来，民族武术的传承可谓是一波三折。18 世纪中叶，国门被帝国主义的火炮轰开，外来文化伴随着强悍的武力涌入中国，这时的人们勇于反抗，民族武术由此开始进入了大发展时期。到了 20 世纪 50 年代中期，民族武术被作为封建糟粕加以排斥，尤其在“文革期间”，民族武术被“打入冷宫”，很多民族文化开始流失。但进入 70 年代后，人们开始反思对民族文化的态度，对民族武术的挖掘、整理逐步进行，各种理论书籍也相继出现，给这些少数民族武术注入了新鲜血液。

随着 2008 北京奥运的来临，我国的少数民族武术定能够展现出其独特的文化内涵，并为继承武术文化的民族性、发展世界体育文化的共性做出贡献。

第一节　回族武术

回族素以强健、勇武、团结和不畏强暴著称于世，自古以来，凡回民聚居的地方大都有尚武的习俗。回族武术内容丰富、门派繁多，包括各种拳术、器械套路几十种，它将中华武术各门各派融会贯通，并结合回族人民的社会生活实践和风俗习惯，经过多少代人的努力钻研和实践，逐步形成、丰富、完备和发展起来。

回族武术

而且，回族武术的发展与明朝有着紧密的联系。

元末以朱元璋为首的农民起义队伍中有一大回族将领，如英勇善战、武艺超群的开国元勋常遇春、胡大海等。他们为朱元璋建立明朝立下了汗马功劳。这些人武艺高超，虽然没能自立门户创立新武术，却为今日回族武术的繁荣奠定了坚实的基础。

明朝中期，新疆人查密尔创造了著名的查拳。查密尔应明皇帝征诏，东征倭寇，在经山东冠县张尹庄时，传授给当地人民一套拳术，当地人民便将此拳称为查拳。从此以后，查拳便从冠县流传下来，冠县也被人称作查拳的故乡。到了明朝末年，回族武术已经较为普遍，并且形成了自己的独特风格。崇祯十五年（公元 1642 年）李自成围陈州时，当地清真寺组织三百多名会武回民成立清真营；明末还有以马守应为首的回民部队参加了起义军，这些从而说明当时回族武术已经广泛流传。

到了清代，回族武术获得了长足发展。各地清真寺内纷纷设立习武场，每天晨昏，大家都聚在一起习武弄棒、探究武艺，涌现出了一批又一批的回族武术大师。例如：被称为“北方八门拳术之初祖”的吴钟、清末民初的“神力千斤王”王子平、震威将军马龙图、一举挫败了两个俄国大力士的丁发祥等等，他们有的自创武术套路，有的吸收改编他人的武术套路，极大地丰富了回族的武术宝库，为中华民族武术的发扬光大做出了很大贡献。

回族武术非常强调实战性，动作朴实，徒手套路众多，有“教门弹腿”、“查拳”、“通臂劈挂拳”、“心意六合拳”、“八极拳”、“回民七势”等。

查拳可称为回族武术的代表拳种，其招法飘逸、姿势优美、套路环环相扣，每路拳都套着弹腿的用法，跑、走、飞、打，变化起来，十路拳可演化成五十多路，且实战性强，是中华武术中的瑰宝。教门弹腿则是从回族原始武术演化而来的，在清代陕西回民起义军中，弹腿为士兵必练的架子功。弹腿套路严谨，骨力筋道，静则端正舒展，动则出击迅速，是回族优秀的武术套路。

回族武术器械除刀、枪、剑、戟、棍、鞭、锤、钩、铲、斧等一般器械外，还有十分罕见的杆子鞭、哨子棍、蛾眉刺、索来拐、龙爪钩等，且带有明显的民族特色。

练习回族武术首先要练石锁。石锁是用重十多斤的石块凿成，安上一根木柄，形状如同一把旧式大锁。演练时用手握住手柄作举、摆、抛、接等动作，技艺高超的人演练石锁时可以变换多种花样，时而把石锁从胯下抛起，时而猿臂轻绕从背后接住，也可两人对接，对于增强体力大有裨益。

新中国成立后，回族武术得到了进一步传承和发扬。山东、河北等地回民纷纷成立回民武术研究所及各种武术协会，广泛开展群众性武术活动；老一辈武术大师则挖掘整理濒临失传的传统技艺，并纷纷收徒授艺，一批回族武术健将涌上全国及省、地、市、县各级武坛。如：河北孟村的刘秀萍、常玉刚、刘连俊等，曾多次在全国武术比赛中夺得金牌。在群众性武术广泛开展的基础上，一些回族知识分子著书立说，对回族武术的历史、流派进行了系统的总结和阐述，对其传承和研究作出了巨大的贡献。

回族武术同其他文化一样，是中华民族的宝贵文化遗产，是中华武术的一个重要组成部分。随着国际文化交流的日益扩大，回族武术定会被世界人民所认识和喜爱。

第二节 苗族武术

苗族自称“牡”、“蒙”、“摸”、“毛”，他称为“长裙苗”、“红苗”、“青苗”、“花苗”等，新中国后立后统称为苗族。苗族的先祖可追溯到原始社会时代活跃于中原地区的蚩尤部落。商周时期，苗族先民便开始在长江中下游建立“三苗国”，后来多次迁徙，由黄河流域一直迁徙到湘、黔、滇一带。

苗族武功的历史与苗族的历史是紧密联系在一起的。自夏商以后，苗族一直摆脱不了被强盛部落及封建统治阶级“伐”、“征”、“剿”的战争厄运。为了生存，苗族人民曾多次举行起义，反抗朝廷的“伐”、“征”、“剿”，苗族武术就是在这样的环境中生长起来的。

过去，苗族有一句俗话：“养儿不学武，一辈子受欺侮。”学习武术一直被苗族人视为最为紧要的大事，不管男女老少，几乎每个成年人都懂得一些技击的知识，大都学会了几手过硬的招式。但苗族学武不具有侵略性，苗族武术在手法上少有或没有首先进攻他人的动作，而是防中有攻、以防为主，这与苗族人民在旧社会受压迫、受歧视，只求安身保命，不思伤害他人的民族特点密切相关。

苗族武术还有“三打三不打”的说法，即：在生死关头时，敌犯我时我必打，对无意伤害者不打；对欺侮我族者打，对被我击败而求饶者不打；对肇事的恶首要打，对胁迫无辜者不打。这些戒律，同样反映了苗族人民安身立命的心理要求。

由于苗族人民长期生活在高山深谷，地势不平、道路坎坷、活动面积小，所以苗族武功十分重视桩法，善用“七”字步，又名赶步，进退大都踩“品”字形。由于地理环境的影响，苗族地区的战斗也只能是短兵相接，所以苗族武术结构必须紧凑、桩步必须稳当、动作必须严密，只需立足之地便能将对手击败。

苗拳练功十分注重内功的操练，善使粘连手法，苗族拳师使棍，不完全靠握力持棍，而是用粘法使棍活动自如。同时，在技击中充分运用了滑、滚、粘的方法，不断变化，最后达到反关节的目的。苗族武术虽然以防为主，但仍要求在防守中进攻，在变换中取胜。

苗族武功内容十分广泛，除了徒手套路外，还有很多器械功夫，包括刀、剑、斧、矛、鞭、棍、棒棒烟、钩钩刀、木椅等，其中苗刀的影响最大。

苗刀刀身修长，长约五尺，能够单、双手变换使用，临阵杀敌，威力极大。据中国历史档案馆保存的重要资料《苗刀考证》记载：“苗刀用以冲锋枪，远胜单刀及其他短兵。明代戚继光将军，改铸精绝，传之于其部下，杀敌致果，斩将搴旗，赖以刀法，威震华夏。”

我国苗刀与日本流行的剑道用的大刀十分相似，但技术迥然、各具特色，尤其苗刀击着点由点、线，扩展到面，步法急速灵活，很多日本人都认为苗刀技法很值得日本剑道参考。也有人把苗刀说成是“流传在我国武术界的日本双手刀法”，这种说法是不正确的，苗刀其实源于中国，后来随着中日文化交流传到日本。

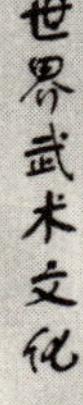

苗刀起源很早，古称为长刀。早在三国时期，中国在回赠日本的物品中就有五尺长刀，苗刀就这样随着中日文化的交流传入日本。明朝后期，倭寇多使用这种刀，所以后人也常称之为倭刀。戚继光将军在御倭战斗中，认真总结了日本刀法，又在民间挖掘整理长刀技法，在“戚家军”中配备了长刀，最后平息了浙、闽、粤沿海倭犯。此后苗刀得以广泛传承，尤其是近代武术大师刘玉春及其爱徒郭长生，在苗刀中揉进了通臂二十四式中的先进步法，使苗刀的刀法更加雄健凌厉，步法急速灵活多变，连击性更为突出。

苗族武术尊重祖师、注重武德。苗族拳师在收教徒弟时，有“三教三不教”的教规，即：脾气好的教，脾气不好的不教；诚实本分老实的教，游手好闲、不务正业的不教；讲礼节重义气的教，六亲不认的亡命之徒不教，可见苗族武术在择徒授拳时极为谨慎。

如今，苗族人民习武之风仍十分浓厚，通过不断的文化交流，苗族武术与汉族以及江南其他少数民族的武技互相融合、取长补短，促进了苗族武术的进一步发展。

第三节　土家族武术

土家族自称“毕兹卡”，意为“土生土长的人”。两千多年前，他们定居于今天的湘西、鄂西一带，与其他少数民族一起，被称为“武陵蛮”或“五溪蛮”。宋代以后，土家族单独被称为“土丁”、“土民”等。最终在新中国成立后，根据这个民族人民的意愿正式定名为土家族。

土家族崇尚武术已有千载历史。土家族的首领为巩固其统治，建有土司武装，平时习武，战时为兵。在长期的起义暴动和民族斗争中，土家族的武术不断地发展。西汉末年，“五溪夷”首领田强率众支持绿林、赤眉起义；建武二十三年，“零阳蛮”相单程起义，汉武威将军刘尚、伏波将军马援相继率兵镇压，起义最终失败。在唐、宋、元、明各代，土家族更是起义不息。明嘉靖年间，倭寇为患，永顺、保靖等土司率兵赴战。清朝限制民间习武，实行刀枪入库政策，土家人改习拳棍，以防为主。道光二十一年，保靖士兵与清兵并肩抗英于广州乌涌，击毙英军二百多人。

土家族生活地区山势险要，需要练就在狭路、绝壁、险峰之地制敌取胜的格斗本领，因此拳棍功夫十分独特，拳棍以防为主，防中有攻，在防攻中进，变换中胜，手法因时、因地、因人、因物不同而异。在攻防中注意从上、下、左、右、中五个方位制订五种攻防措施，每种又有五种变换手法。

土家族拳术多用贴身短打，动作迅疾，拳势猛烈，刚劲有力，最厉害的要数粘功、策手和点穴。粘功，即内功或暗功，“经无形之意致有形之表”；策手，即攻防擒解脱技巧，有三十六功、七十二防，共计一百零八手；点穴、神打，即击穴功夫。另外，土家族的棍术分策棍、花棍两大类。

土家族拳术中的鸡拳也十分独特。相传是土家人观雄鸡灵活善战，有感而发创立的。鸡拳曾广泛流行于湖南湘西一带少数民族之中。它以头碰、肩打、胯靠、爪抓、脚弹等为主，身法大开大合；手法多以状似鸡嘴的钩手。要求气沉心稳、步活劲坚，多以口借鸡鸣之声助势发力。

土家族武术中还有一些十分少见的功夫，如“背牛功”、“撞树功”等，各种武术的起源都十分独特。相传：“背牛功”起源于一个牧童，他早晚背牛犊过溪，越岭放牧，时间长了，牛犊成牯牛，有千斤重，而牧童仍能背它过溪越岭，由此形成“背牛功”。“撞树功”则起源于一名看山老人。相传：老人每天行走在山林中，累了靠树休息，困了靠树打盹，时间长了背靠出老茧而不觉疼痛。平时一靠树，斗粗的树干被靠得哗哗响，于是被称为“撞树功”。

除了这些少见的功夫，土家族武术还有很多稀有兵器，如“烟袋杆”、“羊角叉”、“八角拐”、“袖内叉”等。这些器械大都源于生产工具或器皿，有携带方便、一物多用的特点。在技击中，这些器械兼有多种器械的功能，令人防不胜防。

新中国成立后，土家族民间武术逐步演变为体育和舞台表演艺术形式，作为中华民族武术文化的重要部分得以传承和发展，为中华武术的繁荣作出了巨大的贡献。

第四节　景颇族刀术

景颇族为我国古代羌族的一支，因战争和生存的原因由青藏高原逐渐南迁，现主要聚居在云南德宏州。在漫长而艰辛的迁徙过程中，其先民以刀为武器自卫御敌，以刀为工具伐木盖房。刀成为财富的象征，是一个男性剽悍能干的标志。他们有两则谚语：“男人不要刀、不能出远门”、“刀能砍出地，人会种出粮”，从这两则谚语中不难想象刀与景颇族生活的密切关系。

景颇刀术种类较多，基本上分为“文蚌拳”、“彪赞拳”两类。文蚌拳是一种花样刀术，姿势优美大方。以象脚鼓伴奏，动作根据鼓点的快慢和轻重进行。不同年龄有不同练法，对身心健康，增强体质很有好处，几乎所有的男子都会表演几套，这种刀术主要是在节日作表演用。

彪赞拳是一种攻防性强的刀术，步伐变化多样、速度快、柔中有刚、刚中有柔。身体姿势为全蹲或半蹲，据说这是防御需要，人站立空间面积大，易被击中，因此采用跳蹲的防守。跳蹲中，窥测对方的漏洞，然后伺机进攻。彪赞拳所用的刀，是秃头的，所以在景颇刀术里没有刺的动作。

随着社会的发展，长刀作为打仗的武器和劳动的工具，其地位已经不如以往重要，但在景颇族的生活中，长刀仍无处不在，仍是景颇族男子汉形影不离的伙伴，就连民间舞蹈也离不开。“庆丰收”、“庆胜利”等几种舞蹈从开始到结束都是在刀光和人流中进行，处处显示着长刀的威力。

“庆丰收”刀舞反映了完整的生产过程：舞前要在场中央放两把长刀，舞者出场向四周观众敬礼，然后踏着节拍起舞，看地上的长刀，用刚柔的舞姿抒发对长刀的厚爱，双手慢慢拿起长刀轻盈舞动。通过快、慢、展、收的舞刀姿势，活灵活现地反映劳动的艰辛、丰收的喜悦。

“庆胜利”刀舞则包含很多打斗内容。过去，景颇族有一种叫“以弯弯”的模拟战争的舞蹈，出征前或凯旋后都要跳。舞者右手持刀，左手持野猪皮制成的盾，以跳跑步为基本步伐。前进冲杀时右手抽刀。后退则以左手持盾护身。在象脚鼓的伴奏下，忽而单刀砍劈，忽而双刀对斗。舞蹈高潮时，所有男子双手握刀胯膀抖动，双膝并拢半蹲，跺步横跨，边唱边喊边舞，动作刚健有力，表现了景颇人民的勇敢精神。

另外，景颇族还有很多自娱性的刀舞，男子汉们稳健地挥舞双刀，跳起集体舞蹈，这神奇而富有魅力的舞蹈常常让人沉湎于狂欢的场面之中，使人振奋不已。

第五节　彝族武术

彝族主要分布在云南、四川、贵州、广西等省份，曾被称为诺苏泼、纳苏泼、聂苏泼、改苏泼、撒尼泼、阿细泼等，解放后根据彝族人民意愿统一称为彝族。“彝”，从汉文字义上来讲，有庄重古老、丰衣足食的意思。

彝族人民酷爱武术，李京的《云南志略》就曾记载了很多视死如归的壮士。彝族妇女也是英雄，据《盗防志剿辅事略》记载：“妇人能执兵，孺子习于超距，飞石弹丸，洞中毫米。”可见彝族是一个崇尚武术的民族。

彝族武术包括“决打”和“花梢”两类。“决打”，即敌我双方你死我活进行对打，也就是对练和散打，攻防性很强。武艺高超的彝族人不但在山寨有很高威望，就是在异地村寨也很受尊敬。“花梢”则着重表演，表演时夹杂民乐伴奏，或在跳花鼓中进行，动作熟练，花样较多，吸引力强，可以达到锻炼和娱乐的双重目的。

彝族刀术流传较为广泛，主要有短刀、长刀、小刀、大刀之分，长柄刀中又因刀法各异而有“关公刀”、“蔡阳刀”、“梅花刀”、“春秋刀”几种，这些刀术大部分属于祖辈相传。关公刀由拖刀上阵、举刀亮相、挥刀护身、飞刀回马等动作组成；蔡阳刀的基本动作则由背刀上场、试刀、左右转身砍杀、亮相、前进、拖刀再杀等组成；梅花刀的基本动作由持刀上阵、试刀、梅花刀路、左右砍杀等几种动作组成；春秋刀历史悠久，刀术

为世代相传，舞刀时，有单刀独杀和双刀对杀之分。

早在清朝时期，云南禄丰、楚雄、镇南、定远、元谋等地民间就很盛行彝刀，每逢正月过年，不少村寨都要举行武术表演。如今每年农历六月二十七日，云南禄丰县高峰乡仍然举行“大刀会”，届时，锣鼓齐鸣、大号吹响、铁炮隆隆，一队队戴着诸葛亮、关公面具的武士，手执大刀、梭镖，在一束大火把和数面小红旗的引导下，冲向3座山头，开展刀术表演。

大刀会起源于众所周知的七擒孟获的故事。三国时诸葛亮擒孟获后仍封孟获为南蛮王，还派汉人帮助南蛮种植稻谷、在南蛮传播先进文化。后来，孟获病危，临终时仍念念不忘诸葛亮的恩德，但又担心在他死后诸葛亮改变既定政策。于是，孟获口咬长须，久不闭目。诸葛亮闻知后，立即派夫人亲临孟获榻前看望，表示诸葛亮的政策一如既往，决不改变。孟获闻听后才“噗”的一声，吐出长须，瞑目长逝。后来，彝族人民为了纪念孟获逝世和彝汉民族团结，在每年六月二十六日这天举行庆祝活动。

彝族的棍术也很有特色，有花棍、前门棍、骑马棍、棍棒对练等。在牟定县江坡乡龙排村流传着一种类似“金骨棒”的齐眉棍，高不过眉，粗能手握，用坚硬的木料制作。其打法大体与春秋刀相似，单打、对打均可，男女都能操用。这种齐眉棍在操练到紧张时，舞者犹如在棍影圆圈之中，使人眼花缭乱，目不暇接。

此外，彝族还有射弩、流星等奇特的器械功夫。流星是彝族祖先流传下来的一种民族武艺，流星即流星锤，是武术器械中的一种软兵器。它由一根一丈五尺长的绳索及绳索一端的小铜锤构成，铜锤大如鸭蛋，舞动起来快如飞，有如划破夜空的流星一般，故而得名“流星”。

清朝初年，彝族各村寨各民族由于事务纠纷常引起格斗，为了抗敌自卫，彝族人开始使用流星。随着时间的推移，流星表演已成为彝族节日的传统活动流传下来，对活跃彝族人民的文化生活，增强体质都起了很大作用。

流星没有固定的套路，由七至八个单动作连结而成，有“浪子踢球”、“金丝缠臂”、“青龙出洞”等，可由前后、左右、上下各个方向击打，只要舞动起来，对手在方圆两三米内不能近身，很容易击倒对方。流星的运动方法以缠、抛、抡、扫为主，要求演练者做到缠绕抛抡、收放自如、软中见硬、力点准确。不论哪种招式，绳子在身上缠了多少圈，都能一招一招地解脱出来，打出去。老武师说“巧打流星顺打鞭”，就是说练流星要有巧劲。练流星要求有较高的灵活性、协调性和爆发力等素质，特别是颈、肩、腰等关节要灵活，因此特别适合于青壮年演练。

第六节　德昂族武术

德昂族散居于我国云南省西南部，历来性勇好武，所习练的武术祖辈相传至今。德昂族武术内容繁多，最突出的是“左拳”和“梅花拳”。

左拳是德昂族的看家拳之一，拳路灵活多变，迎战对手时，最后都以左手出击的绝招取胜，故德昂族有左手定乾坤之说。梅花拳始于明朝末年，因在半米高、大碗口粗的梅花桩上练习拳脚，故称梅花拳，此拳一直沿袭至今。德昂族拳术具有防守严密、出击利索、力度猛等特点，既供观赏，又有防身自卫的实用价值。

德昂族武术除拳术外，还有棍、刀、剑、叉、勾、镰等器械。棍有德昂棍、十二步棍；刀有单刀、十二动双刀、十七步刀等，这些器械功夫出击利索、坚韧勇猛，被广为传承。

在德昂族的器械功夫中还有十分奇特的射弩、打铜炮枪和泥弹弓。这三种功夫是长期生活在崇山峻岭中的德昂族人们生活、生产中不可缺少的自卫武器，同时也是一种狩猎工具，因此有广泛的群众基础。德昂族的泥弹弓是猎鸟工具，形状略似弓，制作也较为简单，在竹片上绷上麻线或牛筋作弦，弦的中部用篾编成一个小方框，用来安放泥土搓成的圆形泥弹丸。

德昂族的武术在反抗外敌入侵中做出了巨大的贡献。抗日战争时期，保山地区的德昂族拳师王四墨，在日军侵入保山时，曾用长刀砍死过 3 个日本兵。中华人民共和国成立后，王四墨代表保山地区多次参加全省民族运动会，表演德昂拳术和刀术，使鲜为人知的德昂族武术得以发扬光大。

第七节　壮族武术

广西壮族武术起源很早，已经有二千多年历史的花山崖壁画就表现了

很多壮族武术操练时的情景。花山崖壁画是二千多年前古越人所作，壁画里的武士们身高体壮，壁画中的战阵还展现了很多刀、剑、长枪、手镖、山弩以及竹箭等武术器械，这说明了早在二千多年前，壮族武术就已经颇具规模。

壮族拳是广西壮族人世代相传的武术，相传这一武术起源于唐元和年间的壮族族长。壮族人民在长期的狩猎中，观察和研究各种野兽的站立、蹲伏、奔驰、闪展腾挪的姿态和特征，并将豹的跳劲、蛇的柔性、鹤的轻盈、虎的雄姿等揉入壮拳套路中，形成了较全面的壮拳“十形”，不但丰富了壮拳艺术美的内容，同时也丰富了中华民族的象形武术的内容。

在宋仁宗庆历年间，著名的壮族义军首领侬智高精熟壮族拳，并将它广为传播。王安石曾称誉壮族兵将“粤右良兵，天下称最”。明孝宗弘治十年（公元1497年），壮族女英雄瓦氏夫人将这古老朴实的壮拳揉进了北长拳功架，使后来壮拳兼备大架子，这一功夫在抗倭前线大显身手，屡建奇功。

壮族拳吸收了壮族慓悍粗犷的特质，拳势刚烈、短打标掌、借声发力。该拳种采用“站椿”、“打沙袋”、“打树椿”、“走梅花椿”、“七步铁线基本椿功”等功法练功，进退起伏以四门为径，出入变化讲求轻、灵、捷、活四要，练习时以套路为主，很适合在广西山区演练。

壮拳现存的器械有15种，包括雪花盖顶刀、八卦良棍、白鹤棍、铁线棍、九子连环棍、九下手（棍术）、三叉、春秋大刀、三指铗钯、鱼尾叉、标、长板护身凳、飞砣、竹篙枪术。现代壮拳各种流派的代表人物有：桂南龙州的农式丰、钦州的覃明高和谭永能，桂西北的宜山蒙国栋，桂西的田阳黄大略、李永茂、黄祖全等，他们的壮拳演练十分纯熟，对壮族武术的发扬光大作出了巨大贡献。

第八节　藏羌武术

青藏高原素有“世界屋脊”之称，藏族的先民自远古时就分布于雅鲁藏布江中游两岸，以游牧为生。这个神奇的民族不仅创造出了藏族文化，也创造出了许多令人惊叹的藏羌武术。

藏族武术的起源与羌术有着密切的联系。远在秦汉时期，青藏高原一带居住着羌族人，他们在狩猎和斗争中，逐步形成了游牧民族特有的拳种——羌术。公元前112年，匈奴联合羌人攻占今居寨，汉武帝派李息率兵10万，进攻羌人，羌人败退至青海湖以西地区。此后，汉王朝与羌人的战争此起彼伏，羌术在战争中不断发展完善。晋代，鲜卑族占领了青海湖以西地区，他们承袭“羌术”技艺，将其进一步发展。唐五代后，吐蕃王朝一度强盛，进行庞大的军事扩张，吞并了鲜卑族，统治着祖国的大西北。唐王朝和吐蕃通婚后，文成公主进藏，藏民吸收了羌术的优点，结合本民族粗扩剽悍的拳路，又吸收了跟随文成公主的汉族武士带去的中原武术，终于发展成为独具游牧民族特色的藏族武术。

藏族武术民间相传，十分独特，至今外界尚未解开其神秘的面纱。藏文经典《柔乃纳窝》记载：“美功巴”和“隆功巴”是两门十分奇特的功夫。美功巴指练火功，赤身裸体，练丹田之气。功练成后，“身上发光，冬不冷，水火不入，刀枪不进”；隆功巴是吐纳术，坐蒲团念神经，裸体跳跃，足踢拳击，大汗淋漓，始为功毕。功夫练成，身轻如燕，有遁土可行、隐身防护的说法。

现在的藏羌武术大多以舞蹈的形式为外人所知。最有代表性的是武术舞蹈“克什几·黑苏得”（意为跳舞时唱的歌），该舞蹈俗称“铠甲舞”、“跳盔甲”。这是一种古老的祭祀风俗舞，是为战死者、民族英雄或有威望的老年人举行隆重葬礼时跳的舞蹈，主要流行于茂县北部、黑水等比较边缘的山寨。跳盔舞一般由几人到十几人组成，跳舞者要头戴皮铠甲，手持兵器，分列对阵而舞，兵器飞舞，铜铃叮当，吼声震天，表现舞者作战时的威武气概，使粗犷淳朴的古代民风跃然再现。

藏族的很多节日庆祝活动也充满武术的影子。据《西藏志》载：正月十五藏族宗教仪式后，还要进行赛马、摔跤、武术等表演。在“谷场巡行”、“天旱求雨”或者祭“俄博”时，草原上周围数十里牧帐，“闻螺号声”而至，还会举行赛马、射箭、武术、摔跤等活动。目前，在藏族人民的语汇中也有不少有关武术器械的词，如：古浪（藏马）、打什吉后（鞭棍）、拉只（短剑）、多什吉后（套索）、多希侯（线锤）、东（矛）、大伊（弓箭）、唉什恰（炮石）等，说明藏族人民的武术活动史的确是源远流长的。

第九节　蒙古族搏克

“搏克”是蒙古语，可译为摔跤，有结实、团结、持久的美好意义。搏克是目前世界上流行的摔跤运动中，是保持民族特色最完整的对抗性竞技运动。

蒙古族搏克的习俗可以追溯得很遥远。早在几千年前，北方游牧民族中就已盛行摔跤。成吉思汗就十分喜爱摔跤，他的弟弟别里古台、大将木华黎都是著名的摔跤手。蒙古军队常常将摔跤、射箭技能的高下作为选任将领的主要条件。

摔跤在元朝被称为“巴领勒部”、“力戏”，深受人民群众喜爱，就连蒙古族妇女都是摔跤好手，在《马可·波罗游记》里就曾记载了蒙古族妇女摔跤的场面。蒙古海都王的艾吉阿母姆公主还把摔跤水平的高低作为择偶标准，可见元代摔跤的盛行。

明清时期，蒙古式摔跤有了长足发展，经过改进、流变，成为今日摔跤的源头。清代将摔跤称为“演布库”。女真人在东北建立后金政权后，为了进一步扩大势力范围并增强实力，曾大力提倡演练布库，且出现了上至皇帝、亲王，下至小儿均习布库的局面。清初，清帝为了加强与蒙古诸王的联系，在与他们围猎后举行的联欢宴会上，将布库作为主要表演项目，称为“塞晏”，清代的张文翰对此绘有“塞晏四事图”传世。

这一时期民间的摔跤活动也十分活跃。民间摔跤不受场地和器材的限制，更显勃勃生机。在举行传统的蒙古式摔跤比赛时，选手们要身穿极富民族特色的摔跤服。上身为皮质的短袖衣“卓铎格”，上缀数百枚闪亮的银泡或铜泡，后背正中镶以圆形龙、狮纹金属片，以示威武雄壮。短衣腰系用蓝、红、绿三色绸制成的战裙，下穿用白布缝制的肥大摔跤裤，还套有绣有吉祥图案的套裤。脚上则穿着皮靴，为了防止摔倒和靴子破裂，还要用结实的皮条捆绑加固。

蒙古族搏克有奇特的习俗，参加比赛的人数必须是 8、16、32、64、128 等等，不能出现奇数。比赛的选手不分地区、不限年龄、不限体重，除互比力气外，招数与技巧也是决定胜负的重要因素。其主要动作有踢、拧、闪、捉、拉、扯、推等 13 个基本动作，招数有勾子、拌子、坎子、别子等，各个大招数中又有很多小招数，比赛中随机应变，灵活运用。

随着人类社会文明的进步，搏克的取胜标准又发生了变化，与元朝盛行的摔跤形式有所不同。元朝时的摔跤摔倒后仍可以相搏，必须使对方双肩着地才算得胜，为了制服对方，往往采取各种手段，因而富有刺激性和危险性。大型比赛的获胜者有很高的荣誉，其英名在草原上长期流传。比如：运动员在一定级别的盛大集会“那达慕”大会上获得冠军时，可以佩带“景嘎”。“景嘎”是用五彩绸缎编制的项圈，每获得一次冠军，“景嘎”上就增添一束五彩绸带，这是搏克运动员荣誉的象征。对于多次夺魁、年老后不能继续争雄的老将，要隆重地授予“达尔罕”的终身荣誉称号，使其承担起教练青少年的责任。

现代蒙古摔跤

时至今日，蒙古族摔跤仍以其旺盛的生命力蓬勃地发展着。而且，如今的蒙古摔跤不许抓腿抱腿，不许跪腿去摔；用脚的招数时不许超过臀部，以免伤害对方的上身，充分体现了文明竞技的现代体育精神。现在，摔跤不仅是全国少数民族运动会的比赛项目，还成为国际奥林匹克运动会的项目。蒙古族运动员则在该项目上占尽优势，不仅男选手屡屡夺魁，女选手也常常问鼎夺冠。

第十章

中国古代冷兵器

武术是中华民族的瑰宝，而武术器械就是这瑰宝中的重要组成部分，它们主要由古代兵器演化而来。众所周知，兵器是克敌制胜的工具，人类社会自从有了战争，就有了为战争服务的兵器。

冷兵器一般是指不利用火药、炸药等热能打击系统、热动力机械系统和现代技术杀伤手段而在战斗中直接杀伤敌人、保护自己的武器装备。其按材质可分为石、骨、蚌、竹、木、皮革、青铜、钢铁等。随着战争及生产水平的发展，冷兵器经历了由低级到高级、由单一到多样、由庞杂到统一的发展完善过程。火器时代开始后，冷兵器虽已不再是作战的主要兵器，却一直延用至今。

中国冷兵器文化源远流长，可以说冷兵器史就是一部中华民族演变发展的历史。几千年来，中华民族一直在用他那博大的胸怀兼容并收，演绎着中华冷兵器不倒的神话。

第一节　冷兵器的起源与发展

兵器起源于远古人类的渔猎工具，并在人类相互残杀的战争中成为伤害对方的特制器械。依据主要兵器的质地和工艺特点，冷兵器阶段主要分为石器时代、青铜时代和铁器时代三个发展阶段。

在史前阶段，原始社会的氏族或部落之间不断发生争斗，导致人们相互残杀，各种带锋刃的生产工具都被用于争斗当中。尤其是在私有制萌发以后，中华大地上出现了不同部落联盟间残酷的原始战争，其中最为著名的就是黄帝和蚩尤之间的“涿鹿之战”。

在“涿鹿之战”中，仅仅利用带锋刃的生产工具进行战斗已经远远无法满足战争的需要，严酷的现实逼迫人们改进或发明新型的兵器。当时的武器虽以磨制石兵器为代表，特别是钺和镞，但大量使用的还是由木、骨乃至蚌、角制造的兵器。

而且，这一时期兵器的研发还与军事领袖密切相关。据传：黄帝特别关注新式兵器的研制，也鼓励部下改进和创新。因此许多古代史籍和传说都把多种兵器的发明归功于黄帝和他的臣子。《世本·作篇》中就说“挥作弓”、“夷牟作矢”，而这位弓的发明者“挥”和发明箭的“夷牟”都是黄帝的臣子。《孙膑兵法》则明确地记录：剑是黄帝所发明的。

蚩尤虽在“涿鹿之战”中失败被杀，但是他的功绩并没有被人们所遗忘。据传：蚩尤发明了“五兵”。在汉代画像石的图像中，蚩尤被画成似人非人的神兽形状，双手各执一件兵器，两足也各抓一件兵器，头上还顶着一件兵器，总共有五种不同的兵器，表达了人们对这位兵器发明者的怀念。

随着青铜冶铸技术的发展，夏商周时期，青铜质料的兵器成为最精锐的兵器代表，主要有青铜戈、矛、钺、镞。这时还大量使用石、骨制造的兵器，防护装具则主要是皮质的甲胄。

商周时期的兵种主要有车兵和步兵两种，并且以车战为主。商代后期，人们已经使用战车作战。从殷墟发现的车马坑中就可以看出：当时一个作战单位大致包括战车一辆、马四匹、战士三名和武器三套，每套包括远射的弓矢、格斗的戈和卫体的兽头刀。西周时期，车战用的武器杀伤力有所增强：远射的武器主要有弓、弩等；格斗的武器有戟、戈、矛和钺；此外还有剑、匕首及铜斧，武器种类增多，武艺日趋复杂化。

到了战国时期，钢铁兵器开始出现在战场上。但秦国的兵器仍主要由青铜制造，虽然有少量铁兵（秦始皇兵马俑一号俑坑就出土过两件铁镞），但实物很少，也不成体系。

到了汉朝，铁兵器所占的比例越来越大，汉初晁错所列的弓弩、短兵、长戟、剑盾、矛铤等多是质量精良的铁制兵器。近年来考古发掘的长安武器库所出兵器，除少量仍为青铜制造外，绝大多数均为铁兵器，刀、

剑、戟、矛、斧、骹、盔甲一应俱全。可见，汉代军中的武器不仅品种多，而且质量高，远远优于匈奴的兵器。

据三国两晋南北朝时代的史籍记载：当时的刀剑从原材料到制作、从形制到数量都已经有了较高的水平。

三国时期，诸葛亮为了对抗魏国的强大的骑兵，制成了俗称诸葛弩的元戎。它最诱人的地方就在于巧妙的设计，拉臂上弦便能快射10支毒箭，成了当今人们津津乐道的古代传奇。永无休止的战乱也令铁甲质量有了近乎神奇的提高，传说诸葛亮筒袖铠能抵御拉力近670公斤的强弩射击，体现了当时对铁甲质量的重视。魏晋南北朝时期铁甲发展更为迅速，出现了筒袖铠、两当铠、明光铠等。

到了隋唐时期，中国冷兵器的发展达到了顶峰。隋继六朝，仅存在了三十多年，所以兵器没有什么变化。而唐朝最为凶悍的武器莫过于唐刀，它是大唐帝国在所有对内、对外战争中最主要的冷兵器。据《唐六典》卷一六武库令丞职掌条记载：“刀之制有四，一曰仪刀，二曰障刀，三曰横刀，四曰陌刀。”唐刀的锻造承袭了汉朝发明的“百炼钢”技术，刀刃采用复合锻造，锋利无比，在战场上发挥了极其重要的作用。

北宋时期，火药开始用于兵器，中国兵器由此进入火药兵器和冷兵器并用的阶段。但是，这一时期的冷兵器发展仍十分迅速。宋代是枪的黄金时代，种类可谓空前绝后。《武经总要》中记载的宋枪就有捣马突枪、双钩枪、单钩枪、环子枪、素木枪、鸦项枪、键枪、梭枪、䄾枪、太宁笔枪、短刃枪、抓枪、藻黎枪、拐枪、拐突枪、拐刃枪等。该书成书于北宋庆历四年（公元1044年），总结性地记录了汉唐以来传统冷兵器的各种类型，以及新发展的兵器和装具，还附有详尽的图像，展现各种兵器装具的具体形貌，堪称中国古代兵器的百科全书。

明朝的刀术十分知名，尤其是戚家刀，写就了刀术历史上辉煌的一页。戚家刀是明中晚时期，戚继光将军在抗倭战争中研发的。该刀吸收了倭刀的锻造优点，姿态类似倭刀的弯度，镐造起脊，刃长72—81厘米。如果不是火器的普及和西洋近现代科技的发达，明代刀剑完全可以发扬光大，继续创造钢铁兵器的辉煌。可惜的是：明代晚期，封建社会已渐走向衰败，明军看到了自己的落后，开始引进西方的枪炮制作技术，冷兵器逐渐没落。

鸦片战争以后，清王朝开始大练新兵，引进了大批西方枪械，中国古代兵器的历史就此结束。后来，冷兵器虽然远离了战场，却在武术界大放异彩，我国民间习练冷兵器的风气十分流行。那些传统器械套路已经被众多习武者传承下来，续写着中华冷兵器史的壮美篇章。

第二节　十八般兵器

古典小说和传统评话中常说武艺高强的人是“十八般武艺样样精通”，而这十八般武艺就是指使用“十八般兵器”的功夫和技能。

“十八般兵器”一词在古书中无法查找，南宋武状元华岳编的《翠微北征录》和明代谢肇的《五杂俎》中都只有“十八般武艺”的说法。由此可见，“十八般兵器”一词是后人所造的。

由于年代、地区和流派的不同，关于“十八般兵器”的解说流传着多种说法。一般认为：“十八般兵器”包括刀、枪、剑、戟、斧、钺、钩、叉、鞭、锏、锤、抓、镗、棍、槊、棒、拐、流星锤。它们是古代兵器（约有四百多种）中在实战时最常用的一部分。

刀是我国最早出现的兵器之一，有长刀和短刀之分。它出现于青铜器时代，因为在大规模车骑战斗中比剑更实用，渐渐取代了剑的地位，成为军队中普遍装备的短柄格斗器具。

枪是用于直刺、扎挑格斗的长兵器，由矛发展而来。宋、明两代为枪的最盛时期，创造了式样繁多、用途各异的枪，广泛用于步兵和骑兵。一般包括：长枪、钩镰枪、九曲枪、梨花枪、笔枪、雁翎枪、绿沉枪、浑铁枪、龙头枪、龙刀枪、虎牙枪、虎头枪等。

剑脱胎于矛形刺兵及短匕首，属短兵器，素有“百刃之君”之美称。无论是在作战中还是作为士大夫的配饰，都有剑的身影。汉代的剑术十分精备，击剑、斗剑都显示了极高的武艺造诣。但是由于不适合阵地作战，剑渐渐地退出战场。

戟是一种将戈的勾、啄和矛的直刺功能结合在一起的格斗兵器。其主干做枪形，锋尖之下横出两档，上面嵌有月牙型尖刃，从而具备了钩、刺、劈、砍等多种攻击性能。戟为兵中之龙，外形威武漂亮，在三国时代十分流行。《三国志》上就记载：“孙权乘马射虎，投以双戟”；“甘宁执双戟舞”；“典君，提一双戟八十斤。”到了两晋南北朝，戟在战场上的作用逐渐消失。

斧又称开山、金蘸、月牙、宣花，属重兵器。斧刃薄背厚、杀伤力大，分为长柄大斧和短柄阔斧。用斧需要有较大的力量，所以使斧的大多是威风凛凛的力士猛将。三国的徐晃、《说岳全传》中的金国大将金兀术、《水浒传》里的李逵都是使斧的能手。

钺是斧的一种，但比斧大。它虽然很早就已经出现，但到战国之后渐渐失去了战器的性质，转变为仪仗饰品及礼乐舞蹈之用，实用性不强。

钩是一种多刃的兵器，由古兵器戈演变而来，分有单钩、双钩、鹿角钩、虎头钩、护手钩等。晋朝大将冈冉就用过钩，悍勇无敌。

叉是古代作战时的长刺武器之一，最先本是一种生产工具。远古人们打猎捕鱼时大多用叉，后来逐渐转变为兵器，主要有三股叉、两股叉、五股叉。

鞭为短兵器之一，主要鞭有竹节鞭、虎尾鞭、水磨钢鞭等数种。据《武经总要》记载："铁鞭多节，系袭晋代遗制。"唐以后就有用鞭的将军，唐初的尉迟敬德、后梁的王彦章都会用鞭。宋代用鞭的武将更多，梁山好汉呼延灼、孙立等都善于用鞭。而枪鞭夹用，也是古时候流行的武将作战方式。

锏属短兵器，一般长1.2米左右，锏身为四棱或圆弧形。锏往往作为武将们手中的辅助兵器使用，一般不单用，所以又有雌雄锏、鸳鸯锏等名。隋唐时候的双锏大将秦琼马踏黄河两岸，威名赫赫，他与南宋岳飞手下的大将牛皋都是古代使用锏的代表人物。

锤又名锥，属短重兵器，外形多为球形或瓜状，由于分量沉重，使用起来杀伤力极强。战国勇士朱亥为了帮助信陵君窃符救赵，曾暗藏四十斤重的铁锥击杀了晋鄙。宋朝时候锤已经广泛使用，相传岳飞麾下著名的"八大锤"就是四位使锤的猛将。

抓又称挝，在民间流传较广。抓头形似爪，缚以长绳或木柄，故名。抓分长械及软械两种，包括"金龙抓"、"铜拳"、"笔砚挝"等。"笔砚挝"又名"判官笔"，击法多用点击要害穴位，此外还有抓、拉、刺等。

镋是长重器械，有凤翅镋、雁翅镋、牛头镋、溜金镋、锯齿镋和流星镋等几种。其形似叉而重大，中有利刃枪尖，称为"正锋"，侧分出两股，弯曲向上呈月牙形。隋朝大将宇文成都就使用凤翅镏金镗，威猛罕匹，仅次于李元霸。

棍为“武术之王”，棍术流派繁多，包括少林棍、紫微棍、张家棍、赵太祖腾蛇棍、贺屠钩杆、牛家棒、孙家棒、俞大猷棍法等数十种著名的棍法。少林棍僧名扬四海，史料记载俞大猷还曾经指点过少林武僧的棍法。

槊是十八般兵器中的重兵器之一，多用于马上作战。古代的槊，柄用坚木制成，长约2米，柄端装有一个长圆形锤，上面密排铁钉或铁齿六至八行，柄尾部还装有三棱铁，因其形状与狼牙相似，也称“狼牙槊”。其较为笨重，多为力大悍猛的将领使用。

棒同属棍种而稍短，一般长约1.5米，棒身两端粗细不一，握手处较粗，往上愈细，顶端粗。棒的种类较多，仅《武经总要》记载的就有钩棒、抓子棒、狼牙棒、杵棒、杆棒、大棒、夹链棒等。民间传说宋太祖赵匡胤善于用杆棒，有“一根杆棒等身齐，打四百座军州都姓赵”的说法。

拐是一种以硬木制成的兵械，俗称拐子。拐身形似单刀，拐端似枪尖，按其长度可分为长拐和短拐两种。长拐为单拐，长约1.3米；短拐为双拐，长度约60—100厘米。单拐的击法有劈、砸、滚、蹦、支、扑、拍、拿、勾、挂、截等；双拐有搂、盖、转、击等着法。

流星锤又名飞锤，是一种以绳索系住锤体，击打有一定距离对手的暗藏武器，属软兵器类，分为单流星和双流星两种。演练时，可巧妙地把绳缠绕在自己的脖子、胸背、肩肘、手腕、大腿、小腿、脚部或腰上，抖身放锤，使其窜击如飞、快如流星、软中见硬。

一、刺杀兵器——剑

剑是一种平直、细长、带尖、两面有刃的短兵械，素称“百刃之君”。它由矛头和匕首演进而成，以撩刺为主，风格轻灵潇洒。剑术分为单剑与双剑两种，并以单剑为多。

剑的盛行与中国古代战争的形态有着密切的关系。商代到春秋之时，正式的战争以车战为主，接战的范围、回旋的空间都较大，因此战车上的“士”较常用的武器是戈或矛，而当时的剑只在近战或肉搏时使用。

春秋之后，步兵兴起，剑作为一种武器开始受到重视，当时的剑长度在28—40厘米之间，杀伤力极强。吴越地区由于水道纵横、车行不便，使剑的步兵能够发挥出很大威力，所以其铸剑水平远高于中原诸国。当时有名的铸剑大师欧冶子和干将莫邪夫妇即生活在吴越地区，其技术之精湛、工艺之华美，可称举世无匹。尤其是剑身的表面处理，不但具有神秘华丽的花纹，而且在2500年后的今天仍然寒光四射、锋锐如新，这种处理技术至今依然是个谜。

战国时，随着车战的衰落，剑作为一种步兵武器受到更大的重视。铁剑长度一般为80厘米，最长约140厘米，青铜剑也可达到70厘米，最长约93厘米。制造长剑对材质的要求很高，因为剑刃和剑脊必须使用两种不同性质的材料，铸造铁剑时要改变或控制含碳量，而青铜则要控制好铜与锡的配合比例。只有这样，才能使剑脊韧性好、不易弯折，而剑刃则坚硬锋利。

战国时代到汉朝为中国用剑的鼎盛时期，此后便迅速衰落。作为军队使用的兵器，剑虽然退出了战场，但自汉代以后又作为一种仪仗的装饰品配在高官达贵身边，重现了原有的风采。而明代的高官在率领军队远征时，皇帝常常亲自向他们授以象征皇权、装饰华美的“尚方宝剑”。

剑虽然远离了中国古战场，但仍旧是武术界最重要的兵器之一。武当派所独有的武当剑法更是称雄于世。另外，剑还是道教仪式所不可缺少的法器，深受道士们的喜爱。

二、劈砍兵器——刀

大刀是在长柄前端固定有宽大刀刃的刀身的一种兵器，属长兵器类。其刀身用钢制而成，刀柄为硬木，刀身与大刀全长的比例约2∶1。它的刀身很重，主要用于劈砍，即使敌人披戴着厚厚的铠甲，也能给予致命的伤害。

偃月刀可以说是大刀的典型和象征。由于其外观雄大，且装饰华丽，所以多用于演戏和习武训练方面，而不多用于实战。小说《三国演义》中的关羽，使用的就是青龙偃月刀，实重82斤。但是，据考证：偃月刀在关羽的三国时代尚未出现，因此他实际上使用的大刀并不是这种偃月刀。

除偃月刀外，眉尖刀也是十分重要的一种大刀。它和偃月刀相反，给人以一种质朴使用之感，是适用于实战的一种大刀。

大刀的使用在宋代可谓达到了顶点，特别是在南宋的初期，大刀和大斧已成为装甲步兵的主要装备。宋高宗绍兴十年（公元1140年），宋军和金兵发生郾城之战，宋将岳飞就把装备有大刀、大斧的装甲步兵按两翼摆开阵势，有效地阻止了金兵装甲骑兵的进攻。当时，用大刀对付装甲骑兵进攻的基本战术是：先用大刀劈砍防御比较弱的马腿，然后对准骑兵的胸部猛砍。按照这一战术，岳飞命令士兵“不要管马上面的人，只瞄准马腿”，从而大获全胜。

到了明代，大刀之中只剩下偃月刀和钩镰刀两个种类。由于偃月刀太重，已不在实战中使用，一般只是在演武场上还能显出昔日的风采。而在战场上，只是使用钩镰刀。

到了清朝，由于火器（热兵器）武器的不断发展，装甲骑兵的作用日渐减少，大刀逐渐从战场上消失了，反作为一种辅助性兵器还部分地保留着。在正规军中，只有汉军的绿营还使用着挑刀、宽刃刀、片刀、虎牙刀这四种大刀。而且为了用起来灵活，这些大刀的长度都较以前缩短了许多，一般在170—240厘米左右。

三、刺挑兵器——枪

枪由古代兵器矛演变而来，其长度约相当于人体直立、手臂伸直向上的高度。枪杆的粗细根据使用者性别、年龄而异，枪缨的长度通常不短于20厘米。

枪法以拦、拿、扎为主，这是枪术的基本动作。扎枪要平正迅速、直出直入、力达枪尖，做到枪扎一线。扎枪又有上平、中平、下平之分，以中平为要法，故有“中平枪，枪中王，当中一点最难挡”的说法。此外，崩、点、穿、劈、圈、挑、拨等也都是枪术的常用方法，要求缠绕圆转、劲力适当、方法正确。练枪时，身法要求灵活多变，活动范围大，步法要轻灵、快速、稳健，故有“开步如风，偷步如钉”之说。

在明代，枪术理论和技术已相当成熟，各家枪法竞相争艳。当时备受推崇的当属杨家枪法，且因杨家枪舞时如梨花摇摆，又名梨花枪。戚继光在《纪效新书》中记载：“杨家枪变化莫测，神化无穷，天下咸尚之。”

明崇祯八年（公元1635年），兵部侍郎毕懋康的《军器图说》中载有一幅喷火烧灼的梨花枪，并记载这种梨花枪：“以梨花一筒，系缚於长枪之首，发射数丈，敌著药昏眩倒地，火尽则用枪刺敌。”此枪兼有火器效能，在新式火器出现之前显然是一种有效的利器。

到了晚清，长枪趋于简单，偏重扁镞形刃，圆底筒，今天武术运动中使用的枪就属这种类型。枪术在十八般武艺中比较难学、不易掌握，俗话说："年拳，月棒，久练枪。"枪的套路内容也十分丰富，除杨家枪外，还有六合枪、四平枪、锁口枪、五虎断门枪等等。

四、远射兵器——弓弩

弓弩并非"十八般兵器"之一，但在中国的冷兵器历史上却流传十分久远。

相传：在帝尧时代，天空中忽然同时出现了十个太阳，它们竞相把炽热的火焰倾泄到人间，于是江河干涸、土地龟裂、稼禾枯萎，无穷的苦难降临到老百姓头上。这时神射手后羿挺身而出，登上高山，张开红色的强弓，搭上白色的长箭，弓弦响过，白色的利箭射中了一个太阳，接着坠落下来一只硕大的金色三足乌鸦，它的头颅已被利箭射穿。后羿的利箭一支连着一支，穿透一个又一个太阳的头颅，最后只留下最小的一个太阳。

后羿射日的神话可以说是对弓箭的颂歌，他的射日伟业离开弓箭这一古老的远射兵器是无法完成的。

后来，弓箭因具有较远距离的杀伤力而备受古代军队重视，且多用于非接触作战，成为我国历史上使用最为普遍、久远的一种兵器。古人依赖臂力开弓射箭，优秀射手应能拉开数十公斤的强弓，有效射程也在数十米以上，如果借助更强的弓和机弩，远的还可达到数百米以上。

弩的射程要比弓更远，所以常常被用于大型战争。

公元前 214 年，秦军发动了针对匈奴骑兵的全面战争。仅仅一年时间，30 万匈奴骑兵就被彻底击溃，而秦军取胜主要就是依靠弩。在匈奴骑兵还没冲到眼前时，强劲的秦弩就密集准确地击中了他们的战马和骑手。持弩秦骑兵射击的准确程度是匈奴人的弓无法相比的，匈奴人的皮甲根本抵挡不住弩箭强大的穿透力。

拉弓要用很大的力气，时间越长，越难控制瞄准的稳定性。而与弓不同，秦弩必须用脚蹬，要借助全身的力量才能上弦。一般而言，秦弩的射程应该能达到 300 米，有效杀伤距离在 150 米之内。而且秦军的弩机通过一套灵巧的机械传递，使扣动扳机变得异常轻巧。对于野蛮的匈奴人而言，这种机械装置太复杂了，他们很难装配或仿制。

在战国时代，箭头的种类也十分繁多。秦国的箭头几乎都是三棱形的，刃首的断面呈三角形。秦军选择的这种三棱箭头拥有3个锋利的棱角，在击中目标的瞬间，棱的锋刃处就会形成切割力，箭头能够穿透铠甲，直达人体。

到了三国时期，诸葛亮发明了一种连弩，称为元戎。弩箭用铁制，将十枝箭放在一个弩槽里，扣一次板机就可由箭孔向外射出一枝，弩槽中的箭随即又落下一枝入箭膛上，再上弦，又可继续射出。晋代的弩较汉代大，有“万钧神弩”之号，如晋安帝义熙六年十二月（公元410年）刘裕用万钧神弩连破卢循。

弩在宋代得到大发展，偏重步兵的宋朝将其视为对抗北方骑马民族入侵的利器。宋神宗熙宁元年（公元1068年），李宏发明踏张弩，名叫神臂弓，具有射程远、重量轻的优点，一直流传到明代。

后来随着更远距离、杀伤力更大的火器的出现和发展，弓弩的地位渐渐衰落，到了清朝时，军队已经不采用弩作为战斗武器了。

第三节　其他常用冷兵器

中国古代兵器多达百种，除前文提及的十八般兵器外，武术界还流传着很多其他兵器，如殳、铲、钯、狼筅、狼牙棒、手杖刀、铁扇、峨嵋刺、风火轮、箫、板凳、镰刀等。

殳又称“杵”，原为捣榖工具，在商朝末年成为普遍使用的兵器。孟子形容武王伐纣的战况惨烈，就曾用到“血流漂杵”一词。可见，当时商、周双方军队都大量使用杵作为兵器。后来，人们在殳的两端安装了青铜或铁制的圆头，圆头上有三至六个不等的乳突或棱刺，用来增加打击力。据《春秋左传》记载：秦穆公帅军攻打晋国，晋惠公的士兵用长殳往秦穆公身上尽力一击，结果殳头棱刺竟然穿透秦穆公身上的六层铠甲，可见其威力惊人。

铲属薄体阔刃的长兵器，是在长大木柄的两端分别安有锹状和月牙形的锋刃，不仅能刺扎敌人，还可劈、剁。铲的种类有月牙铲、天蓬铲、莲花铲等，击法有推、压、拍、滚、铲、截、挑等招式。鲁智深就是使铲的高手。铲是许多僧侣爱用的兵器，所以又有禅杖之称。

钯是在木柄上装有一个宽大而多齿的钯，最初由农具发展而来。其全长 2.4 米左右，重 2.5 公斤，可拍击，也可以防御。小说《西游记》中的猪八戒就使用钯作为兵器，可见当时钯头已经盛行于武艺之中。到了明代，在抗倭战争中，钯一度成为军中利器。

狼筅是将保留枝叶的毛竹当做武器来使用的一种兵器。其全长约 4.6 米，前端有用以刺杀敌人的锋刃。明朝倭寇常常进犯中国沿海，战斗中，明军士兵拿的枪常被倭寇使用的日本刀砍断。戚继光为对付倭寇的日本刀，便采用柄很坚硬的狼筅配备在军队的最先列。从此，明军开始普遍使用这种兵器。

狼牙棒是一种打击兵器，是在纺锤的木制或铁制的锤头上固定有很多像狼牙一样的铁钉。这些锤头上的铁钉能够产生奇特的杀伤作用，就是对身披铠甲的敌人也有很大的威力。狼牙棒在宋代使用最为普遍，《水浒传》中的霹雳火秦明就是使用这种兵器而名扬四海的。

手杖刀又名“二人夺”，杖身中空，内藏一把细窄的长刀。杖柄上装有机括，如果敌人伸手夺杖，只要按动机括，就可以抽刀刺敌。手杖柄即为刀柄，为便于实战，其多为直形，而不像普通手杖那样做成半弯形。

铁扇，扇骨为纯钢制成，扇面为绢质，打开可作普通扇子用，合住就可以劈、砍、点、戳。其主要流行在山东、福建等地，蔡李佛、山东螳螂拳门下弟子多时使用铁扇。

峨嵋刺分为三棱、六棱和浑圆三种。其方便携带，很受习武者喜爱练习，主要技法有刺、点、划、穿、抹、挑、扎等。

风火轮属双器械，十分注重身法的变化，其在实战中以靠身近战和锁扣敌方兵器为其主要法门，有抡、砸、劈、推、锁、扣、套、带、挂、压等技法。

箫是中国乐器之一，也是武术奇门兵器之一。其特点是将刀、剑、鞭、小棒的法门混合，技法主要有劈、撩、点、截、刺、挂等。

板凳原本不是正式兵器，后某武术家临敌对阵时由于无兵器可使，随手执起板凳迎敌，并且能退敌制胜，从而悟出了板凳的使用法门。板凳套路由于受结构的限制，在进攻方面较弱，但在防守上的成效甚佳。如今香港的白眉、柔功门、洪家、蔡李佛都习练这种方法。

镰刀本是农具之一，后来武术家对它钻研，悟出了镰刀在武术技击上有一定实战作用，继而发展成器械套路。一般镰刀的技法有割、勾、抹、拨、削、架、云、扫、锁、挂等。

第四节　神秘的暗器

暗器是指匿藏不露、可出其不意地投掷或弹击人的武器。其种类很多，著名的武侠小说家古龙在《七种武器》中说天下的暗器共有360种，这当然是夸张之辞。但是，中华兵器发展千百年来，各种暗器种类的确不胜枚举。

由于形状及投射方法有别，暗器大体上可分为手掷暗器、索系暗器、机射暗器及其他暗器四类。

手掷暗器主要包括飞刀、如意珠、金钱镖、袖圈、梅花针、掷箭等。

飞刀有双刃与单刃之别，都用钢制成。双刃飞刀，长24厘米，刀身上锐，刃薄如纸，呈柳叶状，所以又称“柳叶刀”。单刃飞刀每12把为1鞘，参差列为上下两排，每排6把，插于鞘中，柄外露，杀伤力很强。

如意珠是一种圆形的细小铁丸，也是外形最小的一种暗器。发放时，用两个手指轻轻扣住铁珠，然后用另一个手指向外弹出，专攻人的薄弱部位。由于如意珠体积小、重量轻，一般难以远射，但经过长久练习也可以达到远射的程度。

金钱镖又名“罗汉钱”，是用清代有孔制钱磨其圆边，形成刃角而成的。其由于容易制造和携带，因此在清代广为流传，是所有暗器中使用最为普遍的一种。它以飞掷而伤人，多伤人面目和手腕，但练习较难。

梅花针比缝纫针略大，针尖为五刃、三刃或多刃形不等，其一般不用于进攻，而用于防御。一旦撤退时，为阻人追击，即从袋中取出梅花针撒在地上，用于伤对方的脚部。

掷箭，北方人称之为捧手箭，主要分为三种：一种是用纯铁打成，细小如指，箭镞成三角形，可以调整重量，发出后可以直线飞行，适用于初学者练习；第二种为铁竹合制，以铁为簇、以竹为杆；第三种是全用竹子制成，无镞无羽，能在百步外刺人胸膛。而且竹筷、树枝之类也可用以代箭，让人防不胜防。

索系暗器主要包括飞爪、飞锤、血滴子、飞钩等。

飞爪是用来擒人的暗器，由爪和绳两部分组成。爪大小如同人的手掌，以铁制成。使用时，以爪抛出击人，并速抛动绳索，小机括使爪尖深陷人体，让人不能逃脱。

飞锤由锤和绳两部分组成。锤为铁锤状，下面有圆柱形铁杆与其相连。铁杆下端有环，可系绳索，绳尾端有千斤套腕。

血滴子由绳索和刀片组成，绳索尾端为千斤套腕。索头部分用绳系成圈，绳圈上分布有薄刃刀片。用时用绳圈套人头颈，然后收动绳索，刀片旋转可以割下对方的头颈，十分狠毒。

机射暗器则以点穴判官笔为代表。它是短器械的一种，主要为一支空心铁管，管内装有弹簧和销子。想做暗器使用时，只须揿压销子，销子一松，笔尖便突然飞出，可以用针尖伤人。点穴判官笔可以单使，也可双使。

总之，暗器种类虽多，但由于受中国传统思想和武德的影响，多数武术家都讲究依靠功夫取胜，反对背后暗算他人，所以暗器练法至今流传不广。

下编　世界武术文化

武术不仅是一种体育运动，也是一种独特的文化现象。几乎每个国家、每个民族都有各自的武术体系，种类繁多、蔚为大观。

而且，每个国家的武术文化都以自己的文化背景为基础，并融合了当地的传统哲学、艺术、医学等文化，是一个复杂的、不断融合、发展的有机体。如：日本的剑术、柔道、相扑等，融入了浓厚的武士道思想，使日本武术具有鲜明的民族性，成为日本武士社会的支撑；印度武术卡拉里帕亚特和瑜伽也是古代人类智慧的结晶，它们的产生与发展深受神秘的古印度哲学的影响。

至今，世界各国的武术已拥有了为数众多的爱好者，武术文化已经在世界范围内得以传承并发扬光大。

第一章

日本武术

大多数日本武术都直接源自于中国或韩国，并以由中国传入的禅宗思想作为哲学基础，称得上是一门结合艺术与科学的独特学问。

日本统治者历来重视武术，因为日本武术具有鲜明的民族性，而这种民族性的根底就是武士道精神。日本的武术和武士道是长期武士社会的产物，武术是形而下的人体运动，而武士道是形而上的思想准则，两者的结合支撑了日本武士社会。

中、日两国历史上有许多友好往来，武术方面也有很多交流。日本的一些武术就源自中国，从中华文化中吸收融会而成。发展至今，日本武术已有超过一千种不同系统的战斗技术，而每一种系统都有它的特长。

第一节　日本武士道文化

“武士道”就是要求武士去遵守的道德法则和规章，或者说是命令武士遵守的规章。这里的“道”并不一定是成文的，或者就是口口相传下来的。在日本，武士素来以武士道为最高准则，它驱使武士以效忠和服从主君为首要义务，为主君杀伐征战、攻城掠地，与中央集权制的瓦解和庄园制的发展密切相关。

谈日本武士道，首先就要谈日本武士。它是一个特殊的阶层，在日本历史上扮演了很重要的角色。最早的武士是在大化改新之后作为封建贵族

庄园的护从出现的，后来该阶层不断发展壮大，分化出将军、大名、家臣、足轻、乡士等 20 多个等级，成为日本政治舞台上举足轻重的势力。

由于武士势力的出现和加强，11 世纪初期开始，日本逐渐形成了超越庄园范围的地区性武装集团。这些武装集团有着极强的宗族观念，坚决实行首领的命令，实行主从关系，日益形成了“武家习气”、“弓矢之道”等新观念，成为维持武士集团组织的重要思想支柱，也就是最初的“武士道”。

真正的“武士道”一词出现在江户时代（公元 1603—1867 年）初年。它不是由一个人创造出来的，而是经数十年、数百年的武士生涯历练出来的一个有机体。武士道受佛教及中国儒家思想影响很大，武士们认同命运安排，对于无法避免的事情选择平静地服从，即便是死亡。在道德约束方面，孔孟之道是武士道精神最丰富的源泉，孔孟所主张的五伦，即君臣、父子、夫妇、兄弟、朋友的关系，是武士最常规也是最重要的约束力量。

武士道从发端时起，共统治了日本一千多年。据武士道的代表作《地陶闻书》阐述：武士道就是荣誉，慷慨赴死，对藩主的忠诚和修身。该书还说：“如果一名战士经常思索怎样去死才能无撼，它的生活道路就会是笔直而单纯的。在危险的境遇中它不会去想怎样保全自己的性命，而会勇往直前，投入敌人阵中，迎接死亡。”因此，武士道也被称为“战士之道”。

在武士道中，死的倾向被美化，切腹自杀成为“光荣的解脱法”，武士对切腹的崇尚已到了疯狂的境地，以至于在切腹的体位和方法上还有多种区别。当代日本电影导演小林正树就曾拍过《切腹》一片，真实地刻画了那残忍的画面。这种毫不留恋的、犹豫的死亡观，曾一度在日本武士中培养起一种残忍的性格。武士道古典《叶隐闻书》处处都是非常残忍的武士论语。例如：佐贺锅岛藩祖直茂向他的儿子胜茂说，要想使斩首习以为常，得先对处刑者斩首。于是在其衙门内，曾排列十个人让他一一斩首。

在人们的印象中，武士与刀是不可分离的。的确，在武士道里，刀是力量和武勇的象征。身为武士之家的子弟，自幼就要学习舞刀弄剑。在孩提时代，他们通常会用涂上银漆的木刀代替真刀，稍年长后才能用比较纯的真刀训练，到 15 岁时就可以带刀自由行动了。腰上佩带着刀象征着此人心中已有武士道精神，所以十分受人尊敬。

日本的武士刀共有大小两把，大的称“刀”，小的称“肋差”，这两把刀均是武士的身份象征，通常寸步不离左右。在房间里时，一定要将其放在明显易见的地方，夜间则放在随手可取的地方，通常是枕头边。

如果说刀是武士的灵魂，那么勇敢就是表示武士身份的刀鞘，刀和勇是密不可分的。武士道十分注重勇气的培养，威猛、忍耐、勇敢、豪迈、沉着，这些都是武士需要具备的优秀品质。但勇气不是鲁莽，武士不能逞“匹夫之勇”，就像手中的刀剑，应到时机才出鞘。

11世纪后半叶，在衣川堤上发生了一场日本最典型的战役，东国军战败溃逃，统师安倍贞任也随军逃亡。敌军将领打算俘虏安倍贞任，于是对他大叫：“下马免死！”安倍贞任不逞“匹夫之勇”，反而掉转马头对敌方的将领说：“忠义乃武士天职，岂可背弃？”敌方大将义家见状，示意士兵放安倍贞任离去。士兵十分不解，问义家为何放走敌方大将，他说道：“在我军强攻溃败的情况下，仍能如此沉静，我实在不忍心让这样的武士受辱！”可见人们对待这些有勇气的武士是十分尊敬的。

明治维新后，武士道并未随着封建制度和封建武士退出历史的舞台，反而从中世纪的武士道中推陈出新，且明治政府的核心就是由中下级武士组成的。此后，陆军大臣山县有朋发布军人守则《读法》七章和《军人训诫》，武士道在军人精神的外衣下复活了，并逐渐演变成“近代天皇制武士道”和“现代军国主义法西斯武士道”，从而成为日本统治者对外进行侵略扩张的精神工具。

在日俄战争中，日本统治者利用官兵不怕死的武士道精神，常常采用“肉弹攻击法”不计伤亡地连续冲锋陷阵，让士兵用鲜血和生命去填平“胜利道路”。这种残暴的精神在19世纪末的甲午战争中也得以鲜明地体现：日军暴虐地进行“旅顺大屠杀”、“领台大屠杀”，复活的武士道精神成就了日军残忍的侵略行为，使他们在中国犯下了滔天罪行。

当时，西方列强把日本看做是一个野蛮的国家。为了向国际社会解释日军的残忍行为，新渡户稻造在1899年用英文写成了《武士道》一书，将日本传统与欧美进行比较，详述了日本武士道与欧美骑士精神的相似性，并在书中为日本切腹、复仇等辩解。凭借着典雅的英文，《武士道》一书在欧美知识界广为畅销，新渡户也成为日本精神和伦理学的权威。由于他成功地以“武士道”精神对日本对外战争进行了包装，新渡户夫妇还获得了明治天皇的召见和嘉奖。

从1920年起，新渡户担任国际联盟副秘书长长达7年，一直积极为日本的殖民统治呐喊助威。新渡户还曾担任贵族院的议员，为“九·一八”事变出兵中国东北强加辩解，一直强调日军侵华战争的正当性，竟然说“满洲国”是“民族自决”，极尽歪曲事实之能事。

二战后，日本人放下了手中的刀，但仍旧保留了武士道传统，并应用到现代的工作场所。但由于武士道不鼓励个人表现，过分强调合作性，教育则强调死背与“集体思考”，导致现代日本人过于注重团队，个人思想极端压抑而缺乏个人能力。

武士道其实是一种很简单的思想，但这种思想是“只感化自己民族”的思想，对外则是残暴的。

第二节　柔　道

柔道是徒手形式的柔法、和法、体术、捕手、小具足、拳法等打、踢、摔、拿竞技项目的总称，着重自我健身和培养顽强的拼搏精神。柔道在日本开展得极其广泛，因此日本素有“柔道之国”的美誉。

关于柔道的起源说法不一。有说法认为：柔道起源于垂仁天皇时期（公元前 29 年即位），野见宿弥和当麻蹶速二人进行的一次格斗。他们的格斗是用搏击和角力相结合的方法进行的。此后，一些人总结了格斗中搏击方面的经验，发展成为柔术，进而演变成为柔道这种体育运动形式。但这种说法并没有得到广泛认同。

柔道比赛

一般认为，柔道的起源与我国唐代拳术有着密切的关系。明朝末年，曾在少林寺学过武术的陈元斌东渡日本，住在江户城南国昌寺。他苦心专研，将拳术与日本的柔术相融合，致使柔术在日本广泛开展起来。柔术是失去武器时一种绝好的格斗术，在 18 世纪的江户时代盛极一时，为当时武士的必修课。角力时要全副武装地互抓对方，与现代柔道原貌有些类似，而柔道就是在柔术的基础上发展起来的。

柔道的创始人是日本兵库县的教育家嘉纳治五郎。1877 年，由于身体虚弱，嘉纳治五郎投拜于柔术名师门下。他研修并吸收多个柔术派别的精华，揉合出一种新的徒手格斗术，并制订了一套较为系统的训练方法，取消了具有危险性的动作，确立了以投技、固技、当身技三部分为主的新柔术体系，从而使传统柔术面貌一新，发展成为现代柔道运动。

1882 年，嘉纳治五郎在东京创立了柔道讲道馆，正式开创了柔道的历史。嘉纳治五郎不仅是现代柔道运动的创造者、倡议者，也是日本著名的教育家和对国际体育界有重要影响的伟人。日本人民出于对柔道的推崇和对自己民族文化的热爱，非常敬仰嘉纳治五郎先生，把他称为“柔道之父”。

将“术”改为“道”，本意是与柔术划清界线，提出自己一套体育之“道”，这就是“精力善用，自他共荣”。嘉纳治五郎的柔道与以往柔术最大的区别在于，他把单纯武打的柔术改革成“修身养性”的身心功法。柔道体育不但要善于用最省的技术力量去获得最大的取胜效果，而且还有益于精神锤炼，可以提高人的警觉、应变能力，加强自信心和意志力，从而使竞技双方共同取得进步。其实，柔术也强调身心的锻炼，区别就在于柔术强调自己得到效益，而柔道则强调双方同得效益。

柔道在日本有着十分广泛的群众基础，其每年都要举办全国柔道比赛大会，另外还要举办各种类型的、名目繁多的比赛。如：各地区的中学生（相当于我国的初中生）柔道比赛、高等学校（相当于我国的高中生）的全国比赛、全日大学生优胜赛以及各种形式的对抗赛等。

柔道现在已经成为现代奥运会比赛项目，分为无差别、体重别、段级别、年龄别 4 种。比赛时选手要身穿柔道服，赤脚徒手，站在比赛场的席子中央。首先双方要立定敬礼，待主裁判在场内宣布比赛开始后，两名选手便扭作一团，以把对手摔倒或让对方背着地达 30 秒为胜者，也有人拿住对手肘关节或绞住对手的颈部迫使对方认输。两名副裁判则在赛场的对角线站立，协助主裁判工作。比赛时间为 3—10 分钟，凡危险性大、易伤害对手的动作都被禁止使用。

柔道实行段级制，是由嘉纳治五郎制定的。根据各自的技术水平、资历、著作和对柔道的贡献，柔道分为 10 段，段的级别以系在腰间的段带颜色来区别。初段到5段为黑色，6—8段为红白两色，9—10段为红色。女子柔道手的段带正中镶有白色横线。低于段的则称“级”，1—3级用茶色，4—5级用白色，无级别的初学者所系的腰带是深蓝色的。

第三节 相 扑

相扑也称角力、角觝，在日本被誉为国粹，其历史可以追溯到古代神话时代，《古事记》中就有一则“比力气”的故事。据记载：在出云（在岛根县）的伊那佐（大社町稻佐）的小河边，建御雷神和建御名方神进行摔跤，最后建御雷神使用相扑获胜，成为大和民族皇室的祖先。

这段故事的真实性现在已经无法考证，并不能作为相扑的起源。一般认为，相扑起源于古代日本农村中的一种农耕仪式。据说：在古代日本农村中，为了占卜当年收成的好坏，要让本村的力士与临村力士的进行比赛，获胜的一村就会获得好收成。当获得好收成后，村民还要举行祭祀活动来感谢神灵的保佑，并在神前进行摔跤比赛，这就是相扑的起源。如今的相扑仍保留着很多传统仪式，如：比赛前的跺脚仪式是要将场地中的恶魔驱走，同时还起到放松肌肉的作用；比赛场地还要撒盐，因为神道教义认为盐能够驱赶恶魔，所以每天向赛场上撒的盐可达40公斤。

相扑比赛

公元695年，日本开始有了正式的相扑比赛。公元728年，相扑进入日本贵族的生活圈子，宫廷中还设立了“相扑节”，每年定期举行“相扑节会”。日本相扑节会持续了四百多年，后来随着皇室势力的衰退而在民间广泛普及，使相扑由此变得大众化。曾经为了建造和修建神社、佛阁而筹集资金的“劝进相扑”转变为一种娱乐活动，在民间流传得十分广泛。

到了17世纪，“职业相扑”在日本兴起。20世纪初，随着职业相扑的发展，相扑俨然成为日本的国技。1909年，东京建起一座专供相扑比赛使用的国技馆；1941年，相扑被列为学校体育正式科目，由此其在日本的国技地位进一步获得肯定。日本的职业大相扑被认为是一种高尚的职业，相扑手倍受人们尊敬，据说这与日本人的帝皇君主观念有很大关系。古代相扑人只能在御前为天皇表演，“相扑节会”也是宫中的重要仪式，相扑手都将有幸上场视为毕生荣誉，因此人们也把相扑手奉若英雄。由此可见，历史赋予了相扑运动高贵的地位和正统的形象，使得相扑在皇权尚存的日本堪称是一门“神圣”的功夫。

如今，日本相扑界为了使相扑运动成为奥运会正式比赛项目，对其进行了很多改革。相扑手按比赛成绩分为十个等级，分别为：序之口、序二段、三段、幕下、十两、前头、小结、开齐、大关、横纲，其中横纲为终身荣誉称号。近年曾为横纲的两位风云人物是曙太郎（夏威夷）和日本最有前途的贵之花，两人曾在香港超霸赛对撼，各胜一场之后由曙太郎夺得总冠军荣誉。

其实，相扑手的训练十分艰苦，低等级学徒还要老实地伺候师兄们的起居活动，从煮饭、洗衣、擦地，到训练时的擦背递水，不得有任何怨言。他们的学徒生涯完全处于一种封闭的修行当中，平日严禁喝酒、不许随便外出，每天早上5点起床训练，晚上八九点熄灯休息，日复一日，年复一年，没有任何改变。相扑手每天要先进行三项基础训练，包括四肢着地施展腰部、推撞大圆柱、滑步，此后才可进入真正的赛场训练。因为训练艰苦，曾经还发生过学徒因不堪负荷而出走的事情。但就在这样严格艰苦的训练下，相扑手培养起了顽强的意志力，并在以后的比赛中能够应对更为艰难的挑战。

职业相扑手必须体型高大魁梧，20岁之后要求身高1.75米以上，体重120公斤以上。而且一流的相扑手最后都有巨大而呈梨状的躯体，这与他们的饮食密切相关，他们都食量惊人，大约是正常人的10倍。每天相扑手很少运动，以使自己能够永久保持肥胖的身材，因为在日本的相扑比赛中是没有若干级别的，只有靠相扑运动员自己“膀大腰圆”。所以日本的相扑男选手，越“膘肥体胖”就越有优势。

为了尽量长胖，男相扑选手每天除了饱餐两顿饭以外就是长时间的睡觉，期间只进行短时间的训练。他们与一般人的饮食也不同，经常吃一种专门的相扑料理力士火锅。这种火锅将各种高营养食物放在一个锅里炖煮，大家围锅而食，吃完以后马上睡觉，不能做任何运动。日本有史以来最重的相扑手是当今来自美国夏威夷的小锦，他的体重达到了 263 公斤。

在相扑比赛中，参赛力士在角逐前都必须完成一整套仪式，仪式的时间甚至比选手对峙的时间还长。相扑竞技的场地被称为“土俵”，上面撒满泥土，被认为是圣洁的地方，如果在赛场上口出秽语，则被认为是对相扑和观众的大不敬。相扑最基本的规则是：选手在对手之前触地或者比对手在轮次中触地次数多为输。选手之间纠缠经常持续几秒钟，有时会到一分钟或更长。如今的日本每年都会举办六场相扑比赛，每次持续 15 天。有三场在东京举行，其余则在大阪、福冈和名古屋。

相扑也是有一定风险性的职业，与其他运动相比，相扑手的生命相当短暂。相扑手由于暴饮暴食、过度肥胖，非常容易患心脏病、脑血栓、肝功能衰退等疾病，腿部因不堪重负而负伤更是家常便饭。据统计：相扑手的平均寿命只有 57 岁，因而优秀的相扑手成为日本的稀缺资源，价值不菲。

相扑运动尽管是一项看似粗糙的较力运动，却有着很深刻的精神内涵。有人说：相扑代表着日本民族好胜求强、刚忍并存的心理和性格。日本人喜爱相扑不仅出于对比赛的兴趣，更多地还是对这项运动所反映出的日本传统文化的认同。因此，相扑十分讲究谦虚端庄的礼仪和殊死拼搏的精神，要求选手有高度的精神境界，其中包括忍耐力、斗志力和修养。所以每个大力士不只是一个运动员，还是日本文化精髓的体现者，肩负着承载、发扬日本相扑文化的责任。这也是为什么日本人把日籍横纲作为心目中的英雄，而外籍横纲只是赛场上一个冠军的原因。如今，相扑正以其独特的魅力深深植根于它的发祥地，并逐步走出东洋，走向世界。

第四节　空　手　道

“空手道”原称“唐手道”，是古代琉球人将中国的拳法融合于日本原有的技击方法而创造的一种搏击术。

琉球国是日本南面的一个小国，当地人常常往来中国与琉球之间。于是，一些人拜中国武术家为师，学成后就将中国的武术带回琉球，为空手道的创始奠定了基础。现代日本空手道四大流派之一的“刚柔流”空手道，就承认本门宗师东恩纳宽量曾在中国学拳数年。如今，“刚柔流”空手道代表团多次来到我国福建寻找昔日祖师的遗迹。1989 年，他们还在福建省体育中心设立了“显彰碑”，用来纪念他们在中国的老师，可见空手道与我国武术的渊源之深。

空手道练习

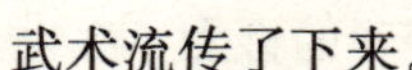

空手道产生后在琉球民间秘密流传，其发展与古代琉球国的亡国史密切相关。日本占领琉球后，将其改名为冲绳，同时发布禁武令、禁兵器令，并残暴地镇压反抗。琉球民众强烈抵制侵略者的禁令，他们暗中习武操练、反抗侵略者。虽然琉球国最终灭亡，但是空手道却作为一门传统武术流传了下来。

空手道是一种手足并用的格斗技术，基本进攻技术分为手技和足技。手技是击、打，击又分为拳击、平拳击、指击和掌底击；打分为拳打、掌劈、平掌打和臂打等。足技是踢，踢分为脚尖踢、脚掌踢、脚外侧踢和膝撞等。这种格斗动作在比赛时不准击中对方身体，而必须在击中前的一瞬间停止，否则为犯规。另外还有头击、肩击等技术。

实战中，空手道选手根据对方身体姿势和动作变化，使用基本进攻技术朝对方头部、颜面、颈、胸、腹、背等部位进攻，但不直接碰触到对方身体。击和踢可以采用直线、螺旋和弧形等进攻形式，把一些复杂的击、打、踢动作交织在一起，构成了巧妙的进攻技术。针对上述各种进攻方法，还演化出各种不同的防守方法，如弧形防、旋形防、合掌防、掌劈防、交叉防等。

如今日本的空手道流派主要有“松涛馆”、“刚柔流”、“糸东流”及“和道流”，统称为“四大流派”。这四大流派与空手道所经历的“首里手”、“那霸手”与“泊手”三个发展阶段息息相关。

首里手多以直线攻击、大动作为主，包含扫技与摔技，适合中距离的战斗，是最古老的流派。其代表人物是船越义珍，他于1922年第一次将空手道从琉球传入日本本土，被称为“松涛馆流空手道”。

那霸手以防守、小动作为主，包含擒拿技与投技，适合近距离的战斗，接近近代的中国拳法。其代表人物宫城长顺于1928年在日本京都设立了“刚柔流空手道”。

关于泊手有两种说法：一说认为泊手是中国福州至琉球的中国人所传授的拳法，与首里手及那霸手没有直接联系；另一说则认为泊手是综合了首里手与那霸手两派之优点而成的。

一、松涛馆流

松涛馆流空手道是日本空手道中所谓“南舟北马”中的北派功夫，也是目前世界上最大的空手道流派。

松涛馆流空手道共有26个套路，技术特征类似中国武术中的北派少林拳。其动作大开大合、动作走直线、多用弓步大马、注重腿法运用，是刚猛型空手道的典范。随着空手道运动的全球化，动作幅度大、刚猛直接的松涛馆流空手道的优势十分明显，深受欧美空手道爱好者的喜爱，在世界空手道强国法国、德国、英国、美国等的空手道市场占有率达到80%以上。

如今松涛馆流的典型代表人物是中山正敏，他是日本空手道高手船越义珍的高徒；另一位著名的松涛馆流的代表人物名叫大山倍达，也曾于1939年9月拜师船越义珍门下，并创立了极真流派，成为全日本国空手道极真流总会会长。

二、刚柔流

刚柔流空手道是日本“南舟北马”中的南派功夫。其名称取自白鹤门流传秘书《武备志》中的“法刚柔吞吐、身随时应变”，故名为刚柔流。

刚柔流空手道有明显的南拳特色，在修行时注重“气”、“息”、“体”的锻炼，且共有13个规定型，以小架三战步、猫足立为主，讲究刚柔并济。

刚柔流空手道的创始人宫城长顺于日本明治二十一年出生于琉球，14岁加入那霸手名师东恩纳宽量的门下，18岁赴中国福建省学习中国拳法，归国后将独特的技法系统化。

刚柔流的代表团体有全日本空手道联盟刚柔会、世界刚柔流空手道联盟、刚柔馆、刚柔联盟、正刚会等。该流派在东南亚地区有相当大的影响，也是最早传入中国的空手道流派之一。

三、和道流

和道流空手道的创始人为大冢博纪出生于明治二十五年，6岁起学习柔道，于大正九年到船越义珍的明正塾学习空手道及日本神道扬心流柔术。大正十三年，他在皇居济宁馆道场举行的舞蹈演武会中表演自创的“唐手术乱取形”（现代空手道中的约束对打）、“捕短刀”和“捕真剑白刃”等空手道技法，声名大噪，并以此为契机在昭和八年五月创设“和道流”。

和道流名称含有空手道与日本柔术合而为一的意思，其最具特色的是格斗技术，为极少数在格斗中能体现流派特征的空手道。现任全日本空手道联盟事务局长荒川通就是和道流的代表人物之一。

四、糸东流

摩文仁贤和是糸东流的创始人，明治二十二年生于琉球，13岁时成为“首里手”名家糸州安恒的嫡传弟子，20岁时师从那霸手名师东恩纳宽量。之后，他又学习了松村派、新垣派等空手道以及空手道以外的日本古武道器械。摩文仁贤和于昭和三年上京，那时完全学会首里手和那霸手的只有他一人。昭和九年，摩文仁贤和在大坂开设养秀馆道场，以自己两位恩师名字的开头各取一字当成流名，成为糸东流。

糸东流空手道一共有47个规定型，是四大流派中规定型最多的，也是排选手代表日本参加世界空手道比赛中型比赛最多的流派。其特点可以用“守、破、离”三个字来形容，即对型的忠实遵守、应用、独立，依赖这种独特的方法修行空手道。糸东流空手道极其重视空手道精神的修养，开祖摩文仁贤和认为糸东流空手道为“君子的拳”，是为修行圆满的人格和崇高的人生目的而进行空手道修行。

除了这四大流派，日本比较知名的空手道流派还有极真流。

极真流的创始人为大山倍达。1923 年，他生于韩国的一个村庄，9 岁在姐姐居住的满洲农场里首次接触到武术，并学习到中国南方拳法“十八手”。1938 年，15 岁的大山移居日本，并加入日本空军，成为空军飞行员，开始接受柔道和拳击的训练。

此后，大山倍达还跟随松涛馆空手道创立人船越义珍学习空手道。醉心武学的大山进步神速，17 岁时就已取得松涛馆空手道黑带二段，20 岁时更考获四段的佳绩，同年还成为柔道黑带四段的高手。

第二次世界大战后，大山跟随刚柔流空手道大师曹宁柱学习空手道，曹宁柱以其惊人的力量和精神意志而闻名，对大山倍达有着极具深远的影响。曹宁柱鼓励大山应一生献身于武道，并建议他离开文明的人类社会去进行肉体及精神上的隐居修炼。

1947 年，大山倍达参加了在日本举行的世界武术大赛，并取得了十分优异的成绩。但大山倍达深深体会到传统式空手道赛例并没有实际的战斗能力，于是决必要发扬一种实战式的空手道。他决意离开文明社会去隐居修炼，立志一生奉献于武学。为了提升自我，他隐居在千叶县清澄山，每天练习 12 小时，不停地在寒冷的瀑布下练习，徒手击碎石块，以树干作拳打脚踢的对象，还在有刺的植物丛上做上百次的跳跃等。到了晚上，大山会以冥想及静思来作心灵的锻炼。就这样，经过 18 个月的难苦锻炼，大山回到了文明的人类社会，并预感到他大展拳脚的时候到来了。

为了测试自身的力量并宣扬他所提倡的实战空手道，从 1950 年开始，大山分别与 52 头公牛交战，结果 3 头当场死亡，有 49 头公牛的牛角被他以手刀生生斩断。1952 年间，大山倍达远赴美国等地，公开示范他所主张的武学。这期间，他经历 270 余场决斗，且大部分都以“一击必杀”的招式取得胜利，而每一场对决都是在 3 分钟内分出胜负。

当时有人评论大山倍达的威力说：“对决时，当他走近你，你就完了。没有人能抵御他的攻击。如你用手臂去抵挡他的拳，你的手臂必然折断，但如果你没有抵挡，那折断的必然是你身上的骨头或肋骨。”另外还传说：

大山能用拇指和食指扭曲硬币，还可以用徒手手刀一连劈断 14 瓶威士忌瓶颈。由于大山倍达拥有惊人的力量和技术，人们都称他为“神手大山倍达”，极真流空手道也由此得到广泛传播。

第五节　合　气　道

合气道是一种被尊为“日本民族文化”的武道，由日本武道大师植芝盛平创立于 1942 年，并于 1944 年正式更名为合气道。“合气”二字最早见于西汉淮南王刘安主编的各家道的论文集《淮南子》，合气道以不争思想为宗旨，被人认为是“运动的禅”。

植芝盛平于 1883 年（日本明治十六年）生于日本秋歇山县西牟娄郡西那谷村人。家中务农，幼年时他曾目睹父亲被流氓殴打，因而立志学武报仇，曾先后学过柔道及柳生流、相生流柔术。1902 年，植芝到达东京，设立“植芝商会”，做贩卖文房用品的生意。在此期间，植芝盛平跟随户泽德三郎学起倒流柔术，也学神阴流剑术，武技大为长进。

1920 年，植芝盛平在京都府绫部与大本教的指导者出口仁王三郎相识，得到他很大的帮助，在京都开办武馆，并于大正十一年（公元 1922 年）首次提出“合气武术”的名称。

1924 年，植芝盛平随同大本教出口仁王三郎前往蒙古和满洲，希望建立宗教上的理想国。然而，在蒙古期间，植芝一行被张作霖的部队逮捕，后得到日本领事馆的介入才得以返回日本。经历这次生死考验，植芝盛平思想上有了极大的转变，当他再在京都绫部重开武馆时已着重强调精神修养方面，务求通过武术锻炼达到“我即宇宙”和“宇宙即我”的妙谛。

日本发动侵华战争后，植芝盛平经常来往满洲。1942 年，他参加伪满洲国建国十周年庆典，在溥仪面前表演武术。也就在这一年，植芝盛平公开了“合气道”的名称。

合气道与中国武术中的太极非常相似。两者都强调柔化不力抗、顺应外势、借力打力，同样讲究吐纳与技击动作的结合、注重力量的整体性，以及提高练习者内在的修养等等，有着异曲同工之妙。但合气道与太极也有很多不同之处。此外，太极的主要训练形式是以拳架为主，辅以推手、

交手、散手、粘杆等练习，有基本的套路动作。合气道没有拳架或套路的说法，主要技术练习都是模拟在日常生活中遭受攻击境况下的双人或多人练习，非常注重实用性。在交手时，太极以沾粘为主，较少使用抓、抢等动作，但合气道比较强调抓取。此外，太极在徒手格斗时，踢、打、摔、拿并重，而合气道重视摔拿远远超过踢打。

合气道是一种防身搏击术，有一套独特的技击防身作用。其虽不主动进攻，但讲究使用反关节招数制胜的技巧。练习者需要避开对方攻击，利用对方的气力来逆转其手腕或肘部等关节将对方摔倒或擒拿。造诣深者，则能随心所欲。当面临突然发生的危险时，能迅速作出反应并逃脱危险成为合气道练习者的本能反应。

合气道还是所有武术中最适合女子学习的，因为其技法一举一动都是顺着对方的力势引导到死角的方向，不凭拙力，能够巧妙利用对手的力量，借力发力，在对方重心不稳的时候将对手制服，是个以柔克刚的武术。由于合气道能够自由发挥、制敌机先，所以也被誉为“动之禅”。

合气道在武德方面强调对敌要有“仁爱”之心。这是儒家思想的“仁爱”之心，与东西方宗教“戒杀”、“宽恕”敌人的教养相融合的产物。合气道不仅是一种武技，更是一种身心锻炼的良好方法，通过练习可以全面提高练习者的身体素质，以及协调能力和反应能力，从而提高自我保护技能和自卫能力。合气道讲究先礼后兵，所以练习时首先应当学习的也是礼仪。合气道的行礼方式有两种：一种是立式礼，即鞠躬礼；一种是坐式礼，即跪拜礼。

合气道的级别分为段与段前级两部分。段位最高为十段，其中九段、十段只授予对合气道有特殊重大贡献的人。一般来说，八段已被认为是合气道顶尖高手了。好莱坞著名武打影星史蒂芬·西格尔练习合气道已经长达三十多年，段位达到7段，是一位高手中的高手。在《热血高手》、《魔鬼战将》、《以毒攻毒》、《不死潜龙》等多部动作影片中，史蒂芬·西格尔都将合气道作为除暴安良的搏击术，并将其演绎得出神入化，深受观众喜爱。

如今合气道已经在世界上五十多个国家和地区发展开来，练习者达到一千多万人。在我国，合气道还处于起步阶段，自在北京成立合气道俱乐部并设立总部后，上海、成都、深圳、昆明、杭州和广州都已经设立了合

气道俱乐部，练习者越来越多，人数已经达到几十万。

第六节 日本柔术

柔术是日本的徒手搏击术，又称体术，主要内容包括各种摔法、擒拿法、绞杀技法、压制法、打法、踢法等。其历史十分悠久，现代的柔道和合气道都演变自柔术。

柔术是从日本的上古搏击技术发展而来的，其中大量技法传自中国。根据日本佚名作者的《拳法秘书》记载：“今世所谓之柔术，于《武备志》中称之为手搏。在日本开始有此事，是近世有陈元斌者，来我国寓居江户浅府的国昌寺。”

陈元斌生于明万历十五年（公元 1587 年），卒于日本宽文十一年（公元 1671 年）。他在中国很不得志，虽然兼通文武，但落第科举，于 33 岁那年，即 1619 年，随商客东渡日本。来到日本后，陈元斌先后寄居长崎、江户、名古屋等地。明天启元年（公元 1621 年），福建总兵使节单凤翔赴日商讨倭寇事宜，陈元斌还曾充任他的临时译员。

陈元斌擅长书画、诗文、制陶，也精通武术。他在寓居江户西久保区国昌寺期间，曾收三浦与次右卫门、福野七郎右卫门和矶贝次郎左卫门三人为徒。师徒几人苦心研究，逐渐与日本原来的柔术相融合，使日本柔术的内容更趋丰富完善，具有现代意义上的柔术由此诞生。

柔术是一种相当全面的武术，内容包括当身技（以拳脚攻击要害）、投技（摔法）、缔技（绞杀术，主要为攻击对手咽喉、颈动脉、颈椎等，使对手大脑缺血昏迷或窒息）、关节技（擒拿术）等，可谓踢打摔拿兼备。柔术也有兵器法，包括棒、剑、薙刀、锁镰、十手、铁扇等。

《拳法秘书》可以算得上柔术的理论著作，约成书于 17 世纪 70 年代至 80 年代初，早于清代乾隆年间王宗岳的《太极拳论》一个世纪。该书将陈元斌拳法同道家哲学结合，使柔术系统理论化，从而构成独特而鲜明的“拳道”思想体系。这在具有传统“禅儒”思想“禅武”天下的江户时代，是划时代的革命理论。

柔术有很多流派，最早的是“竹内流”，“荒木流”形成的也比较早。以后，又陆续出现了“梦想流”、“制刚流”、“吉冈流”、“直心流”、“良移心当流”、“天神真扬流”、“起倒流”、“涉川流”等。其中关口流、杨心流和福野七郎开创的良移心当流等都是受中国影响较大的流派，其影响除了技法方面的，还包括中医经络学说、阴阳五行概念等等。各流派的柔术都有自己的特点，但大体上都要求心平气静、柔顺精巧，基本上是没有套路练习的，同时也有相当的要求，技法的实用性非常强。

日本柔术在世界上流传得也十分广泛，众所周知的巴西柔术就是在日本柔术的基础上发展起来的，深受广大武术爱好者的喜爱。

第七节 日本剑道

剑道作为一种实用武术在日本有着古老的历史，并且像其他社会文化现象一样最初也是中日文化交流的产物。中国的《汉书》中便专门载有《剑道》的篇章，可见日本剑道是在中国剑道基础上发展起来的。

早在公元前473年，中国的吴被越所灭，吴的难民由山东半岛及东夷诸岛渡海逃亡到日本，同时携带了青铜制的“戈”与“剑”等。二百多年后，中国进入生产铁器的秦汉时代，这些铁器也随同中国大陆与朝鲜渡海过来的移民们一块抵达日本。到了隋唐时期，中国的剑术传入日本，经日本人的研习修改形成独特的刀法技术，即日本剑道。

据传：公元2世纪初，日本景行天皇的儿子日本武尊最初创定剑法三个段位，即“天地人”也就“上中下”段。到了公元4世纪中叶，在常陆国鹿岛的国摩真人创出“出神妙剑”剑法，即为有名的“鹿岛之太刀”，后世流派多源出于它。公元8世纪末，桓武天皇的皇宫大夫和气清磨建立武德殿，武人在此练武，每年的五月五日还在这里举行剑术比赛。

古代日本人大多使用中国式的刀剑，但并不是我们现在所见的日本刀。公元11世纪初，武士们总结战场上的实战经验，发现在马上作战时使用砍斩的机会比刺击多，而且利于拔刀，便将原来单手使用、以刺击为主的双刃三尺直剑改变形体为双手使用、以砍斩为主的单刃弯刀，即成为今日日本刀的雏形。

刀剑是武器中的灵，也是武士的灵，具有祈祷、祭祀、神佑和权力等象征意义，是日本帝位承传的三件神器之一，所以也是皇帝权力的象征。刀剑在武士心目中不只是他们战斗时的用具，而是他们的生命，在祈愿或还愿时也可能会把刀剑奉献于神前。

镰仓时代形成了武士阶级支配的新社会，武士一跃而成为社会和政治的主角，因此刀法越来越盛行，教授方法也逐渐统一。江户时代的剑道深深受到儒家和禅宗的影响，注入了武士所需的精神和生活态度等元素。这样，“道”就真正注入了“剑”之中，成为对精神人格加以磨练的法门。

江户末期，国家政治和阶级制度发生激变，日本剑道从竞技练习再次回到实战之中，商人和农人也竞相习剑。德川幕府为了维持治安更设立讲武所，把习剑风气推至最高。进入明治时代，随着欧美文化的冲击、武士阶级制度的废除及和废刀令的实施，剑道全面衰颓。直到明治十二年，警视局才又正式采用剑道训练，其后很多学校也开设剑道训练，促进了剑道的普及，也出现不同的剑术交流比赛。

到了近代，日本剑道又有了新的发展，尤其是在第二次世界大战中，其已成为日军侵略的重要工具而被充分利用。1945 年日本投降，联军司令部以武道被军国主义鼓舞利用为理由，命令剑道、柔道、弓道及薙刀等武道全部在学校教育中删除，同时也禁止一般人的武道活动。1950 年，日本竹剑比赛联盟成立，剑道以竹剑比赛的体育活动名义复活。此后，日本剑道联盟使剑道再次起飞、再次成为学校的体育教材，在日本流传得十分广泛。

剑道的哲学内涵十分深远，蕴藏了大量东方哲学的智慧。它讲究气、剑、体一致，以静制动、不变应万变。剑道还很强调精神力量，通过它可以训练出一种处变不惊、心静如水、沉着应对危机的能力。

剑道训练教人掌握使用刀、剑、棍的方法，在训练中可以提高眼力、步法及应变能力。虽然在训练中把日本刀换成了竹剑，但攻守道理完全相同，甚至竹剑制作时在重量和握持手感上也尽量参照日本刀。日本剑道的对抗性很强，但由于护具完备，所以与其他技击性运动相比，它还是一项安全的运动，因此在激烈的正式比赛中也极少出现受伤。剑道比赛通常在室内进行，因选手赤足，所以对场地木地板的质量有较高要求。选手一对一进行比赛，双方都要穿剑道服、戴护具、持竹剑，按规则相互击打有效部位，由裁判计点数判胜负。日本剑道也可以举行团体比赛，由选手数相等的团体双方分别一对一决出胜负后计算总分。

如今的日本剑道流派主要有二天一流、新阴流、北辰一刀流等。

一、二天一流

二天一流是由“剑圣”的宫本武藏开创的。29岁时，他就用自制的的木刀将当时名满天下的剑客小次郎斩于刀下，并凭借此战一举成名，但却一直对自己的剑术不满。此后，他花了几十年时间专心研究，直到50岁才创出了使用大小双刀的二刀流剑术，也就是著名的二天一流。

二天一流里的“二天”指太阳和月亮，也就是阳和阴，象征着对立。二刀的技法概括起来便是协调左右两手大小两刀的动作，以此来击败对手。作为剑道名宗，宫本武藏还写过很多有关剑道方面的著作，提出“剑心”乃武士之魂的说法。武藏空剑，也就是最后一剑，才是剑道之本，即：在遇敌之际要有清澈明澄的心境，不为环境所惑，不为敌人行动所骗，更不为自己感情所蔽，这样才能取得胜利。

二、新阴流

很多人对新阴流并不熟悉，但提到日本动画片、游戏里常常见到的剑豪柳生十兵卫，很多人都会有所耳闻。柳生十兵卫的剑术流派就属于新阴流的一个重要分支——柳生新阴流。新阴流并不是柳生所创，而是由上泉信纲开创并由他的弟子柳生石舟斋宗严（柳生十兵卫的爷爷）继承并发扬光大，最终形成一股最有名的分支——柳生新阴流。

柳生新阴流的精髓在于“无刀取”，也就是我们常说的空手夺白刃。另外与其他流派相比，柳生派的特点还在于不以杀人作为修炼剑术的手段，他们所崇尚的是“不杀人，但以不被杀为胜”。

除柳生新阴流外，还存在很多新阴流分支，如神影流、狭川新阴流、松田派新阴流、新神阴一门流等等。

三、北辰一刀流

北辰一刀流是江户时期非常流行的剑术流派，它的创始人是千叶周作成政（公元1794—1855年）。它是典型的艺术类剑派，又名北辰梦想流，因源出一刀流，故名北辰一刀流。所谓一刀流，表示手里只持一把刀剑。

千叶周作成政年幼时跟随父亲练习剑术，后来将自身所学技法加以糅合创新，创立了北辰一刀流，并在江户日本桥设立了武术道场玄武馆，与静心明智流的士学馆、神道无念流的练兵馆并称为当时的“江户三大道场”。由于北辰一刀流对剑道里的护具和竹剑进行了改良，还制定了比较规范系统的对战法则，因此该流派对现代日本剑道的贡献非常大。

北辰一刀流也是个人才辈出的流派，千叶周作的弟弟及儿子都为该流派做出过重大贡献。除此以外，尤为著名的坂本龙马也属于北辰一刀流，另外幕府时期众多有名剑客，如伊东甲子太郎、山南敬助、清河八郎等也都是北辰一刀流的名家。

第二章

韩国武术

韩国武术有着悠久的历史。远古时代的朝鲜族人民为了获得食物和抵抗外族侵略及野兽袭击，衍生出各种生存技能，而韩国武术正是在这种生存需要中萌芽的。经过漫长的岁月，人类本能的自卫活动逐渐演化为有意识的技击活动，进而产生了韩国最为原始的武术。

韩国武术的发展受外来文化影响也极深，其最初的内容就是由韩国的花郎道、中国的武术、日本的空手道融汇而成的。古代中国是一个文化发达、历史悠久的大国，对周围邻国有着较大的影响。中国先民自秦汉以来随着征战将武技输出到日本、韩国及东南亚各国，尤其在中国唐代，中朝两国来往非常密切，中国的武术成为朝鲜军队的普及项目，对今日的韩国武术影响很大。

而且，韩国历史上一直存在多种武术形式，但在20世纪初期跆拳道逐渐成为主要流派。1955年，一批韩国武术的领军人物选择跆拳道作为韩国的国术，努力推动其国际化发展，使跆拳道成为深受世界人民喜爱的体育运动项目之一。

第一节　跆　拳　道

跆拳道是一项由朝鲜半岛兴起的武术运动。“跆”，指用脚踢踹；“拳”，指用拳击打；“道”是方法、艺术，是一种精神文化的心得。可以说，跆拳道是一种使用手和脚进行搏击的方法，由于它以脚为主，所以又被称为“脚的艺术”。

跆拳道古称“花郎道”，起源于古代朝鲜的民间武艺。早在公元688年，新罗王国建立了一种“花郎制度”，花郎道则是花郎制度的组织形式，即将年轻人组织到一起进行武艺锻炼，这种“花郎道”就是跆拳道的前身。

公元935年，新罗王朝被勇敢善战的高句丽军队推翻了，而高句丽王朝的建立很大一部分应归功于高句丽士兵们强大的战斗力、归功于平日的训练和对跆拳道的喜爱。士兵们平时常常以拳掌击打墙壁或木块磨炼手部的攻击能力。高句丽忠惠王曾专门邀请臂力过人、武功超众的士兵金振都到宫廷表演手搏技艺，使跆拳道声望大震，并日渐被广大民众所接受。

1910年朝鲜被日本侵占后，日本殖民政府曾一度下令禁止所有的武术运动，跆拳道也在劫难逃。一些被生活逼迫的人远离国土到中国或日本谋生，同时将跆拳道延续下来。由此，跆拳道走出朝鲜国门，极大地促进了中国武术和日本武道的交融与结合，新的技术体系由此萌生。二战后，自卫术再度兴起，从异国他乡回归故土的朝鲜人将各国的武道技艺带回国内，通过多年的发展逐渐与跆拳道融为一体，形成了现在的跆拳道体系。1955年，朝鲜的自卫术正式称为“跆拳道”。

1961年9月，韩国成立了唐手道协会，后更名为跆拳道协会，它的建立使跆拳道成为韩国全国运动会正式竞赛项目。1966年，跆拳道的第一个国际组织——国际跆拳道联盟成立。1988年，跆拳道在韩国汉城奥运会首次亮相后，其技术不断变革和发展，至今已成为一项现代竞技体育项目，在一百多个国家中开展，并拥有两千多万爱好者。

根据跆拳道理论，经过专门训练，人的关节部位能产生不可思议的威力，特别是拳、肘、膝和脚四个部位，尤以脚和手为甚。人经过长期专门的练习后，可以达到内外合一的境界，使内功和外力达到统一的巅峰状态。

腿法是跆拳道的灵魂，在跆拳道中所占的比例高达70%。跆拳道理论认为：人体四肢中腿的力量远高于手的力量，因此大力提倡腿法的运用。在比赛中，手的作用仅限于防守格挡，而进攻则主要依赖腿的踢踹，跆拳道规则还进一步明确了腿法的重要性，且腿法的得分要优于手法。因此，跆拳道以其灵活多变、丰富精妙的腿法著称于世，具有极高的观赏价值，在观看比赛时可以享受到一种击打的艺术美感。

跆拳道对抗练习

跆拳道对于手臂的灵活性要求也很高，要求手臂能够自如地控制防守和进攻动作，同时可以相应地变化为拳、掌、肘、肩等多种用法运用于实战。在跆拳道实战中，人体的一些主要关节部位常常用来作为进攻武器，如手、肘、膝、脚等是跆拳道实战中最常用、最有效的击打武器。

作为一项对抗性很强的运动，在跆拳道实战竞技中，运动员在防守时极少采用闪躲的方法，而多以格挡防守，以刚制刚、简练硬朗。进攻时，多采用直线的连续戟入，以快速连贯的腿法组合击打对手，令人防不胜防。

虽然跆拳道以格斗的形式出现，但其训练却以提高技艺和磨练品质为目的，其宗旨是“礼义廉耻，忍耐克己，百折不挠”，因此在练习或比赛前后都一定要向对方敬礼。跆拳道是练习者精神和身体的综合修炼，使练习者在艰难的磨练中培养出健全的人格和体魄，因而教授习练者跆拳道时就必须进行“礼仪”的教育和熏陶。除此之外，跆拳道还旨在通过训练培养人顽强、果断、坚毅的精神，锤炼人摒弃软弱、怯懦，从而积极向上、勇敢地面对挑战。

在锻炼身体素质上，跆拳道由于运动激烈、对抗性强，对于提高人体的速度、力量、柔韧、灵敏、耐力等身体素质，以及提高内脏器官的机能，特别是对提高神精系统的灵活性有明显的作用。跆拳道还利于少儿生长发育、增进成人体格，所以技术着眼于关节活动，用以促进身体的柔韧性。同时，伴随踢腿、挥拳、大声呼叫等动作，人体内的压力也能随之得到宣泄。通过跆拳道的攻守练习，练习者还可以学习掌握防身自卫的技术，提高应变能力，从而临危不惧、克敌制胜。

跆拳道共有25种套路，另外还有兵器、擒拿、摔锁、对折自卫术及十余种基本功夫。练习者须身着专用的白色跆拳道道服，腰系代表不同段位的腰带进行比赛或训练。跆拳道共分为十级、九段，共 19 个等级。初学者从十级开始至一级，然后再入段。段位由一段到九段，最高段位是九段。从十级到一级是初学者的等级，从初段到三段被认为是黑带新手段位，从四段到六段属于高水平段位，七段至九段是授予那些有很高造诣或为跆拳道发展做出重大贡献的杰出人才的段位。

现今跆拳道主要有两个流派：ITF 和 WTF。ITF（international taekwondo federation），即国际跆拳道联盟，也称传统跆拳道，由崔泓熙将军亲手创立。WTF（world taekwondo federation），即世界跆拳道联盟，也称竞技跆拳道，于 1973 年在传统跆拳道基础上创立的，并于 2000 年成为澳大利亚悉尼奥运会的正式比赛项目。

在跆拳道的历史上，崔泓熙是一位十分重要的人物，正是他把原本名不见经传的武术发展成符合现代人品味的健身武术，今天跆拳道所拥有的地位与崔泓熙将军的不懈努力密切相关。

崔泓熙生于 1918 年 11 月 9 日，朝鲜咸镜北道人。他从小体弱，却具备坚强的性格，12 岁那年因抵抗日本政府而被学校开除。此后，他跟随书法家韩日东学习书法，并从他那里学到了很多朝鲜古典武功。1937 年，崔泓熙前往日本学习现代教育，并学习了日本空手道，为他研究跆拳道打下了基础。

第二次世界大战中，崔泓熙被强制征集到日本军，分配到平壤第 42 部队。为了展开民族斗争，他试图发动平壤学员兵起义，但本想改变日本统治的学员兵起义事件不幸在开始前几天被发现，崔泓熙被判 7 年囚刑。

第二次世界大战日本战败后，崔泓熙得到自由，前赴汉城组织了学兵团。1946 年 1 月 15 日，作为创建韩国军队的创始人之一，他被任命为陆军少尉。此后他不断得到提升，1947 年就被晋升为大尉、少校，并在陆军本部兼任情报参谋和军事参谋。这一时期，崔泓熙在军队广泛教授跆拳道，发出了将跆拳道普及到全世界的口号。1955 年，这种融唐手、空手、拳法、朝鲜古典武功等各种武术于一体的武术被正式定名为跆拳道。

1966 年 3 月 22 日，国际跆拳道联盟终于创立，最初得到了越南、马来西亚、新加坡、西德、美国、土耳其、意大利、埃及等 9 个国家的认可。发展至今，国际跆拳道联盟已经在一百三十多个国家成立了分部，崔泓熙将军为普及跆拳道贡献着自己的一切，他的事业也得到了继承和

发扬。

第二节　韩国合气道

韩国合气道创始于 20 世纪 30 年代，创始人为崔荣术（Choi Yong Sul）。一般认为：它是由日本的合气柔术衍生而来，融合了传统跆拳道踢击和拳击技巧，是一种结合武功与精神修练为一体的精微武学，更是一种强健体魄的和平精神武道。

20 世纪初，韩国处于日本的统治之下，创始人崔荣术被迫以劳工身份前往日本作工，当时雇用他的人家正是合气柔术大师武田惚角。这一时期，日本合气道的创始人植芝盛平也正在武田的门下学习。在这种情况下，崔荣术耳濡目染地学得了日本合气柔术，创立了融合打击、踢击以及擒拿、摔投技巧于一身的独特武术。他的学生郑汉才在崔荣术武术的基础上，又将跆拳道中的传统武术技巧纳入进来，其创立的武术系统在 1960 年左右被正式命名为韩国合气道。

韩国合气道与日本合气道相比有很大差别，它十分注重踢脚的运用，十分刚烈，而日本合气道则比较柔。其融合了拳脚、飞腿、地上搏击、擒拿手、摔法、空翻和兵器等精华，刚柔相济，并主张以柔制刚、制敌而不伤敌，在格斗中凭灵活的手法和步法避开攻击，也运用各种关节技能制服对手，让对手失去抵抗能力。

使用韩国合气道时有三个基本原则，分别是："不反抗"、"水的法则"和"圆周运动"。不反抗就是指放松并利用敌人的力量来进行反击；水的法则指的是仿效涨潮和退潮的原理来施展力量和能量；圆周运动指的是以自然的圆周运动来获取动量或能量的概念。合气道注重"柔"和"圆"两种技术，"柔"指借力打力，利用对手攻击的力量来伤害对方，"圆"是指圆转无穷、循环不息。当中更高的境界是将"柔"与"圆"融合，发挥更强的力量。

合气道的训练过程相当激烈严格，包括技巧练习、地板运动、个人练习、自由对打以及培养内在能量的练习。在练习的过程中，透过呼吸力的锻炼、流畅舒展的技法、实用防身技巧等课程安排循序渐进地练习，可以达到强身健体的效果。另外，合气道不鼓励斗争之心，只要不断反复练习，可以具备诚实与质朴的性格，这是合气道所特有的。

合气道不仅能达到习武自卫的目的，对现代人而言还有许多更实际的意义，比如强身健体、减肥塑身、增强自信等，还可以培养学员们团结协作、百折不挠、积极进取的意志品质。它在使用上不仅仅局限于男性，也是女士们防身的最好手段。由于合气道注重细节的运用和地上的搏击，不用大动作的踢腿也可以进行搏击，万一被人按倒在地上也有许多的招式可以脱险，非常适用于现实的环境。

另外，合气道没有套拳、没有特定次序的招势，所以应用起来十分灵活，包含的招式也比较多，发展空间很大。现在，韩国合气道正以其独特的个性赢得了武术爱好者的喜爱，在全世界已有一千多万学员。

第三章

西方武术

从武术的内涵上来讲，东方人把生命融入武术，以求达到内外合一的境界；西方武术则重视理论科学，打法朴素。中国功夫主张铭心理性，只把功夫的修炼作为人生的一种磨砺，习武之人在精神上收益往往比身体更大；西方武术则重竞技，喜欢以胜败论英雄，胜利似乎是武功的唯一检验之道，败为耻辱、胜则荣耀。所以西方武术看起来不如东方武术优雅，一直致力于去芜存菁、发挥最大功效，由此通常欠缺仪式、传统和礼节。

倘若说中国功夫是竹，外表清奇而内韵空蒙，讲究动静结合，那么西洋功夫则是松，枝叉藏锋而质地强硬，重视打击节奏，实为对搏击技巧基本规律的共识。

第一节 拳 击

拳击是西方武术的代表，在全球范围影响最广，它由于受西方实用主义哲学影响深远，最大的优点是简单，而最大的缺点也是简单。拳击首先就要求体力充沛，还要求出拳快速、准确、有力，并具有“爆炸性”的连续攻击能力，而这一切都是为了求胜。

拳击运动历史悠久，至今已有五千多年的漫长历史。据记载：拳击起源于古埃及，古埃及人曾用象形文字记载了拳击用的护具“皮绷带”。在英国《大不列颠百科全书》中，就有公元前 40 世纪在幼发拉底与底格里斯两河流域发现拳击遗迹的记载。

公元前17世纪，拳击运动经过地中海的克里克岛传播到古希腊。在爱琴海岸出土的一对瓷瓶上，就有两人相互攻防的拳击图案。而希腊神话也传说雅典王子赛希阿斯（公元前1000年）就通晓拳术，喜欢这种拳击。

西方普遍认为，拳击是“勇敢者的运动”。早在公元前688年，第二十三届古代希腊奥运会就把拳击列入正式竞技项目，此后其逐渐成为古奥林匹克运动会上占有重要地位的运动项目。古奥运会的拳击运动无论在形式、比赛规则或击打所用的手具方面，都与现代的拳击运动有区别。那时的比赛没有专门场地，也没有局数限制，更不按体重分级。除了掩盖下身外，运动员裸体赤足、赤手空拳地进行比赛。这个时期的比赛还带有野蛮色彩，从古代的遗迹来看，打击的主要部位是面部。

由于古希腊拳斗场上的竞技没有级别之分，因此冠军无一例外地被身材高、力量大的选手所垄断。从残存的古代优胜者雕像来看，一般运动员身高都在1.85—1.95米、体重在86—106公斤。一位叫波迪达莫斯的拳斗家身高竟达2.06米、体重136公斤。由此可见，古代希腊人崇拜的拳王要体格健美匀称、力量饱满、精神旺盛，是健壮、力量、优美的典范。

从公元前8世纪起，拳击手开始使用软皮手套，至公元前5世纪被一种硬皮手套所代替，到了罗马时期已演变成了一种叫塞斯特什的牛皮手套。不过在公元394年，罗马皇帝禁止一切拳击活动，流传了10多个世纪的古希腊拳击到达了终点。

古希腊拳击运动复兴于公元1200年左右，传教士圣陪纳丁设法废止了古罗马拳击的野蛮方法，使拳击成为以锻炼身体为原则的体育活动，并逐渐流行起来。16世纪时这种经过改良的拳击运动传入英国，并于18世纪发展成为现代拳击运动。

最初的现代拳击比赛不戴拳套，也没有规则和时间限制，直至一方丧失继续比赛的能力为止。英国著名拳击家J. 布劳顿于1743年针对拳击比赛的混乱局面，制定出了最早的一份拳击规则，又在1747年设计了拳击手套，对近代拳击运动的开展做出了重要贡献。

1839年，英国颁布了新的拳击锦标赛规则，并在1853年加入条款，禁止用足踢、头撞、牙咬的低击等动作，并规定拳击台四周用绳围起。到了1880年，伦敦成立了英国业余拳击协会，并于1881年举行了第1次锦标赛。在美国举行的第三届奥运会上，拳击第一次列入正式比赛项目。

现代拳击的技术与风格可分为欧洲、美洲两大派。

欧洲派的各国选手在打法上来说是保守的，善于长拳击打，不善于高速贴近连续击打。波兰、匈牙利等国的选手具有较全面的技术、战术素养。匈牙利选手拉斯洛·帕普凭他特有的反应敏捷、冷静清晰的头脑和快速灵活多变的战术，曾连续获得三届奥运会中量级（73kg）、第一中量级（71kg）冠军称号，成为世界上第一个连获三届奥林匹克金牌的拳击家，创造了世界业余拳击史上的奇迹。

前苏联、前民主德国、保加利亚、罗马尼亚属于欧洲风格的另一种类型，他们的选手有很好的身体素质训练，但技术、战术相对来说显得较差。然而在重量级比赛中前苏联取得了骄人的战绩，职业拳坛王座的重量级冠军如今已经被来自前苏联的选手垄断。乌克兰选手克里琴科是 IBF 协会的重量级冠军、白俄罗斯选手莱科维奇是 WBO 协会的重量级冠军、哈萨克斯坦选手马斯科夫是 WBC 协会的重量级冠军，而且他们发展潜力十分巨大。

美洲派以美国和古巴为代表，他们的选手具有充沛的体力，出拳快速、准确、有力，拳法多变，并具有“爆炸性”的连续攻击能力。最难能可贵的是：他们在高速搏斗中并不影响自身技术的发挥，而且能打出沉重有力的拳头。

拳击比赛

拥有世界第一流拳击运动员的美国、古巴等国不仅在历届奥运会拳击比赛中获得的奖牌多，而且拳击运动十分普及，拥有雄厚的后备力量。美国的拳击运动自 19 世纪末期以来在世界拳坛上一直占主导地位，有不少优秀拳击选手在奥运会中拿到金牌奖章后就转人职业拳击生涯。古巴的拳击运动近几年来有突飞猛进的发展和提高，是很多国家都望尘莫及的。

加拿大拳击选手刘易斯也十分出众。他 1965 年 9 月 2 日出生于英国

伦敦，12 岁时移居加拿大，身高 6 英尺 5 英寸，体重 240 磅，尤其是他 84 英寸的臂展令人惊奇。

刘易斯有一手出色的刺拳，但他并没有经常使用它来取得比赛中的优势。他还有出众的左钩拳和右超手重拳，且其命中对手胸部的“杂交”右上钩拳更是令人生畏。

1984 年和 1988 年，刘易斯两次代表加拿大参加了奥运会，前次在四分之一决赛中输给了后来夺得金牌的美国人比格斯；后一次则在决赛中击倒后来成为世界重量级拳王的美国人里迪克·鲍，为加拿大夺得了汉城奥运会唯一的一枚金牌。1991 年，刘易斯在 6 回合击倒欧洲重量级冠军马森和前世界重量级冠军韦弗后，开始进入世界舞台。1992 年，刘易斯在世界重量级拳王挑战资格赛中，两回合将加拿大人“剃刀”拉多克击出拳台后，获得了向打败霍利菲尔德的“新科状元”里迪克·鲍争霸的机会。但里迪克·鲍拒绝接受刘易斯的挑战，在世界拳击理事会警告无效的情况下，他只好放弃了该组织的冠军头衔，刘易斯遂成为世界拳击理事会新的重量级冠军。

非洲国家的拳击技术风格类似美洲，埃及、加纳、突尼斯、尼日利亚、肯尼亚等国的拳击选手，都曾在奥运会上取得过奖牌。朝鲜和韩国选手则具有典型的亚洲特点，动作灵活、快速。有力，并以勇猛善战、坚韧不拔著称。

20 世纪 20 年代后期，现代拳击流传到中国，最初称之为“西洋拳”，并有人翻译了一本《西洋拳术》流传。30 年代，旧中国南京国民党政府的中央国术（武术）馆、国立国术体育专科学校将拳击列为主课之一。我国武术大师李小龙当年在香港读书时曾跟体育老师学习过，也通过录影带学习过刘易斯的拳击技艺，并间接学习过拳王阿里的高超拳艺，对我国近代截拳道的开创有着直接的意义。

拳击不仅是一项体育竞技运动，更能锻炼人的意志，使人培养出顽强坚韧的性格。24 岁的美国拳击手波德金纳斯雄心勃勃，并在以往的美国职业拳击赛中取得了 10 胜 3 负的佳绩。然而在一次车祸中他失去了右腿，他的朋友和支持者均十分惋惜，可怜他从此以后空有一双铁拳，却不能站到拳台上。面对严酷的现实，他没绝望，一位有名的医生为他配了假肢，并支持他下地学走路。他拄着墙壁，慢慢挪动脚步，汗如雨注，伤口鲜血直流，但他并没有放弃，反而以坚韧的毅力学会了走路，并开始步法练习。如果没有拳击运动的磨炼，这种意志是很难拥有的。

第二节　摔　跤

摔跤是世界最古老的竞技项目之一，中国、日本、希腊以及埃及等国家的古代文明中都有摔跤的文字记载。不过具有现代意义的西洋摔跤则起源于几千年前古罗马角斗场中奴隶们的生死搏杀术，并演变成为今日格斗的主流。

公元前 708 年，古代奥运会已有摔跤比赛项目。发展至今，摔跤的比赛形式有古典式和自由式两种，并按体重分级别进行比赛。古典式摔跤又称古典式角力，在 18 世纪末、19 世纪初的法国十分盛行，后国际奥委会认为法国摔跤就是古希腊和古罗马时期的摔跤，故将法国摔跤命名为希腊罗马式摔跤。古典式摔跤比赛时不许抓衣服、不准用手和腿进攻对方的下肢，只许用手臂抱头、颈、躯干和上肢，将对方摔倒后使其双肩触及垫子者为胜。如在规定的时间内未出现这种情况，则按两个回合中得分的多少判定名次。

俄罗斯是古典式摔跤强国，亚历山大·卡里林是第一位获得三枚奥运会古典式摔跤金牌的选手。这位 100 公斤以上级选手最出名的就是所谓的“卡里林托举”，即把对手从地面上举过头顶，然后摔下去。他的臂力十分惊人，曾经把电冰箱搬上了寓所的 8 楼。

自由式摔跤又称自由式角力，始于 18 世纪末 19 世纪初的欧美国家，是集会和节日等热闹场所的娱乐项目。比赛时，可以手足并用，可以抱头、颈、躯干、上下肢、缠腿、勾足、挑腿等，但不许抓衣服，不许使用反关节和窒息动作。将对手摔倒后使其双肩触及垫子者为胜，如在规定的时间内未出现这种情况，则按两个回合中得分的多少判定名次。1904 年的美国圣路易斯奥运会上，设立了规则更为自由的，也就是人们通常所说的“随便摔”的自由式摔跤项目。很多国家在自由式摔跤项目上都有优势，亚特兰大奥运会该项目有近 20 个国家的选手获得奖牌。

摔跤比赛在每边长 12 米的垫上进行，垫的厚度根据使用材料的弹性而定，一般 6 厘米左右，垫中间直径 9 米的圆圈为比赛区。比赛时运动员必须身穿红色或蓝色摔跤服，鞋为平底软靴。每场比赛两个回合，每个回合 3 分钟，中间休息 1 分钟。

第三节　击　　剑

提起击剑，人们马上会想到阿兰·德龙扮演的大侠佐罗，佐罗那精湛的剑术、敏捷矫健的身躯和为民除暴的侠义行为使人难以忘怀。欧美各国也有很多小说、戏剧、电影描述有击剑情景，如电影《王子复仇记》、芭蕾舞剧《罗密欧与朱丽叶》、小说《基督山恩仇记》等，可见欧美人民对击剑的推崇和喜爱。

西方最早关于击剑的记载可以追溯到公元前 1190 年的古埃及。在一些历史悠久的文明古国，如中国、伊朗、巴比伦、希腊、罗马等都有专门人员从事剑术竞技，但击剑发展成为一项体育运动却是在中世纪的欧洲。

14 世纪，在西班牙、法国和意大利出现了一个令人炫目的骑士阶层，他们以精湛的剑术纵横天下，博得了广泛的美誉。剑在中世纪的欧洲是被视为神圣的，击剑也被认为是骑士的 7 种高尚情操之一。西班牙被认为是现代击剑运动的摇篮，此后各国贵族纷纷效仿，一时间击剑成为上流社会趋之若鹜的时尚，以至于发展到贵族之间解决纠纷动辄拔剑相向、一剑定生死。

中世纪的击剑决斗也有一定的礼仪规则：决斗前双方要选定助手、证人，组成仲裁并由他们商定决斗时间、地点、武器，处理善后事宜。交锋前，双方要举剑于眉间向对方敬礼致意，生死之争也不失骑士风度，这些礼仪一直沿用下来。1570 年，法国的亨利正式为击剑运动制定了相关的规则，击剑以规范的形式得到了迅速发展。

1588 年到 1601 年法国决斗成灾，十余年里巴黎就有 8000 名贵族、绅士在决斗中毙命。一言不和便以决斗决胜负，“我们去郊外吧”成为人们最熟悉不过的挑战语言。为了制止上流社会巨大的人员伤亡，法国国王路易十三的宰相黎塞留曾发出禁令不许击剑决斗，1627 年还曾因此将一位公爵处决，也仍然未能平息决斗热。为了满足人们的决斗热而又不至于伤人，于是人们设计出一种轻巧、剑身呈四棱状的剑。

随着科学技术的发展、现代武器的使用，击剑逐渐失去了军事价值，越来越向强身健体、表演比赛的方向发展，变成了一种运动项目。1643

年前后，法国国王路易十四对当时法国的击剑服装和器具做了统一的规定，并将巴黎资格最老的6名剑术师封为世袭贵族，由此击剑作为一种体育竞技项目初具雏形。

在1896年第一届奥运会中，击剑就被列为正式比赛项目，到如今共有花剑、重剑、佩剑三个剑种的男女个人和男女团体项目的比赛，都是世界锦标赛的正式比赛项目，其中女子佩剑项目是1999年首次设立的。

现代击剑所用的剑与中国古代的剑大同小异，但不开刃，剑身用特别的弹簧钢材料制成，剑条可以连续弯曲1万次以上，剑尖为直径5—8.8毫米的圆，刺劈到身上不会发生伤害事故。运动员身穿内有护具的白色击剑服、头戴护面、手戴皮手套，再加上严格的规则限制和处罚条例，使击剑变成了一项精彩激烈而又安全的运动。

现代击剑比赛

击剑一般是双人对抗比赛，比赛时，双方运动员比赛服内有手线并与拖线盘内的电线和裁判器相连，并形成一个环行电路。当一方击中有效部位，并且剑尖达到有效压力时，裁判器的灯就会显示击中信号。按规则，循环赛有效刺击次数为四分钟内五次击中，淘汰赛为九分钟内十五次击中。最先击中对方达有效次数，或时间到后击中对方次数多者为胜。团体赛，最先击中对方达45次的团队为胜。

击剑的技术性强，手上动作变化复杂，步伐移动快而频繁，攻防转换快，击剑运动员要在快速、复杂、多变、激烈的对抗格斗中完成一系列攻防动作，而这些动作均是以力量、速度、柔韧、协调和耐力等各种运动素质为基础的。

击剑运动有三种武器，即重剑、花剑、佩剑，这三种武器的有效击中点及比赛规则各有不同，每种武器都有其竞技特点。花剑最初用于战斗训练，更具运动性；佩剑则源于骑兵使用的弯刀，速度最快；重剑则由决斗剑演化而来，更需要技巧和准确性。

花剑长 110 厘米，其剑身部分长 90 厘米，重量不超过 500 克，护手盘小。花剑的末端装有电钮，运动员在比赛中只能刺，不能劈打。当运动员刺出的力量大于 500 克时，剑头的开关就接通。击中运动员的金属背心时裁判器会显示红或绿色灯，击中无效部位则显示白灯。每刺中一剑有效部位可得一分。

重剑长度与花剑相同，重量 770 克，护手盘大。比赛采用电动裁判器，运动员在比赛中只能刺，不能劈打，当运动员击中力量超过 750 克时，裁判器才会显示彩色灯的信号，得分与花剑相同。

佩剑总长 105 厘米，剑身长 88 厘米，重量 500 克，护手盘为月牙盘。佩剑的剑尖为圆形，既可刺又可劈。在佩剑比赛中，腰部以上部分（除后脑）均为有效部位，每刺中或劈中对方有效部位时裁判器显示彩色灯，得分与花剑相同。

由于击剑源远流长，既神秘典雅，又惊险刺激，且健身价值很大，因而受到各国人民喜爱。我国一直是亚洲击剑强国，在近年的国际大赛上有多项剑种进入前三名，甚至夺得金牌，已对欧洲传统击剑强国构成了较大挑战，中国击剑已经开始向世界一流强队迈进。

第四节　自由搏击

自由搏击又称国际自由搏击、欧美全接触自由空手道等，是一种没有套路、没有宗派，强调个性风格，以实战求胜为主旨的西方自由式全接触徒手攻防搏击术。它于 20 世纪 60 年代起源于欧美，其中美国为主要起源和发展中心。

我国武术家李小龙对自由搏击的评价十分恰当，他说："自由搏击是没有一成不变的途径和方法的，它纯靠观感、变化、见机行事，它时刻生生不息。"的确，自由搏击不拘泥于任何固定的套路招式，而是提倡在实战中根据战况自由发挥，灵活施展拳、脚、肘、膝和摔跌等各种立体技术，长短兼备、全面施展，以最终击倒或战胜对手为目的。"告诉我基本原理，我将得出适合我自身的独特的技法。"这就是自由搏击拳学理念的最佳概括表达。

自由搏击比赛

自由搏击建立了以全身为武器、上下兼顾、四肢齐出的立体式攻防技战术体系，表现出一种紧凑严密、凶猛强悍、攻防兼备的整体武道风格，这是它区别于西方传统拳击、摔跤的最主要特征。

自由搏击还充分吸取、借鉴了世界武道踢、打、摔、拿全面实用技艺的精华，建立起了“远以踢打，近加肘膝，贴身摔跌锁拿”的长短兼备、全面多样、全能攻防的技术体系，以适应现代自由搏击无所不用的万变之需。它保留了西方拳击精简高效的主要拳法，同时又采用如翻背拳、锤拳等实用技术，并吸取了东方武道中拳法运用不限制攻击部位和丰富多变的技术长处，使拳法更加丰富、细腻，战斗力更强。

自由搏击高度重视和应用各种肘、膝、脚法，特别是脚法技术，是自由搏击凌厉凶狠的保证。其脚法运用和变化很多，完全以东方武道技艺为源泉。概括来说，主要是直线的蹬、踹，侧线的勾、扫两类脚法运用最多、威力最强，令人生畏。肘膝法攻击凶狠、变化莫测、短险难防，应用于近程内围搏击时能给予对手极大威胁，不论是攻击还是反击或防守都有相当的价值和效果。肘膝法在现代擂台竞技中日益受到重视，它使自由搏击的攻击更为犀利、短程，攻防水平也有了实质性地提高。另外，摔跌锁法更是自由搏击广采博取的结晶，别具一格、实战性颇强。

自由搏击技术是简捷的，但也是实效的，它的技术体系在不断地充实和完善，如今已形成完美的理论和战术体系以及竞赛规则办法。在国际武坛百舸争流的情况下，它以其鲜明的特色和实战功能在国际武坛上占据了重要的一席。

自由搏击竞赛商业化很浓、职业化程度高，几乎所有国际自由搏击比赛中都采用“无限制自由比赛”的方法，对于参赛选手的资格不加以限制。这在客观上为世界各种流派武术的交流以及自由搏击技术体系的检验和完善提供了条件。因此，自由搏击赛制被国际武坛视为武道搏击的终极模式，并看做是真实体验武道优劣和选手真正实力的唯一公平方式，这样一来自由搏击竞赛规则就成了国际武道竞技的流行和公认标准。

比赛时，双方都要赤裸上身、下穿长裤、手戴拳套、脚穿护具，从而进行全接触搏击比赛。自由搏击比赛对拳迷和观众十分具有吸引力，赛事异常紧张和激烈，对选手的技战术水平、战斗意志、体能、抗击力等整体搏击能力提出了很高的要求。

自由搏击兼容并蓄了东方中国武术、日本空手道、柔道、剑道、韩国跆拳道、泰国拳，以及西方拳击和摔跤等武道的精华，是现代东西方武道文化和技艺的最佳结合产物，体现了人类武道融会贯通的成果和结晶，在当今世界武坛独树一帜，深受人们喜爱。

第五节　法国拳术

法国拳术又叫法国腿拳道，主要以踢法为主体，是一种实用型格斗技术。

关于法国腿拳道的起源有两种不同的说法。有人认为法国腿拳道与泰拳密切相关：泰拳于1830年由法国海员传入欧洲后在法国演变成一种"腿击术"，就是今天法国腿拳道的前身；也有人认为法国腿拳道创始于1930年，是从法式传统拳术中发展而来的，著名的武术大师费格尼尔就是法国腿拳道的代表人物。

法国腿拳道一般是特种部队里的战术拳，风格偏于刚劲猛强，对身体的控制力与素质都有很高的要求，尤其注重腿上的功夫，擅长使用腿的各个关节攻击。我国武术家李小龙的腿法就借鉴了很多法国腿拳道的击打方法，从而开创了独具一格的截拳道。

在法国腿拳道的实战搏击中，拳手所发起的主动进攻是战胜对手最积极的有效手段。在比赛中从不出拳攻击的对手必败无疑，所以腿拳道以先发制人来打击对手，并以此控制整个战局，进而达到克敌制胜的最终目的。

第六节　俄罗斯桑搏

桑搏（Sambo）意指“不带武器的防身术”，是俄罗斯一种徒手防身术。在前苏联统治时期，特别是斯大林时代，桑搏作为一种团结各民族的体育运动在前苏联 15 个加盟共和国内广为发展和传播。

桑搏创始于 20 世纪初，其起源深受柔道和蒙古摔跤的影响，在现在的格鲁吉亚，很多摔跤手的着装同蒙古摔跤手的摔跤装几乎没有什么区别。桑搏与柔道也有很多地方相像，但是它却吸收了和发展了很多柔道没有的技术。桑搏的关节技同柔道非常相似，但不可以将手臂折向后背，也不可以对头部进行按压或扭动。除了柔道中的手臂关节技外，桑搏中还可以使用腿关节技。

因为地域的不同，各地的桑搏风格也不一样，目前主要分为三个流派，包括桑搏运动（一种国际性的摔跤运动）、桑搏格斗术（桑搏自卫术）、极限桑搏术（在最危险情况下使用的桑搏）。

桑搏在东欧广泛流传，在俄罗斯和前苏联的加盟共和国中是国家安全部队必须接受的训练科目。作为人们喜爱的一项体育活动，桑搏已经被作为比赛项目被确定下来。1939 年，苏联举行了第一届全国桑搏大赛；1973 年，伊朗首都德黑兰举办了第一届世界桑搏锦标赛。如今，桑搏世锦赛、世界杯赛、欧洲公开赛等赛事的连年举办，使桑搏走出欧洲、走向世界，成为世界人民所熟悉的徒手武术之一。

在桑搏比赛中，选手要身穿红色或蓝色的交衣，系红色或蓝色腰带。桑搏的得分同柔道相似，如果能干净、迅速地将对手摔倒在地上，可以获得完全的胜利。在比赛中，选手不可以站立使用关节技或反关节摔倒对方，也不可以剜眼或手掐对方的喉咙，如果双方的比分差距达到 12 分，比赛也将结束。

目前，桑搏在广大欧洲国家及美国流传十分广泛，俄罗斯总统普京本人就是柔道和桑搏的高手，也是俄罗斯桑搏武术的主要倡导人之一。作为世界桑搏联盟的现任名誉总裁，普京鼓励人们练习桑搏、推广桑搏，使桑搏像跆拳道和柔道一样成为世界性的格斗运动，为俄罗斯桑搏的推广做出了巨大贡献。

第七节　美国踢拳术

20 世纪 70 年代初，在与东方武技的相互交流和切磋下，特别是在空手道和泰拳技击及理论精华的基础上，具有现代风格的美国搏击运动——踢拳术诞生了。

在美国，武技通常分为三类：一种是非接触性的，或称非实战性的拳法，即以套路表演为主的运动形式；还有轻微接触性的，或称为点到为止的拳法，如空手道等；最后一种是全面接触性的，或称实战性的拳法，如实战空手道、泰拳等。踢拳术就属于实战性的拳法。

传统的拳击和摔跤历来是西方热衷的传统徒手技击术，然而在东西方武术的交流中，美国人发现了自己的不足。先前的美国拳手在与东方技击家们的较量中往往捉襟见肘、屡屡败北，残酷的现实迫使他们不得不重新审视自己，于是开始主动求教于亚洲拳师。踢拳术就是在这个时期悄然兴起的，就连美国人也没有意识到一项新兴的搏击运动即将问世。

在刚刚开始学习东方武技时，美国人主要学习变向击打和跳转后摆踢。习练者在身体的自控能力上可谓煞费苦心，但是他们从未仔细考虑过对手的技术风格和攻防能力。后来，在与东方武技的较量的过程中，美国人似乎觉察到拳法比腿法更加有效，拳击手不仅熟谙拳击技术、护具精良，而且懂得该如何实施进攻与防守反击。相形之下，空手道拳手和泰拳拳手只会被动格挡。

拳击手的加入使这项运动立刻就变得非常出色，这些拳击手很快就成为踢拳术的能手。因为他们不仅拳击技术颇具威力，而且也掌握了各种必要的实战腿法，使得踢拳术锦上添花。

最初的踢拳术比赛没有明文规则，也没有体重级别的划分，所有的竞赛一直持续到剩下最后一名冠军为止。一开始竞技者只是被告知各种拳法、腿法、摔法以及扫腿技术是允许使用的，比赛过程如同自由搏击。后来膝顶、肘击和头撞也被禁止了。再后来，踢拳术比赛借鉴了实战性空手道的竞赛规则，腿法的运用限定在腰线以上。就这样，踢拳术的竞争原则在实战中慢慢形成，并逐步调整和完善。

到了 20 世纪 70 年代末期，踢拳术比赛中的扫腿、跪撑摔和其他摔法一并被取消，踢拳术由此成了实足的“拳击加腿法”了。运动员不得不在每两分钟一局的对抗中至少完成8次有效的进攻性腿法。这种技术风格或竞赛规则的最终确立，实际上是美国人与东方拳手相互妥协、彼此让步的结果。

在踢拳术比赛中，对垒双方飞拳走脚、你来我往、互不相让，比赛过程节奏明快、张弛有度，竞技场面精彩纷呈、高潮迭起，观赏性陡增，大有盖过拳击比赛的趋势。现在，踢拳术在美国日益流行，从事这项活动的青年人越来越多，技术水平也越来越高。

为了顺应踢拳术强劲的发展势头，世界踢拳术协会（WKA）应运而生。该组织成立后，世界性的踢拳术比赛面世了。所谓的世界踢拳术比赛与棒球和橄榄球如出一辙，不过是美国人与美国人之间玩弄的竞赛游戏，一些热衷于推广和传播此项运动的有识之士意识到：踢拳术的国际化历程必须付出更加艰辛的劳动。

他们首先尝试从日本和泰国打开通向亚洲的大门，不料却吃了闭门羹。这两个国家谁都不情愿将各自业已成型且具有浓郁民族特色的徒手竞技模式，让位于不伦不类的踢拳术。尽管美国人派出队伍在日本与日本人进行表演性的对垒，甚至日本人也会像美国人一样经常在电视上看到踢拳术的比赛，但类似这样的宣传却收效甚微。

踢拳术在欧洲的传播则十分迅速。荷兰向来是泰拳在欧洲的前沿阵地，踢拳术要发展就必须首先在与泰拳的竞争中占据上风。1883年，第一届欧洲踢拳术比赛在荷兰阿姆斯特丹举行，荷兰、英国、美国、中国香港和日本的选手同台竞技，吸引了无数武术爱好者的关注，使得世界踢拳术协会在欧洲的第一个坚固的据点建立了起来。很快，踢拳术波及到德国、法国、意大利和其他西欧国家。1985年，荷兰人和法国人联合创办了世界踢拳术协会欧洲委员会，踢拳术在欧洲的地位得以巩固。踢拳术在澳洲的发展也一帆风顺，那里踢拳术拥有大批忠实的观众，而且澳大利亚的参赛选手在世界拳坛上也颇具竞争力。

20世纪80年代末，东欧剧变为踢拳术在东欧地区的传播开辟了新的市场，踢拳术不失时机地打入了俄罗斯以至东欧诸国。有资料显示：90年代中叶，开展此项活动的国家已达七十多个，每周内至少有两次国际赛事。另外，世界踢拳术协会在南非、印度等地也打开了局面，如今成员国有望突破百家，并有继续扩大的趋势。

虽然踢拳术的发展形势一片大好，但仍有许多人对踢拳术的发展方向议论纷纷。有人对竞赛规则中的技术限制提出异议：他们认为实战对抗需要一定的距离，当对方靠近时，人的第一本能是将对方扫倒或摔倒，如果只允许脚踢和拳击，那么势必将这项运动的技术风格引向单一，令观众兴味索然；也有人对竞技者过多地踢击对方头部深表忧虑。不过，踢拳术创始时间不长，能在三十多年间取得如此瞩目的成绩已经非同一般，至于它的将来何去何从让我们拭目以待。

第四章

其他国家的武术

第一节　印度武术

众所周知，印度是世界四大文明古国之一，早在旧石器时代，达罗毗荼人就已经在印度境内居住。到了公元前1500年左右，西北部的雅利安人开始向东南推进，他们不断攻城掠地，建立了许多王国。这一时期雅利安人各部落之间、雅利安人同达罗毗荼人之间战争不断，印度的两部伟大史诗《罗摩衍那》和《摩诃婆罗多》中就记载了很多这一时期的历史事件，其中也反映出了古印度人武术的发展状况。

此后的三千多年里，希腊人、塞种人、安息人、突厥人和阿拉伯人等都曾大举兴兵入侵印度，并先后建立政权。在这种王国林立、战乱频繁的环境里，种类繁多的印度武术诞生了。

一、印度卡拉里帕亚特

印度纷繁复杂的历史背景造就了种类丰富的武术，但其中最有价值、最令全世界瞩目的印度武术就是卡拉里帕亚特。“卡拉里”一词源于梵文“卡路里卡”，即军事训练场地，“卡拉里帕亚特”意为在卡拉里或训练场进行的搏击训练。

历史文献对于卡拉里帕亚特的形成有些不同的说法，一般认为卡拉里帕亚特起源于古代的印度南部，也就是今天的喀拉拉邦的马拉巴地区。其与喀拉拉伟大的军事家、哲人帕拉苏拉马密不可分。他是卡拉里帕亚特的开山鼻祖、第一位“古鲁卡尔”（古鲁卡尔即为师傅）。为了保卫和平、保卫这片领土，帕拉苏拉马向21位门徒传授了卡拉里帕亚特，据传我国少林寺祖师菩提达摩也是一位卡拉里帕亚特大师。

公元9—12世纪，喀拉拉地区封建公国林立，彼此间争战纷繁。在这种社会环境中，作为一种搏击术和身体训练的手段，卡拉里帕亚特得到很大发展，是军人和青年男人的必修课程。即使在喀拉拉的农村，卡拉里同样是必不可少的，村里的男孩女孩都要加入卡拉里接受启蒙训练。

公元16—19世纪，葡萄牙人、荷兰人、英国人先后接管了马拉巴地区，殖民者在当地实行残暴的统治，而英国人的统治尤其暴虐。为了防止人民反抗，统治者关闭了卡拉里，禁止民间练习卡拉里帕亚特，卡拉里帕亚特由此逐渐衰落、濒临消亡。

到了19世纪末，以柯达哈尔·卡那兰为代表的印度古鲁卡尔立志振兴卡拉里帕亚特。他们在喀拉拉各地开设卡拉里、广纳学生，推广卡拉里帕亚特。一般卡拉里帕亚特的修炼分为三个阶段进行，修炼者由入门到精通是个漫长的过程，至少要有十年或八年修炼功夫才能臻于上乘。

卡拉里帕亚特的训练是在卡拉里进行的。卡拉里建筑的样式各不相同，一般训练场是一间半地下的大厅，大厅的地面比外面低4英尺。由于印度沿海气候炎热潮湿，半地下式建筑可以起到防止湿热侵入的作用。训练大厅长35英尺，宽17.5英尺，高17.5英尺，四面封闭，东面开有小门，大厅里还供奉着很多印度大神，平添了许多庄严的气氛。

一般来说，小孩从8岁起就可以开始接受训练了。训练时修炼者身穿一种叫“卡恰”的特殊服装，其实就是一块等腰三角形的白色布片。身上涂一层芝麻油，可以散发训练时体内产生的热。训练开始时，修炼者先礼拜大厅里供奉着印度教的许多大神，而后向古鲁卡尔行触脚礼。仪式庄严肃穆，而这种氛围可以使修炼者全身心地投入，培养他们良好的道德情操。

学习卡拉里帕亚特最初主要进行身体素质训练，通过伸展肢体、跳跃、灵敏训练等活动增强体能和平衡能力，同时培养顽强的精神。第二阶段要求修炼者能够娴熟地掌握各种木制武器的使用技术，如长棍、短棍等。第三阶段是最高阶段，达到这个水平的修炼者开始学习使用金属器械技术，金属器械中包括短斧、短剑、长矛等。

在这种训练中，天资聪颖、意志顽强的人可能被老古鲁卡尔选中，作为新古鲁卡尔的重点培养对象。作为古鲁卡尔不仅应技艺精湛，同时必须是一个经验丰富的伤科大夫。老古鲁卡尔会把所掌握的学问倾囊传授给得意门徒，只有他完全掌握了卡拉里帕亚特的心法以及全部医疗技术，才能成为新的古鲁卡尔。

经过几十年的不懈努力，现在喀拉拉全邦各地共有一百二十多间卡拉里，学员已经达到3000人，主要流行在喀拉拉北部的卡利卡特、卡努尔、维舒尔，南部的特里凡得琅、甘耐库马利，以及泰米尔纳德邦的首府马德拉斯等地区，古老的卡拉里帕亚特逐渐恢复了生机。

二、瑜伽

瑜伽是东方最古老的强身术之一，最早出现在5000年前的古印度，是古代人类智慧的结晶。瑜伽一词源于梵文音译，有结合、联系之意，这也是瑜伽的宗旨和目的，是为达到冥想而集中意识的含义。

在印度峡谷出土的3000年前的石碑上，绘有修炼瑜伽姿势的人物形象，是迄今为止最早的关于瑜伽的图形记载，说明瑜伽与印萨两河流域文明的关系源远流长。《薄珈梵歌》是第一部专门记载瑜伽的文献，写成于公元前500年。据《薄珈梵歌》记载：瑜伽是古老的宗术，远远早于《薄珈梵歌》的写作时期。古印度有很多瑜伽学校，教导人们如何达到冥想的至深层，从而超越个体的身、心，得到一个真实无限的自我。

现代瑜伽

世界上最古老的灵性文献《韦达经》也有很多关于瑜伽教习的记载。其精深内涵便是古典瑜伽的奥义根基，特征便是以修习瑜伽完成某种仪式，逾越心灵的囿限。大约公元前1900年，印萨流域文明南迁至恒河流域，约百年之后诞生了印度教古代吠陀教义的思辩作品《奥义书》，而它是《韦达经》的延续，宣告了前古典瑜伽时代的来临。

瑜伽具有典型的东方武术特点，类似于中国武术中的易筋经，更像是养生而不是技击武术。事实上，瑜伽着重于锻炼人的静力，更多的是作为武术辅助的练习方法，并不能直接用于实战，但很多东方武术家都承认瑜伽是一种武术。

有武术研究者认为：李小龙有一个锻炼动作，就是双手各自 3 个手指撑地，抬起身子，双腿举到头的高度，这其实就是一个训练静力的瑜伽动作。

静力训练的好处就是习武者能够对自己的控制力增强，准确度和速度都能够得到提升。另外，瑜伽讲究锻炼自己的呼吸，其呼吸训练还能够增强人的体质。像太极拳一样，瑜伽因为在养生方面具有显著的作用而在现代社会风靡一时。

在古印度，开始瑜伽修持者只有少数人，一般在寺院、乡间小舍、喜马拉雅山洞穴和茂密森林中心地带修持，由瑜伽师讲授给那些愿意接受的门徒。以后瑜伽逐步在印度普通人中间流传开来。释迦牟尼佛祖也是笃定的瑜伽修习者，他精于冥想，在 35 岁那年获得证悟。

而今的瑜伽已经是印度人民几千年来从实践中总结出的人体科学的修炼法，再也不是只限于少数隐居人仅有的秘密。目前印度有很多专门研究瑜伽的学校，而且已在全世界广泛传播。公元 7 世纪，瑜伽传入我国西藏，使西藏成为瑜伽新的摇篮。

与以往不同的是：今天的瑜伽不再局限于苦行，而是使自己适应了现代城市生活。瑜伽科学及其技术已经将其方位调整为适应现代生活方式及其社会逻辑的需要，包括现代医学在内的各科医学专家正在意识到这些技术在预防疾病和促进健康方面的作用。

瑜伽有一套从肉体到精神极其完备的修持方法。当瑜伽的修持者在深沉的静坐中进入最深层次时，就会觉醒人生自性与生命的至善境界，从而获得个体意识与宇宙意识的结合，唤醒内在沉睡的能量，得到最高开悟和最大愉悦。

练习瑜伽有很多要求，道德是最为首要的。练习瑜伽必须以德为指导，德为成功之母、德为功之源。瑜伽道德基本内容为：非暴力、真实、不偷盗、节欲、无欲，这是瑜伽首先要求修持者应遵守的道德规范。

练习瑜伽还要注意姿势锻炼，从而能净化身心、保护身心、治疗身心。体位法种类不可胜数，它们分别对肌肉、消化器官、腺体、神经系统和肉体的其他组织起良好作用，不仅能提高身体素质，还可以提高精神素质，使肉体、精神平衡。

瑜伽对呼吸还有很高的要求。呼吸是人最重要的机能，但是人们对呼吸的了解却很少，经常以不正确的方法进行呼吸。在日常生活中，由于人为的因素，我们的呼吸一般是任意和不规律的。大多数人呼吸浅短、缺乏规律，违反身体呼吸系统自然之律动。这样，身体不能吸收足够的宇宙能量，神经系统逐渐受损害，内分泌系统不能正常起到作用，结果身体开始丧失力量和活力，产生经常性的疲劳和沮丧的感觉。

调整呼吸是生存的基本因素，也是健康的必要基础。而瑜伽的呼吸法是指有意识地延长吸气、屏气、呼气的时间。吸气是接受宇宙能量的动作；屏气是使宇宙能量活化；呼气是去除一切思考和情感，同时排除体内废气、浊气，使身心得到安定。

瑜伽还要求控制精神感觉，精神在任何时候都处于两个相反的矛盾活动中，即欲望和感情相纠缠，其次就是同自我相联系的活动。控制精神感觉，就是抑制欲望，使感情平和下来。

瑜伽也是一种性灵的修持，唯有经由性灵的修持才能对自己内在潜能最大限度的挖掘，唤醒并开悟内在沉睡的能量。瑜伽更是一种使修持者本体与宇宙至上的本体联结起来而达到天人合一的方法，可以有意识地控制各种情绪及倾向。瑜伽的体位法、呼吸法和净化法只是为心灵做好准备，因为达到天人合一和开悟的境界并非易事，因为人们只习惯于对外在世界进行观察证明和判断，却不习惯观察内在、发掘人体本身以了解生命内在的秘密。要想达到至上的目标，首先是不执着，其中就包括思想、欲望、感情等方面的不执着。

瑜伽有多种门派，当今世界最盛行的是以调息与体位法为中心的哈塔瑜伽。其主要修炼并开发大脑、肌体、内心。哈塔瑜伽中“哈”指太阳，即阳性能量；“塔”为月亮，即阴性的能量。哈塔瑜伽就是指阴和阳两种力量“结合”或联合起来，达到平衡，使人们保持理想的健康情况。构成哈塔瑜伽有三个不可分割的因素，即精神控制、调息和瑜伽坐法，三者缺一不可，而达到完成这三项从而有益于健康的感觉传至全身，并通过调息将宇宙的能量转变为人体的能量，从而保持身体内力的平衡。如今，哈塔瑜伽在世界上广为流传，尤其在我国，深受广大年轻人喜爱，成为强健体魄、调剂心情的首选运动。

第二节 泰 拳

泰拳是泰国拳的简称，在泰语中叫做“摩易泰”，是泰国民族的国技，享有“五百年天下无敌手”的美称。泰拳实战性极强，历来以凶狠凌厉闻名天下。

泰拳和其他民族的技击项目一样，起源于长期的生产劳动中和与大自然的搏斗，有源远流长的历史，但这些历史资料、文献档案已经毁于战火。如今关于泰拳的发展历史只能从泰国民间记载来查证，给泰拳的史料研究带来了一定的困难。

现代泰拳比赛

泰族文化深受中国、印度两国文化的影响，而且泰族和中华民族有着密不可分的血缘关系。泰族原居住在中国西南一带，史称“南蛮”。据记载：公元649年，泰族祖先居住在我国云南省，唐史称为“六诏”，并建立了南诏国，也就是后来的“大理”。据新唐书《南蛮传》记载：当时南诏的政治组织机构已相当健全，其文化、艺术方面的成就甚至可以和中原媲美。在兵制武备方面，则有“田桑之余，便习战斗”之说，由此可见古代南诏就已经有武术活动存在。

元朝时，中国势力日趋强盛，大理被元军所灭，成为中国的行政区域。泰族人陆续南移至现今泰国，并逐步沿湄公河顺流而下。公元1275年，泰族人民汇合成一个强悍的民族，定都素可泰，建立了暹罗王国。几百年来，泰族在中南半岛一带生息繁衍，并在长期的抵御外族侵略的搏斗中逐渐形成了本民族特有的拳术。

泰族是一个温和的、热爱和平的民族，但其立国后不断受到四周邻国的侵扰，泰族人不得不保护自己及土地免受外来势力的侵犯。因此，历朝皇帝都崇尚武力，以巩固其王朝统治和对付频频发生的内争外患。当时在泰国军队中就有拳斗活动，作为休战期间侯王们的消遣娱乐。这时的拳赛虽然没有成为职业比赛，但诸侯们已有豢养武士角斗以取悦君王的风气。据史籍所载：大城皇朝初期颁布的法律，已有豁免在拳斗中杀伤对手者治罪的条例。到了大城皇朝鼎盛时期（公元 1350 年），拳斗之风日益盛行，遍及全国，不但成人好武，而且泰族儿童也能挥拳踢腿、习练拳艺，拳术已发展成民间的时尚娱乐活动。

泰国历史上首次拳赛的记载发生在公元 1411 年间。这一年清迈王驾崩，两太子为争夺皇位相持不下，最后决定各选派一名武师作为代表进行比武决胜，规定搏斗到一方流血为止。经过几小时的剧烈格斗，结果南方武师因脚伤流血而败，北方武师取得胜利。

到了“拍纳黎萱”时代（公元 1555—1606 年），拳术被列入军事训练科目。拍纳黎萱大帝史称“黑王子”，他英勇非凡且精武技，是泰国最著名的战斗英雄之一，也是他使泰拳成为军队训练中必不可少的一部分，当初被命名为“奔南”。

“奔南”为暹罗土拳，凶狠毒辣，招式包括头撞、口咬、拳打、脚踢、蹬踹、扫绊、肘击、膝顶、肩抵、臂撞、推拽、抓捏、压打、摔跤等，无所不有。全身任何部位，可用则用，是一种用于实战的拳术。

“虎王”拍佛陀昭时代（公元 1662—1708 年）是泰拳发展的鼎盛时期，举国上下都倾心于拳术。在格斗形式上，最初拳师以条状马革缠捆双拳，进行格斗，后来改用麻绳缠拳，即所谓的“缠麻”式拳斗，再后来又用棉条缠拳。棉条缠拳十分残忍，因为棉条表面被人为加入石屑，使其更加粗糙坚硬，大大增加了杀伤力。拳师在格斗中常常被打得皮开肉绽、血流满面、惨不忍睹。

到了大城王朝末期，泰国朝纲混乱、民不聊生，邻国缅甸乘机大举进攻，很快就围困了泰国首都，并把首都周围的居民俘获。这些被俘的泰国人中有许多泰拳高手，缅甸国王就把他们押回缅甸首都仰光严密地看押起来。这一年，缅甸国王为了向保存有佛祖遗物的宝塔表示敬意，下令狂欢七天七夜。在狂欢期间，缅甸国王特别命令举行缅甸拳手和泰国拳手之间的对抗赛，以此作为皇家独特的庆祝仪式。

庆祝活动的第一天，一个缅甸贵族带来了一位被俘的泰国拳手，他就是泰国历史上被奉为民族英雄、泰拳祖师的拳手乃克侬东。缅甸国王当即下旨，命令一名优秀的缅甸拳手和乃克侬东同场竞技，旨在展示缅甸人的力量、武力，从心理上和意志上彻底打垮泰国拳手。可是，万万没想到，当角斗开始后，乃克侬东就像下山的猛虎一样扑向缅甸拳手，拳打、肘击、脚踢、膝撞，令缅甸拳手毫无还手之力，转眼之间就被重创倒地。缅甸人大惊失色，他们认为是泰国拳手开场前神秘的舞蹈干扰了缅甸拳手。为此，缅甸人又派出九名缅甸拳手向乃克侬东挑战。乃克侬东豪气陡发，欣然接受了挑战，结果连胜九名缅甸拳手。

乃克侬东的勇武和凛然不可侵犯的神情令缅甸国王感慨万千，他被乃克侬东精湛的拳艺和不屈的精神所折服。他感到：这些泰国拳手的血液中溶入了一种神秘的力量，使得泰拳手不可征服。

后来，缅甸国王释放了乃克侬东。他是第一个为泰拳争得荣誉的泰国拳手，为泰拳历史写下了光辉的一页，历来泰拳馆的拳师都奉乃克侬东为宗祖。到 20 世纪 50 年代，在披猜·军拉洼匿警中将的提议下，将乃克侬东扬威缅甸之日（3 月 16 日）定为泰国拳师节，以纪念这位伟大的民族英雄。

到了我国明朝，华裔英雄郑昭率领若干战船沿湄南河而上，杀败缅军，光复泰国。建立吞武里王朝后，泰人亡国之痛记忆犹新，深感拳术的作用巨大，习武之风更为盛行。曼谷皇朝（公元 1782 年始）时期，泰拳活动非常流行。曾有法国角力技击家到泰国和泰新师比武，获皇府安排与禁卫军拳师万拍兰交战。1860 年，英皇派特史约翰·鲍宁爵士赴暹，鲍宁在其回忆录《暹国》一书中记述了当时暹罗经常有拳赛。同期，由英国人安娜·利安路云斯女士所著的《暹罗宫廷中之英国女师》中也有描述当时泰人角力的记载。

拉玛五世皇朱拉隆功自幼得名师指点武功，尤精拳棒、名闻全国。公元 1898 年，他下谕设立“皇廷拳师”制度，每逢有皇府庆典国宴等重大活动时，拳师带领各团武师献技表演，拳团成员可获年饷而免交税金。这个时期武风盛行，尤其是东北部的柯叻、南部的猜耶更享有“拳城”的美誉。

进入 20 世纪后，西洋拳击传入泰国，其比赛的形式和技术逐渐被泰拳采纳并应用。尤其在国柱擂台初期（公元 1928 年），“泰北腿王”乃彭踢死高棉拳师后，为了安全起见，“戴套”式泰拳比赛开始采用，逐渐取代了传统的“缠麻”式拳赛，比赛回合也陆续减少到五局。

1937 年 4 月 1 日，泰国政府教育署体育厅首次颁布了泰拳竞赛规则。至此，泰国全国擂台比赛的制度和形式，终告完善统一。1946—1951 年，史称“叻喃隆拳场”时期，堪称近代泰拳发展的黄金时代。其后“仑披尼拳场”于 1956 年建成，进一步推动了泰拳的发展，为其开辟了新的局面。两个现代拳场的建立为众多泰拳师提供了施展身手的用武之地，同时加强了拳师间的交流，促进泰拳技术的进一步提高，使泰拳得到了蓬勃的发展。

泰拳动作简单实用、朴实无华，却有着最为缜密的攻防术，它唯一的宗旨就是：消灭敌手、保全性命、自由发挥最高武术境界。

泰拳的腿法威震天下，虽然和散打、空手道相比，其腿法明显较少，只是以横扫和正蹬为主，但无论是力度还是速度都令无数欧美高手胆寒。精于腿技的拳师其双足不但坚强如铁，更灵活如手一般，这也是泰拳高手的先决因素。昔日，在泰国常可遇见拳师在郊野或乡间，以芭蕉树为练腿功目标，围绕着树干“砰、砰”猛踢；今日泰拳师练习法已臻科学化，但双腿不离沙包，每日按着规律练踢，锲而不舍。

横扫腿是泰拳腿法中的王牌，由弧线发力，腿从侧面向对手抽去，由小腿径骨为打击面，垂直砍入队手体内，世上很多当代高手都是以自己毁灭性的扫腿雄霸世界。就像挥舞的棒槌，被击中者没有不倒的。一个高级的泰拳师一脚扫踢力度可达 300—400 公斤，虽然威力不及日式侧踹，但在速度及实用性等综合方面却是侧踢无法比拟的。

为了把自己的双腿练得像鞭子般柔软，又像钢铁般坚硬，泰拳手很早就要起床压腿、踢腿，一练就是几百次，直到满身大汗。而后又要进行越野长跑，并经常踢香蕉杆或重沙袋来练脚的硬度。坚持几年后，再改踢椰子树，因为椰子树坚硬无比，经常练得脚上鲜血淋淋，所以学习泰拳必须有坚强的意志和顽强的毅力。

除了凶悍的拳击和犹如横扫千军的踢腿外，泰拳还有丰富的肘、膝技法，在和善于抱摔的柔术高手们打斗时，膝肘是最有力的招法。肘可以作为防御重创对手的部位，撞击力非常厉害，实战中常于膝招配合交替使用、上砸下撞、左击右冲、上下联击、极难防守。被击中者轻则骨断胃裂，重者有生命危险，故素有“摆命肘”之称。肘同样也是良好的防守武器，用肘部挡脚、消拳、砸膝容易得手，并使敌方腿膝麻木，失去战斗力。下砸肘由于太危险，已经被大型比赛禁用了。

泰拳的膝招动作，屈膝叠腿，使膝部突起，着力于膝的上部，专用于近距离格斗，经常攻击人体的肋腹和胸腹部，甚至下腭、面部，令人防不胜防，威力无比，是致命的杀手锏。尤其是泰拳高手经过长期苦练的膝部坚硬如铁，若被其重击，轻则长时间昏迷不醒，重则击碎骨头，这是泰拳最狠毒的招术。

泰拳还有很多内围战技术，其中钳制对方的技巧最为丰富，而最实用有效的就是箍颈法，此外还有抱腰、挟腋、钳臂等缠制技。这些技术看似是用蛮力和对方互扭，实际上有很多绝妙之处。一个身材瘦小的泰拳手在缠住身材巨大的壮汉时可以轻松将其制住。

箍颈法是运用双臂环抱敌颈，目的在于控制其上体，以便发动膝攻。拳师在内围时互相钳制、不断挣扎，就是在争取控制对方的“内围”有利地位。箍颈法有不同方式，有单手、双手、反手和扣押多种方式，各有其特殊的功用。总之，其目的是将对方与自己的距离拉近使其无法用膝肘攻击，然后将自己全身的重量加在对方的颈部或腰部，使其完全暴露在自己的膝肘下。

抱腰法通常是在贴身时以双臂环抱敌腰，抑制其下盘活动，破其膝攻，又可将之扛起、搬移，然后抛之下地，此法一般很常用。因为除非对方完全不懂泰拳，否则很难对其施展箍颈法。此法也是在比赛中抱住对方以缓解其攻势和为自己赢得喘息之机的常用方法。

挟腋与钳臂法是运用双手扣锁敌双臂的技术。前者是自掖下穿上挟住对手；后者则是在其臂上外方向下钳压式，其目标在于拘押对手的臂膊，使其难以活动活动并无法用拳或失去平衡。一般来说，当用箍颈法将其头部锁住后，善于摔跤的选手经常会以熊抱等方法将对手拦腰抱住。而这时，对方要凹背使其无法完全抱住，同时双手臂从外向里将对方双手在腋下夹住即可。

泰拳由民间传统武技演变成现代职业拳赛历经六十多年，泰国拳师屡次与外国拳家较技，屡战屡胜，蜚声国际武坛。20 世纪以来，世界各国武术技击术在泰拳面前几乎都不堪一击，大多数被打得落花流水。由于泰拳数百年来久盛不衰，值得传颂的人物和事迹极为丰富，能与国际职业拳坛相媲美。

乃蓬·拍巴铃是泰拳羽量、轻量、沉量级高手，被誉为 20 世纪最伟大的拳坛高手。他武艺卓绝，在长达 25 年拳斗生涯中历经 350 战，没有一次被对手击倒。

乃蓬生于泰国华富里府，因在擂台上骁勇善战而获得“野牛”的绰号。他身体非常坚实，加上矫健敏锐的身手、美妙的搏击技艺，深受拳迷爱戴。他尤其擅长反肘招数，被拳评家认为拳坛史上的绝诣。

1933年，乃蓬崭露头脚、连战告捷，在国柱拳场挫名拳师甲蒙获羽量级英雄衣；1937年，他在国柱擂台上战胜西洋拳名家他旺，成为泰国最强的拳师；1938年，他在萱昭拳场与“拳宗”巴硕展开连场大战，震撼拳坛，给拳迷留下深刻印象。乃蓬41岁退役后曾设馆授徒，卒与1976年，享年62岁。

亚披勒·宝希兰也是泰国出色的拳手，被誉为泰国拳王。他生于1941年，身高175厘米，肌肉棱栗、肤色黝黑，全盛时期体重146磅，具备最佳的拳师素质。其可用四肢八体任何一种武器制敌，厉害而著名招数是连环腿踢，不仅劲猛无匹、屡屈强敌，而且特别擅用左腿飞扫，常一发数腿，专攻人腰肾部，中击者必倒，故有“旋风腿”称号。

从1962年起，亚披勒走红拳坛，以积分打败重拳手乔汪、击溃“白虎”嶙猜，再以连环腿迫退全能拳师阿仑，成为泰国当代拳王。亚披勒无敌于全国后进军国际拳坛，打败非拳王亚兰特，获远东沉量级西洋拳冠军，声威盛极一时，被誉为近世最威猛的拳师。

在长达28载的拳斗生涯中，亚披勒蝉联全泰沉量级泰拳、西洋拳冠军，共合7项之多，迄今仍被认为是拳坛史上的擅腿英雄，而且公认为冠绝今古独他一人。

泰拳也是泰国人民最热衷的运动，无论是城镇，还是乡村，尚武之风古今不衰，每有寺庙或重大庆典，拳赛不仅为必备节目，且常被列为大会压轴戏。目前，全泰国注册的拳馆近7000所，职业拳手愈7万人。泰国武装部队的士兵也在接受泰拳训练，以便拳有助于“抵御外辱”。

对成千上万的泰国年轻人来说，泰拳不仅仅是一门艺术，同时也是一条野蛮的、令人难以抗拒的生存之道。学习泰拳能摆脱农村燥的生活和城市里喧嚣的噪音，而且也是一条获取功名和发家致富的捷径。不过泰国不设置少年联赛，也没有为少年或儿童特制拳套或头盔。少年拳手的比赛和成年人一样，每场比赛分五个回合，每个回合三分钟，每个回合之间可休息三分钟。每个拳手在比赛前都要作特殊的祷告，并向自己的教练屈膝行礼。此外，拳手还要跳一种特殊的舞蹈，以示对上苍的崇拜，同时起到威慑对手的作用。

泰拳不仅传播、流行于越南、老挝、柬埔寨和缅甸等东南亚各国，而且逾百年前就已由法国海员带至欧洲。1830 年，它传入法国后被演变成一种“腿拳道”。1964 年，泰拳被日本拳击经纪野口修传入日本，易名“踢拳道”，风靡一时。1995 年，世界泰拳理事会成立，为促进这项泰国国家遗产在全国乃至国际范围内发扬光大做出了巨大贡献。

第三节 巴西柔术

巴西柔术也叫做格雷西柔术，流行于美洲。近年来，其在国际格斗比赛中多次夺冠，甚至一度被称为有史以来最强的格斗术。

柔术本意为“柔的法则”，特点在于充分利用杠杆原理，而非与对手单纯抗力、比力。柔术练习者通常会选择使用特定的技术，让对手屈服或耗尽其体力，最终将对手制服。

柔术的起源很早，而其使用的多种格斗技术都可以在传统的中国、印度、希腊、埃及、美索布达米亚传统武术中找到踪迹。一般认为：柔术最初起源于亚洲印度，由僧侣及士兵带到世界各地，并最终落户在日本。后来，在中国武术的影响下，它逐渐发展成为今日的日本柔术。而著名的巴西柔术就源于日本柔术。

巴西曾是世界上最大的日裔移民聚居地，所以一般认为：巴西柔术是由日本柔术大师前田光世（公元 1880—1941 年）传入的。前田被誉为“打斗伯爵”，是日本柔术专家，他的技术非常精湛，据说一生中只输过一次。1914 年，前田受日本政府委托来到巴西，帮助日本移民建立移民地。在巴西，他得到了格雷西家族的帮助。

格雷西家族的祖辈来自苏格兰，曾祖父卡斯特·格雷西曾是一位学者，也就是他帮助过前田光世。后来，为表谢意，前田大师将古老的柔术传于格雷西一家。而且，格雷西家族对古柔术进行了适当的改造，去掉了某些不实用的部分，并糅合进新的技术，使其成为一种比较完善的独立格斗体系。

卡洛斯·格雷西（公元 1902—1994 年）是卡斯特的长子，在接受前田训练时仅 17 岁。前田主要教授给他柔术基本技术、扭斗者应掌握的总体策略及赢得和控制打斗的方法，还包括前田历次参加“无限制格斗”比赛之后的体验。卡洛斯采用了前田的自由格斗训练方法，并用真打实斗来验证技术的实用性，同时还发展了很多巴西柔术在实战中的应用方法。

在这一时期，巴西的其他武术只限于拳击与卡波拉，而柔术中的拿法与摔法则给巴西的武术翻开了一个新的篇章。在卡洛斯之后，他的几个兄弟也开始学习柔术，并随后在数次比赛中扩大了柔术在巴西的影响。1925年，格雷西家族还在里约热内卢建立了格雷西学校。

艾里奥·格雷西是几个兄弟中年龄最小的，小时候非常瘦弱，经常头昏，大夫不允许他进行激烈的运动。在卡洛斯的管教下，艾里奥经常观看哥哥们练柔术。一天，卡洛斯因故不能给一位学员进行单独训练，艾里奥便自愿为哥哥代课。在这次训练课上，艾里奥利用技术弥补了自己力量上的不足。最后这个学员被艾里奥的技术折服，从此要求他正式作为自己的老师。

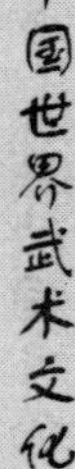

当时，格雷西家族创造的巴西柔术中有很多技术都不曾在真实打斗中检验过。因此，艾里奥通过不断研究，对这些技术加以改造，使其更适合像他这样的小个子格斗者。此外，他还添加了新的技术，同时去除那些需要用很大力量或在实战中不实用的技术。

格雷西兄弟的功夫突飞猛进，自信的他们开始对所有武术门派公开发出挑战，无论体重、不限时间。有一次，格雷西竟在巴西最有名的报纸上登广告：“如果您想头破血流、骨断筋折的话，你可联系我们格雷西。”

为了检验自己的武术水平，格雷西兄弟还参加了“无限制格斗”比赛。这项比赛几乎没有规则与时间限制，只有击倒对手或让他投降后才结束。格雷西家族接受了很多挑战，并将所学技术在实战中进行检验。以艾里奥为首，格雷西兄弟不断掌握最直接有效的、对付敌人的方法，而且艾里奥成为兄弟中最厉害的家族冠军，他发展了新的技术和策略，完成了从“日本柔术”至“巴西柔术”的演化。

此后艾里奥参加了很多职业比赛，挑战过日本柔道、柔术选手、职业摔跤手、拳击手及马路打架专家。他还第一个在西方世界打败日本柔术大师 Namiki。比赛发生在1932年，这是艾里奥第一次参加柔术比赛，也是他第一次穿柔术服参加比赛，结果铃声响之后几秒钟 Namiki 便认输。他还挑战过拳击冠军普赖默·卡纳拉及艾查德·查尔斯和世界冠军约翰·刘易斯以及后来的拳王阿里，但这些人均拒绝比赛。

艾里奥还曾进行过在近代时间最长的比赛，这是他同以前的学生瓦德玛·桑塔纳进行的比赛，此次比赛长达 3 小时 45 分，中间无休息，最终还是以艾里奥体力耗尽而收场。在艾里奥的失利后，卡洛斯·格雷西的儿子，17 岁的卡尔森·格雷西挑起了捍卫家族荣誉的重任，他连续挑战桑塔纳六次，其中赢 4 次，平两次。

在巴西格雷西家族的创始期，以艾里奥为代表的第一代武术家，为巴西柔术奠定了无可比拟的地位。经过一生的战斗，艾里奥一直在巴西教授柔术。年过 90 岁之后，他依旧把传播柔术当成自己的生活方式。他拥有勇气、决心，是受人尊敬的巴西民族英雄，被视为格雷西柔术的正式创始人。

艾里奥作为创始人，为格雷西柔术的推广起了巨大的作用，而让格雷西柔术真正发扬壮大的，却是霍易斯·格雷西和瑞克森·格雷西领军的艾里奥的子侄们。

早在 20 世纪 80 年代，瑞克森就称雄了巴西武术擂台，他的兄弟霍易斯·格雷西和霍尔斯·格雷西也在巴西的各种柔道和纯柔术的比赛中取得骄人的成绩。但此时格雷西家族的威名还是限于巴西国内和少数日本格斗家之间，直到 20 世纪 90 年代，一代英雄艾里奥·格雷西的儿子霍易斯以瘦弱的外表和强悍的格斗技术让世界为之震惊，格雷西柔术开始名扬世界。

1993 年 11 月 12 日，在美国科罗拉多的丹佛，举行了首届终极格斗大赛（UFC）。当时参加比赛的有各国著名的拳击手，相扑手，空手道冠军，还有已经在日本取得成功的美国综合格斗代表肯·山姆洛克。结果，霍易斯以 3 场比赛总共不到 5 分钟的骇人表现轻易取得冠军。世界格斗界哗然，纷纷猜测，认为这个小个子巴西青年主要是靠运气取胜的。在此后的三年中，他连续获得冠军，这是终极格斗大赛历史上从来没有的，从此再没有人说霍易斯获胜靠的是运气。霍易斯的胜利，让人们看到了柔术的厉害，此后，除空手道、泰拳和拳击以外，柔术也成了美国格斗界的必修课程之一。

霍易斯取得 UFC 冠军后曾说：“我家的三哥瑞克森·格雷西比我强 10 倍！”当时的世界格斗界纷纷猜测，这伟大的瑞克森·格雷西究竟是何方神圣。1994 年，被称为柔术之神的瑞克森·格雷西应邀出席日本举办的日本无限制格斗公开赛。因为霍易斯在 UFC 的那句话，众多格斗媒体纷纷抱以强烈关注，想知道能让传奇英雄霍易斯自叹不如的神人究竟如何可怕。瑞克森没有令人失望，他展现了自己无可匹敌的格斗技巧。比起霍易斯，瑞克森的强大更让人窒息，每场比赛瑞克森都是直接进入柔术中的“乘骑状态”，不做过多的缠斗，往往是密集的“马乘拳”洒落在猝不及防的对手身上，最后干净利落地结束比赛。瑞克森用极短的时间向世人有限地展示了他的强大，更将格雷西家族的柔术神话在世界范围内发扬光大。

1995年日本的无限制格斗公开赛中，瑞克森再度出赛。对手虽然已经有了准备，但是依旧无法让瑞克森停止夺冠的脚步，瑞克森再度称雄。1997年10月11日，日本方面派遣出当时日本综合格斗的最高象征，高田道场的领军高田延彦出战瑞克森。当时已经40岁的瑞克森用了不到5分钟的时间，就以“腕十字固”手法让高田尝到败果。1996年11月20日，在另一场比赛中，瑞克森再度出战高田，高田利用游走战术把时间耗到9分30秒，结果还是败在瑞克森的腕十字固下。

格雷西家族就这样书写着神话般的武术传奇。格雷西家族像是一个大型研究机构，从卡洛斯到艾里奥，再到霍易斯、瑞克森，众多的儿子和孙子等家族成员都在练习柔术，发展柔术，以柔术为他们的职业。在学校中，又有成千上万的训练者，他们参与对柔术的改进，并交流想法，使格雷西的柔术技法一代代得以流传，并发扬光大。

格雷西家族坚信：实战中的实用性是检验一种武术好坏的唯一标准。所有的技术都要通过实战进行检验，而不是用理论和推测来指导技术的使用。实用性是最重要的，没有任何道德、社会和意识形态来影响他们对柔术的研究探索。

格雷西家的人通常都身材弱小、缺乏力量，这在格斗中被视为不利因素，但它却迫使格雷西将武术的技术发展到极致。由于在格斗中，格雷西家族的人总是比对手更瘦小，所以他们让自己完全依赖技术优势，而不是力量来获取胜利。格雷西不断完善着柔术的技巧，做到最大限度的利用杠杆原理，避免直接的力量碰撞，以获取最终的胜利。

格雷西柔术讲究“地面取胜”，即：使用一切方法，让对手倒地，然后在地面上制服他。格雷西柔术的习练者称：“80%的打斗是在地面格斗中结束的。”这种提法虽然有一定的片面性，但格雷西柔术的擒拿技是任何武术高手不敢小视的。在多次无限制格斗大赛中，许多“站立式”英雄如自由搏击和泰拳选手都在格雷西的门徒面前吃了大亏。格雷西柔术习惯使用简单但很实用的拳腿法与对手周旋，所以很难将格雷西们在刹那间击溃，可一旦让他们抓握住腿脚，对于那些没有摔锁经验的泰拳手来说，无异于灭顶之灾。

这种在地面上降服敌人的技术同我国的地趟拳和地犬术有异曲同工之妙，只是格雷西柔术更强调反关节和扼颈的技术。对格雷西柔术，国外武术界有许多不同的看法。在美国，许多空手道高手和自由搏击高手都转练格雷西柔术，或暗地里认真研习。毕竟对于练习武术的人来说，在大赛中取得成绩才是最具说服力的。

第四节　菲律宾魔杖

菲律宾魔杖是由古代菲律宾刀剑搏击术演变而来的一种兵器。从构造上看，其只是一枝藤质短棍，但运用起来却千变万化、杀伤力极强，数招之内就能使敌人重伤或死亡。菲律宾魔杖可单棍或双棍使用，由于我国武术名家李小龙在电影中曾用魔杖和丹尼依路山度进行过生死战，因此我国也有人称其为“李小龙短棍”。

菲律宾由许多岛屿所组成，因而每个岛屿的武术风格、流派各不相同。从16世纪开始，西班牙、美国、日本先后接收占领菲律宾，直到1946年它才真正独立。在漫长的殖民生涯中，菲律宾武术得到了飞速发展，使其真正达到了简洁实用、没有花招的境界。

在西班牙统治菲律宾期间，其棍术发展很快。当时，西班牙统治政府禁止菲律宾人练习传统武术，更不可携带刀具，使菲律宾武术成为家族秘传功夫，必须在暗中进行练习，其内容也变成以棍术为主。而且，菲律宾棍法中的动作，有许多都受到西班牙剑术（西洋剑）的影响，例如一长一短的双刀，或是双手分持刀棍的技巧等。在与西班牙的战争中，菲律宾人意识到了敌人在技术上的优点，从此便将它融入自身的武术之中。

菲律宾的北、中、南部均有不同的武术风格。西班牙统治的北部地区以长棍为主，没有徒手打法，强调远距离攻击；中部地区则着重中、近距离方面，包含了棍、短刀、手搏腿击法、擒拿、摔角等技术；而在西班牙势力没有达到的南部，仍保持了原有的回教武术风格，以刀术为主，也兼

有徒手技巧。

菲律宾魔杖是一个独立完整的武学流派，包括器械及徒手技法。在器械方面，它除了有单魔杖，还有双魔杖、短刀配棍、短刀、刀剑、双手棍、长棍、双节棍、盾牌配棍、楞、刺及鞭等等，且最常见的就是双棍术，这也是其余一切兵器的根本基础。在每种兵器之下，它又分为许多不同的形式，以刀为例，就包含了蛇形刀、蝴蝶刀与各种尺寸的刀具等。菲律宾魔杖技击法共有三个门派，分别为 Arnis、Eskrmia 和 Kali。

历史上，菲律宾人使用魔杖技巧对抗入侵者的武器西洋剑，曾取得了相当辉煌的战果。尤其是在 1941 年以后，菲律宾的游击队使用魔杖，并采用极为残酷的打法，不断与日军对抗。而在日常自卫中，人们并不限于使用魔杖，也可使用日常生活中随手可得的物品，如雨伞、网球拍、拐杖、原子笔等来代替魔杖。其实，只要把握住原理，根据每种物品的特性，如硬度、长度等加以变化，便能随心所欲、运用自如。现在，不但民众将它当做强身健体的运动，军警人员也乐于运用魔杖简洁有效的打法使警棍术的效能加倍提升，以便有效地制服罪犯。

菲律宾魔杖的基本概念包括破坏、安全位置、流动三要素。破坏就是毁坏对手的攻击武器，如棍棒或者四肢、拳、指等。当对手出棍招时，魔杖可在击挡的同时击打对方手部，迫使其弃械。一般菲律宾武术主张先攻击四肢，使对手无法出击，除非有隙可乘，然后才直接攻击要害或身体其他部分。在方法上，最首要的就是使对手的手脚无法使用，从而获得胜利。

所谓安全位置，就是在任何时候，无论是一对一或一对多的场合下，都必须使我方掌握最有利的位置，且在打击敌人时也能闪避对手的来势，达到攻防一体的目的。寻找安全位置时，步法的移动最为重要。此外是头部、腰部的闪避动作，再配合手部来探索对手攻击武器的来势。例如：对手棍来，我方侧移走位，同时持棍相格，将空余之手（一般为左手）伸出，伺机穿入对手防御圈，乘势将其棍夺下或封闭动作，以达到击倒敌人的目的。

在菲律宾武术中，许多训练的目的都在于加强“流动”的能力。而且，任何动作都没有所谓的停止，应如流水一般源源不绝。

传统武术中常强调甲招胜乙招，或对拆套路的训练法；然而菲律宾武术则彻底摒除此类僵化的公式，认为一旦两人的动作无法连接上，而我方动作暂停，对手绝不会因此配合招式衔接，反而会乘隙进击。因此，当一击不得手或防御失效时，招式仍须连续不断。例如：当两棍相接，我方无法完成格档或夺棍动作时，不可就此停住，必须冷静判断、快速变化，即使承受对手接连的攻击，也务必以最小的牺牲换取最大战果。不得已时，甚至可以弃棍，转而以手脚攻击敌人，一切皆以取胜为最终目的。而当我方夺下敌方武器时，也不可就此将动作暂停，应不断挥动手中器械连续攻击对手，或使其无法进逼，从而真正确保我方的胜利。

在菲律宾魔杖中，以上三元素一再被强调，这即是他们的基本理论所在，也许各要素动作的表达形式不同，但概念却必然是相通的。

第五节　缅　甸　拳

在印度半岛的几个国家，武风之盛当数泰国，其次就要属缅甸了。不过人们大多是对泰拳耳熟能详，而对缅甸武术却知之不多。

缅甸武术的发源很早，并与泰族有着很大的关系。泰族原居住在中国西南一带，后来陆续南移至现今泰国，并逐步沿湄公河顺流而下，建立了暹罗王国。这块土地上原来居住着很多缅甸人，于是两国军队经常开战。泰国人作为异帮，被迫开展武术项目的训练与创造，从而创造了最初的泰拳。而缅甸人为了适应环境和防范敌人，则创造了独特的缅甸拳。

在漫长的历史进程中，缅甸与泰国多次交战，为各国武术的发展带来了发展契机。在泰国大城王朝末期，缅甸曾大举进攻泰国，并围困了泰国首都。到泰国圣君虎王时代，泰缅再次开战，结果泰国人险些完灭缅甸人。经过这次失败，缅甸人适时地改进了拳术，吸收了泰拳精髓，发展成了以身体为主的立体拳术。

随着英国于1885年入侵缅甸，缅甸拳逐渐式微，只是用来娱乐英国官员和富商，经常作为一种娱乐表演项目出现在佛节和庆典中。二次大战后，上层社会几乎已完全排斥了缅甸拳，平民对其也没有多大热心。缅甸获得独立后，缅甸拳才断断续续得到恢复。

如今的缅甸武术除缅甸拳外，还有班道（bando）和南班（naban）。班道是较文雅的格斗术，南班则是缅甸式摔跤。不过相对来说，缅甸拳在缅甸的影响力要遥遥领先得多。

作为是一种实战性极强且威力巨大的徒手搏击术，缅甸拳注重以身体坚硬部分作战。其打法很简单开放，没有固定形式的束缚，拳手们可以充分自由地把凶狠凌厉的、实用的技术结构发挥得淋漓尽致、动作自如。

在缅甸拳的实战搏击中，拳手们所采用的攻击手段，无论是在主动进攻时，还是在防守反击中，都是因人因时地把拳腿和肘膝法随意组合成为攻击武器。而且，拳手在进攻或防守中所使用的打击手段和打击部位一般都在两个以上，以便一招接一招、一环套一环、一招一式连续不断，且首击不中便会再变化攻击组合以便继续进攻，使对手没有喘息反攻之机。缅甸拳除了拳脚招式之外，还有擒拿术同健身法，传统拳赛还要带拳套、头盔及其他护身设备。

缅甸拳的风格与泰拳很近似，不过二者也存在很多差别。泰拳受西洋拳的影响，在比赛中多重视得点，以快速的拳攻以及力大的摆腿为主要进攻方式。现今缅甸拳师由于比赛要求，常使用一些如同街架的招式，如俗称的“婆娘拳”，讲求速度、灵活、变、奇。

泰拳与缅甸拳的防守方式也不同。古泰拳拳经里有“敌以腿攻我，当以提膝防守，敌中膝必伤”的说法。可见，泰拳要求在对手以腿进攻时以膝部防守，让敌人失去腿部攻击力，或是因无法站立而丧失战斗力。但经过验证：这种方法在拳师本身胫骨硬度不够，再加上对方力量和硬度都处上风情况下，非常容易受伤，轻则戳伤肌肉，重则伤筋动骨。而缅甸拳却不以硬碰硬，多是以灵活的闪躲避开对方的来腿，或是提膝时加外摆，与泰拳的防守打法不同。

由于缅甸拳和泰国拳的风格差距不是很大，且国际市场又是以泰拳先入为主，再加上缅甸本身不注意宣传，所以至今这种格斗还鲜为人知，但其格斗能力仍是不容忽视的。经过缅甸体育委员会的努力，如今每逢“独立日”和“五一”劳动节，人们都可以在仰光欣赏到正宗的缅甸拳比赛。

缅甸拳拳师大多是农民，他们在耕种之余练习拳脚，无论是表演或是比赛都赤手赤足。不过这些拳师都很有礼貌：比赛开始之前，两名拳师会首先互相鞠躬，再向教练、观众鞠躬，之后再向公证人员和对方鞠躬。随后，拳师会等对方摆好架式并用掌击肘部，这是公认的接招信号，这之后才会出招。

缅甸拳拳师很关心对方的生命安全，只要任何一方拳手示意停止比赛，对方一定会马上停止攻击，并耐心等到他能够再打为止。更令人惊奇的是：其中一方受伤时，一般的拳术总是趁机加紧攻击，直至将对方击到为止，但缅甸拳拳师则会立刻停止进攻，直到对方表示可以继续比赛时才重新开始攻击。

最难得的是：战胜的拳师都乐意同手下败将分享奖金，尤其是来自同一村落的拳师，获得奖金后总会平均分给同门和村中父老。如果谁有私心而独占全部奖金的话，下次比赛时一定被人毫不留情地袭击，非死亦重伤。慷慨的拳师所获得的好处通常是难以想象的，例如：以后他参加比赛时，同村乡亲和少女都会去支持捧场，担任拉拉队，如果打赢了，乡亲门还会送他大笔款项。

第六节 东南亚班卡西拉

班卡西拉是马来群岛自古流传下来的一种古武术，意指“格斗”或“自卫之道”，其在印度尼西亚、马来西亚和文莱这三个东南亚国家最为常见。

班卡西拉的起源已经无从查考，但大多数人相信它源自于一些来自印度，并定居在此地区的古代修士。那时，修士们模仿猴子、白鹰、老虎的动作创造出了一种古典武术，就是如今的班卡西拉。由于受到这些古代修士的影响，班卡西拉含有一种近乎神秘主义的哲学特质。

由于马来群岛的各个土著部落和王国之间经常爆发战争，所以统治者对于武术十分崇尚，班卡西拉的高手们均受到相当程度的尊敬，有着崇高的社会和政治地位。

班卡西拉在发展过程中逐渐与世界上的各种武学融合，慢慢地抛弃了简单的动物模仿，发展成为一套复杂的系统，包含各式各样的攻击和防卫招式，并以各种手臂攻击、踢击、擒拿、摔投、腿技和武器技巧为基础。其技巧着重于动作的流畅性和精确性，而“出其不意”则是确保有效攻击的一项关键要素。班卡西拉的训练过程也包含了刀、剑和长短棍的器械训练。练习者必须接受四个主要领域的训练，分别是心理和精神领域、自我防卫领域、文化和艺术领域以及运动竞技领域。

进入20世纪后，班卡西拉发展迅速，并在全球许多国家成为一项竞技运动。现在，马来社会已将班卡西拉视为一项重要的文化资产，因为它不仅是一门武术，同时也是一种生活方式、一种运动、一项传统以及一种道德和精神教育。

参考文献

1. 任海著：《中国古代武术》，商务印书馆，1996 年版。

2. 康戈武著：《中国武术实用大全》，今日中国出版社，1990 年版。

3. 王广西著：《中国功夫》，海天出版社，2006 年版。

4. 温力著：《中国武术概论》，人民体育出版社，2005 年版。

5. 程大力著：《中国武术——历史与文化》，四川大学出版社，1995 年版。

6. 余水清编著：《中国武术史概要》，湖北科学技术出版社，2006 年版。

7. 李德祥编著：《中华武术》，上海交通大学出版社，2006 年版。

8. 李北达著：《中国武术理论与舞蹈实践》，上海音乐出版社，2004 年版。

9. 兰泽等编著：《少林绝艺》，解放军出版社，2006 年版。

10. 冯永臣、王跃进编著：《少林功夫》，中国旅游出版社，2006 年版。

11. 吕宏军、滕磊著：《少林功夫——人类口头与非物质文化遗产丛书》，浙江人民出版社，2005 年版。

12. 游明生、赵蓉编著：《武当秘传剑术精华》，北京体育大学出版社，2006 年版。

13. 周潜川著：《峨眉十二桩释密》，山西人民出版社，1959 年版。

14. 周稔丰著：《太极拳常识》，人民体育出版社，1978 年版。

15. 徐才主编：《武术学概论》，人民体育出版社，1995 年版。

16. 顾留馨著：《太极拳术》，上海教育出版社，1982 年版。

17. 赵斌、赵幼斌、路迪民著：《杨氏太极拳正宗》，三秦出版社，1997 年版。

18. 乔松茂著：《武式太极拳的源流和特点》，原载于《中华武术》，1994 年第四期。

19. 高壮飞、若水著：《千思百问太极拳》，中国海关出版社，2005 年版。

20. 刘波编著：《通背拳：迅疾冷杀的远距绝手》，北京体育大学出版社，2000 年版。

21. 中国武术研究院、中国武术协会审定：《长拳竞赛套路》，人民体育出版社，2000 年版。

22. 张全亮著：《八卦掌答疑》，人民体育出版社，2005 年版。

23. 孙汝贤著：《形意拳》，金盾出版社，2001 年版。

24. 李康著：《真正大成拳》，北京体育大学出版社，2005 年版。

25. 郑勤、田云清编著：《神奇的武术》，广西人民出版社，2004 年版。

26. ［日］新渡户稻造著，张俊彦译：《武士道》，商务印书馆，1993 年版。

27. ［英］萨纳蒂·斯密特著，闵玲译：《空手道》，明天出版社，2003 年版。

图书在版编目（CIP）数据

中国世界武术文化/华博编著. —北京：时事出版社，2007.3
ISBN 978-7-80232-108-3

Ⅰ.中… Ⅱ.华… Ⅲ.武术—文化—研究—中国 Ⅳ.G852

中国版本图书馆 CIP 数据核字（2007）第 012806 号

出版发行：时事出版社
地　　址：北京市海淀区万寿寺甲 2 号
邮　　编：100081
发行热线：（010）88547590　88547591
读者服务部：（010）88547595
传　　真：（010）68418647
电子邮箱：shishichubanshe@sina.com
网　　址：www.shishishe.com
印　　刷：北京昌平百善印刷厂

开本：787×1092　1/16　印张：22.75　字数：372 千字

2007 年 3 月第 1 版　2007 年 8 月第 2 次印刷

定价：35.00元